KB210730

소망의 선지자 엘리야

세상과 불화하라
하나님이 위로하신다

김형원

느헤미야

소망의 선지자-엘리야

지은이   김형원
초판발행   2021년 11월 5일

펴낸이   배용하
책임편집   배용하

등록   제 2019-000002호
펴낸 곳   느헤미야
등록한 곳   충청남도 논산시 가야곡면 매죽헌로1176번길 8-54
편집부   전화 (041) 742-1424
영업부   전화 (041) 742-1424 · 전송 0303 0959-1424
ISBN   979-11-969079-5-2   03230

분류   성서연구 | 엘리야 | 신앙

 값 18,000원

이책을
기독교에
호의적이지 않은
시대에, 하나님을 따르는
어렵고 힘든 여정을 걷는
모든 제자들에게 드립니다.
엘리야를 위로하고 인정해주신 하나님은
인내하면서 믿음의 경주를 하는 우리도
동일한 영광으로 위로하고 인정해주실 것입니다.

차
례

차례

서문

우리는 기독교의 세력이 하늘을 찌를 것 같은 분위기에 기고만장하던 시절은 다 지나가고 그 시대의 잔재를 보여주는 찢어진 깃발과 같은 교회당들이 세간의 조롱을 온몸으로 받으며 처량하게 서 있는 시대 한복판에 서 있다. 기독교가 무너져가고 있고, 그에 따라 하나님의 이름 또한 조롱당하는 것을 매일 매일 무기력하게 바라보면서 서 있다.

이런 시대 상황 속에서 세상에서 조롱하듯 던지는 질문이 우리 가슴팍까지 파고 든다. '과학이 모든 것의 판단 잣대가 된 시대에 실체도 불분명한 하나님이라는 존재가 정말로 실재한다고 믿는다고?' '불의와 불공정이 제어할 수 없는 수준에까지 다다른 이 시대에 하나님이 세상을 창조하셨을 뿐만 아니라 과거나 현재나 미래에도 세상을 다스리고 공의로 심판하는 분이라는 것을 믿는다고?' '하나님이 유일한 신이며 다른 어떤 존재보다 위대하신 분이라고 아직도 믿는다고?' '이 시대에 아직도 그렇게 믿는 사람들이 있다고?'

이 질문들에 대해 우리는 교회 안에서 우리끼리 모여 있을 때에는 그렇다고 대답할지 모른다. 그러나 교회 밖 세상 한복판에 서서도 이 질문들에 정말로 그렇다고 대답할 수 있는가? 이 무신론 시대에? 이 세속적인 시대에? 기독교가 조롱받고 교회가 무너진 시대에?

엘리야는 전통적인 여호와 신앙이 무너지고 욕망의 화신인 바알 신앙이 사람들의 마음을 사로잡았던 시대를 산 인물이다. 세상의 권력과 문화, 사회 분위기도 모두 여호와 신앙에 적대적인 상황에서 한 평생을 살았던 인물이다. 한 때 온 민족이 여호와를 열심히 섬겼던 때가 있었기에 이렇게 몰락한 분위기가 더 험악하고 절망적이고 무서웠을 시대를 관통한 인물이었다.

그의 이름 '엘리야'는 '여호와는 나의 하나님이다'는 고백이다. 그 시대 분위기와 대비해서 보면 참으로 구시대적이고 우스꽝스러워 조롱을 받기에 딱 좋은 이름임에 분명하다. '아직도 여호와를 찾고 있다고?' '요즘도 여호와를 하나님이라고 고백한다고?' '살아 있는지 죽었는지도 모를 구시대의 유물과 같은 존재를 자신의 하나님이라고 생각한다고?'

그러나 엘리야는 자신의 이름 뜻을 붙들고 그 시대를 정면으로 들이받았다. 그 시대의 정치와 사회와 문화 속에서 '여호와는 나의 하나님이다'는 이름 뜻에 걸맞는 걸음을 걷기 위해 분투했다. 그는 여호와 신앙을 말로만 아니라 삶으로 고백하기 위해서 바알과 아합이라는 '주적'뿐만 아니라 그들이 조성해놓은 당시 삶의 조건들과 기꺼이 충돌하고 갈등하였다. 왜? 자신이 확신하고 고백하는 것처럼 여호와가 진정한 하나님이라는 것을 세상에서 증명할 뿐만 아니라, 그 여호와가 '나의 하나님'이라는 보여주기 위해서.

신앙은 단지 마음이나 입으로의 고백만은 아니다. 그것으로 그친다면 그것은 가짜다. 진정한 믿음은 삶에서 드러나는 것이다. 입으로만 고백하는 것이라면 부딪칠 것은 없다. 그러나 삶으로 고백하는 것일 때 우리를 둘러싼 수많은 삶의 정황들과 충돌하고 갈등할 수밖에 없다. 그렇다면 우리의 신앙과 관련해서 응답해야 할 질문은 분명하다. '우리는, 엘리야처럼, 여호와를 나의 하나님이라고 말로 고백할 뿐만 아니라 인생길을 통해 그것을 증명할 수 있는가?'

역사는 돌고 돈다. 해 아래 새 것이 없다는 격언은 역사에 나타난 인물들의 생애를 볼 때 더 긍정하게 된다. 우리가 직면한 상황과 문제들은 엘리야가 당면한 것들과는 다르겠지만, 비록 구체적 상황은 달라도 그 본질은 대동소이하다. 인간은 그때나 지금이나 여전히 인간이기 때문이다. 그렇기에 여호와 하나님에 적대적인 세상에서 여호와 신앙을 고백하는 사람들이 겪어야 하는 일들은 엘리야 시대나 지금 우리 시대나 마치 평행이론처럼 유사하다.

그렇다면 엘리야가 했던 신앙 고백과 그것을 삶에서 풀어내려는 분투는, 그 이후 오랜 세월이 흘러 동일한 문제 앞에 마주 서야 하는 우리에게 안개 자욱한 바다에서 의지할 수 있는 작은 나침반이 되어줄 수 있지 않을까? 바로 이런 이유로 엘리야의 이야기가 성경에 기록되어 우리에게까지 전해진 것이 아닐까? 우리가 혹시 아직도 여호와의 하나님 되심을 믿고 있다면, 그리고 그 확신에 기초해서 살아가기를 원하는 마음이 있다면, 이 시대를 관통해 나갈 수 있는 지혜를 배우라고.

1. 타협의 시대

왕상 12:25-33

"여로보암이 에브라임의 산지에 있는 세겜 성을 도성으로 삼고, 얼마 동안 거기에서 살다가, 브누엘 성을 세우고, 그리로 도성을 옮겼다. 그런데 여로보암의 마음에, 잘못하면 왕국이 다시 다윗 가문으로 돌아갈지도 모른다는 생각이 들었다. 이 백성이 예루살렘에 있는 주님의 성전으로 제사를 드리려고 올라갔다가, 그들의 마음이 그들의 옛 주인인 유다 왕 르호보암에게로 돌아가게 되는 날이면, 그들이 자기를 죽이고, 유다 왕 르호보암에게 돌아갈지도 모른다는 생각이 들었다. 왕은 궁리를 한 끝에, 금송아지 상 두 개를 만들었다. 그리고는 백성에게 이렇게 말하였다. '예루살렘으로 올라가는 일은, 너희에게는 너무 번거로운 일이다. 이스라엘 백성들아, 너희를 이집트에서 구해 주신 신이 여기에 계신다.' 그리고 그는 금송아지 상 두 개를, 하나는 베델에 두고, 다른 하나는 단에 두었다. 그런데 이 일은 이스라엘 안에서 죄가 되었다. 백성들은 저 멀리 단까지 가서 거기에 있는 그 한 송아지를 섬겼다. 여로보암은 또 여러 높은 곳에 산당들을 짓고, 레위 자손이 아닌 일반 백성 가운데서, 제사장을 임명하여 세웠다. 여로보암은 유다에서 행하는 절기와 비슷하게 하여, 여덟째 달 보름날을 절기로 정하고, 베델에다 세운 제단에서, 그가 만든 송아지들에게 제사를 드렸으며, 그가 만든 베델의 산당에서 제사를 집행할 제사장들도 임명하였다. 왕은 자기 마음대로 정한 여덟째 달 보름날에, 베델에 세운 제단에서 제사를 드렸다. 그는 이스라엘 자손이 지켜야 할 절기를 이렇게 제정하고, 자기도 그 제단에 분향을 하려고 올라갔다."

1. 시대정신과 개인의 삶

역사에 나타난 유명한 인물들은 시대와의 관계라는 측면에서 크게 두 부류로 나뉜다.

하나는, 당대에는 매우 뛰어난 업적을 남겼지만 역사를 관통하는 보편적인 기준으로 볼 때 한계가 뚜렷했던 인물들이다. 18-19세기에 노예제도가 만연했을 때 사회 일각에서는 노예제도의 부당함을 들어 노예제도 폐지를 주장하는 사람들이 있었지만, 어떤 사람들은 제도 자체에 대해서는 문제 삼지 않고 다만 좀 더 인도적으로 노예를 대우해야 한다는 견해를 펴기도 했다. 그들 가운데는 다른 분야에서 인정받을만한 업적을 낸 사람들도 꽤 많이 포함되어 있었다. 이들보다는 좀 더 진전해서 노예제도는 폐지되어야 한다고 생각하기는 하지만 흑인에 대한 완전한 평등 정책까지는 지지하지 않는 사람들도 있었다. 부흥사 찰스 피니가 그런 사람이었다. 그는 존 웨슬리와 마찬가지로 노예제도는 폐지하는 게 옳다고 확신하고 그 일을 위해 노력했지만, 흑백 분리 정책에 대해서는 관대한 태도를 보였다. 그는 흑인이 교회의 지도자가 되는 것에 대해서도 반대하였다. 당시 상황을 고려할 때 찰스 피니는 흑인 노예에 대해 상당히 진보적인 입장을 취한 사람으로서 긍정적인 평가를 받을 수 있겠지만, 보다 냉정하게 평가하자면, 시대정신의 한계를 벗어나지 못한 사람으로 인식될 수밖에 없다.

다른 하나는, 당대의 시대정신과 문화를 거부하고 더 나은 세상을 꿈꾸고 생각하며 행동한 소수의 사람들이다. 하지만 시대정신이 거스를 수 없을만큼 압도적이어서 사회 분위기가 암울할 때에는 이런 사람을 찾기가 쉽지 않다. 그럼에도 다양한 사람들이 사는 세상에서는 '송곳'처럼 삐죽 삐져나오는 사람이 언제나 있는 법이다. 능력에 따른 보상이라는 개념을 우주의 법칙처럼 떠받드는 세상에서 노동과 상관없이 모든 사회 구성원에게 기본적인 소득을 나눠주자고 주장한 사람들, 남성들에게만 참정권이 주어지던 시절에 여성도 남성과 동등한 정치적 권리를 보장받아야 한다고 외치던 사람들, 국가 주도의 화폐만이 유일한 매개 수단이라고 모두가 인식할 때 지역의 고유한 화폐를 사용하면 지역경제가 활성화한다고 확신하면서 지역 화폐 운동을 일으킨 사람들, 자본이 중심이 되는 주식회사 개념이 보편적인 시대에 인간이 중심이 되는 협동조합을 일으켜 소수의 자본가가 이익을 독식하는 체제를 변화시킨 사람들. 이들은 모두 시대정신을 거슬러 올라간 사람들이었다.

　　스페인의 돈 호세 마리아 신부Fr. Jose Maria는 1956년에 몬드라곤Mondragon이라는 협동조합을 설립했다. 그는 '협동조합의 이상은 인간을 더욱 인간답게 만드는 것이며 협동조합의 기초는 이익이 아니라 연대 의식이다'라는 생각을 모토로 내세웠다. 그는 새로운 경제 질서를 통해 새로운 사회 질서를 수립하는 꿈을 꿨다. 그 꿈이 상당한 결실을 맺어 현재 3만 5천 명의 조합원과 260개의 협동조합 사업장에 8만 4천 명의 종업원이 함께 일을 하면서 연간 25조의 매출을 올리고 있다. 지난 2008년 국제적 금융 위기 때에도 종업원을 해고하지 않고 1만 5천 명의 신규 인력을 더 고용함으로써 사회에 크게 이바지했다. 그들은 단기간의 기업 이익을 우선으로 삼지 않고, 직원들과 함께 오래 일하는 것에 더 가치를 둔다. 소수의 자본가가 아닌 다수의 조합원에게 수익이 분배되는 시스템을 마련함으로써 자본주의 경제 체제 속에서 새로운 질서에 도전하고 있는 것이다.

　　허균許筠은 공주 목사 부임 후 서얼들과 어울린다는 이유로 파직 당했다. 그는 인간을 차별하는 제도를 반대하면서 차별 없는 세상을 설파한 '유재론'遺才論으로 민본주의 개혁 사상을 주장하였고, 이런 사상에 바탕을 둔 이상향을 그린 『홍길동전』을 저술했다. 그는 '호민론'豪民論에서 백성을 세 부류로 분류하였다. 시키는 대로 하는 '항민'恒民, 원망하는 '원민'怨民, 적극적으로 맞서는 '호민'豪民. 그는 왕이 하늘이라고 생각하던 시대에 천하에 두려워할 존재는 백성이라고 주장하면서 시대를 초월한 근대시민의식을 강조하였다. 결국 반역자로 몰려 능지처참을 당했지만, 그는 시대와 불화하고 시대를 앞서간 '선지자적' 인물임에 틀림없다. 돈 호세 마리아나 허균 같은 사람들은 단지 시대정신의 문제점을 지적하는 데 그치지 않고 새로운 사회를 위한 대안을 제시한 사람들이었다.

사람들은 대개 자신이 태어나고 자라고 생활을 영위해가는 시대의 정신 안에서 생각하고 결정하면서 살아간다. 개인적으로 아무리 정의롭고 선한 결정을 한다 해도, 시대의 영향에서 자유롭지 못하다면 그 결정이 본인의 의도와는 달리 부정적인 결과를 초래할 수 있다. 그러므로 우리는 끊임없이 우리 시대를 관통하는 정신이 무엇인지 살펴야 하고, 나의 삶이 시대정신의 영향을 얼마나 받고 있는지 성찰해야 한다. 이런 삶이야말로 로마서에서 '너희는 이 세대를 본받지 말라'고 하신 하나님의 말씀에 순종하고자 노력하는 삶이다. 12:2

시대에 무조건 순응하지 않고 시대를 초월하는 원리를 따라 살기 위해서는 내가 살고 있는 시대의 정신을 바르게 분별하고, 이 시대정신이 문제가 있다고 느끼면 그것을 거슬러 가려는 결단을 해야 한다. 그런데 이 결단은 매우 힘들기도 하거니와 희생과 손해가 뒤따른다. 흘러가는 강물을 거슬러 올라가는 것이기에 몇 배의 노력이 필요하다.

시대의 흐름을 거스르는 길을 걷게 하는 원동력은 어디에서 나오는가? 무엇보다 시대정신을 초월하는 삶의 원리에 대한 강한 확신에서 나온다. 이것을 신앙적으로 바꿔 말하자면, 그리스도인으로서 시대정신을 거슬러 갈 수 있는 결단은 하나님에 대한 확신, 그분이 주신 삶의 원리에 대한 확신이 얼마나 강한가에 달려 있다.

시대가 어려울수록 시대정신을 거슬러 가는 사람들이 더욱 필요하다. 그들을 통해 많은 사람이 미몽에서 깨어나게 되고, 새로운 흐름이 생기고, 진보가 일어난다. 일반 사회에서와 마찬가지로 신앙의 삶에서도 이 원리는 동일하다.

구약 시대에도 노아와 아브라함과 같은 사람들이 시대정신을 거슬러 가면서 새로운 시대를 열었다. 신약 시대에는 예수님이 시대정신과 불화하면서 새로운 삶의 방식을 펼친 대표적인 존재였다. 그의 뒤를 따른 제자들과 초대 교회 성도들 역시 당대의 권력과 삶의 방식을 거슬러 가면서 세상에 있되 세상에 속하지 않는 하나님의 교회 시대를 열었다. 이들은 세상에 침투한 하나님 나라의 실체를 드러냈고, 하나님 나라를 경험한 사람들의 삶이 어떤 것인지 보여주었다. 그 모습이 사도행전에서 이렇게 묘사되고 있다.

> "믿는 사람은 모두 함께 지내며, 모든 것을 공동으로 소유하였다. 그들은 재산과 소유물을 팔아서, 모든 사람에게 필요한 대로 나누어주었다. 그리고 날마다 한 마음으로 성전에 열심히 모이고, 집집이 돌아가면서 빵을 떼며, 순전한 마음으로 기쁘게 음식을 먹고, 하나님을 찬양하였다. 그래서 그들은 모든 사람에게서 호감을 샀다. 주님께서는 구원 받는 사람을 날마다 더하여 주셨다." 행2:44-47

> "많은 신도가 다 한 마음과 한 뜻이 되어서, 아무도 자기 소유를 자기 것이라고 하지 않고, 모든 것을 공동으로 사용하였다. 사도들은 큰 능력으로 주 예수의 부활을 증언하였고, 사람들은 모두 큰 은혜를 받았다. 그들 가운데는 가난한 사람이 한 사람도 없었다. 땅이나 집을 가진 사람들은 그것을 팔아서, 그 판 돈을 가져다가 사도들의 발 앞에 놓았고, 사도들은 각 사람에게 필요에 따라 나누어 주었다." 행4:32-35

남북 분단 시대에 북쪽 이스라엘 왕국에서 살았던 엘리야도 그런 사람이었다. 그는 시대와 불화한 인물이었고, 시대정신에 정면으로 맞서 싸운 사람이었으며, 당대 권력자들에게 대항하여 새로운 시대정신을 설파한 사람이었다. 하나님은 그를 통해 타락한 시대를 정죄할 뿐만 아니라 다시 되돌리려고 하였다.

엘리야의 삶과 그가 전한 메시지를 바르게 파악하려면 먼저 그가 살던 시대가 어떠했고, 그 시대를 관통하는 정신이 무엇이었는지 이해해야 한다. 이런 방식은 성경의 다른 메시지를 이해하거나 성경 인물을 이해하는 데 가장 기본적인 태도이지만, 엘리야를 이해하기 위해서는 더욱 핵심적인 요소다. 그러므로 우리는 엘리야가 살았던 시대의 배경을 먼저 살펴볼 것이다.

2. 솔로몬 시대 : 시작과 끝이 달라지다

엘리야가 살던 시대에 드러난 여러 문제는 이미 북쪽 이스라엘 왕국이 시작되었을 때부터 싹튼 것이었으므로 그 왕국의 역사를 먼저 살펴봐야 한다. 이야기는 솔로몬으로부터 시작된다.

솔로몬의 출발은 아주 좋았다. 이스라엘의 왕이 된 그는 다른 것을 구하지 않고 하나님의 백성들을 잘 다스릴 수 있는 지혜를 구했다.왕상 3:9 이것이 하나님의 마음을 기쁘시게 하여 역사상 가장 지혜로운 왕으로 이름을 떨치게 되었다. "하나님께서 솔로몬에게 지혜와 총명과 넓은 마음을 바닷가의 모래알처럼 한없이 많이 주시니, 솔로몬의 지혜는 동양의 어느 누구보다도, 또 이집트의 어느 누구보다도 더 뛰어났다. 부귀와 영화까지 덤으로 얻었다."왕상4:29-30

지혜로운 왕의 통치를 받는 백성들도 평화를 누렸다. "솔로몬은 유프라테스 강 이쪽에 있는 모든 지역 곧 딥사에서부터 가사에 이르기까지, 유프라테스 강 서쪽의 모든 왕을 다스리며, 주위의 모든 민족과 평화를 유지하였다. 그래서 솔로몬의 일생 동안에 단에서부터 브엘세바에 이르기까지, 유다와 이스라엘의 모든 사람은 저마다 자기의 포도나무와 무화과나무 아래에서 평화를 누리며 살았다."왕상 4:24-25

그러나 세월이 흘러갈수록 솔로몬은 하나님에게서 점점 멀어져갔다. 하나님은 솔로몬에게 이런 약속을 했었다. "네 아버지 다윗이 한 것과 같이, 네가 나의 길을 걸으며, 내 법도와 명령을 지키면, 네가 오래 살도록 해주겠다."왕상3:14 그러나 왕궁을 건설하고 하나님의 성전을 지으면서 태평성대를 누리던 솔로몬은 나이가 들면서 이상한 길로 **빠졌다**. 그 시작은 이러했다. "솔로몬 왕은 외국 여자들을 좋아하였다. 이집트의 바로의 딸 말고도, 모압 사람과 암몬 사람과 에돔 사람과 시돈 사람과 헷 사람에게서, 많은 외국 여자를 후궁으로 맞아들였다."왕상 11:1 이방 여인을 아내와 첩으로 삼은 것은 하나님의 경고를 완전히 무시한 행동이었다. "주님께서 일찍이 이 여러 민족을 두고, 이스라엘 자손에게 경고하신 일이 있다. '너희는 그들과 결혼을 하고자 해서도 안 되고, 그들이 청혼하여 오더라도 받아들여서는 안 된다. 분명히 그들은 너희의 마음을, 그들이 믿는 신에게로 기울어지게 할 것이다' 하고 말씀하셨다. 그런데도 솔로몬은 외국 여자들을 좋아하였으므로, 마음을 돌리지 못하였다."왕상 11:2

솔로몬은 계속 하나님의 경고를 무시하는 길로 질주했다. "그는 자그마치 칠백 명의 후궁과 삼백 명의 첩을 두었는데, 그 아내들이 그의 마음을 사로잡았다. 솔로몬이 늙으니, 그 아내들이 솔로몬을 꾀어서, 다른 신들을 따르게 하였다. 그래서 솔로몬은, 자기의 주 하나님께 그의 아버지 다윗만큼은 완전하지 못하였다. 솔로몬이 시돈 사람의 여신 아스다롯과 암몬 사람의 우상 밀곰을 따라가서, 주님 앞에서 악행을 하였다. 그의 아버지 다윗은 주님께 충성을 다하였으나, 솔로몬은 그러하지 못하였다."왕상 11:3-6

하나님은 이런 솔로몬을 그냥 두지 않았다. "이와 같이 솔로몬의 마음이 주 이스라엘의 하나님을 떠났으므로, 주님께서 솔로몬에게 진노하셨다. 주님께서는 두 번씩이나 솔로몬에게 나타나셔서, 다른 신들을 따라가지 말라고 당부하셨지만, 솔로몬은 주님께서 하신 말씀에 순종하지 않았다. 그러므로 주님께서 솔로몬에게 이렇게 말씀하셨다. "네가 이러한 일을 하였고, 내 언약과 내가 너에게 명령한 내 법규를 지키지 아니하였으니, 내가 반드시 네게서 왕국을 떼어서, 네 신하에게 주겠다."왕상 11:9-11

그렇게 택함 받은 사람이 여로보암이었다. "그 무렵에 여로보암이 예루살렘에서 나아오다가, 길에서 실로의 아히야 예언자와 마주쳤다. 아히야는 새 옷을 걸치고 있었고, 들에는 그들 둘만 있었는데, 아히야는 그가 입고 있는 새 옷을 찢어서, 열두 조각을 내고, 여로보암에게 말하였다. "열 조각은 그대가 가지십시오. 주 이스라엘의 하나님께서 그대에게 이렇게 말씀하셨습니다. '자, 내가 솔로몬의 왕국을 찢어서, 열 지파를 너에게 준다.'"왕상11:29-31

하나님은 다윗을 생각해서 솔로몬이 살아있을 동안에는 나라가 분열되지 않도록 배려하다가 솔로몬이 죽고 그의 아들 르호보암이 왕이 된 후에야 나라가 분열되게 하셨다. 북쪽 열 지파는 여로보암을 왕으로 삼았다. "이 무렵에 온 이스라엘 백성은 여로보암이 돌아왔다는 소식을 듣고서, 사람을 보내어 그를 총회로 불러왔으며, 그를 온 이스라엘을 다스리는 왕으로 추대하였다. 그리하여 유다 지파만 제외하고는, 어느 지파도 다윗 가문을 따르지 않았다."왕상12:20

이것이 솔로몬 통치의 결말이었다. 하나님의 지혜를 구하는 모습으로 멋지게 출발한 솔로몬은 나이가 들수록 점점 추해졌고, 결국 국가 분열의 원인 제공자로 전락하고 말았다.

솔로몬은 하나님의 명령을 가볍게 어겼다. 두 가지 이유를 짐작해볼 수 있다. 하나는 개인적인 요인으로, 열왕기상 11장 1절처럼 외국 여자들을 좋아하는 솔로몬의 애정행각이 원인일 수 있다. 이것은 솔로몬이 하나님의 말씀을 순종하는 것보다 자신의 욕망을 충족하는 것을 더 우선시했다는 증거다. 다른 하나는 정치적인 요인으로, 그가 데려온 여자들이 주로 주변 국가 출신이라는 점에서 그 국가들과 혼인동맹을 맺으려는 의도가 있었을 것이다. 이것이 맞다면, 솔로몬은 하나님의 뜻보다 정치적 판단을 우선시했다고 볼 수 있다. 솔로몬은 처음엔 하나님의 지혜를 구하면서 왕의 역할을 수행했으나 나중엔 자신의 정치적 판단에 의지해서 왕국을 통치하는 모습으로 변질되고 말았다.

3. 여로보암 시대 : 편리함을 따라 타협하다

솔로몬의 신하였다가 열 지파의 왕이 된 여로보암은 열심히 자신의 왕국을 구축하려고 노력했다. 그러나 초기부터 생각지도 못한 난관에 부딪혔다. 르호보암을 거부하고 떠났던 백성들이 제사를 지내거나 절기를 지키기 위해서는 르호보암이 다스리는 지역인 남쪽 유다에 위치한 예루살렘으로 순례하듯 가야 하는 문제가 생긴 것이다. 순례길을 떠나는 백성들의 행렬은 두 나라의 경계를 허무는 듯한 행보였다. 북쪽 이스라엘을 든든하게 세우는 일이 절실한데 백성들이 자주 남쪽으로 넘어 갔다 오는 것이다. 이 모습을 본 여로보암은 불안에 휩싸여 잠을 못 이룰 지경이 되었다. 이것은 마치 북한 주민들이 명절을 쇠러 남한에 있는 자기 고향 집에 다녀오는 것과 비슷한 상황일 것이다. 김정은이 이 상황을 본다면 어떤 심정이겠는가?

이런 상황을 마주한 여로보암의 심정이 이렇게 표현되어 있다. "그런데 여로보암의 마음에, 잘못하면 왕국이 다시 다윗 가문으로 돌아갈지도 모른다는 생각이 들었다. 이 백성이 예루살렘에 있는 주님의 성전으로 제사를 드리려고 올라갔다가, 그들의 마음이 그들의 옛 주인인 유다 왕 르호보암에게로 돌아가게 되는 날이면, 그들이 자기를 죽이고, 유다 왕 르호보암에게 돌아갈지도 모른다는 생각이 들었다." 왕상 12:26-27

비록 백성의 환심을 잃었지만 남쪽 유다의 왕인 르호보암은 다윗의 혈통을 이어받은 자였다. 그에 비해 여로보암은 정통성이 없는 왕이었다. 비록 열 지파가 자신을 선택해서 왕이 되었지만 여전히 불안했을 것이다. 만에 하나 그들이 다윗을 추억하면서 그의 혈족인 르호보암에게 다시 연민을 느끼게 되면 자기는 토사구팽 당할 위험이 있기 때문이다. 이런 불안감은 백성들이 제사를 드리기 위해 예루살렘으로 자주 올라가는 상황이 발생하자 더욱 커졌다. 북이스라엘 백성이 예루살렘으로 간다는 것은 예루살렘이 여전히 남북 왕국의 중심지라는 뜻이었고, 그렇게 자주 드나들다 보면 그들의 마음이 언제 돌아설지 모를 일이었기 때문이다. 이 것은 마치 나의 연인이 얼마 전에 헤어진 옛 연인과 계속 일을 같이 하면서 만나는 것을 알고 난 후 느끼는 불안감과 같을 것이다. 두 사람은 과거에 사랑했던 사이다. 비록 지금은 헤어졌지만 언제 다시 과거의 정을 회복할지 모를 일이다. 어찌 불안 하지 않겠는가?

이 일로 노심초사하던 여로보암은 큰 고민에 빠졌다. 마음 같아서는 백성들이 예루살렘에 못 가게 막고 싶었을 것이다. 하지만 그것은 이스라엘의 기초인 여호 와 신앙을 부정하는 것과 같기에 선택할 수 있는 옵션이 아니었다. 불안 속에서 노 심초사하던 중 좋은 해결책이 번뜩 떠올랐고, 여로보암은 곧바로 세 가지 정책을 시행했다.

첫째, 북쪽 이스라엘 지역인 벧엘과 단에 금송아지 상을 세우고 그 앞에서 제사 를 지내도록 했다.왕상 12:28-30 예루살렘을 대체할 만한 새로운 제사 장소를 정하 면 되지 않겠느냐고 생각한 것이다. 둘째, 레위 지파가 아닌 일반 백성 가운데서 자 기 마음대로 제사장을 임명하여 세웠다.31절 셋째, 절기도 자기 마음대로 새로운 날짜로 정했다.32-33절

이 정책은 정치적으로 볼 때 매우 현명한 해결책이었다. 백성들이 다시는 예루 살렘에 올라가지 않게 되어 남쪽과 단절하는 데 성공하였고, 그리하여 남쪽에 흡 수되지 않고 북쪽만의 정체성을 지키려는 정치적 목적을 달성할 수 있었기 때문 이다. 이것을 볼 때 여로보암은 정치적으로 아주 수완이 좋은 인물이요, 사람들의 마음을 잘 읽고 자기가 원하는 대로 조종할 수 있는 사람이다.

그러나 이 정책은 '정치적인' 의미에서 현명한 것이었지 '종교적인' 측면에서 보면 하나님의 뜻을 정면으로 거스르는 나쁜 정책이었다. 이 모든 결정은 하나님 이 정하신 규정에 어긋나는 것이었기 때문이다. 솔로몬은 하나님의 재가를 받아 예루살렘에 성전을 세웠다. 그 성전에 성소와 지성소를 만들고 그 안에 법궤를 두

었다. 하나님은 그곳을 거룩하게 하여 그곳에서만 제사를 지내도록 했다. 레위 지파인 아론의 후손을 제사장으로 세워 성전을 관리하고 제사를 주관하게 하였다. 이스라엘 백성들은 유월절, 초막절, 칠칠절 등 하나님이 제정하신 절기를 날짜에 맞춰 지켜야 했다. 이 모든 것은 하나님이 직접 정하신 규정이었다. 그런데 지금 여로보암은 이 모든 규례를 일거에 뒤집어버린 것이다.

더 심각한 것은 하나님이 절대 만들지 말라고 하신 하나님의 형상을 만든 것이었다. 하나님께서 시내산에서 주신 십계명의 두 번째 계명은 이렇게 규정하고 있다. "너희는 너희가 섬기려고 위로 하늘에 있는 것이나, 아래로 땅에 있는 것이나, 땅 아래 물속에 있는 어떤 것이든지, 그 모양을 본떠서 우상을 만들지 못한다. 너희는 그것들에게 절하거나, 그것들을 섬기지 못한다."출20:4-5 여로보암은 아론이 시내산 밑에서 만든 금송아지를 생각한 것이 분명하다. 28절의 "이스라엘 백성들아, 너희를 이집트에서 구해 주신 신이 여기에 계신다"는 표현은 출애굽기 32장 4절에서 아론이 한 말과 똑같다. 여로보암은 하나님을 대신하는 신을 만든 것이 아니라 예루살렘에 있는 법궤를 대신하는 하나님의 상징물로서 금송아지를 만든 것이다. 당시 가나안 지역에서는 신의 임재의 상징으로 여러 곳에 신의 형상을 세우는 문화가 지배적이었다. 지금 여로보암은 주변 세계의 문화를 따라 하나님을 상징하는 금송아지를 만들면서, 하나님이 절대 금하신 명령을 가볍게 여긴 것이다. 결국 여로보암은 정치적인 이익을 위해서 자신을 왕으로 세우신 하나님과 그의 말씀을 완전히 무시하는 결정을 내린 것이다.

우리는 이런 결정을 내린 여로보암을 향해 손가락질할지 모른다. 그러나 우리도 위기에 처하면 이런 함정에 쉽게 빠질 수 있다. 여로보암은 하나님이 세워주셔서 왕이 된 인물이다. 그런데 지금 자신의 정치적 이익이 위험에 처하자 하나님의 뜻을 저버리고 있다. 위기에 처할 때면 우리는 과거에 우리를 인도하셨던 하나님과 그가 베풀어주신 은혜를 까맣게 잊어버린다. 내가 어떻게 해서 여기까지 왔는지, 누구의 은혜로 왔는지 잊어버린다. 과거의 은혜를 잊게 되면, 눈앞에 닥친 긴급한 문제를 빨리 해결해야 한다는 생각에 사로잡혀 인간적인 방식으로 해결책을 찾으려고 노력하게 된다. 그리하여 종교적인 차원, 즉 하나님을 우선으로 고려하는 차원은 뒷전으로 밀려나게 된다.

여로보암의 새 정책을 탁월한 선택이라고 평가할 만한 또 다른 이유가 있었다. 처음에는 여로보암도 자신의 정책이 백성들에게 통할 수 있을지 염려했을 것이다. 오랫동안 자리 잡아 왔던 제사 관행을 하루아침에 바꾼다는 것이 쉬운 일이 아니었기 때문이다. 이것은 마치 예전에 우리나라에서 전통적인 명절인 설을 없애고 신정으로 대체하려던 시도와 같다. 오랜 세월에 걸쳐 백성들의 문화로 자리잡은 관습을 바꾸는 것은 말처럼 쉽지 않다. 백성들이 여로보암의 정책을 쉽게 수용하리라고 기대하는 것은 무리였다. 그래서 여로보암은 강압적으로 백성들을 예루살렘에 못 가게 하는 무식한 전략을 택하지 않았다. 대신 교묘하고 합리적인 전략을 택했다.

여로보암은 예루살렘 예배의 단점을 이용하기로 했다. 그것은 '번거로움'과 '불편함'이었다. 백성들이 매번 제사를 드리기 위해 멀리 예루살렘까지 오가는 것은 번거롭고 불편한 일이었다. 여로보암은 이 점을 이용한 것이다. 물론 여로보암의 속내는 백성들의 번거로움을 덜어주려는 것이 아니다. 대부분의 집권자들과 마찬가지로 겉으로는 백성들을 위한다는 명분을 내세우지만 실제로는 자신의 정치적 목적을 성취하기 위해 백성들의 심리를 이용하고 있을 뿐이다. 여로보암은 편리함과 안락함을 추구하는 백성들의 경향을 이용하여 자신의 정치적 목적을 달성하고자 묘안을 짜낸 것이다.

기대 반 걱정 반으로 시행한 여로보암의 새로운 정책은, 염려와는 달리 백성들에게 환영을 받았다. 이 정책을 따르면 백성들은 제사를 드리러 굳이 예루살렘까지 갈 필요가 없다. 긴 여행을 안 해도 된다. 남과 북으로 갈라져 갈등 관계에 있는 남쪽 사람들을 만나거나 그들로부터 반역자라는 소리를 듣지 않아도 된다. 이 정책은 백성들 편에서도 좋은 방안이었다. 다만 오래전 하나님이 주신 명령을 조금만 무시하기만 한다면. 결국 백성들은 '편리함'이라는 미끼에 걸려들어 하나님의 명령을 저버리고 여로보암의 '대안'을 받아들이고 말았다.

사탄은 지금도 동일한 전략을 사용한다. 사탄은 우리의 숨은 욕구를 자극하여 그것을 만족시키면서 다른 것 실제로는 중요하지만 우리의 욕구를 중심으로 생각해보면 타협할 수 있는 것으로 보이는 것을 포기하도록 유혹한다. 우리는 차츰 이런 유혹에 **빠져** 결국 돌이킬 수 없는 타락의 길을 걷게 되고 변질된다.

편리함과 안락함은 매우 큰 유혹이다. 문명의 이기는 모두 인간의 편리함을 위해 만들어지고 사용된다. 전기원자력, 전자제품 이것을 사용하려면 많은 돈을 지불해야 하고, 그 돈을 벌기 위해 노예처럼 일해야 한다, 자동차, 좀 더 편한 주거환경 과거에 비해 매우 깨끗하고 편리해졌으나 사람들은 여전히 만족하지 못한다 결국 우리는 더 편리해지고 안락해지기 위해서 돈이 더 필요한 것이 아닌가? 그리고 그 돈을 벌기 위해서 노예처럼 일하고 있는 것이 아닌가?

여로보암과 백성들이 함께 범한 잘못이 한 가지 더 있다. 여로보암이나 백성들은 '여호와 종교'의 핵심이 제사이니 제사만 잘 지내면 된다고 생각했을 것이다. 다른 것들은 부수적인 것이니까 별로 중요하지 않다고 생각했을 것이다. 그래서 장소도 편리한 곳으로 바꿨고, 제사장도 자기 임의대로 세우고, 절기도 마음대로 정해 버렸다. 그렇게 하고서도 왠지 맘이 편치 않으니까 그들은 하나님이 원하시는 제사만 잘 지내면 아무 문제없다고 스스로 위로했을 것이다. 이것은 그들이 임의로 타협한 것이다. 하나님은 이것은 중요하고 저것은 덜 중요하다고 말씀하지 않았다. 이것도 저것도 중요한 것이니 모두 지키라고 하셨다. 그러나 사람들은 종종 순위를 매긴다. 쉬운 것은 잘 지키고 어려운 것은 안 지켜도 괜찮다고 생각한다. 제사를 지내는 것이 중요하지 그 형식은 그렇게 중요하지 않다고 생각한다. 어찌 됐든 했으니까 문제가 없다고 생각한다.

우리도 이런 식으로 생각하고 행동할 때가 많다. 가난한 이웃을 돌보고 사회 구조적인 악을 제거하는 일은 너무 힘들고 부담스러우니까 뒤로 미루거나 관심을 갖지 않고, 대신 교회에서 드리는 예배와 기도와 성경공부는 중요하다고 생각하여 그 일에만 특별한 열심을 낸다. 종교적 열정을 가지고 부지런히 모이고 예배드리고 기도는 하지만, 정작 일상에서 하나님의 영광을 구하는 삶에 대해 고민하지 않는다. 가정, 직장, 돈과 소비, 자녀 교육, 주거문제 등 삶의 모든 영역에서 어떻게 살아가는 것이 성경적인 삶인지 구체적으로 고민하지 않는다. 하나님은 하나님도 사랑하고 이웃도 사랑하라고 말씀하신다. 예배드리고 성경도 공부하되 정의와 공의가 넘치는 사회를 만들기 위해 애쓰라고도 말씀하신다. 하나님은 이 모든 것을 하라고 요구하시지만, 우리는 취사선택한다. 힘들고 부담스러운 것은 피하거나 미뤄두고 쉬워 보이는 것에만 집중한다.

교회도 마찬가지다. 하나님은 교회에 다양한 사명을 주셨다. 성도들의 성장을 위한 교육, 예전으로서의 예배와 삶의 예배, 공동체 형성, 봉사, 세상의 변혁, 문화 창조, 복음 전도 등. 그런데 교회 성장론자들은 이 모든 것을 다 하려다 보면 교회 성장에 지장이 된다고 생각하여 한두 가지에만 집중하라고 한다. 그러나 우리에게는 교회의 다양한 사명을 한두 가지로 축소시킬 권한이 없다. 하나님이 대여섯 가지를 교회의 사명으로 주셨다면 우리는 그대로 따라야 한다. 그 중에서 쉬운 것, 편한 것, 우리에게 이익이 되는 것만을 취사선택할 권리가 우리에게는 없다. 그렇게 하고 있다면, 우리는 이스라엘 백성들이 빠진 편의성의 함정에 이미 빠져 있는 것이다.

4. 여로보암을 따르는 후대 왕들

한 나라의 설립자로서 여로보암이 저지른 더 큰 잘못은 그의 잘못된 정책이 단지 자신의 시대에만 영향을 끼치지 않고 후대에 계속 이어졌다는 점이다. 후대의 왕들은 모두 여로보암의 악을 그대로 계승한다.

"유다의 아사 왕 제 이년에 여로보암의 아들 나답이 이스라엘 왕이 되어서, 두 해 동안 이스라엘을 다스렸다. 그러나 그는 주님께서 보시기에 악한 일을 하였다. 그도 그의 부친이 걷던 그 악한 길을 그대로 걸었으며, 또 이스라엘에게 죄를 짓게 하는 그 잘못을 그대로 따랐다." 왕상 15:25-26

"유다의 아사 왕 제 삼년에 아히야의 아들 바아사가 이스라엘의 왕이 되어서, 디르사에서 스물네 해 동안 다스렸다. 그는 주님께서 보시기에 악한 일을 하였고, 여로보암이 걸은 길을 그대로 걸었으며, 이스라엘에게 죄를 짓게 하는 그 죄도 그대로 따라 지었다." 왕상 15:33-34

"이것은 시므리가, 주님께서 보시기에 악행을 하고, 여로보암의 길을 따라가서, 이스라엘에게 죄를 짓게 한 그 죄 때문에 생긴 일이다." 왕상 16:19

"오므리가 주님께서 보시기에 악한 일을 하였는데, 그 일의 악한 정도는 그의 이전에 있던 왕들보다 더 심하였다. 그는 느밧의 아들 여로보암이 걸은 모든 길을 그대로 따랐다. 오므리는 이스라엘에게 죄를 짓게 하고, 또 우상을 만들어서, 이스라엘의 하나님께서 진노하시게 하였다." 왕상 16:25-26

태조가 세워 놓은 왕국의 원칙을 후대 왕들이 그대로 답습한 것이다. 이처럼 처음에 방향을 잘못 정해 놓으면 그 잘못이 반복되면서 비극이 이어진다. 처음에 어떻게 하느냐가 이렇게 무서운 것이다. 시간이 지나고 세대가 지나면서 그것은 자연스럽게 한 사회의 문화로 자리 잡게 된다. 원래부터 있었던 당연한 삶의 모습인 것처럼 받아들여지게 된다. 그렇게 되면, 후대에 문제점을 인식한다 해도 그 문화를 바꾸기가 쉽지 않고, 바꾸려고 해도 엄청난 에너지가 소모된다. 세우는 데 들어가는 에너지보다 몇 배 몇 십 배 더 큰 에너지가 필요하다.

하나님의 도우심으로 새롭게 세워진 북쪽 이스라엘에서는 이제 여로보암의 잘못된 정책 때문에, 하나님이 정한 원칙보다 정치적 상황이, 하나님의 말씀보다 정치적 이익이, 하나님의 명령을 따르는 것보다 안락함과 편리함을 따르는 것이 더 중요해진 시대의 문이 열리고 말았다. 그 결과가 무엇인가? 북이스라엘은 쿠데타가 빈번하게 일어나, 이전 왕족은 모두 몰살당하는 참극이 이어지면서 왕위가 제대로 계승되지 못하는 불안한 왕조로 전락했다. 그런 나라는 내외적으로 허약해질 수밖에 없다. 결국 북이스라엘은 국가가 설립된 지 200여년 만에 앗시리아에 의해 멸망당하게 된다. 남쪽 유다보다 150년이나 일찍 멸망했다. 처음부터 고리를 잘 꿰었다면 이런 비극의 역사가 이어지지 않았을 것이다.

우리는 솔로몬과 여로보암의 시대를 살펴보면서 무엇을 배울 수 있는가?
먼저, 나이가 들어서도 젊었을 때의 신앙적 헌신을 계속 유지하는 것이 얼마나 중요한지를 솔로몬을 통해 배울 수 있다. 또한 눈앞의 정치적 이익을 위해서 하나님의 말씀과 타협하는 것이 후대까지 얼마나 큰 부정적인 영향을 끼치게 되는지 여로보암의 행보를 통해 배우게 된다. 그러나 단지 왕들에게만 잘못이 있는 게 아니었다. 편리함과 안락함이라는 우상에 매혹되어 하나님의 말씀을 가볍게 여긴 백성들 역시 시대의 불행을 재촉하는 데 한몫을 했다. 언제나 그렇듯이, 손바닥은 마주쳐야 소리가 난다. 통치자와 백성들이 '이익'이라는 고리로 하나가 될 때 그 시대는 암흑의 터널 속으로 빠져든다.

〈삶을 향하여〉

1. 신앙생활을 시작한 초기와 지금을 비교해 보고, 초기에 지녔던 헌신의 삶이 지금도 이어지고 있는지 돌아보자. 초기의 헌신적 삶에서 너무 멀어진 삶을 살고 있다면 그 원인이 무엇인지 생각해 보고, 어떻게 하면 헌신의 삶을 계속 유지할 수 있을지 생각해 보자.

2. 여로보암과 그를 따르는 백성들은 여호와께 제사만 잘 드리면 된다고 생각하여 하나님의 명백한 명령을 무시한 채 제사 장소를 다른 편리한 장소로 바꾸고, 제사장을 임의로 세우고, 절기도 바꾸어 버렸다. 하나님께서 교회에 주신 다양한 사명이 있다. 성도들의 성장을 위한 교육, 예전으로서의 예배와 삶의 예배, 공동체 형성, 봉사, 세상의 변혁, 문화 창조, 복음 전도, 등이 그것이다. 내가 속한 교회는 하나님께서 주신 다양한 사명을 수행하기 위해 어떤 노력을 하고 있는가? 지키기 어렵다는 이유로 한두 가지만 취사선택하여 열심을 내는 모습은 없는가?

3. 가정, 교회, 학교, 직장, 사회 등 실제 삶의 영역에서 우리는 크고 작은 선택과 결정을 내리며 살고 있다. 명백한 하나님의 말씀이 있음에도 그 명령을 무시한 채 눈앞의 이익과 편리함을 따라 선택하는 삶을 살고 있는 것은 아닌지 돌아보자. 가장 최근에 내린 결정은 어떤 것이었으며 그 결정의 기준은 무엇이었는가?

2. 시대정신

왕상 16:28-34

"오므리는 그의 조상들과 함께 잠들어서 사마리아에 묻히고, 그의 아들 아합이 그의 뒤를 이어서 왕이 되었다. 유다의 아사 왕 제 삼십팔년에 오므리의 아들 아합이 이스라엘의 왕이 되어서, 사마리아에서 이스라엘을 스물두 해 동안 다스렸다. 오므리의 아들 아합은 그 이전에 있던 왕들보다 더 심하게, 주님께서 보시기에 악한 일을 하였다. 그는 느밧의 아들 여로보암의 죄를 따라 가는 정도가 아니라, 오히려 더 앞질렀다. 그는 시돈 왕 엣바알의 딸인 이세벨을 아내로 삼았으며, 더 나아가서 바알을 섬기고 예배하였다. 또 그는 사마리아에 세운 바알의 신전에다가 바알을 섬기는 제단을 세우고, 아세라 목상도 만들어 세웠다. 그래서 그는 그 이전의 이스라엘 왕들보다 더 심하게 주 이스라엘의 하나님을 진노하시게 하였다. 아합 시대에 베델 사람 히엘이 여리고를 건축하였다. 주님께서 눈의 아들 여호수아를 시켜서 하신 주님의 말씀대로, 그는 그 성의 기초를 놓으면서는 그의 맏아들 아비람을 잃었고, 성문을 달면서는 그의 막내 아들 스굽을 잃었다."

1. 더 악화된 아합 왕 시대

북 왕국 이스라엘의 후대 왕들은 여로보암의 전철을 밟았다. 하지만 그들은 단순히 여로보암의 길만 따라간 것은 아니었다. 후대로 내려갈수록 악의 강도가 점점 세졌다.

여로보암 이후 몇 대가 지나 오므리가 왕이 되었다. 성경은 그를 이렇게 평가한다. "오므리가 주님께서 보시기에 악한 일을 하였는데, 그 일의 악한 정도는 그의 이전에 있던 왕들보다 더 심하였다. 그는 느밧의 아들 여로보암이 걸은 모든 길을 그대로 따랐다. 오므리는 이스라엘에게 죄를 짓게 하고, 또 우상을 만들어서, 이스

라엘의 하나님께서 진노하시게 하였다."왕상16:25-26

그런데 이것이 끝이 아니었다. 오므리를 능가하는 아들이 나타났다. "오므리의 아들 아합은 그 이전에 있던 왕들보다 더 심하게, 주님께서 보시기에 악한 일을 하였다."왕상16:30 오므리도 이전에 있던 왕들보다 더 심했는데, 그의 아들 아합은 아버지를 능가했다는 것이다. 아합이 저지른 죄는 이전 왕들과 차원이 달랐다. "그는 느밧의 아들 여로보암의 죄를 따라 가는 정도가 아니라, 오히려 더 앞질렀다."왕상16:31

아합은 어떤 점에서 여로보암의 죄를 앞질렀는가? 왕상 16:31-33은 세 가지를 언급한다.

> "그는 시돈 왕 엣바알의 딸인 이세벨을 아내로 삼았으며, 더 나아가서 바알을 섬기고 예배하였다. 또 그는 사마리아에 세운 바알의 신전에다가 바알을 섬기는 제단을 세우고, 아세라 목상도 만들어 세웠다. 그래서 그는 그 이전의 이스라엘 왕들보다 더 심하게 주 이스라엘의 하나님을 진노하시게 하였다."

첫째, 아합은 분열되기 전 통일왕국 시대의 솔로몬의 전철을 밟아 하나님이 금하신 가나안의 이방 왕국 시돈 왕 엣바알의 딸 이세벨과 결혼하였다.31절 그 결과 시돈의 우상인 바알과 아세라 숭배가 이스라엘로 물밀듯 들어왔다. 일찍이 솔로몬이 수많은 이방 나라와 혼인 관계를 맺은 결과 그 나라의 우상이 이스라엘에 들어왔는데, 그와 똑같은 현상이 지금 반복되고 있다.

둘째, 아합의 잘못은 여기서 그치지 않았다. 여로보암은 벧엘과 단에 금송아지를 세우고 제사를 지내는 잘못을 범했었다. 비록 하나님이 금하신 우상을 세우기는 했지만 여로보암은 금송아지를 여호와로 생각하고 경배했을 뿐 여호와를 배제하고 다른 신을 섬기려고 한 것은 아니었다. 그의 마음에는 여전히 여호와께 제사

드린다는 생각이 있었다. 그러나 아합은 여호와를 버리고 바알을 섬기는 데까지 나아갔다. 하나님이 세우신 왕국의 왕이 하나님을 버리고 우상에게로 돌아선 것이다.

셋째, 아합은 바알 신앙을 북돋으려고 사마리아에 바알 신전을 세우고, 바알 제단을 만들고, 아세라 목상까지 세웠다. 아합은 잘못된 방식으로 여호와를 섬기는 정도에서 벗어나 여호와를 버리고 다른 우상을 섬기는 데까지 나아갔다. 여호와를 밀어내고 그 자리에 바알과 아세라를 세운 것이다.

열왕기 저자는 아합의 악행을 두 번째 지적하면서 그의 행동이 여호와의 진노를 유발했다고 강조한다. "그는 그 이전의 이스라엘 왕들보다 더 심하게 주 이스라엘의 하나님을 진노하시게 하였다." 33절

아합은 왜 여호와 앞에서 이토록 심한 악을 행하게 되었을까?

첫 번째로 선왕인 여로보암의 악행이 분명히 영향을 미쳤을 것이다. 여로보암이 여호와의 명령을 무시하고 자의적으로 벧엘과 단에 우상을 세운 것은 오고 오는 세대에 규범이 되었다. 아합 역시 이런 분위기에서 태어나고 자랐다. 이런 자의적인 여호와 경배 관행은 점차 여호와 자체를 무시하는 길로 이어졌다.

그러나 아합을 여호와로부터 더욱 멀어지게 한 결정적인 요인은 시돈 왕 엣바알의 딸 이세벨과의 결혼이었다. 아합은 여로보암의 악행을 따랐을 뿐 아니라 솔로몬과 똑같은 잘못을 범했다. 바로 이 점이 아합의 시대를 가장 저주받은 시대가 되게 한 결정적인 원인이었다.

설상가상으로 이세벨은 매우 종교적인 사람이었다. 그의 아버지 엣바알의 이름 뜻은 '바알이 함께 한다'이고, 이세벨의 뜻은 '바알이여 어디 계십니까?'라는 것으로 바알 경배 의식을 치를 때 부르는 외침과 비슷하다. 이름에서부터 바알 신앙의 열정이 느껴질 정도다. 그 열정 때문에 이세벨은 자신이 시돈에서 섬기던 바알과 아세라를 그대로 이스라엘로 끌고 들어왔고, 바알 제사장들까지 들여온 것

이다. 하나님께서 이방 여인과 결혼하지 말라고 했을 때 우려했던 일이 현실이 되고 만 것이다. 아합이 이방 여인 이세벨과 결혼한 것도 잘못이지만, 아내를 너무 사랑한? 나머지 그녀의 온갖 요구를 다 들어준 것도 큰 잘못이다.

여기서 우리는 또 다른 질문을 던질 수 있다. 아합은 왜 이세벨과 결혼했을까? 사랑의 결실이었을까? 사랑이 이유일 수도 있겠지만, 일반적으로 왕의 결혼은 사랑보다 정략적인 요소가 더 크게 작용한다. 아합도 그런 결혼을 했다고 보는 게 옳을 것이다. 당시의 국제 정세를 고려하면 이 사실은 좀 더 분명해진다.

당시 시돈은 지중해 연안에서 부유한 국가를 형성하고 있었다. 막강한 해군력으로 지중해의 여러 섬을 지배하고 있었고 멀리 아프리카까지 가서 무역을 했다. 이런 나라와 잘 지내면 여러모로 유익할 것이다. 마치 부잣집에 장가가는 것과 같은 이익을 기대할 수 있기 때문이다. 그것만이 아니었다. 국제 정세를 보면 당시에 이스라엘과 시돈은 강대국 앗수르의 위협을 받고 있었다. 앗수르는 주변 국가들을 하나씩 침공하여 굴복시키고 있었다. 이런 상황에서 두 나라가 힘을 합치면 어느 정도 자국의 안전을 담보할 수 있을 것으로 기대했을 것이다.

바로 이런 이유로 아합이 정략적인 결혼을 했다고 보는 게 정황상 합리적일 것이다. 아합은 시돈과 제휴를 맺음으로써 이스라엘의 번영과 안정을 기대한 것이다. 그렇다면 아합의 결혼은 국제정치의 시각에서는 긍정적인 행동으로 볼 수도 있다. 오히려 왕이 국가를 위해서 자신의 한 몸을 던진 희생적인 모습으로 비칠 수도 있다. 그러나 아합의 정략적 결혼은 정치적으로는 현명한 결정일지 모르지만, 종교적으로는 심각한 문제를 초래하는 것이었다. 하나님의 명령을 정면으로 거스르는 것이었기 때문이다. 하나님은 이스라엘 백성들이 가나안에 들어가서 살게 될 때에 그 땅에 사는 이방인과 결혼하는 것을 엄하게 금했다. 그런데 누구보다 모범을 보여야 할 왕이 이 명령에 불순종한 것은 심각한 잘못이다. 아합은 정치적 이득을 얻으려고 하나님의 명령을 거부하고 말았다.

아니나 다를까, 아합이 하나님의 뜻을 어기고 정략적으로 이방여인과 결혼하자 하나님이 우려한 결과가 그대로 벌어졌다. 이세벨로 인해 이방 종교와 이방신 숭배가 이스라엘로 물밀듯 들어오게 되었다. 열왕기 저자는 설령 이세벨과의 결혼이 지금 당장은 전략적으로 탁월한 선택처럼 보일지라도, 그로 인한 영적인 혼란과 문화적 혼란 때문에 오히려 이스라엘이 바알 숭배에 빠져 멸망할 수 있다고 지적한다.32-33절 아합은 자신이 중요하게 여기는 것을 선택했지만, 그것은 하나님이 더 중요하게 여기는 것을 무시하는 선택이었다.

2. 여리고 성 재건

열왕기 저자는 아합 왕의 시대를 서론적으로 묘사하면서 한 가지 에피소드를 끼워 넣는다. 히엘이라는 사람이 여리고 성을 재건한 사건이었다. "아합 시대에 베델 사람 히엘이 여리고를 건축하였다. 주님께서 눈의 아들 여호수아를 시켜서 하신 주님의 말씀대로, 그는 그 성의 기초를 놓으면서는 그의 맏아들 아비람을 잃었고, 성문을 달면서는 그의 막내 아들 스굽을 잃었다."34절 이 사건이 아합 왕의 전반적인 잘못을 언급하는 부분에 왜 들어가 있을까? 이 사건의 의미는 무엇이며, 아합 왕과 무슨 관련이 있을까?

이 사건을 이해하려면 먼저 여리고 성과 이스라엘의 관계에 대해 알아야 한다. 여리고 성은 어떤 곳이었는가? 여리고 성은 이스라엘 백성이 광야 생활 40년을 청산하고 여호수아의 인도 아래 요단강을 건너 가나안에 들어갔을 때 처음으로 맞닥뜨린 큰 성읍으로, 가나안의 관문이자 전략적 요충지였다. 가나안에 들어가서 처음부터 이렇게 큰 성과 맞닥뜨리는 것이 이스라엘 백성들에게는 두려운 일이었 겠지만, 여기엔 하나님의 의도가 깔려있었다. 먼저 이스라엘 백성들을 향해서는, 막강한 성을 초반에 정복함으로써 하나님의 능력을 확인시켜주고 가나안 정복이 그렇게 어려운 일이 아니라는 확신을 주려는 것이었다. 반대로 가나안 족속들에게는, 여호와와 그의 백성 이스라엘에 대한 공포심을 심어주려는 것이었다. 이런 점에서 여리고 성 정복은 하나님의 전략적 선택이었다.

우리가 잘 아는 대로 이스라엘 백성들은 자신의 군사적 능력이 아니라 전적인 하나님의 능력으로 손쉽게 그 성을 무너뜨리고 정복했다.수 2-6장 그 후에 하나님은 여리고 성을 재건하지 말라는 명령을 내렸다. 폐허 그대로 내버려두라고 한 것이다.수 6:26 하나님은 왜 이런 명령을 하셨을까? 폐허는 여리고 성 정복에 담긴 두 가지 메시지를 상징하기 때문이다. 이스라엘에게는 하나님의 능력과 도우심의 상징이자 앞으로도 계속 여호와만을 섬기고 따라야 한다는 것을 다짐하게 하는 상징이었고, 가나안 족속들에게는 온 세상의 심판자이신 여호와의 능력을 보여주는 상징인 것이다. 폐허가 된 여리고 성은 하나님이 주권자요 최고의 능력자라는 것을 증거하는 살아있는 메시지였다. 그러므로 여리고 성을 재건하는 것은 자기 백성을 위한 여호와의 능력과 악한 자들을 향한 심판의 메시지를 기억 저편으로 묻으려는 시도로 간주되는 것이다.

여리고 성 멸망 후 수백 년이 지나는 동안 그 누구도 여호와의 경고를 무시하지 않았고 여리고 성에 손을 대지 않았다. 감히 그럴 엄두를 내지 못했다고 하는 것이 맞을 것이다. 그 세월 동안 사람들은 폐허가 된 여리고 성이 무엇을 상징하는지 기억했을 것이고, 더욱이 재건하는 자를 향한 심판의 메시지까지 들었으니 여리고 성 근처에도 가고 싶지 않았을 것이다. 그런데 아합 왕 때에 감히 여리고 성에 손을 댄 자가 나타난 것이다. 히엘이라는 자가 여호와의 명령을 무시하고 여리고 성을 재건한 것이다.

히엘은 왜 여리고 성을 재건했을까?

과거에 여리고가 가나안의 관문이자 지정학적 요충지였다면 아합 시대도 마찬가지였을 것이다. 거대한 성읍이 있었으니 그 성읍 주민을 먹여 살릴만큼 땅도 비옥했을 것이다. 실제로 여리고 주변은 요단강을 끼고 있는 평원 지대였다. 가치가 이렇게 높은 땅을 버려두는 것은 경제적인 관점에서 볼 때 분명 어리석은 일이다. 재건 금지 명령은 비합리적이고 비경제적이며 비효율적으로 보인다. 그러므로 지정학적으로나 경제적인 관점에서 보면 히엘이 여리고 성을 재건한 것은 현명한 처사였다. 다만 한 가지 소소한? 문제만 있을 뿐이다. 여호와의 명령을 거부했다는 것.

히엘이 여호와의 경고를 몰랐을까? 그렇지는 않았을 것이다. 여리고 성 정복은 이스라엘 역사에서 차지하는 의미가 매우 컸기 때문에 이스라엘 사람이라면 누구나 알았을 것이다. 마치 한국인들에게 이순신의 한산대첩이나 1945년 일본의 패망과 같은 위상이랄까.

그런데 히엘은 어떻게 감히 수백 년 전통을 뒤엎고 어마어마한 여호와의 경고를 무시하는 과감한 결정을 내릴 수 있었을까? 아합 왕 시대는 여리고 성 정복 이후 500년이 넘는 세월이 지났고, 바알과 아세라 신앙이 여호와를 대체하고 있는 시대다. 이런 때에 수백 년 전에 여호와께서 말씀하신 비이성적이고 비경제적이고 시대착오적인 경고가 얼마나 심각하게 받아들여질 수 있었겠는가? 여호와의 경고는 마치 신화나 미신과 같은 비현실이고 비과학적인 이야기로 치부됐을 가능성이 크다. 여호와의 비합리적인 경고와 비교해서 여리고 성의 재건을 통해서 얻을 이익은 너무 크고 분명하다. 정치-군사적으로도, 경제적으로도 명백한 이익이 눈앞에 보인다. 히엘은 이렇게 생각했을 것이다. '과거에 사람들은 미신적인 이야기에 겁을 먹고 여리고 성에 손을 대지 못했지만, 이제 시대가 바뀌었어. 그런 두려움에 사로잡히는 것은 비이성적이고 어린애 같은 행동이야. 좀 더 합리적이고 경제적으로 생각하자.' 그리하여 히엘은 과감하게 여리고 성 재건에 나섰을 것이다.

여기서 우리가 한 가지 더 주목해야 할 것이 있다. 히엘 혼자서 여리고 성 재건에 뛰어든 건 아니었을 것이라는 점이다. 히엘의 도발적인 행동 뒤에 아합이 있었을 것이다. 여리고가 그토록 중요한 곳인데 왕의 재가 없이 단독으로 성을 재건할 수 있었겠는가? 그것은 불가능하다. 그렇다면 아합도 히엘의 도발의 공모자다.

바로 이런 이유로 지금 열왕기상에서 아합의 악행을 이야기하다가 여리고 성 재건 이야기를 끼워 넣은 것이다.

한 걸음 더 들어가 생각해보면, 히엘과 아합이 이렇게 대담한 행동을 할 수 있었던 까닭은 당시에 여호와를 무시하는 사회적 분위기가 형성되어 있었기 때문이다. 여로보암이 여호와의 명령을 무시하기 시작한 이후 그 분위기는 세월이 흘러가면서 점점 더 심해졌다. 아합 왕 시대에 이르러서는 여호와는 완전히 뒷전으로 밀려났고 바알과 아세라가 그 자리를 차지하게 되었다. 이러한 사회 분위기 속에서 수백 년 전에 존재한 여호와의 상징물과 여호와의 경고를 두려워하는 것은 웃음거리가 될 만한 일이었을 것이다.

결국 히엘의 여리고 성 재건은 여호와를 무시하는 사회적 분위기와 정치-군사적, 경제적 이익이 최우선이라는 실용주의 문화가 결합해 나타난 행동이다. 이것은 아합의 정략결혼과 일맥상통하는 행동이다. 여호와를 밀어내고 정치적 이익, 실용성, 정략적 결정을 중요하게 여기는 것이 그 시대의 일관된 사고방식이었다. 아합만 여호와를 무시한 것이 아니었다. 백성들도 마찬가지였다. 히엘의 여리고 성 재건은 여호와를 무시하는 사고방식이 그 시대를 관통하는 문화요 시대정신이었음을 보여주는 대표적인 예였다.

3. 여호와의 말씀은 지금도 유효한가?

여호와는 과거나 현재나 동일한 분인가? 하나님이 과거에 주신 명령은 지금도 여전히 유효한가? 하나님의 말씀은 시대에 뒤떨어져 과거에만 의미가 있고 현재는 별 의미가 없는 것은 아닌가? 우리는 지금도 하나님의 말씀을 지켜야 하는가? 이 질문은 성경해석과 관련해서 매우 중요한 질문이다. 이 질문과 관련해 세 가지 경우를 생각해 볼 수 있다.

첫째, 성경에 기록된 하나님의 말씀 중에는 실제로 성경 시대 당시에만 적용될 뿐 지금 우리에게는 적용되지 않는 것들이 있다. 구약의 제의나 성결 의식에 관련된 규범들이 그런 경우다.

> "너희가 어느 곳에 살든지, 새의 피든지, 짐승의 피든지, 어떤 피든지 먹어서는 안 된다. 어떤 피든지 피를 먹는 사람이 있으면, 백성에게서 끊어지게 하여야 한다." 레7:26-27

> "짐승 가운데서 굽이 갈라진 쪽발이면서 새김질도 하는 짐승은, 모두 너희가 먹을 수 있다… 돼지는 굽이 두 쪽으로 갈라진 쪽발이기는 하지만, 새김질을 하지 않으므로 너희에게는 부정한 것이다. 너희는 이런 짐승의 고기는 먹지 말고, 그것들의 주검도 만지지 말아라." 레11:3,7-8

지금 우리도 피를 먹지 말라는 명령을 지켜야 한다고 생각해서 선지국을 먹지 않는 사람들도 있지만, 이 규범들은 대부분 신정국가의 모델인 이스라엘에게만 해당되는 것이다. 또한 그리스도의 속죄 사역과 관련된 규범들이 많은데, 그것들은 그리스도의 십자가 죽음과 부활을 통해 그 의도가 성취되었기 때문에 이제 우리는 이런 규범들을 문자 그대로 지킬 필요가 없어졌다. 그러나 이 말씀들 속에도 우리 삶에 지침이 될만한 소중한 가르침이 담겨 있으므로 연구하면서 배울 점을 찾아내는 것은 의미 있는 작업이다.

둘째, 어떤 말씀들은 신정국가의 시민에게만 적용되는 법이므로 현대를 사는 우리가 문자 그대로 지킬 필요는 없지만, 그 명령에 담긴 원칙이나 원리는 모든 시대에 적용될 수 있으므로 우리 시대에 적합한 형태로 바꾸어 적용해야 할 경우도 있다.

> "당신들은 집을 새로 지을 때에 지붕에 난간을 만들어야 합니다. 그렇게 하면, 사람이 떨어져도 그 살인죄를 당신들 집에 지우지 않을 것입니다." 신22:8

이웃의 안전을 보호하는 것은 구약 시대나 지금이나 똑같이 우리에게 주어진 의무다. 과속 운전 안 하기, 음주운전 안 하기, 공사장에 안전장치 설치하기 등은 구약 율법의 원리를 우리 시대에 맞게 적용하는 것이다. 하나님은 안식년이 일곱 번 지난 후 맞는 해를 '희년'으로 지정하여 지킬 것을 명령하셨다. "너희는 오십 년이 시작되는 이 해를 거룩한 해로 정하고, 전국의 모든 거민에게 자유를 선포하여라. 이 해는 너희가 희년으로 누릴 해이다. 이 해는 너희가 유산 곧 분배받은 땅으로 돌아가는 해이며, 저마다 가족에게로 돌아가는 해이다." 레25:10 희년에는 토지를 원주인에게 다시 돌려주어야 하고 노비를 풀어줘야 한다. 그래서 모든 백성들이 다시 자유롭게 자기 땅에서 새로운 생활을 할 수 있는 기반을 마련해주어야 한다. 이 희년법은 우리 사회에서 문자 그대로 지켜야 하는 것은 아니지만, 하나님께서 이 법을 주신 분명한 의도는 알아야 한다. 사유재산은 인정하지만, 가난한 사람들이 영원토록 가난에서 헤어 나오지 못하게 하는 사회는 불의하다는 것이다. 그러므로 최소한 50년마다 한 번씩 다시 일어설 기회를 주고, 가난한 자들이 대를 이어 가난하게 살지 않도록 방책을 세워야 한다는 것이다. 빈부격차가 날로 커지고 있고, 개천에서 용이 더 이상 나오지 못하는 신분 고착화 사회에서 희년법에 담긴 하나님의 뜻을 어떻게 실천할 수 있을지 고민해야 한다. 안식일이나 인식년과 관련된 규범들도 문자 그대로 지키기보다는 그 법에 담긴 원리를 찾아내서 우리 시대에 적용해야 하는 것들이다.

셋째, 비록 구약 시대에 주어진 명령이지만 신약 시대에서도 재확인되는 것들은 지금 우리에게도 그대로 적용되는 것들이다. 그 명령들은 주님 재림의 때까지 살아가야 할 우리에게 주신 말씀들이기 때문에 그 말씀대로 지켜야 한다. '살인하지 말라', '도둑질하지 말라'와 같은 도덕적인 명령들은 구약에서 언급되었지만 신약에서도 반복되고 있으므로 우리는 그 명령을 지켜야 한다. 정의를 시행하고 평화를 세우기 위해 힘쓰라는 말씀, 가난하고 약한 자들을 도우라는 명령, 돈의 노예가 되어 돈을 섬기지 말라는 말씀과 같은 것들이 새 언약의 백성들에게 주어진 명령들이다. 이런 말씀들은 우리가 지금도 순종해야 하는 명령이라는 점에 대해 대부분의 신학자들과 기독교인들이 이의를 제기하지 않는다.

대부분의 신실한 그리스도인들은 하나님이 불변하시기에 그의 말씀이 과거의 사람들뿐만 아니라 현대를 살아가는 그리스도인들도 똑같이 지켜야 하는 규범이라는 데 동의할 것이다. 그러나 이론적으로는 그렇게 생각할지라도 현실 세상에서 살면서 현실 세계의 논리를 깊이 받아들이다 보면 하나님의 말씀과 명령의 적용 가능성에 의문을 품게 된다. 교회에서 말하는 정답과는 달리 마음속으로는 두 가지 다른 생각을 품게 된다.

첫째, 시간적 차원에서 하나님의 말씀과 명령은 고대 성경시대에나 적용되는 것이지 몇 천 년이나 지난 지금 우리가 사는 문명 시대에 그대로 적용하는 것은 무리가 있다고 생각한다. 둘째, 공간적 차원에서 하나님의 말씀은 이스라엘과 같은 신정정치 사회 혹은 교회와 같은 곳에서나 적용할 수 있을 뿐, 세속적인 일반 사회에서는 적용하기 어렵다고 생각한다. 2천 년이나 더 지난 과거에 고대 원시사회를 배경으로 주어진 말씀이 21세기 현대 과학 시대에도 그대로 적용되어야 한다는 생각을 오히려 이상하게 여긴다.

그러나 이런 생각의 기저에는 솔직히 말해서 현실적인 이유가 숨어 있다. 지금 이 시대에 하나님의 말씀을 액면 그대로 적용하면 생활이 힘들어지고, 경쟁에서 뒤처지고, 손해를 보게 되고, 조롱거리가 될까 봐 두렵기에 하나님의 말씀은 문자 그대로 지킬 필요도 없고, 지킬 수도 없다고 생각하는 것이다.

몇 가지 예를 들어보자. 성경에는 돈에 관한 명령들이 꽤 많다. 돈을 사랑하지 말라딤후3:2, 부자가 되려고 하지 말라딤전6:9-10 "그러나 부자가 되기를 원하는 사람은, 유혹과 올무와 여러 가지 어리석고도 해로운 욕심에 떨어집니다. 이런 것들은 사람을 파멸과 멸망에 빠뜨립니다. 돈을 사랑하는 것이 모든 악의 뿌리입니다. 돈을 좇다가, 믿음에서 떠나 헤매기도 하고, 많은 고통을 겪기도 한 사람이 더러 있습니다", 하나님과 돈을 동시에 섬길 수 없다, 돈을 자신에게만 쌓아두지 말고 더 많이 나눠주라, 자신의 재물을 기꺼이 나눈 바나바와 예루살렘 성도들의 모범, 등등. 이런 말씀을 읽거나 들을 때 어떤 생각이 드는가? '꿀처럼 단 말씀이니 그대로 실천해야지'라고 생각하는가? 아니면 '어떻게 이 말씀대로 살 수 있는가? 너무 비현실적인 말씀이야'라고 생각하는가? 솔직히 후자가 아닌가? '이렇게 살다 보면 평생 집도 장만할 수 없고, 자식 교육도 제대로 시킬 수도 없고, 노후 대책은 거의 무방비가 될 거야.'라고 항변한다. '이런 명령은 신앙적 열심이 특별한 사람들만 지킬 수 있고, 나처럼 평범한 사람은 지킬 엄두도 낼 수 없지' 라고 생각하면서 죄책감에서 빠져나가려고 한다.

또한 성경엔 정치인들을 포함하여 지도자들에게 주는 명령도 많다. 정직하라, 신실하라, 자기 이익이 아니라 다른 사람들을 위해 행동하라, 공평과 정의를 추구하라, 팔이 안으로 굽게 하여 재판이나 판단을 어그러지게 하지 말라, 등등. 그러나 신자들조차도 현실에서는 이렇게 생각한다. '정치인이 어떻게 정직하게 정치할 수 있겠는가? 기업인이 어떻게 뇌물 상납 요구를 거부할 수 있으며 뇌물을 준 사실을 공개적으로 밝힐 수 있겠는가? 그렇게 하면서 어떻게 돈을 벌 수 있겠는가?' 그리하여 이 말씀들은 현실성이 떨어지는 것으로 간주하여 무시해 버린다. 하나님은 대한민국의 정치를 몰라도 한참 모른다고 생각하면서 자신의 보스에게 잘 보이려 애쓰고 그에게서 오는 이익을 취하려고 한다. 이런 맥락에서 세월호 특조위 파견 공무원들그들 중에도 상당수의 기독교인이 있었을 것이다이 진상조사를 위해 일하라는 국가가 규정한 직무 목적을 무시하고 박근혜 정권의 유지에 목을 매면서 오히려 방해 활동을 한 것이 아닌가? 그들은 현실론을 내세우면서 하나님의 말씀보다 정권의 힘을 더 두려워한 것이다. 성실하게 맡은 직무를 잘 감당하라는 하나님의 말씀과 정의를 위해 일하고 약자의 억울함을 신원해주라는 하나님의 뜻을 존중하지 않고, 오히려 상관의 부당한 지시를 아무런 저항 없이 따른 것이다.

현실은 만만하지 않다. 하나님의 뜻을 따르려고 하면 상당한 불이익을 감수해야 하는 경우가 많다. 그럼에도 우리가 하나님의 말씀을 액면 그대로 따라야 하는가? 복잡한 현대 사회에서 하나님 말씀의 원리들이 여전히 통할 수 있을까? 그것은 너무 순진한 규정이 아닌가? 2천 년 전에나 통용될 수 있는 시대착오적인 말씀이 아닌가? 이것이 우리의 솔직한 고민이며, 우리가 거의 매일 일상에서 겪는 현실이다. 하나님의 말씀대로 살다가는 실업자 신세를 면하기 어려울 것 같고, 나뿐만 아니라 가족까지도 고생하면서 살 것 같다. 그래도 우리는 하나님의 말씀이 불변하다고 생각하면서 말씀을 그대로 지키려고 애써야 하는가?

이 질문은 결국 하나님을 어떤 분으로 생각하는가 하는 문제로 귀결된다. 하나님이 천지를 창조하신 분이라면, 이스라엘을 애굽에서 구원해내신 분이라면, 예수님을 죽음에서 부활시킨 분이라면, 제자들을 통해 복음의 능력을 보여주어 수많은 사람들의 삶을 변화시킨 분이라면, 그리고 그런 하나님이 '어제나 오늘이나 영원히 동일하신 분'이라는 것을 믿는다면히 13:8 "예수 그리스도께서는 어제나 오늘이나 영원히 한결같은 분이십니다", 그의 말씀과 그가 준 명령은 시대와 상황에 상관없이 여전히 유효하므로 우리는 그것들을 따라야 한다. 비록 세상이 변하고 시대가 변하고 시대정신이 변하여 우리가 하나님의 말씀을 액면 그대로 따르는 것이 훨씬 힘들어졌을지라도 말이다.

여기서 우리가 염두에 두어야 할 것은, 시대와 상황은 계속해서 변하고, 돌고 돈다는 사실이다. 어떤 시대에는 명령 A를 지키기가 더 수월하고 명령 B를 지키기가 더 어려울 수 있고, 시대가 바뀌면 반대로 명령 A를 지키기가 더 어려워지고 명령 B를 지키기가 더 수월해질 수 있다. 예를 들어, 조선시대와 일제강점기에는 우상을 섬기지 말라는 명령을 지키는 것이 훨씬 힘들었지만 현재는 우상을 섬기지 말라는 명령을 지키기가 훨씬 쉽다. 우리를 유혹하거나 강제하는 다른 종교의 힘이 약하기 때문이다. 반면, 현재 우리는 자본주의의 영향을 받아 점점 더 돈의 굴레에 사로잡혀 있으므로 하나님이 주신 재물을 다른 사람을 위해 사용하라는 명령을 지키기가 훨씬 어렵다.

그렇다면 우리는 무엇을 기준으로 삼고 살아야 할까? 변하는 시대에 맞춰 춤을 춘다면 우리가 지킬 수 있는 말씀이 얼마나 남겠는가? 하나님의 말씀이 아니라 변하는 시대에 맞추어 산다면 결국 하나님의 말씀은 우리 삶에서 실질적으로 권위를 상실하고 말 것이다. 여로보암과 아합왕은 이처럼 하나님 말씀보다 변하는 시대에 맞춰 살았다. 여로보암은 정치적 안정을 확보하기 위해서 하나님의 말씀을 뒷전으로 밀어버리고 벧엘과 단에 임의로 금송아지를 세웠다. 아합은 강대국에 맞서기 위해 하나님이 금하신 이방 여인과 정략결혼을 하고 그 결과 우상숭배가 이스라엘로 물밀듯이 밀려오도록 허용했다. 그들은 자신들이 처한 상황에 맞춰서 하나님의 말씀을 임의대로 판단해 버린 것이다.

우리는 계속 변하는 세상에 살고 있다. 가치관이 변하고, 시대정신이 변하고, 옳고 그름의 기준이 변하고, 쉬운 일과 어려운 일들이 변하고, 전에 없었던 새로운 문제들이 계속 발생하는 등, 모든 것이 변하는 세상 속에서 살고 있다. 물론 변화를 따라잡고 잘 적응해야 생존할 수 있다는 것은 맞는 말이다. 그러나 변하는 것, 일시적이고 불확실한 것에 우리의 운명과 영혼과 생명과 영원을 의지하는 것은 어리석은 짓이다. 특히 영원한 생명을 소망하며 사는 기독교인들에게는 전혀 어울리지 않는 삶의 방식이다. 그런 삶은 마치 망망대해에서 달을 기준으로 항해를 하는 것과 같다. 달은 매일 뜨는 위치가 변하기 때문에 그것을 기준으로 항해하면 전혀 엉뚱한 방향으로 가게 된다. 달을 바라보면서 배를 움직이는 항해사는 없다. 제대로 배운 항해사라면 위치가 변하지 않는 북극성과 같은 별을 기준으로 삼고 항해해야 목표지점에 도달할 수 있다는 사실을 잘 안다. 인생의 항해사인 우리도 움직이지 않고 변하지 않는 것에 기준점을 두어야 한다. 어떻게 살아야 하고, 어느 방향으로 가야 하고, 무엇을 해야 할지를 정할 때, 변하는 시대정신이 아니라 결코 변하지 않는 하나님과 그의 말씀에 기준점을 두어야 한다.

비록 하나님이 지금은 과거처럼 역사에 직접 개입하거나 즉각 반응하는 빈도가 줄어든 것처럼 보이지만, 하나님이 여전히 역사의 주권자라고 믿는다면 우리는 그의 말씀의 권위를 동일하게 인정해야 한다. 그분이 하라는 것은 수천 년이 지나도 해야 하고, 그분이 하지 말라고 경고한 것은 수만 년이 지나도 하지 말아야 한다. 하나님은 과거나 현재나 동일하신 분이기 때문이다.

우리는 여호와가 어제나 오늘이나 여전히 동일한 하나님이라고 믿는가? 혹시 우리 시대의 반권위주의 정신, 반종교적 정신, 인본주의 정신, 실용주의적 정신에 사로잡혀 하나님의 말씀의 권위를 부정하는 삶을 살고 있는 것은 아닌가? 우리는 어제나 오늘이나 내일도 동일하신 참되신 하나님을 믿는 믿음으로 살아가고 있는가? 그 믿음의 진실성이 무엇으로 드러나는가? 과거에 주신 하나님의 말씀이 지금도 여전히 유효하다고 믿고 어떤 불이익을 당하더라도 그 말씀대로 실천하려고 애쓰는 삶으로 보여주어야 하지 않겠는가?

윌버포스가 영국에서 노예제도 폐지를 위해 애쓸 때 일반 사람들의 피부에 와닿는 핵심 이슈는 인권을 둘러싼 문제가 아니라 경제적인 문제였다. 노예를 해방하면 영국 경제의 1/3이 타격을 받는 상황이었다. 그만큼 국민들의 소득도 줄어들 것이다. 이것이 현실이었다. 이처럼 엄청난 경제적 손해가 예상되는데도 하나님의 형상으로 창조된 모든 인간을 존중하라는 하나님의 불변의 말씀에 순종하여 노예들을 모두 해방해야 하는가? 이 하나님의 말씀은 그 당시 대영제국이라는 나라에도 동일하게 적용되어야 하는가? 당시 대부분의 사람들이 현실론을 내세워 인간을 존중하라는 하나님의 말씀을 시대착오적인 것으로 여기고 뒤로 밀어낼 때, 윌버포스는 하나님의 말씀을 불변하는 원리로 믿었다. 그리고 믿음대로 움직였다. 자신의 노예를 풀어주고 노예해방운동에 나선 것이다.

19세기 말 강화도 감사였던 조상경은 예수를 믿은 후에 자신이 소유하고 있던 노비들을 모두 풀어주었다. 그들에게 자유를 주면서 빈손으로 내보내지 않고 땅과 돈까지 쥐어주었다. 왜 그랬을까? 그렇게 하는 것이 모든 사람을 평등하게 지으신 하나님의 말씀에 순종하는 것이라고 확신했기 때문이고, 오랜 세월 동안 그들을 부려먹은 것에 대해 보답을 해야 한다고 생각했기 때문이다. 조상경과 그의 가족은 어떻게 되었을까? 재산이 거덜나서 몰락한 양반 신세가 되었을 것이다. 이렇게 될 것을 알면서도 그는 2천 년 전에 주신 하나님의 말씀이 지금도 여전히 유효하고 하나님의 백성들이 따라야 하는 진리라고 믿고 그 말씀대로 행동한 것이다.

우리는 어떻게 살고 있는가? 변하는 시대 상황에 맞춰서 춤추고 있는가? 아니면 영원불변한 하나님의 말씀을 기준 삼아 하늘을 바라보면서 살아가고 있는가?

4. 실용주의 정신

여로보암과 아합, 그리고 히엘과 같은 사람들은 왜 여호와의 말씀을 무시하는 결정을 내렸을까? 가장 큰 이유는 정치적이고 경제적인 이익을 하나님의 원칙보다 앞세웠기 때문이다. 아합도 그런 생각으로 이세벨과 결혼했고, 거기서부터 단추가 잘못 끼워져 이스라엘을 바알 우상에게 넘겨주게 되었다. 히엘도 경제적인 이익을 하나님의 명령보다 더 중요하게 여겼기 때문에 여리고 성을 재건한 것이다.

그렇다면 이들을 대하는 우리의 태도는 어떠한가? 이들의 행동을 너무 쉽게 정죄하면서 나 같으면 그렇게 하지 않았을 것이라고 생각하는 건 아닌가? 그러나 그들을 쉽게 무시하거나 우리 자신을 과대평가하지 말아야 한다. 한번 생각해보자. 그들의 결정이 그렇게 말도 안 되는 어리석은 것인가? 그들의 판단이 그렇게 쉽게 비난받을 만한 것인가? 우리가 그 시대 그 자리에 있었다면 어떤 결정을 내렸을까? 우리는 구약 시대 이스라엘 백성들이 저지른 어리석은 행동에 대해 쉽게 비난하면서 나 같으면 그렇게 하지 않았을 것이라고 생각하는 경향이 있다. 그래서 구약을 읽을 때마다 우월감 비슷한 것을 느낀다. 하지만 우리는 정말로 이스라엘 백성과 다를까? 물 한 방울 나오지 않는 무더운 광야 길을 어린아이들을 데리고, 천막과 살림살이를 이고 지고, 양과 염소를 끌고 걸으면서도 원망의 소리 한 번 내지 않고 거룩한 모습을 유지할 수 있을까? 몇 년째 만나만 먹고 살았으면서도 그것에 만족하면서 새로운 먹거리를 요구하지 않는 경건한 사람이 몇 명이나 될까? 우리는 오합지졸이고 가나안의 군사는 정예부대인데 그들과 싸워 땅을 차지하라는 명령 앞에서 움츠러들지 않을 사람이 몇 명이나 되겠는가? 이렇게 생각해보면, 원망과 불평을 끊임없이 쏟아내고 두려움에 사로잡힌 그들의 행동을 쉽게 정죄할 수 없게 된다. 그들의 입장이 되어 생각해보라. 그들의 행동은 이성적인 사람이라면 충분히 선택할 수 있는 행동이라는 것을 알게 될 것이다.

지금 우리가 문제 삼고 있는 인물들의 상황을 좀 더 세밀하게 살펴보자. 여로보암은 어떤가? 그는 정통성이 없는 자였다. 다윗-솔로몬-르호보암으로 이어지는 정통 계보에 비해 여로보암은 아무것도 내세울 것이 없는 자였다. 비록 르호보암의 어리석음과 하나님의 도우심 때문에 북쪽 열 지파를 차지했지만, 이스라엘 백성들의 마음이 언제 다시 다윗 가문으로 돌아갈지 모를 일이었다. 그런 상황에서 백성들이 제사를 지내고 절기를 지키러 국경선을 넘어 남쪽 예루살렘을 드나드는 것은 통치자에게는 매우 위험한 일이었을 것이다. 북한 주민들이 이런 저런 이유로 서울을 계속 드나들 때 북한 정권이 느끼는 것과 비슷하다고 생각하면 되지 않을까? 이런 상황에서 여로보암이 벧엘과 단에 제단을 세운 것은 자신의 자리를 지키기 위한 절박한 행동이었다.

더욱이 이런 정책은 무식하게 강압적으로 만들어지지 않았을 것이다. 백성들을 편리하게 해 주고, 제사를 더욱 제사답게 만들겠다는 명분을 내세우면서 시작되었을 것이다. 멀리 있는 예루살렘 한 곳에 가는 것보다 가까이 있는 두 곳에서 제사 드리는 것이 더 편리할 것이고, 오고 가는 수고를 덜게 되면 피곤함이 줄어들어 제사에 더 집중하기 좋을 것이라는 명분은 충분히 설득력 있는 것이다. 그렇다면 우리는 여로보암과 얼마나 다를까? 내가 손해 볼 위험이 점점 증가하고 있고, 지금 누리고 있는 것을 빼앗길 가능성이 높아지고 있는데도 상황을 방치하고 가만히 앉아 있을 수 있을까? 원칙만 고집스럽게 고수할 사람이 몇 명이나 될까?

다음으로 아합의 경우를 보자. 그가 다스리는 나라는 앗시리아의 위협을 받고 있다. 국가와 국민을 지키기 위해서는 시돈과 제휴를 맺는 것이 지금으로서는 가장 현명한 정책이며, 시돈의 공주와의 결혼은 두 나라를 하나로 묶어줄 확실한 보증이다. 이것은 당시 상황에서 상당히 합리적이고 이성적인 해법이었다. 국가를 위한 아합의 결정 자신의 몸을 던진 애국적 행동을 누가 비난할 수 있겠는가? 만약 시돈과 제휴를 맺지 않다가 앗시리아의 침공을 받아 나라가 망한다면 왕인 아합이 가장 크게 책임을 져야 했을 것이다. 그러므로 이세벨과의 결혼은 현실적이고 지혜로운 해법으로 충분히 인식될 수 있을 것이다.

이처럼 실용적이고 전략적인 결정은 실제로 그 상황 속으로 들어가서 보면 합리적이고 타당한 이유가 충분하다. 그 문제를 둘러싼 논리 속으로 들어가서 판단하면 비난은커녕 오히려 매우 지혜로운 결정이라고 칭찬할 만하다. 정치적, 경제적, 문화적인 관점에서 보면 흠잡을 데 없는 결정들이다.

그런데 왜 성경은 지극히 합리적이고 이성적인 이런 행동을 비판하는가? 여기서 오해는 하지 말자. 지금 하나님은 정치-경제적으로 합리적이고 지혜로운 모든 결정을 비판하는 것이 아니다. 우리는 대부분 하나님이 주신 지혜를 사용해서 세상을 현명하게 살아가려고 한다. 아이들을 더 잘 교육하기 위해서 과외를 시키거나 학원에 보내면서 합리적인 방법을 찾는다. 여러 직장을 비교해서 더 나은 조건을 제시하는 곳을 찾는다. 집값이 떨어질 지역보다 오를 지역을 선택해서 집을 사고 이사한다. 여유 자금을 주식과 가상화폐에 투자하여 수익을 올리려고 한다. 이런 것들은 그 자체로 문제가 되지 않는다. 지금 하나님은 이런 행위 자체를 비판하는 것이 아니다.

하나님이 여로보암과 아합의 결정을 비판하는 핵심적인 이유는, 지혜롭고 현실적이라고 할만한 그들의 선택이 하나님이 제시하신 원리를 거스르는 것이었기 때문이다. 종종 우리의 합리적이고 지혜로운 결정들이 세상의 관점에서 보면 현명한 것이지만, 하나님의 관점에서 보면 잘못된 것일 때가 있다. 여로보암과 아합의 경우가 그렇다. 그들은 합리적인 방안을 모색하다가 하나님의 율법을 정면으로 어겼다. 그들의 결정은 하나님이 원하시는 삶의 원리들에 어긋났다. 이처럼 그들뿐만 아니라 우리도 합리적이고 이성적인 관점에서 이익을 추구하다가 자칫 하나님이 기뻐하시는 삶의 원리들을 어길 때가 있다.

왜 그리스도인들이 이런 잘못된 결정을 하게 될까? 정치적/경제적 변수들만 중요하게 여기고 하나님이 제시하신 삶의 원칙들을 소홀히 여기기 때문이다. 그 결과 하나님의 뜻을 무시하는 결정을 내리게 된다. 이것은 이 시대에 하나님의 말씀의 권위가 완전히 땅에 떨어졌다는 것을 시사한다. 경제적으로, 전략적으로 이득이 된다고 생각하면 언제든지 하나님의 말씀을 버리고 그쪽으로 달려간다. 하나님의 말씀의 권위는 현실적 이익에 밀려나 버렸다. 이것이 바로 성경 전체에서 나타나는 '사탄이 지배하는 세상'과 '하나님의 원리'와의 끊임없는 싸움이다.

이것이 우리가 처한 현실이다. 우리를 둘러싼 환경은 점점 더 어려워진다. 그 속에서 어떻게 해야 살아남을 수 있을까? 이런 상황 속에서도 우리는 정치적-경제적 변수들보다 하나님의 말씀을 우위에 두고 판단할 수 있을까? 그렇게 하는 것이 쉬울까? 모든 사람이 눈앞의 이익을 추구하는 상황에서, 나도 그 길을 따라가면 분명히 이익을 얻을 수 있다는 것을 알면서도 그 길을 외면하고 다른 길로 가는 어리석은? 결정을 내릴 수 있을까?

이것은 단지 소극적으로 잘못된 길을 선택하는 차원만을 말하는 것이 아니다. 아합의 시대에는 하나님의 뜻을 버리고 잘못된 것을 선택한 것이 문제였지만, 지금 우리는 악을 선택하지 않는 소극적인 차원에만 머무를 수 없다. 우리의 의는 율법 준수에 머무는 바리새인들의 의보다 더 나아야 하기 때문이다. 기독교에 비호의적인 세상에서 적극적으로 하나님의 자녀답게 살아가고, 세상의 빛과 소금이 되는 삶을 살고, 하나님 나라의 원리대로 정의와 평화가 편만한 세상을 만들기 위해 적극적으로 노력해야 한다. 우리는 예수님처럼 세상으로 파송 받은 자들이기 때문이다. 그렇다면 스스로 물어야 한다. '나는 현실적인 이익을 최고의 가치로 여기면서 그것을 추구하고 있는가? 아니면 손해를 보더라도 하나님의 의를 더 추구하려고 애쓰고 있는가?'

몇 가지 실제적인 경우를 생각해보자. 좋은 직장을 찾는 것은 그 자체로 잘못된 것이 아니다. 그런데 '좋은 직장'이라는 것이 무엇인가? 무엇을 기준으로 판단할 것인가? 돈만 많이 주면 좋은 직장인가? 해고당하지 않고 계속 붙어있을 수만 있다면 좋은 직장인가? 고려해야 할 다른 변수는 없는가? 대학생 시절에 가깝게 지내던 선배가 있었다. 그는 졸업 후 교수님 소개로 안정된 직장에 들어갈 수 있었으나 가지 않기로 했다. 이유를 물어보니 직장이 대덕 단지에 있기 때문이라고 했다. 서울을 떠나기 싫어서 거절한 것은 아닌가 생각했는데, 그것 때문이 아니었다. 그당시 선배는 개인적으로 전도해서 함께 성경공부를 하던 10여 명의 신앙의 제자들이 있었다. 그런데 직장을 찾아 대덕으로 내려가면 그 사람들을 제대로 돌볼 수가 없는 상황이었기에 그 좋은 직장을 포기했던 것이다. 그 선배는 생활 형편이 넉

넉하지 않았다. 4년 내내 거의 같은 옷을 입고 다녔고 밥을 사 먹는 것 말고 다른 데 돈을 쓰는 것을 본 적이 없었다. 이런 형편인데도 안정되고 월급도 많이 주는 직장을 자신이 원하는 지역에 있지 않다는 이유 하나 때문에 거절했으니 주변 사람들로부터 어리석은 결정을 했다고 비난을 많이 받았을 것이다. 그러나 그 당시 선배는 경제적 이익이나 삶의 안정보다는 자신이 분별했던 하나님의 소명에 더 큰 가치를 두고 결정을 내렸던 것이다. 자신의 직업과 형제 섬김을 병행하는 것이 지금 하나님이 자신에게 맡기신 소명이라고 확신했기 때문이다. 결국 그는 서울에서 그보다 여건이 좋지 않은 직장을 구했다. 소명대로 사는 삶 하나를 얻기 위해 사람들이 부러워할 만한 여러 가지를 포기한 것이다.

아이들을 잘 교육한다는 것은 무엇을 의미하는가? 좋은 학교에 들여보내고, 좋은 직장을 찾는 데 도움이 되는 교육이면 좋은 교육인가? 다른 고려 사항은 없는가? 좋은 인간으로 성장시키는 교육, 다양한 자질을 개발시켜주는 교육, 바른 생각을 기르는 교육, 더 나아가 하나님을 경외하는 사람으로 세워주는 교육과 같은 것은 별로 의미가 없는가? 지금 그리스도인 부모들의 교육 철학에서도 이런 고려 사항이 사라진 지 오래되었다. 세상 사람들처럼 성적 많이 올릴 수 있고, 좋은 대학에 갈 수 있고, 돈 많이 주는 안정적인 직장에 취업하는 데 도움이 되는 교육에만 최고의 가치를 부여하고 있다. 그 결과 우리 아이들을 교회에서 밀어내고 있고, 하나님에 대해 무관심한 사람으로 키우고 있다. 경제적 이익을 위해 신앙을 포기하는 어리석은 결정을 하고 있는 것이다.

부와 성공을 토대로 하는 실용주의는 우리 시대의 핵심 정신이다. 이 흐름을 따라가는 것이 현명한 생활방식으로 인정되고 있다. 이익 추구가 최고의 가치로 인식되고 있으므로 이 흐름을 거스르기는 쉽지 않을 뿐만 아니라 정신 나간 행동으로 비쳐지기까지 진다. 그러나 하나님의 사람은 눈에 보이지 않는 다른 가치를 위해 눈앞의 이익을 포기할 수 있는 사람들이다. 모든 사람들이 가는 넓고 편안한 길이 아니라 전혀 다른 길을 가는 사람들이다. 주님을 따라 생명으로 인도하는, 좁고 험한 길로 우직하게 걸어가는 자들이다.

> "좁은 문으로 들어가거라. 멸망으로 이끄는 문은 넓고, 그 길이 널찍하여서, 그리로 들어가는 사람이 많다. 생명으로 이끄는 문은 너무나도 좁고, 그 길이 비좁아서, 그것을 찾는 사람이 적다." 마7:13-14

5. 시대정신을 따르는 백성들

하나님의 뜻이 현실에 안 맞는다고 생각하면서 실용주의 정신을 따르는 사람은 아합 혼자만이 아니었다. 백성들도 마찬가지였다. 히엘은 백성의 대표로 언급되고 있다고 봐도 무방하다. 이것은 지도자나 백성들이나 똑같이 그 시대를 관통하고 있는 정신을 따랐다는 것을 보여준다. 그 지도자에 그 백성들이다.

우리는 아합을 비판하면서 나쁜 지도자가 나라를 망친다고 말할 수 있다. 맞는 말이다. 아합은 변명의 여지가 없다. 아합의 잘못된 선택으로 이스라엘이 하나님의 심판을 받게 된 것은 분명하다. 그러나 여로보암의 예에서 볼 수 있듯이 대부분의 나쁜 혹은 악한 지도자들은 진공상태에서 악한 정책을 시행하지 않는다. 그들은 백성들의 잠재된 욕구를 간파하고 그것을 이용하여 자신의 권력을 이끌어낸다. 나쁜 지도자가 득세하고 권력을 잡고, 권력을 유지하도록 자양분 역할을 하는 것은 결국 백성들의 동조의식이다.

아합의 실용주의 정책이나 이세벨의 바알 신앙은 백성들에게도 그렇게 나쁜 것은 아니었다. 실용주의를 싫어할 사람은 많지 않다. 눈앞에 있는 이익을 따라 움직이는 것은 자연스러운 일이기 때문이다. 웬만큼 원칙에 확고하게 뿌리박은 사람이 아니고서는 현실적인 이익을 마다할 사람은 드물다. 바알 신앙도 백성들에게는 매력이 있었다. 그래서 이스라엘 역사에서 계속해서 바알이 이스라엘로 침범해 들어왔고 백성들은 두 팔 벌려 환영했던 것이 아니겠는가?

바알 신앙의 매력은 무엇이었을까? 바알은 풍요의 신이요 다산의 신이다. 바알에게 드리는 제사 의식은 풍성한 먹거리로 가득 찼고, 다산을 기원한다는 명목으로 자유분방한 성행위가 용납되었다. 성전에는 성창性娼들이 대기하고 있었다. 여호와 종교로 성적 욕구를 마음껏 분출하지 못하던 백성들에게 그것은 희소식이었을 것이다. 아합과 이세벨의 정책엔 이처럼 백성들의 욕구가 깔려있었다. 백성들은 그들의 정책을 받아들일 준비가 이미 되어 있었다. 시대정신이 그렇게 흘러가고 있었다. 결국 누이 좋고 매부 좋은 모습이 연출된 것이다.

이것은 고대나 현대나 다르지 않다. 현대의 지도자들도 국민의 욕구를 이용하여 자신의 권력을 확대한다. 히틀러와 독일 국민의 관계와 같은 예들을 얼마든지 찾아볼 수 있다. 왜 이런 지도자들이 득세할까? 한마디로 말해, 백성들이 자신의 욕구를 채워줄 수 있을 것으로 기대하는 지도자였기 때문이다. 예를 들면, 이명박을 대통령으로 선택한 이유는 그가 대통령이 되면 경제가 회복되어 잘 먹고 잘 살게 될 것이라고 기대했기 때문이다. 이미 그에게 수많은 문제가 있다는 것이 드러났음에도 불구하고 국민들은 그를 대통령으로 뽑았다. 무능보다 부패가 낫다고 생각하면서. 그 결과가 무엇인가? 4대강 사업을 한다면서 법적 절차를 무시하고 온 국토를 난도질하고, 국가 인권 수준을 OECD 국가 중에서 최하위권으로 추락시키고, 이전 정권이 애써서 물꼬를 틔워놓은 남북관계를 파탄 내버렸고, 온갖 술수로 언론을 길들여 언론자유지수를 급격하게 추락시켜 민주주의의 위기를 초래했다.

또 다른 측면에서 보면, 시대정신이 악해져 백성들의 욕구가 이미 잘못된 방향으로 경도되어 있다면, 아무리 좋은 지도자가 나와도 성공할 확률은 매우 낮아진다. 백성들의 정신까지 개조하면서 이끌어갈 수 있는 지도자는 많지 않기 때문이다. 그래서 대개 국민의 욕구를 거슬러가는 지도자, 백성들의 수준보다 반걸음이 아니라 한 걸음 앞서가는 지도자는 시대와 불화하면서 고난을 겪다가 실패하게 된다. 상황이 이런데도, 우리는 좋은 지도자가 없어서 혹은 나쁜 지도자 때문에 문제가 터지는 것이라고 한탄한다. 그러나 분명히 기억해야 한다. 좋은 지도자라고 해서 백성들이 좋아하는 건 아니다. 반대로, 나쁜 지도자가 세력을 얻도록 도운 것은 욕구로 충만한 백성들이다.

그렇다면 우리는 지도자를 한탄하기 전에 우리 자신을 돌아봐야 한다. 우리 시대 정신을 살펴봐야 한다. 우리 자신도 우리 시대 정신에 아무 생각 없이 굴복하고 있지 않은가?

그렇다면 교회와 성도들은 어떤가? 교회와 그리스도인은 진공상태에 존재하지 않는다. 그 시대 속에 존재하기에 시대정신의 영향을 끊임없이 받는다. 문제는 시대정신의 흐름에 어떻게 반응하는가 하는 점이다. 실용주의의 매력에 빠져 대세를 따르게 되면 이스라엘 백성들과 같은 길을 걷게 될 것이다. 실제로 지금 한국 교회와 성도들은 이렇게 되어버렸다.

아이들에게 이런 질문을 던지면 뭐라고 대답할까? "하나님과 공부의 신이 싸우면 누가 이길까?" "교회와 학원이 싸우면 누가 이길까?" 아마 대부분의 아이들이 공부의 신과 학원이 이긴다고 답할 것이다. 그것이 실제 모습이기 때문이다. 청년들에게 이런 질문을 던지면 뭐라 대답할까? "하나님과 직장의 신이 싸우면 누가 이길까?" 직장의 신이 이긴다고 답할 것이다. 장년들에게 "노후 대책과 공동체 섬김이 싸우면 누가 이길까?"라고 물으면 노후 대책을 위해 돈을 모아야지 공동체 섬김에 쓸 돈이 어디 있느냐고 답할지도 모른다. 결국 "하나님과 맘몬이 싸우면 누가 이길까?"라는 물음에 대한 답은 분명하다. 맘몬이다. 적어도 지금 우리들에게 있어서는.

하나님을 욕 먹이는 나쁜 대형교회들이 있다. 그 교회들은 어떻게 대형교회가 되었고 세력을 떨치게 되었을까? 그리로 몰려가는 성도들이 있었기 때문이다. 그들이 왜 그 교회로 몰려갔을까? 부와 성공과 위로를 얻고자 하는 자신의 욕구를 채워줄 수 있다고 기대했기 때문이다. 성도들의 욕구에 부응하여 목사들은 강단에서 부와 성공과 얄팍한 위안의 복음을 외쳤다. 하나님을 잘 섬기면, 즉 예배에 잘 참석하고, 교회 봉사 잘하고, 헌금 잘하면 이 세상에서 형통하는 복을 받게 된다는 가짜 복음을 외쳤다. 하나님의 사랑을 받는 자는 아브라함처럼 부자가 될 것이고, 그 부를 누리는 것은 전혀 문제가 없다는 면책 복음을 선포했다. 또한 그리스도인들이 빛과 소금이 되어 사회에 영향력을 발휘하기 위해서는 요셉이나 다니엘처럼 사회의 높은 자리에 올라야 한다는 성공의 복음도 설파했다. 감성적인 설교로 성도들의 눈물샘을 자극하고 배꼽 쥐고 웃게 하면서 스트레스를 풀어주는 엔터테인먼트 설교로 인기를 끌었다. 그렇다면 그 교회 목사와 성도들은 같은 수준인 것이다. 성도들의 욕구가 있었기에 목사가 등장한 것이고, 목사는 성도들의 욕구를 충족시켜주면서 세력을 얻게 된 것이다. 결과적으로 성도들과 그 교회를 이끄는 목사들은 그 나물에 그 밥인 것이다. 지금 한국교회는 이렇게 해서 나락으로 떨어지고 있다. 지도자들은 교회를 통해서 자신의 성공 욕구를 채우려고 한다. 그래서 성도들의 욕구가 무엇인지 알아내고 그것을 채워주려고 애쓴다. 성도들은 자신들의 욕구를 잘 채워줄 수 있는 교회와 목사를 찾아서 몰려간다. 그들에게 하나님의 말씀을 날 것 그대로 가감 없이 선포하는 지도자는 필요 없다. 하나님의 말씀에 충실하게 살려고 애쓰는 교회는 부담된다. 결국 목사와 성도들 사이의 이런 짬짜미가 지금 한국교회의 모습을 결정했다.

지금 한국교회의 설교는 '적용'이 실종되었다. 소득의 양극화가 극심한 자본주의 사회에서 어떻게 돈을 벌고 사용해야 하나님의 영광을 구하는 것인지, 오로지 대학 입학을 위해 성적으로 줄 세우는 학교 교육의 현실에서 어떻게 자녀를 교육해야 하나님의 영광을 구하는 것인지 말하지 않는다. 구체적인 적용에 대한 도전이 사라진 설교, 무엇을 어떻게 헌신해야 할지 구체적으로 언급하지 않고 추상적으로 두루뭉술 넘어가는 설교는 가짜다. 아무리 감동적이고 심금을 울리는 설교라도 성도들의 삶의 변화를 촉구하지 않는 것은 엉터리다. 하나님의 말씀은 관절과 골수를 찔러 쪼개는 능력이 있고히4:12, 우리의 삶을 새롭게 변화시키는 힘이 있지만고후5:17, 설교자나 성도들이 그 말씀을 정면으로 마주하지 않고 완화 캡을 씌워 파워를 줄여버리면 그 말씀은 힘을 잃고 만다. 구체적인 헌신과 결단의 촉구가 상실된 교회, '나를 따라오려거든 자기를 부인하고 자기 십자가를 지고 따라오라'는 메시지가 사라진 교회, 위로와 감동과 성공의 메시지만을 선포하는 교회는 목사와 교인들이 합세하여 하나님의 뜻을 저버리고 있는 교회다.

6. 예언의 성취

하나님의 저주의 예언대로 히엘은 두 아들을 잃게 된다. 34절 "그는 그 성의 기초를 놓으면서는 그의 맏아들 아비람을 잃었고, 성문을 달면서는 그의 막내아들 스굽을 잃었다." 맏아들을 잃었을 때 여호수아의 예언이 생각나지 않았을까? 그런 비극을 겪으면서도 그는 왜 공사를 중지하지 않았을까? 왜 막내아들이 죽을 때까지 계속 진행했을까? 이런 대담함과 집요함은 도대체 어디서 나왔을까? 아들을 잃어도 될 만큼 여리고가 중요했던 것일까? 아니면 여리고를 재건하라는 아합의 명령이 추상같았던 것일까?

어떻든 이 모습은 역설적으로 그들이 여리고 성을 재건하여 얻을 수 있는 이익에 대한 기대가 매우 컸다는 것을 보여준다. 그들은 그 기대 때문에 하나님의 명령을 어겼을 뿐만 아니라 그로 인해 불이익이 생겨도 감수하겠다는 의지를 드러냈다. 이는 엄청난 불신앙이요 고집이며 이익에의 집착이다.

이것은 우리에게 무엇을 가르쳐주는가? 죄악으로 내려가는 길에 방해물은 없다는 점이다. 한번 내리막길로 질주하면 그 어떤 것도 막지 못한다. 이것이 죄의 속성이다. 눈앞의 이익에 사로잡히면 이성적인 설득도, 하나님의 경고도 소용없다.

오히려 이익의 일부를 하나님의 제단에 가져와서 비난을 잠재우려고 한다. 많은 헌금으로 죄를 가리려고 한다. 양심은 점차 마비되고 죄의식은 합리화로 포장된다. '이게 왜 죄가 되나?'라며 어깨를 한 번 으쓱한다. 현실론을 내세워 자기 합리화한다. 하나님과 거래를 하려는 것이다. 이것은 엄청난 불신앙이며 고집이다. 우리는 늘 이런 위험 속에서 살아가고 있다는 것을 기억해야 한다.

〈 삶을 향하여 〉

1. 하나님의 명백한 말씀이 있는데도 눈앞의 이익에 영적인 눈이 어두워져 말씀을 거스르는 선택을 한 적이 있는가? 그러한 선택의 결과는 어떠했는가? 그 경험을 통해 무엇을 배웠는가?

2. 손해 보고 불편해지고 힘들어질 게 뻔한데도 하나님의 말씀을 따라 좁은 길을 선택해 본 경험이 있는가? 그 경험을 통해 누린 하나님의 은혜는 무엇이었는가?

3. 우리는 하나님의 말씀을 충직하게 따르고 있는가? 아니면 눈에 보이는 이익을 선택하려는 실용주의 정신의 노예가 되어 하나님의 말씀을 뒤로 제쳐두고 있지는 않은가?

3. 엘리야의 신앙고백

왕상 17:1

"길르앗의 디셉에 사는 디셉 사람 엘리야가 아합에게 말하였다. '내가 섬기는 주 이스라엘의 하나님께서 살아 계심을 두고 맹세합니다. 내가 다시 입을 열기까지 앞으로 몇 해 동안은, 비는커녕 이슬 한 방울도 내리지 않을 것입니다.'"

1. 조용히 사람을 준비하고 보내시는 하나님

아합 왕 시대는 이스라엘 역사에서 가장 암울하고 악한 시대였다. 여로보암의 죄를 능가하는 시대였고, 바알 신앙이 극에 달하던 시대였다. 이처럼 악이 창궐하는 어둠의 시대가 지속되면 사람들은 종종 하나님이 침묵하고 계시는 것에 대해 원망한다. 악의 세력이 번성하고 무고한 사람들이 고통을 당하고 있는데 하나님은 왜 아무 일도 안 하시는가?

그러나 우리 눈에 하나님이 일하시는 게 보이지 않는다고 해서 하나님이 아무 것도 안 하고 가만히 계신다고 단정하는 것은 성급한 판단이다. 하나님은 때때로 역사에서 저질러지는 악행을 즉각 심판하지 않고 인내하실 때가 많지만, 무한정 인내하시는 건 아니다. 하나님은 상황을 보시면서 자신이 움직일 때를 가늠하고 계신다. 하나님은 노아의 때에 사람의 죄악이 세상에 가득 차고, 마음에 생각하는 모든 계획이 언제나 악한 것뿐임을 보고 계셨다.창 6:5 이집트에서 이스라엘을 구원해서 가나안으로 이끌어 들이기 전에 하나님은 가나안 백성의 죄악이 참을 수 없을 정도로 가득 찰 때까지 기다리셨다.창 15:16 하나님은 이집트에 있는 하나님의 백성이 고통받는 것을 똑똑히 보셨으며, 바로 왕의 억압에 짓눌려 부르짖는 소

리를 들으셨다. 출3:7

그렇다면 악의 세력이 기승을 부리는 동안 하나님은 무엇을 하시는가? 하나님이 아무런 일도 하지 않는 것처럼 보여도 하나님은 무언가를 하고 계신다. 하나님은 자신의 과업을 수행할 사람을 준비하고 계신다. 하나님은 사람을 통해서 일을 하시기 때문이다. 요셉을 알지 못하는 새 왕이 이집트를 다스리게 되었을 때 이스라엘 자손이 고된 일로 탄식하며 부르짖었다. 4백 년이 지난 후에 하나님은 모세를 준비하셔서 이스라엘 자손에게 보내셨다. 사울 왕의 실정이 계속되어 백성들이 고통을 겪고 있었을 때 하나님은 다윗을 준비하고 계셨다. 예수님은 이스라엘이 망하고 아무 소망이 없는 채 400년이 흐른 뒤에야 나타나셨다. 아합 왕 시대도 마찬가지였다.

이스라엘이 가장 암울한 상황에 놓여 있을 때 하나님은 침묵을 깨고 전격적으로 한 사람을 보내셨다.17:1 그는 아합 왕 앞에 나타나 여호와의 말씀을 선포했다. 그가 갑자기 출현하여 아합 왕 앞에 서서 담대하고 권위 있게 여호와의 말씀을 전하는 것을 보고 사람들은 놀랐을 것이다. 그가 누구인지 몹시 궁금했을 것이다. 도대체 막강한 아합 왕에게 맞서는 이 사람은 누구일까? 천하의 아합 왕을 두려워하지 않는 것을 보고, 아마 상당한 뒷 배경을 가진 인물일 것으로 예상했을 것이다. 그 사람이 엘리야였다.

엘리야는 어떤 배경을 가진 사람일까?

2. 보잘것없는 배경

이스라엘 사람을 소개할 때는 일반적으로 출신 가문, 지파, 부모에 대한 정보가 제공된다. 그러나 엘리야에 대해서는 "길르앗의 디셉에 사는 디셉 사람 엘리야"라는 정보밖에 없다. 길르앗은 이스라엘의 변방인 요단강 동편에 있는 외딴곳이다. 그의 출신 지역인 "디셉"이란 곳도 전혀 알려지지 않은 곳이다. 지금도 디셉이 어디인지 정확히 알지 못한다. 이것은 디셉이 별로 주목할 만한 곳이 아니라는 뜻이며, 엘리야 외에 다른 유명 인물도 나오지 않은 동네라는 의미다. 어떤 학자는 "사는"이라는 표현이 "정착한"이라는 의미이므로 엘리야가 그쪽으로 이주한 이방인이었을 것으로 추정하기도 한다. 이것 역시 엘리야의 출신이 보잘것없음을 의미한다. 엘리야는 모세나 여호수아의 혈통도 아니다. 다윗 가문에 속한 사람도 아니다. 제사장 출신도 아니다. 선지자 학교 출신도 아니다. 이 모든 사실로 볼 때, 엘리야는 명성도 없었고, 정치적 영향력도 없었으며, 사회적으로 내세울 만한 엄청난 업적도 없었고, 출신 지역에 따른 혜택도 누릴 수 없는 자였다. 한 마디로, 그는 '듣보잡'이었다.

엘리야가 이런 사람이란 걸 알면 우리 안에 의문이 생긴다. 이렇게 보잘것없는 사람이 하나님이 맡기신 막중한 직무를 잘 감당할 수 있을까? 하지만 이런 우려는 우리의 잘못된 선입견에서 비롯된 것이다. 성경을 보면 하나님이 사용하시는 사람은 매우 다양하다는 것을 알 수 있다. 우선, 사회적으로 볼 때 준비된 사람들 축에 끼는 인물들이 있다. 모세, 여호수아, 기드온, 사울 왕, 이사야 같은 사람들이다. 반면에 '듣보잡'에 해당되는 인물들도 있다. 다윗, 사무엘, 아모스, 세례요한, 엘리야 같은 사람들이다. 그러므로 너무 한쪽으로 치우쳐 섣부른 판단을 하지 않는 것이 좋다. 하나님은 사회적으로 준비된 사람만 사용하신다고 주장하거나, 반대로 세상의 강한 자를 부끄럽게 하려고 아무것도 없는 사람만 사용하신다고 주장하는 것은 한쪽으로 치우친 판단이다. 이런 주장은 사회적 기준으로 사람을 판단하려는 잘못된 생각에서 비롯된 오류다. 하나님은 사회적 기준을 초월하는 하나님만의 기준을 가지고 계신다. 그것이 더 우선되는 기준이다. 그 기준에 비하면 사회적 조건들은 부차적이다. 하나님은 사회적 조건을 잘 갖춘 사람을 사용할 수도 있고 아무것도 갖추지 않은 사람을 사용할 수도 있다.

엘리야는 내세울 만한 사회적 조건이 없는 사람이다. 그러나 그를 좀 더 자세히 살펴보면 왜 하나님이 엘리야를 선택하여 보내셨는지 이해할 만한 단서가 있다.

먼저, 그의 이름의 뜻을 살펴보자. "엘"은 "하나님"이란 뜻이고, "리"는 "나의"1인칭소유격접미사라는 뜻이며, "야"는 "여호와"라는 뜻이다. 종합하면 "엘리야"라는 이름의 뜻은 "여호와는 나의 하나님"이다. 부모가 그의 이름을 지었겠지만, 그 속에는 하나님을 향한 신앙고백이 담겨 있다. "여호와는 분명히 나의 하나님이다. 다른 신은 없다. 나는 내 앞에 다른 신을 두지 않는다. 오직 여호와만이 유일한 신이고, 내가 섬기는 유일한 신이다"라는 신앙고백이다. 그의 신앙고백은 단지 이름으로만 드러난 것은 아니다. 그의 말과 행동으로도 "여호와만이 나의 하나님이다"라는 신앙고백이 그대로 나타났다.

먼저, 그의 첫 번째 말에 하나님에 대한 인식이 어떻게 나타나고 있는지 살펴보자.

3. 하나님은 살아 계시다

> "내가 섬기는 주 이스라엘의 하나님께서 살아 계심을 두고 맹세합니다. 내가 다시 입을 열기까지 앞으로 몇 해 동안은, 비는커녕 이슬 한 방울도 내리지 않을 것입니다." 왕상17:1

엘리야는 "하나님은 살아 계시다"고 믿는다. 이스라엘 백성들은 하나님을 잊었다. 바알을 섬기면서 마치 여호와가 죽은 것처럼 생각하고 있다. 설령 여전히 여호와가 살아 있다고 생각할지라도 실제로는 하나님이 이제 무기력해졌다고 생각하고 있다. 그러나 변두리에서, 광야에서, 산속에서 하나님과 꾸준히 교제했던 엘리야는 하나님이 살아 계시다고 분명하게 선언한다. 이 고백은 당시 이스라엘 백성들의 상황에 비추어보면 상당히 과감한 선언이다. 모두가 하나님을 잊고 바알을 숭배하는 시대에 하나님은 살아 계시다고 외치고 있기 때문이다. 마치 주변이

온통 무신론자들로 둘러싸인 상황에서 하나님의 존재를 믿는다고 선언하는 것과 같기 때문이다.

　우리는 어떤가? 하나님이 분명히 살아 계시다는 확신이 있는가? 세상을 향해 그렇게 외칠 수 있는가? 지금 이 땅의 그리스도인들은 엘리야 시대와 비슷한 상황에 직면해 있다. 무신론이 판치면서 기독교의 동력이 상실된 시대, 하나님이 살아 계시다고 주장하면 오히려 조롱을 당하는 시대에 살고 있다. 그래서 하나님의 살아계심을 강하게 주장하기 꺼려진다. 예전에도 그랬었다. 처음 복음이 들어왔을 때는 주변에 하나님을 아는 사람들이 아무도 없었기 때문에 하나님을 믿는다는 말조차 꺼내기 어려웠다. 그러나 부흥의 시대에는 하나님이 살아 계시다는 확신이 강했고, 그 확신을 거리낌 없이 표현했다. 살아계신 하나님이 자신의 삶에서 역사하셨던 일을 거리낌 없이 말했다. 소위 '간증'을 많이 했다. 그러나 지금 무신론 시대, 기독교가 욕을 먹는 시대는 우리를 주눅 들게 한다. 자신이 기독교인이라는 것을 밝히는 것도 꺼려지게 한다. 더군다나 기독교 내에서도 이성적 기독교, 합리적 기독교, 사회적 영성을 강조하는 흐름 속에서 '살아 계신 하나님에 대한 생동력 있는 신앙고백'이 점차 줄어들고 있다. 지금은 확고한 신앙고백을 바탕으로 한 생생하고 체험적인 삶의 기독교가 아닌 문화적 기독교로 변해가는 시대다.
　이런 시대에 우리는 엘리야처럼 하나님의 살아계심을 확신하고 고백할 수 있는가? 우리의 가족들에게, 자식들에게, 믿지 않는 부모와 형제들과 친구들에게 말할 수 있는가? 간증할 수 있는가? 문화적 기독교, 힘을 잃은 기독교, 형식만 남은 기독교로 전락하고 있는 이 시대에 우리는 어떻게 하나님의 살아계심을 확신하고 체험하고 증거할 수 있을 것인지 곰곰이 생각해 봐야 한다.

4. 이스라엘의 하나님

엘리야는 "이스라엘의 하나님"을 믿는다고 고백한다.

이것은 무슨 뜻인가? 과거에 하나님은 이스라엘을 선택하여 언약을 맺고 자기 백성으로 삼아주셨다. 신 7:6 "당신들은 주 당신들의 하나님의 거룩한 백성이요, 주 당신들의 하나님이 땅 위의 많은 백성 가운데서 선택하셔서, 자기의 보배로 삼으신 백성이기 때문입니다." 하나님은 이스라엘에게 주신 약속을 지키기 위해서 이집트의 노예였을 때에 찾아오셔서 구원을 베풀어주셨다. 신 7:8 "그런데도 주님께서는 당신들을 사랑하시기 때문에, 당신들 조상에게 맹세하신 그 약속을 지키시려고, 강한 손으로 당신들을 이집트 왕 바로의 손에서 건져내시고, 그 종살이하던 집에서 이끌어내어 주신 것입니다." 그런데 이스라엘 백성들은 이런 하나님을 잊었다. 과거에 그렇게 큰 은혜를 베풀어주셨던 하나님을 완전히 잊어버린 것이다.

그러나 엘리야는 아직도 우리 민족을 구원하신 하나님을 기억한다고 고백한다. 우리에게 다가와 언약을 맺고 은혜를 베풀어주셨던 하나님을 여전히 믿는다고 고백한다. 그 하나님은 과거에 죽은 것이 아니라 지금도 여전히 살아계셔서 우리를 사랑하시고 우리와 맺은 언약을 기억하시는 분임을 믿는다는 것이다.

사람은 과거를 잘 잊는다. 아니, 선별적으로 잊는다고 말하는 게 옳을 것이다. 자신이 도움을 준 것은 잘 기억하지만, 도움 받은 것은 잘 잊는다. 하나님과의 관계에서도 마찬가지다. 과거에 하나님에게서 수많은 은혜를 입었어도, 시간이 지나면 다 잊어버린다. 우연으로 돌린다. 그래서 과거에 하나님의 은혜를 체험했던 사람들이 나중에 하나님을 떠나는 경우도 많이 발생한다.

그러나 혹독한 시련 속에서도 과거에 베푼 하나님의 은혜를 잊지 않는 사람들도 있다. Trinity 신학교의 존 파인버그John Feinberg 교수도 그런 사람이었다. 그는 사랑하는 아내가 헌팅턴병Huntington's disease 진단을 받았을 때 매우 괴로웠다고 회고한다. 헌팅턴병은 유전성 질병으로, 나이가 30-50세쯤 되어야 증세가 나타나며, 근육이 무기력해지고 때로는 춤을 추는 것처럼 제멋대로 움직인다고 하여 '무도병'이라고도 한다. 그 병은 치매처럼 기억력과 집중력이 약해지고, 발작이 일어나기도 하고, 심각한 우울증 증세가 나타나기도 하고, 발병 후 15-20년 정도 지나면 사망에 이른다. 파인버그 교수는 까닭 없이 이런 고통을 주시는 하나님이 너무 원망스러워서 차라리 하나님을 부정하고 싶었다. 하지만 지금까지 베풀어주신 하나님의 은혜를 잊거나 무효화할 수가 없어서 차마 하나님을 부정하는 데까지 나아가지는 못했다고 고백한다. 그분은 현재의 고통 속에서도 과거에 베푸신 하나님의 은혜를 잊지 않고 기억한 것이다.

우리는 하나님의 은혜를 기억하고 있는가?

5. 나는 하나님을 섬긴다

모두가 하나님을 버리고 바알을 섬기는 시대에 엘리야는 하나님만을 섬긴다고 고백한다. 이것은 자신의 정체성과 삶의 목표에 대한 분명한 고백이다. 하나님은 나의 주인이고, 나는 그의 종이니 하나님이 하라는 것을 하고, 하나님이 원하는 삶을 살겠다는 고백이다.

엘리야의 이 고백이 진실하다는 것은 지금 그가 하는 일에서 확증된다. 그는 지금 아합 왕 앞에서 엄청난 말을 쏟아내고 있다. 앞으로 3년 동안 비가 내리지 않을 것이라며 저주를 선포하고 있다. 막강한 힘을 가진 왕 앞에서, 여호와의 선지자들을 다 잡아서 죽인 악독한 왕 앞에서.

엘리야의 이 행동은 자신이 하고 싶어서 하는 행동이 아니다. 하나님이 아합에게 가라고 해서 간 것이고, 하나님이 이 말을 전하라고 해서 말하는 것이다. 엘리야는 오직 하나님이 하라고 했기 때문에 위험을 무릅쓰고 지금 여기, 왕 앞에서 심판의 메시지를 선포하고 있다. 이런 행동이야말로 엘리야가 여호와를 섬기는 사람이라는 것을 확증해준다. 그는 단순히 하나님이 살아 계시다고 말로만 고백하지 않았다. 과거에 하나님이 은혜를 베풀어주셨다는 것을 인정만 하지 않았다. 그는 하나님이 살아 계시다는 확신이 있었고, 과거에 은혜를 베풀어주셨다는 것을 잘 기억하고 있기 때문에 하나님을 주님으로 모시고, 그분이 기뻐하는 삶을 살겠다고 결심하고 실제로 그렇게 살고 있는 것이다. 이처럼 헌신의 삶은 하나님의 존재와 그의 은혜에 대한 확신에서 비롯된다.

하나님에 대한 신앙고백을 말로 하는 사람은 많다. 하나님이 은혜를 베풀어주셨다고 말하는 사람도 많다. 그런데 그 고백이 진심이라는 것을 어떻게 알 수 있는가? 그것은 하나님을 섬기는 삶으로 증명된다. 하지만 입으로 말하기는 쉬우나 몸으로 행하기는 어렵기에 하나님을 진정으로 섬기면서 살아가는 사람은 흔하지 않다. 하나님을 진심으로 섬기는 삶은 내가 하고 싶은 것을 포기하는 것일 수 있고, 내가 하기 싫은 것을 해야 하는 것일 수 있고, 불안하고 위험한 일도 해야 하는 것일 수 있다. 엘리야처럼. 이것이야말로 야고보가 말한 참된 믿음의 모습이다. "그대는 하나님께서 한 분이심을 믿고 있습니다. 잘하는 일입니다. 그런데 귀신들도 그렇게 믿고 떱니다. 아, 어리석은 사람이여, 그대는 행함이 없는 믿음은 쓸모가 없다는 것을 알고 싶습니까? … 영혼이 없는 몸이 죽은 것과 같이, 행함이 없는 믿음은 죽은 것입니다."약2:19-20,26

우리는 말로만 아니라 실제로 하나님을 섬기고 있는가? 우리의 섬김은 무엇으로 나타나고 있는가? 나는 하나님이 기뻐하시는 일을 하고 하나님이 원하시는 삶을 살고 있는가? 하나님이 원하시는 것이 무엇인지 말씀 묵상을 하면서 깨닫기도 하고 설교를 들으면서 알기도 하지만, 그 말씀대로 살면 손해 볼까 두려워 순종할지 말지 이성적으로 판단하려고 주저하고 있는 것은 아닌가?

〈삶을 향하여〉

1. 엘리야는 하나님을 향한 자신의 신앙을 분명하게 고백했다. 그리고 그 신앙대로 살았다. 우리는 어떤가? 점점 더 세속적으로 변해가는 세상 속에서 우리의 신앙을 분명하게 고백하고 있는가? 그 신앙을 실제 삶으로 보여주고 있는가?

2. 엘리야는 이스라엘의 역사 속에 나타난 하나님을 믿는다고 고백했다. 동일한 하나님이 우리 민족에게도 은혜를 베풀어준 결과 지난 130여 년 동안 수많은 사람이 복음으로 변화되는 역사가 일어났다. 우리는 이 하나님이 지금도 우리를 사랑하시는 우리의 하나님이라는 것을 믿는가? 그 하나님은 단지 과거의 하나님인가? 지금은 사라졌는가? 지금 이 시대 속에서 하나님께서 우리 민족에게 베풀어주시는 은혜를 떠올려보자.

3. 과거 내 삶에서 역사하셨던 하나님을 기억하고 있는가? 과거에 하나님께서 내게 베푸셨던 은혜를 떠올려보자. 그 하나님은 지금도 나의 하나님인가?

4. 순종으로 증명되는 믿음

왕상 17:1

"길르앗의 디셉에 사는 디셉 사람 엘리야가 아합에게 말하였다. '내가 섬기는 주 이스라엘의 하나님께서 살아 계심을 두고 맹세합니다. 내가 다시 입을 열기까지 앞으로 몇 해 동안은, 비는커녕 이슬 한 방울도 내리지 않을 것입니다.'"

1. 바알 신앙에 도전하다

엘리야가 믿음의 사람이라는 것은 단지 그의 말에만 나타나지 않는다. 하나님의 살아계심을 확신하고 있고, 그분이 베풀어주신 은혜를 기억하고 있으며, 그분을 섬기고 있다고 말하는 것에만 나타나지 않는다. 엘리야는 순종의 행동으로 믿음의 사람인 것을, 하나님이 사용하실만 한 사람인 것을 증명한다.

엘리야는 바알 신앙의 중심부에 맞서야 하는 과업에 순종한다. 지금 이스라엘은 왕으로부터 백성들에 이르기까지 모두 바알 신앙에 빠져 있다. 바알 신앙은 권력에 의해 유입되고, 권장되고, 강제된 신앙이다. 즉 바알 신앙 뒤에는 막강하고 무서운 권력이 존재한다. 그러나 이 시대뿐만 아니라 이스라엘 역사 내내 이스라엘 백성들이 끊임없이 바알 신앙으로 빠져들었다는 사실로 볼 때, 이스라엘 백성들이 단지 권력에 의해 수동적으로 바알 신앙을 받아들인 것이 아니라 주체적이고 능동적으로 수용했을 것이라고 짐작할 수 있다. 다만 아합 왕과 이세벨에 의해 더 촉진되었을 뿐이다.

언제나 그렇지만 당시에도 종교는 단순히 영적인 부분에만 관련된 것이 아니라 삶의 전반과 관련되었다. 바알 신앙 역시 백성들의 일상생활 전반에 녹아들었다. 농사 지을 때, 고기 잡을 때, 결혼할 때, 예배할 때, 축제를 즐길 때, 등등. 특히 바알은 다산의 신으로 비를 내리게 하고 풍년을 가져다주는 존재로 추앙받으면서 백성들의 경제활동을 지배하고 있었다. 따라서 바알에게 잘 보여야 농사가 잘될 수 있다는 신앙을 이스라엘 백성들도 받아들인 것이라고 볼 수 있다. 이렇게 종교가 정치/경제와 결합하면 그 종교는 막대한 영향력을 발휘하게 되고 사람들의 일상에까지 스며들게 된다.

　바알 신앙이 삶의 전반에 스며든 상황에서 엘리야는 엄청난 선언을 한다. "이 땅에 비가 내리지 않을 것이다." 왜 하필이면 비가 내리지 않는다는 심판일까? 비가 바알 신앙과 관련이 있기 때문이다. 앞에서 언급했듯이 바알은 번영의 신이다. 농사가 잘되게 하는 신이므로 농사에 필요한 비를 주관하는 신이기도 했다. 그러므로 가뭄이 시작될 것이라는 선언은 우연이 아니다. 그 선언은 비와 농사를 주관하여 번영을 주는 신으로 추앙받던 바알을 향한 도전이다.

　하나님은 이스라엘을 구원하여 가나안으로 가는 길 위에서 자신이 비와 농사를 주관하는 존재라는 것을 이스라엘 백성들에게 이미 알려주셨다. "너희가, 내가 세운 규례를 따르고, 내가 명한 계명을 그대로 받들어 지키면, 나는 철 따라 너희에게 비를 내리겠다. 땅은 소출을 내고, 들의 나무들은 열매를 맺을 것이다."레26:3-4 그런데 이스라엘 백성들은 이 말씀을 잊어버리고 하나님을 바알로 대체해 버렸다.

　비가 내리지 않을 것이라는 선언을 통해 엘리야가 주장하는 것은, 농사에 필요한 비를 주관하는 존재는 바알이 아니라 여호와라는 것이다. 경제활동의 궁극적인 주도자는 바알이 아니라 여호와라는 것이다. 결국, 엘리야의 선언은 이스라엘을 지배하고 있는 바알의 권력이 허상이며, 그런 신을 믿고 있는 이스라엘 백성들이 어리석다는 것을 공개적으로 보여주려는 것이다. 바알이 아니라 여호와가 삶의 기초요 근거요 복의 근원임을 증명해 보이겠다는 것이다. 엘리야의 선언은 백성들의 신앙과 신념, 그리고 그들의 삶을 지배하고 있는 이데올로기가 모두 허망한 가짜임을 보여주려는 것이다. 그러므로 이 메시지는 아합 정권의 기초를 허무는 선언이요, 그 시대를 지배하고 있는 생각에 도전하는 선언이다. 바알 숭배에 기초한 시대정신이 이기는지 여호와에 기초한 정신이 이기는지 따져보자는 것이다.

2. 최고 권력자에게 도전하다

고대 왕정 시대에 왕은 절대적인 존재였다. 왕은 마음만 먹으면 누구라도 죽일수 있는 절대 권력을 가지고 있었다. 더욱이 지금 아합 시대는 여호와의 선지자들을 대학살하던 때였다. 여호와를 섬기는 사람들에게는 공포정치의 시대였던 것이다. 그런 시대에 엘리야는 하나님께서 주신 사명을 수행하기 위해 아합 왕 앞에 나아가 하나님의 이름으로 심판의 메시지를 전해야 했다. 이것이 쉬운 일인가? 절대왕정 시대에, 공포정치 상황에서, 뒷배경도 든든하지 않은 사람이 담대하게 아합왕 앞에 서서 심판의 예언을 한다는 것은 무모한 일이다. 엄청난 불이익을 감수해야 하는 일이다. 자신의 출신 성분이 드러나면 수모와 창피를 당할 수도 있다. 여차하면 목숨을 잃을 각오까지 해야 한다.

그런데도 엘리야는 순종했다. 하나님의 명령대로 하면 큰 어려움을 당할 게 뻔한데도 하나님의 뜻을 따랐다. 이것이 어떻게 가능했을까? 엘리야는 최고 권력자가 아합이 아니라 하나님이이기에 오직 하나님께만 순종해야 한다는 것을 확신했기 때문이다.

우리를 지배하면서 우리의 삶을 좌지우지하려는 세력은 무엇인가? 가장 힘이세고, 권력을 쥐고 있어서 그 앞에만 서면 약해지고, 두려워서 벌벌 떨고, 불이익을 당할까 봐 조심하고, 시키는 대로 움직이게 되고, 저항하지도 못하는 세력은 무엇인가? 돈, 자식, 부모, 직장, 명예, 권력인가? 그 세력이 정당하게 움직일 때는 우리가 두려워할 필요가 없을 것이다. 우리도 따르고 협력하면서 지낼 수 있기 때문이다. 문제는, 그 세력이 하나님을 대적하거나, 하나님의 뜻에 거스르는 것을 요구할 때다. 그런 상황에서 하나님이 그런 세력과 맞서라고 하신다면 우리는 어떻게 할 것인가?

여호와가 진정으로 최고 권력자라고 확신하는가? 이 믿음은 우리 삶에 어떻게 나타나는가? 오직 여호와께만 순종하는 삶으로 나타나야 한다. 하나님의 말씀대로 행동하고 살게 되면 손해 볼 것 같고 힘들어질 것 같아도 순종하는 것이다. 실제로 엘리야의 삶은 이때부터 매우 힘들어졌다. 그는 도망자 신세가 되었다. 자신을 잡아 죽이려는 이세벨을 피해 도망가야 했고, 그릿 시냇가로 도망가서 3년을 지내야 했고, 사르밧 과부 집에 빌붙어 목숨을 이어가야 했다.

하나님은 말씀에 순종하면 성공하고 편하게 살 것이라고 약속하지 않는다. 하나님께 순종하면 하나님의 놀라운 능력을 체험하고, 하나님의 하나님 되심을 더 확신하게 되겠지만, 삶은 오히려 더 고달파지고 어려워질 수 있다. 하나님께 철저히 순종했던 성경 인물 대부분이 그런 삶을 살았다. 바울과 스데반, 베드로와 요한의 삶이 그랬다. 그래서 하나님을 믿는다고 하는 사람들도 하나님의 뜻을 따르기를 주저한다. 순종 이후의 삶이 부담되기 때문이다.

그런데도 권력을 두려워하지 않고 하나님만 따른 사람들도 있다. 베드로와 요한은 성전 미문에서 구걸하던, 나면서부터 못 걷는 사람을 예수의 이름으로 고쳐주었다. 베드로는 예수의 부활을 사람들에게 담대히 전하였다. 그 일로 두 사람은 예루살렘 의회 앞에 끌려갔다. 그들은 대제사장을 비롯한 유대의 권력자들 앞에서도 예수의 이름을 증거했다. 절대로 예수의 이름으로 말하지도 말고 가르치지도 말라고 명령하는 권력자들을 향해 베드로와 요한은 이렇게 대답하였다. "하나님의 말씀을 듣는 것보다, 당신들의 말을 듣는 것이, 하나님 보시기에 옳은 일인가를 판단해 보십시오. 우리는 보고 들은 것을 말하지 않을 수 없습니다." 행4:19-20

브루더호프 공동체의 설립자 요한 하인리히 아놀드는 100년 전에 공동체를 형성하기 위해 자신의 집을 내어놓았다. 이것은 돈의 노예가 되지 않겠다는 결단이고, 개인주의적 삶에 굴복하지 않고 하나님의 뜻을 따라 공동체적 삶을 살겠다는 결연한 의지의 표명이었다. 그 후 그는 안락한 삶과는 거리가 먼 고난의 길을 걸어갈 수밖에 없었다. 하지만 그가 자신의 편한 삶만을 추구했다면 이 공동체는 100년을 이어올 수 없었을 것이고, 개인주의로 피폐해지고 있는 세상을 향해 공동체의 가치를 삶으로 외칠 수 없었을 것이다.

우리가 두려워하는 존재는 무엇인가? 하나님의 뜻을 따르기 위해 그 세력과 당당히 맞설 수 있는가? 엘리야는 바로 그 일을 해냈으며, 그 행동이야말로 그가 하나님께서 사용하시기에 합당한 사람이라는 것을 증명해 준다.

3. '저주의 메시지'를 전하다

비는커녕 이슬 한 방울도 내리지 않을 것이라는 예언은 가혹한 심판의 메시지다. 팔레스타인 지역은 북쪽 헬몬산 주변을 제외하면 대부분 지역의 연간 강수량이 500-600mm로 우리나라의 30-40% 정도밖에 되지 않는 건조한 땅이다. 비가 많이 내리지 않는 대신 다행히도 연간 3개월에서 6개월까지 이슬이 내린다. 이슬은 비를 보완하는 중요한 수분 공급원이다. 그러므로 비뿐만 아니라 이슬까지 내리지 않는다는 것은 거의 모든 수분 공급이 막힌다는 것을 의미한다.

예언대로 된다면 농사는 망치게 될 것이다. 가뭄으로 기근이 시작될 것이다. 그것은 아합 왕뿐만 아니라 모든 백성이 고통을 당하게 된다는 것을 의미한다. 하나님의 심판은 단지 아합 왕에게만 해당되는 것이 아니었다. 그에게 동조했던 백성들, 여호와를 버리고 바알을 섬기라는 정책에 저항하지 않았던 모든 백성을 향한 것이기도 하다. 그래서 이런 강한 심판의 메시지를 전해야 하는 엘리야는 분명히 큰 부담을 느꼈을 것이다. 전 국민의 비난을 감수해야 했기 때문이다. 이렇게 부담되는 일을 누가 하고 싶어 하겠는가? 이런 일보다는 좀 더 즐겁고 백성들을 행복하게 해줄 수 있는 일을 하고 싶지 않겠는가? 바알을 섬기되 여호와도 잊지 말라면서 혼합주의적 신앙을 설파하거나, 바알이나 여호와나 신이라는 점에서는 동일하니 누구를 섬겨도 괜찮다는 안심시키는 이야기를 해주거나, 굳이 제사라는 종교적 형식으로 여호와를 섬길 필요는 없고 다만 주변에 있는 약자들을 너무 무시하지 말고 도움을 주라는 이야기 정도 해주는 것이 서로 좋지 않겠는가? 그런 일은 백성들의 칭송을 받는 일이기도 하고, 자신의 힘을 과시하면서 인기를 얻을 수 있는 일이기도 하다. 그러나 엘리야는 오직 여호와만 참된 신이며 오직 그만을 섬겨야 하는데 지금 백성들이 그것을 거부했기 때문에 하나님의 심판이 임할 것이고, 그 결과 아합 왕을 비롯하여 백성들이 큰 고통을 당하게 될 것이라는 메시지를 전해야 한다. 이렇게 부담이 큰 메시지를 전해야 함에도 불구하고 엘리야는 두말하지 않고 하나님의 명령에 순종한다.

우리는 어떤가? 우리는 멋져 보이고 사람들에게 칭송받을 만한 일을 하기를 원한다. 그러나 때로는 하나님의 뜻을 따라 사람들을 바른길로 이끌기 위해 사람들이 부담스러워하는 일도 해야 하고, 그런 말도 해야 할 때가 있다. 모든 사람을 기쁘게 하고, 즐겁게 하는 것만이 좋은 것은 아니다. 잘못할 때는 경책하여 바로 잡아주고, 필요한 일이라면 하기 싫어한다고 그냥 놔두지 말고 그 일을 하도록 요구해야 한다. 이것은 특별히 지도자에게 요구되는 중요한 자질이다. 사람들을 기쁘게 하는 것에만 관심을 두는 지도자는 거짓 지도자일 가능성이 크다. 참된 지도자는 바른길로 이끌기 위해 부담되는 말도 해야 하고, 힘겨운 일도 요구해야 한다.

어떤 정치인이 좋은 정치인일까? 잘못된 체제 속에서 항거하지 않고 살아가고 있는 국민에게 지금처럼 그대로 살라 하면서 변화를 요구하지 않는 정치인은 사기꾼이다. 한 사회의 지도자라면 자신의 이익이 아니라 좀 더 나은 세상을 바라보면서 잘못된 방향에 경종을 울리고, 자기희생이 있더라도 세상을 바로 잡자는 메시지를 선포해야 한다.

좋은 정치인이라면 국민에게 사회의 약자를 위해 조금씩 양보하자는 메시지를 던져야 한다. 의료 혜택을 보지 못하는 사람들을 위해 건강보험료를 조금씩 더 부담하자고 설득해야 한다. 흙수저 청년들이 삶을 포기하지 않도록 금수저 국민에게 조금만 양보하자고 요구해야 한다.

좋은 목사라면 기복신앙이나 처세론을 설교하여 교인들의 마음을 편안하게 해 주고 환심을 사서 자신의 세력을 넓히려고 하기보다, 하나님 나라를 위해서 희생하고 하나님께 헌신하고 좁고 험한 길로 가라고 촉구할 것이다. 자기 것을 양보해서 이웃을 섬길 것을 요구하고, 서로 사랑하는 공동체적인 삶을 위해서 개인주의적 삶을 포기하라고 촉구할 것이다.

엘리야는 하나님의 뜻에 순종하여 부담스러운 사명도 잘 감당했다. 바로 이런 이유로 하나님은 엘리야를 사용하신 것이다.

한편, 비와 이슬이 내리지 않게 하겠다는 이 메시지엔 저주와 심판만 담겨 있는 게 아니다. 그 속에는 하나님의 자비하심도 담겨 있다. 엘리야가 전한 하나님의 심판은 아합 왕과 이스라엘 백성이 범한 죄에 비하면 오히려 작은 것이다. 그들이 범한 죄에 합당한 벌을 받게 되면 그들은 당장이라도 심판을 받아 죽을 수밖에 없다. 실제로 앞선 세대는 즉각적인 심판을 받기도 했다. 그러나 이들은 지금 범한 죄에 비해 약한 심판을 받으면서 경고를 받고 있을 뿐이다. 더욱이 이 심판은 무한정한 것이 아니라 3년이라는 기한이 있으며, 그 전이라도 이스라엘 백성들이 하나님이 원하시는 조건만 충족하면 심판은 그치고 은혜의 단비가 내릴 수 있는 것이다. 그래서 이 심판의 목적은 단지 단죄하는 것만은 아니다. 백성들을 다시 여호와께로 돌이키려는 것이다. 하나님은 아합과 이스라엘 백성들에게 은혜의 시간을 주고 계신다. 이것이 지금 엘리야를 보내서 심판의 메시지를 선포하는 이유다. 최종적이고 단호한 심판이라면 이런 경고도 없이 바로 파멸시켜버렸을 것이다. 그러므로 이 심판은 하나님의 또 다른 자비다.

하나님은 공의의 하나님이다. 그러므로 잘못한 것에 대해서 분명하게 책임을 묻고 심판하신다. 그러나 하나님은 인내하시고 또 다른 자비를 베풀기를 기뻐하시는 분이다. 그래서 잘못한 사람들을 당장 심판하지 않고 그들이 다시 돌아오기를 기다리신다. 하나님의 이 속성은 하나님의 언약 밖에 있는 사람들에게도 베풀어지는 것이다, 하나님은 그들이 모두 구원받기를, 즉 하나님의 언약 안으로 들어오기를 원하신다. 그래서 심판을 유보하고 계신 것이다. 그러나 사람들은 지금 당장 아무런 심판도 내리지 않으니 하나님의 인내를 멸시하고 남용한다.

또한 하나님의 인내하심은 하나님의 언약 안에 있는 사람들에게도 동일하게 베풀어진다. 언약 안에 있지만 하나님을 거역하고 자기 뜻대로 행동하는 사람들은 하나님의 진노를 받게 된다. 그러나 하나님은 때로는 햇볕 정책으로, 때로는 징계를 통해서 백성들을 돌이키기를 원하신다.

그렇다면 아합 왕이나 백성들은 가혹한 심판에 담긴 하나님의 자비를 알아챘을까? 그렇지 못했다. 그래서 아합 왕과 이세벨은 이 시련을 몰고 온 엘리야를 잡아 죽이려고 했고, 백성들은 엘리야를 원망했다. 엘리야도 백성들이 이런 반응을 보이리라는 것을 예상했기 때문에 하나님이 그릿 시냇가로 가서 숨으라고 할 때 바로 그렇게 한 것이다.3-5절 이것은 엘리야가 전해야 하는 메시지가 엘리야 자신에게도 큰 위험이 될 수 있다는 점을 잘 보여준다. 그럼에도 불구하고 엘리야는 그 메시지를 가감 없이 선포했다.

4. 하나님의 사람의 조건
: 사회적 스펙이 아니라 믿음과 순종이 중요하다.

하나님의 일은 외적인 조건과 상관없이, 하나님에 대한 분명한 신앙고백과 순종하는 믿음이 있는 사람들에 의해 이루어진다.

이 세상의 모습이 보이는가? 하나님이 없다고 하는 무신론자들의 외침은 날로 커져만 가고 있다. 신자라고 하는 사람들은 세속의 흐름에 굴복하고 있다. 수많은 하나님의 백성들이 잘못된 것을 봐도 자신의 안위를 위해 침묵하고 있다. 그리하여 점점 더 악이 판을 치고, 하나님을 경외하는 사람들은 더욱 침묵 속으로 숨어버리는 시대가 펼쳐지고 있다. 참으로 어두운 세상이다.

이런 때에 하나님은 자신을 대변할 사람을 찾고 계신다. 세상이 조롱해도 "나는 살아계신 하나님을 믿는다"라고 선포할 수 있는 믿음의 사람, 바알이 아니라 하나님이 세상을 지배하는 참된 신이라는 것을 삶으로 선포하는 사람, 우리를 지배하면서 좌지우지하려는 세력에 굴복하지 않고 그 세력에 도전하는 삶을 사는 사람, 세상이 잘못된 방향으로 가고 있다고 선포하는 사람, 잘못된 길을 가는 형제들을 권면하여 바로잡고 함께 바른길로 가도록 격려해주는 사람, 하나님이 원하시는 것이라면 위험하고 손해 볼 것 같은 상황에서도 기꺼이 순종하려는 사람, 시대가 전부 하나님으로부터 돌아서서 세상에서 외톨이가 될 것 같은 상황에서도 하나님의 뜻이라면 순종하려는 사람, 바로 이런 사람을 찾고 계신다. 우리가 이런 사람이 될 수 있을까?

〈삶을 향하여〉

1. 우리를 지배하면서 우리의 삶을 좌지우지하려는 세력은 무엇인가? 권력을 쥐고 있어서 그 앞에만 서면 약해지고, 두려워서 벌벌 떨고, 불이익을 당할까 봐 조심하고, 시키는 대로 움직이게 되고, 저항하지도 못하는 세력은 무엇인가? 돈, 자식, 부모, 직장, 명예, 권력인가?

2. 지금 이 세상의 교육 현실은 사람들에게 좋은 학교에 진학하는 것을 최고의 목표로 삼고 그것에 아이들의 모든 시간을 투입할 것을 요구하고 있다. 놀 시간도, 잠 잘 시간도, 하나님을 예배할 시간도 앗아가고 있다. 이런 상황에 대항하여 우리 자녀들의 믿음을 지키려면 어떻게 해야 할까?

5. 시대의 영향

왕상 17:1-7

"길르앗의 디셉에 사는 디셉 사람 엘리야가 아합에게 말하였다. '내가 섬기는 주 이스라엘의 하나님께서 살아 계심을 두고 맹세합니다. 내가 다시 입을 열기까지 앞으로 몇 해 동안은, 비는커녕 이슬 한 방울도 내리지 않을 것입니다.' 주님께서 엘리야에게 말씀하셨다. '이곳을 떠나서, 동쪽으로 가거라. 그리고 거기 요단강 동쪽에 있는 그릿 시냇가에 숨어서 지내며, 그 시냇물을 마셔라. 내가 까마귀에게 명하여서, 네게 먹을 것을 날라다 주게 하겠다.' 엘리야는 주님의 말씀대로 가서, 그대로 하였다. 그는 곧 가서, 요단강 앞에 있는 그릿 시냇가에 머물렀다. 까마귀들이 아침에도 빵과 고기를 그에게 가져다주었고, 저녁에도 빵과 고기를 그에게 가져다주었다. 그리고 물은 그곳 시냇물을 마셨다. 그런데 그 땅에 비가 내리지 않으므로, 얼마 있지 않아서, 시냇물까지 말라버렸다."

1. 그릿 시냇가 도피

어딘가로부터 홀연히 나타나 아합 왕과 이스라엘에 심판의 메시지를 선포한 후 엘리야는 어떻게 되었을까?

"주님께서 엘리야에게 말씀하셨다. '이곳을 떠나서, 동쪽으로 가거라. 그리고 거기 요단강 동쪽에 있는 그릿 시냇가에 숨어서 지내며, 그 시냇물을 마셔라. 내가 까마귀에게 명하여서, 네게 먹을 것을 날라다 주게 하겠다.'"왕상17:2-4

하나님은 엘리야를 피신시키셨다. 아합 왕이 엘리야를 잡아 죽이려고 했기 때문이다. 아합 왕은 엘리야를 잡아 죽이려고 모든 군사를 풀었다. "예언자께서 섬기시는 주 하나님께서 살아 계심을 두고 맹세합니다. 제 상전은 어른을 찾으려고, 모든 나라, 모든 왕국에 사람들을 풀어 놓았습니다. 그러나 그들이 돌아와서, 엘리야가 없다고 보고하면, 제 상전은, 그 나라와 왕국에게 어른을 정말 찾지 못하였다고, 맹세하게 하였습니다."왕상18:10

여기서 의문이 생긴다. 왜 하나님은 지금 당장 바알과 결판을 내지 않고 엘리야를 도피시켜서 3년이 지나게 하셨을까? 엘리야를 아합 앞에까지 보냈으면 그 자리에서 바로 대결을 하고 심판을 하면 되지 않겠는가? 하나님은 그렇게 하지도 않았고 오히려 엘리야를 아합 앞에서 도망하게 하셨다. 왜 그랬을까? 이것은 몇 년 후 엘리야에게 일어난 일과 너무 차이가 난다. 열왕기하 1장 9-12절을 보면, 아하시야 왕이 엘리야를 잡으려고 보낸 병사들을 하늘에서 불이 내려와 바로 태워버렸다. 하나님은 엘리야를 도피시키지 않고 엘리야를 잡으러 온 병사들을 바로 죽여 버리셨다. 또한 엘리야를 아하시야 왕에게 보내 매서운 심판을 선포하게 하시고 아하시야도 죽게 하셨다. 하나님의 이러한 처신은 지금과 완전히 다르다. 왜 하나님은 지금 대결을 연기하고 엘리야를 도피시키는가? 왜 꼬리를 내리고 엘리야를 도망가게 하시는가?

몇 가지 이유를 생각해볼 수 있다.

첫째, 하나님은 지금 이스라엘 백성들이 우상을 섬긴 결과를 혹독하게 경험하게 하시려고 대결을 연기하신 것으로 보인다. 그렇다면 이 기간은 심판의 시기다. 하나님을 버린 대가가 무엇인지 깨닫게 하시려는 것이다. 이미 하나님은 우상을 섬기면 하나님의 심판을 받게 될 것이라고 경고했었다. 그러므로 하나님의 경고를 무시하고 바알 숭배로 돌아선 이스라엘은 그 대가를 톡톡히 치러야 한다. 3년 간의 가뭄이 바로 그 대가였다.

둘째, 이 기간에 일어난 일들을 통해서 바알의 무력함을 만천하에 드러내고 오직 여호와만이 참된 신이라는 것을 보여주려고 하신 것이다. 이것은 출애굽 당시 하나님이 애굽에 열 가지 재앙을 쏟아부은 것과 유사하다. 하나님이 마음만 먹었다면 단 한 가지 재앙만으로도 바로를 당장 굴복시킬 수 있었을 것이다. 그러나 하나님은 그렇게 하지 않고 열 가지 재앙을 차례차례 내렸다. 왜 그렇게 하셨을까? 열 가지 재앙은 당시 애굽 사람들의 신들을 겨냥한 것이었다. 하나님은 애굽의 신적 세력들을 파괴함으로써 오직 여호와만이 참된 신이라는 것을 만천하에 보여주려고 하신 것이다. 지금 아합과 엘리야 시대도 마찬가지다. 이스라엘이 섬기고 있는 바알, 비와 천둥의 신, 농사와 풍요의 신이 무기력하고 헛된 것이며, 오직 여호와만이 참된 신이라는 것을 실제 체험을 통해서 명확하게 보여주시려는 것이다.

셋째, 이 기간은 이스라엘 백성들과 아합 왕이 참된 신은 바알이 아니라 여호와라는 것을 깨닫고 회개할 기회로 주어진 시간이다. 하나님은 인내의 하나님이시다. 기회를 주시는 분이다. 그래서 이스라엘 백성들이 가뭄이라는 심판을 경험하면서 자신들의 잘못을 깨닫고 회개하여 여호와께로 돌아올 기회를 주시는 것이다. 그러나 아합 왕이나 이스라엘 백성들은 자신들의 잘못을 전혀 깨닫지 못했고, 무엇을 해야 할지 알지 못했다. 결국, 3년 동안 고스란히 고통을 겪어야 했다.

하나님은 인내의 하나님이시다. 분노를 당장 쏟지 않는다. 잘못하는 자들을 즉각 심판하지 않는다. 회개할 기회를 주면서 인내하고 기다리신다. 그렇다고 해서 잘못을 무조건 용서하시지는 않는다. 모르는 체 하지도 않는다. 반드시 기억하시고 그에 상응하는 심판을 내리신다. 그러므로 지금 당장 하나님이 징계하지 않는다고 잘못된 일을 계속하는 것은 어리석은 짓이다. 그것은 하나님의 진노를 쌓는 일이다. 회개하지 않으면 그 기간 동안 죄의 결과를 톡톡히 경험하면서 점점 더 힘들어지게 될 것이다.

하나님은 강공법만 사용하지는 않는다. 상황에 따라 다른 전략을 사용하신다. 몰아붙여서 일을 강력하게 추진할 때도 있고, 상황이 무르익도록 좀 더 기다릴 때도 있다. 우리의 요구를 즉각 들어주실 때도 있고, 기다리게 하실 때도 있다. 내 문제를 해결해 주실 때도 있고, 그 문제와 더불어 좀 더 살아야 한다고 하실 때도 있다. 악인을 즉각 심판하실 때가 있고, 그들이 회개하고 돌아오기를 인내하면서 기다릴 때도 있다. 그러므로 우리는 하나님이 즉시 움직여서 능력을 보여줄 때뿐만 아니라 아무것도 안 하고 침묵하고 계신 것처럼 보일 때에도 하나님의 의도를 헤아리면서 그분의 의도에 반응할 필요가 있다. 우리 자신에 대해서뿐만 아니라 죄를 범하고 있는 다른 사람이나 국가에 대해서도 마찬가지다.

2. 그릿 시냇가의 기적

하나님이 엘리야를 피신시킨 그릿 시내의 위치가 어디인지 지금 우리는 잘 모른다. 다만 성경에서 설명하는 대로 요단강 동쪽이라고만 알고 있을 뿐이다. 그릿 시내는 광야 가운데 있는 작은 개울이고, 인적이 드문 곳이라 숨어 지내기에 좋은 곳이었을 것이다.

하나님은 엘리야의 생명을 보존하기 위해 그를 아합 왕이 찾을 수 없는 장소로 인도하셨을 뿐만 아니라, 생존할 수 있도록 음식을 공급해주셨다. 하나님의 일꾼을 하나님이 먹이신다는 것을 보여주는 예다. 마태복음 6장 31-33절에서 말씀하신 것과 같다. "그러므로 무엇을 먹을까, 무엇을 마실까, 무엇을 입을까, 하고 걱정하지 말아라. 이 모든 것은 모두 이방 사람들이 구하는 것이요, 너희의 하늘 아버지께서는 이 모든 것이 너희에게 필요하다는 것을 아신다. 너희는 먼저 하나님의 나라와 하나님의 의를 구하여라. 그리하면 이 모든 것을 너희에게 더하여 주실 것이다." 먼저 하나님의 나라와 그의 의를 구하면 나머지는 하나님이 책임진다는 것이다. 엘리야는 이 말씀에 순종하고 있고, 그 결과 이 말씀에 담긴 약속이 성취되는 것을 체험하는 중이다.

여기서 우리는 세 가지 교훈을 얻을 수 있다.

첫째, 하나님이 엘리야에게 먹을 것과 마실 것을 주실 때, 엘리야가 원하는 맛

있는 것으로 풍족하게 주시지는 않았다. 근근이 생명을 이어갈 정도의 음식만 주셨다. 우리가 구하는 것을 주겠다는 하나님의 약속의 말씀을 대할 때, 우리는 종종 남들이 부러워할 정도로 멋지고 굉장한 것을 받을 거라고 기대한다. 물론 하나님이 그렇게 주실 때도 있다. 아브라함에게 복을 주신 것처럼. 하지만 하나님의 은혜를 양으로 측정하는 것은 잘못이다. 돈을 많이 벌지 못했다고, 높은 자리에 올라가지 못했다고, 좋은 대학에 들어가지 못했다고 해서 하나님의 은혜를 받지 못했다고 생각해서는 안 된다. 그런 생각은 하나님의 사랑을 세상적인 잣대로 재단하는 잘못을 범하는 것이다. 광야와 같은 세상에서 나그네처럼 살아가는 하나님의 백성에게 풍성하지는 않지만 '일용할 양식'이 주어진다는 것은 굉장한 하나님의 은혜라는 것을 인식해야 한다.

둘째, 원하는 만큼의 풍성한 음식을 얻지는 못했지만, 엘리야는 '매일' 하나님의 공급하심을 체험하고 있다는 사실이 중요하다. 그는 하루하루 하나님의 도우심으로 생명을 유지하고 있다. 이것은 '일상의 기적'이다. 우리는 엘리야를 생각할 때 갈멜산의 놀라운 기적만을 떠올린다. 갈멜산에서 일어난 기적과 비교하면 지금 그릿 시냇가에서 하루하루 생존하고 있는 것이 대수롭지 않게 보인다. 하지만 소소한 일상에서 하나님의 도우심을 받는 일도 엄청난 기적이다. 우리는 하나님의 기적이라고 하면 거창하고 큰일들만 생각한다. 암이 낫는 것, 사업이 망해가다가 대박을 터뜨리는 것, 교통사고가 나도 전혀 다치지 않는 것 등등. 그러나 이런 기적 못지않은 기적은 우리가 일상에서 하나님이 공급해주시는 것들을 받는 것이다. 일을 할 수 있게 하셔서 생존에 필요한 것을 얻을 수 있게 하시는 것, 문제에 둘러싸여 어찌할 줄 모를 때 도움을 받을 수 있는 좋은 사람들을 보내주시는 것, 삶을 의미 있게 하고 풍요롭게 하는 다양한 일들이 주어지는 것 등. 우리는 늘 하나님의 기적을 체험하면서 살고 있다.

셋째, 우리는 하나님이 엘리야를 돕는 방식을 보면서 하나님의 은혜가 우리에게 임하는 방식에 대해 배울 수 있다. 하나님은 먹을 것은 까마귀를 통해 공급해주셨지만, 물은 그릿 시내의 물을 떠먹으라고 하셨다. 자연적으로 얻을 수 있는 것은 자연적인 방식으로 얻게 하셨고, 그렇게 얻지 못하는 것은 하나님이 직접 공급해주신 것이다. 이것은 무엇을 말하고 있는가? 자연적인 것이냐 초자연적인 것이냐 하는 것이 중요한 게 아니라는 점이다. 중요한 것은, 하나님은 그 두 가지 방식 모두를 사용해서 하나님의 사람을 돕는다는 것이다. 그 두 가지 방법 모두 하나님의 기적이고 은혜다. 까마귀가 날라다 준 것만 하나님의 특별한 공급이고, 자연에 이미 존재하고 있는 시냇물이라고 해서 하나님의 공급이 아니라고 생각할 필요가 없다. 자연적인 것도 하나님이 주관하시는 것이기 때문이다. 이미 있던 것이지만 하나님이 이곳 그릿 시냇가로 인도해주셨고, 발견하게 해주셨고, 마실 수 있게 해주신 것이다. 일반적으로 하나님은 이미 존재하는 것들을 통해서 우리의 필요를 채워주신다. 그것들도 하나님의 창조물이고 하나님의 손아래 있는 것들이기 때문이다. 그러므로 일상에서 소소하게 우리를 배려해 주시고 채워주시는 것에 대해 감사해야 한다. 만약 우리가 자연적인 방식으로 얻을 수 없는 긴급한 상황이 되면 하나님은 특별한 방식을 사용하실 것이다. 예기치 못한 도움의 손길을 보내실 것이다. 하나님의 도우심의 방식이 어떠하든 우리의 삶의 자세는 달라지지 말아야 한다. 하나님을 신뢰하면서 하나님의 나라와 그의 의를 먼저 구하는 삶을 사는 것이다.

3. 말라버린 그릿 시내

가뭄이 계속되자 그릿 시내도 말라버렸다. "그런데 그 땅에 비가 내리지 않으므로, 얼마 있지 않아서, 시냇물까지 말라버렸다."7절 그래서 엘리야는 물을 찾아 다른 곳으로 가야 했다. 하나님은 엘리야를 160km나 떨어진 시돈 땅 사르밧이라는 곳으로 가라고 하셨다. 동쪽에서 서쪽 끝으로 가야 한다. 비 한 방울 내리지 않는 땡볕에 자신을 잡아 죽이려는 아합의 군사들을 피해 이세벨의 고향인 시돈 지역으로 위험한 여정을 떠나야 한다.

이 상황이 이상하지 않은가? 하나님이 하시려고 마음만 먹으면 그릿 시내가 마르지 않게 하실 수 있지 않겠는가? 지금 이곳에 있는 것이 가장 안전하지 않겠는가? 그런데 왜 이 시내가 마르도록 그냥 내버려 두셨을까?

이 상황은 도리어 참 재미있다. 하나님은 그릿 시내가 그냥 말라버리도록 내버려 두셨다. 엘리야도 가뭄의 영향을 받게 내버려 두신 것이다. 이것은 무엇을 말해 주는가? 엘리야 자신도 이스라엘에 내린 심판의 영향에서 자유롭지 않다는 것을 보여준다. 엘리야가 심판을 예언했고 그것이 현실로 나타났는데, 본인도 그 심판의 영향을 받고 있다. 이것은 매우 중요한 원리다. 엘리야도 그 시대에 그 지역에 사는 이스라엘 사람이기 때문에 동시대의 다른 사람들과 같은 영향을 받을 수밖에 없다.

성경에는 이와 비슷한 경우가 많다. 이스라엘이 멸망당할 당시에 이스라엘에는 악인들뿐만 아니라 의인들도 있었을 것이다. 그러나 의인이라고 해서 국가의 멸망의 영향에서 벗어날 수는 없었다. 다니엘, 예레미야, 에스겔도 마찬가지였다. 의인이라 할지라도 악인들과 마찬가지로 시대적 심판의 영향을 받게 된다. 예수님 당시에도 하나님을 경외하는 경건한 사람들이 많이 있었다. 세례요한의 부모인 사가랴와 엘리사벳이 그런 사람들이었다. 눅 1:6 "그 두 사람은 다 하나님 앞에서 의로운 사람이어서, 주님의 모든 계명과 규율을 흠잡을 데 없이 잘 지켰다." 예수님의 어머니 마리아도 마찬가지였다. 그러나 그들도 로마의 식민지였던 이스라엘의 한계 속에서 살 수밖에 없었다. 사도 요한은 신실한 예수님의 제자였다. 그런 요한도 AD 70년의 예루살렘 멸망에서 자유롭지 못했다. 그도 떠돌이 신세가 되고 나중에는 밧모 섬에 유배되는 지경까지 이르렀다. 이처럼 아무리 의롭고 뛰어난 개인이라도 그가 속한 시대와 민족과 국가의 영향에서 자유롭지 못하다. 그도 시대적 존재인 것이다.

한국 사회가 무너지면 우리도 모두 영향을 받게 된다. 구한말 믿음의 사람들도 예외 없이 일제강점기에 고난을 겪었다. 평양 대부흥이 일어나 좋은 신앙인들이 많이 생겨났지만 말이다. 한국전쟁 때에도 마찬가지였다. 믿는 사람들이라고 해서 피난과 굶주림과 죽음의 공포와 위험에서 벗어날 수 없었다.

국가의 경제는 모든 국민에게 영향을 미친다. 장하준은 「그들이 말하지 않는 23가지」에서 인도의 버스 운전기사와 스웨덴의 버스 운전기사의 임금 이야기를 한다. 두 사람의 실력은 비슷하겠지만 스웨덴 버스 기사는 인도 버스 기사의 50배가 넘는 임금을 받는다고 한다. 이것은 두 나라 경제 규모의 차이 때문이다. 인도 사람이 개인적으로 아무리 능력이 뛰어나고 새벽부터 밤늦게까지 땀 흘려 일을 하더라도 스웨덴 사람과 똑같은 경제적 혜택을 누릴 수 없다. 그들은 인도라는 국가 경제에 귀속된 존재들이기 때문이다.

사회가 타락하면 시민들도 그 영향을 받을 수밖에 없다. 한 사회에 부패가 만연하고 뇌물을 주고받는 게 일상처럼 되어 있고, 퇴폐풍조가 넘치면 그 안에 사는 시민들은 그 영향을 고스란히 받는다. 자녀교육을 위한다는 명목으로 가족이 해체되어 기러기 아빠가 양산되는 게 당연시되고, 부동산 투기로 돈을 버는 것이 당연시되고, 학벌과 경제력의 차이로 사람을 차별하는 풍조가 대세가 되면, 그 흐름에서 자유롭기 쉽지 않다. 사회에 만연한 학벌 중시 문화, 쾌락주의 문화, 지역 차별, 부의 양극화, 부동산 투기 열풍, 배금사상의 영향에서 자유로울 수 있는 사람은 거의 없다.

사회가 세속화되면 그 안에 사는 교회와 그리스도인들도 영향을 받게 된다. 돈을 최고의 가치로 여기는 사회, 명문대 합격을 우상처럼 떠받드는 사회, 문화적으로 타락한 사회 안에 살면서 그 영향을 받지 않을 그리스도인들은 거의 없다. 사회문화는 생각보다 훨씬 더 크게 우리에게 영향을 끼치기 때문이다. 그러므로 우리는 개인적으로 신실하게 살고자 애쓰는 차원에 머물지 말고 내가 속한 사회가 바르고 정의롭게 되기 위해 노력해야 한다.

한국교회가 타락하고 무너지면 우리도 영향을 받게 된다. 물론 어려운 상황에서도 세속에 물들지 않고 자기를 지키는 그리스도인과 교회가 예외적으로 있을 수 있다. 그러나 대부분은 전체 흐름의 영향을 받게 되고, 잘 나가는 교회도 장기적으로는 그 영향에서 벗어날 수 없게 된다. 한때 유명했던 초대 교회들은 지금 다 어디로 갔을까. 시대가 저무는 것과 더불어 그 교회들도 소멸의 길을 걸었다. 아무리 신앙이 좋았던 교회들도 예외가 없었다. 단기적으로는 버틸 수 있을지 몰라도 장기적으로는 같은 길을 가게 된다. 에베소, 고린도, 서머나, 예루살렘, 안디옥 교회처럼. 그러므로 내 교회만 잘 되면 괜찮다는 생각은 버려야 한다. 한국교회가 살아야 내가 속한 교회도 산다. 큰 흐름에서 함께 가기 때문이다.

미래학자들은 한국교회 교인수가 2030년이 되면 현재의 2/3 이하로 줄어들 것으로 예측한다. 탈교회 현상이 가속화될 것이고, 특히 노령화가 빠르게 진행되면서 교회에서 젊은 사람들 찾기가 어려워질 것이라고 예견한다. 이런 흐름은 모든 교회에 영향을 미친다. 그러므로 우리 교회만 잘 되기 위해 애쓰지 말고 한국교회 전체가 바른길로 가도록 함께 노력해야 한다. 개교회주의를 깨고 나와 서로 연합하여 한국교회의 몰락을 막아내야 한다.

뿐만 아니라, 우리가 속한 교회가 잘못되면 그 교회에 속한 우리 각자도 영향을 받게 된다. 따라서 자신의 신앙을 지키기 위해 개인적으로 노력하는 것도 중요하지만 우리 교회 전체가 잘 되기 위해 애쓰는 것 역시 중요하다. 공동체와 분리되어 혼자서 신앙 생활하는 것은 몹시 어려운 일이다. 공동체 안에 있을 때 도전도 받고, 도움도 받고, 내가 할 수 있는 보람 있는 일들도 찾을 수 있고, 하나님이 주신 소명도 잘 발견할 수 있다. 그런데 공동체가 무너지면 나도 그 영향을 받게 된다. 우리 교회에 문제가 발생하면 우리 모두 그 영향을 받지 않겠는가? 교인들이 다투고, 목사와 장로가 비리를 저지르고, 과도한 건축으로 재정 위기를 맞게 되면 교회에 속한 모든 성도가 타격을 입게 된다. 그러므로 내가 잘 되기 위해서라도 교회가 잘 되어야 하기에, 더욱 열심히 교회를 위해 기도하면서 교회가 바른 방향으로 나아가 도록 힘써야 한다.

자본주의 사회에 살면서 개인주의 문화의 영향을 받을 수밖에 없는 이 시대의 그리스도인들은 개인주의적 성향이 강하며, 자신만 잘하면 얼마든지 잘 살 수 있고, 심판도 받지 않는다고 생각하는 경향이 있다. 하지만 우리의 삶은 우리가 생각하는 것보다 사회의 흐름과 문화의 영향을 훨씬 더 많이 받는다. 그러므로 우리는 자신만을 생각하지 말고 내가 속한 사회와 공동체가 잘 되기 위해 노력해야 한다. 국가와 사회가 바른 방향으로 가도록 애써야 하며, 한국교회를 위해 기도하면서 잘못을 바로잡기 위해 분투해야 하고, 내가 속한 교회를 더 나은 교회로 만들기 위해 힘써야 한다. 나와 우리 교회와 한국교회 그리고 한국사회가 운명공동체이기 때문이다.

〈삶을 향하여〉

1. 오랫동안 해결되지 않고 있는 개인적인 문제, 혹은 공동체적인 문제가 있다면 무엇인가? 우리는 하나님께서 강한 능력으로 그 문제를 해결해 주시기를 바라지만 하나님께서는 당장 해결해 주시지 않고 그 문제와 더불어 좀 더 살라고 하실 때가 많다. 해결되지 않은 문제와 함께 살면서 나와 공동체는 무엇을 배우고 있는가? 하나님께서는 문제의 해결보다 문제와 씨름하는 동안 내가 어떤 사람으로 성장하는가에 더 큰 관심을 갖고 계시다는 것을 기억하자.

2. 하나님은 그릿 시냇가로 피한 엘리야에게 까마귀를 통해 먹을 것을 주시는 초자연적인 방식을 사용하셨다. 그렇지만 동시에 이미 존재하고 있는 그릿 시냇가의 물을 마시게도 하셨다. 자연적인 방식으로 엘리야의 필요를 채우신 것이다. 우리 삶에서도 하나님께서 자연적인 방식으로, 이미 존재하고 있는 것들을 사용하여 일하실 때가 많다. 지난 한 주간의 삶을 돌아보면서 일상에서 하나님께서 도우시고, 공급해주신 경험이 있었다면 무엇인지 생각해보고 감사하자.

3. 우리가 속한 사회와 문화가 바르게 되어야 그리스도인으로서 우리도 좀 더 수월하게 믿음의 삶을 살 수 있게 될 것이다. 지금 우리에게 부정적인 영향을 끼치고 있는 것은 무엇인가? 우리가 그 영향에서 벗어나기 위해 어떤 노력을 할 수 있으며, 사회와 문화를 바꾸기 위해 어떻게 애써야 할지 생각해보자.

6. 믿음의 시험

왕상 17:8-16

"주님께서 엘리야에게 말씀하셨다. '이제 너는, 시돈에 있는 사르밧으로 가서, 거기에서 지내도록 하여라. 내가 그곳에 있는 한 과부에게 명하여서, 네게 먹을 것을 주도록 일러두었다.' 엘리야는 곧 일어나서, 사르밧으로 갔다. 그가 성문 안으로 들어설 때에, 마침 한 과부가 땔감을 줍고 있었다. 엘리야가 그 여인을 불러서 말하였다. '마실 물을 한 그릇만 좀 떠다 주십시오.' 그 여인이 물을 가지러 가려고 하니, 엘리야가 다시 여인을 불러서 말하였다. '먹을 것도 조금 가져다 주시면 좋겠습니다.' 그 여인이 말하였다. '어른께서 섬기시는 주 하나님께서 살아 계심을 두고 맹세합니다. 저에게는 빵 한 조각도 없습니다. 다만, 뒤주에 밀가루가 한 줌 정도, 그리고 병에 기름이 몇 방울 남아 있을 뿐입니다. 보시다시피, 저는 지금 땔감을 줍고 있습니다. 이것을 가지고 가서, 저와 제 아들이 죽기 전에 마지막으로, 남아 있는 것을 모두 먹으려고 합니다.' 엘리야가 그 여인에게 말하였다. '두려워하지 말고 가서, 방금 말한 대로 하십시오. 그러나 음식을 만들어서, 우선 나에게 먼저 가지고 오십시오. 그 뒤에 그대와, 아들이 먹을 음식을 만들도록 하십시오. 주님께서 이 땅에 다시 비를 내려 주실 때까지, 그 뒤주의 밀가루가 떨어지지 않을 것이며, 병의 기름이 마르지 않을 것이라고, 주 이스라엘의 하나님께서 말씀하셨습니다.' 그 여인은 가서, 엘리야의 말대로 하였다. 과연 그 여인과 엘리야와 그 여인의 식구가 여러 날 동안 먹었지만, 뒤주의 밀가루가 떨어지지 않고, 병의 기름도 마르지 않았다. 주님께서 엘리야를 시켜서 하신 주님의 말씀대로 되었다."

1. 사르밧으로

가뭄이 계속되어 그릿 시냇가의 물이 마르자 하나님은 엘리야에게 사르밧이라는 곳으로 옮기라고 말씀하신다.8-9절 사르밧은 어떤 곳인가? 이세벨의 고향인 시돈에 속한 곳으로, 지중해에 접한 지역이었다. 엘리야는 요단 동남편에서 북서쪽 끝에 있는 바알 신앙의 본거지로 160km나 이동해야 한다.

하나님이 시돈으로 가라고 했을 때 엘리야는 당황스럽지 않았을까? 그릿 시냇가도 힘겨운 곳이었지만, 사르밧은 거리도 멀뿐더러 이세벨의 고향인 시돈 지역에 있기 때문이다. 적지나 다름없는 곳에서 어떻게 생존할 수 있을지 걱정이 되었을 것이다. 그래서 하나님은 엘리야를 안심시키기 위해서 자신이 미리 조치를 취해 놓았다고 말씀하신다. "내가 그곳에 있는 한 과부에게 명하여서, 네게 먹을 것을 주도록 일러두었다."9절 이 말이 정확히 무엇을 의미하는지는 분명치 않다. 하나님이 과부에게 직접 나타나서 엘리야를 대접하라고 말했다는 의미일까? 아니면 결과적으로 엘리야가 과부의 집에서 기거하게 되는 상황을 하나님의 섭리의 결과로 이해하라는 것일까? 후에 전개된 이야기로 볼 때 두 가지 모두 가능성이 있는 것 같다. 어떤 경우든 엘리야는 낯선 곳으로 가서 낯선 사람을 찾아가야 하는 쉽지 않은 여정을 떠나야 하는 상황이다.

2. 엘리야의 요구

하나님의 지시대로 그릿 시냇가를 떠나 사르밧에 도착한 엘리야는 땔감을 줍고 있던 한 과부를 만나게 된다.10절 엘리야는 과부에게 처음에는 물을 달라고 한다.10절 과부가 물을 뜨러 가려고 하자, 먹을 것도 달라고 추가로 요구한다.11절 과부는 물을 달라는 말에는 아무런 대꾸도 없었지만, 먹을 것도 달라고 하자 한숨 섞인 대답을 한다. "어른께서 섬기시는 주 하나님께서 살아 계심을 두고 맹세합니다. 저에게는 빵 한 조각도 없습니다. 다만, 뒤주에 밀가루가 한 줌 정도, 그리고 병에 기름이 몇 방울 남아 있을 뿐입니다. 보시다시피, 저는 지금 땔감을 줍고 있습니다. 이것을 가지고 가서, 저와 제 아들이 죽기 전에 마지막으로, 남아 있는 것을 모두 먹으려고 합니다."12절

과부의 한탄을 들은 엘리야는 재차 요구한다. "그러나 음식을 만들어서, 우선나에게 먼저 가지고 오십시오. 그 뒤에 그대와, 아들이 먹을 음식을 만들도록 하십

시오."13절 그리고 자신의 말을 따르면 놀라운 기적이 일어날 것이라고 덧붙인다. "주님께서 이 땅에 다시 비를 내려 주실 때까지, 그 뒤주의 밀가루가 떨어지지 않을 것이며, 병의 기름이 마르지 않을 것이라고, 주 이스라엘의 하나님께서 말씀하셨습니다."14절

처음 보는 사람이 나타나서 마지막 남은 음식을 자신에게 대접하면 기적이 일어날 것이라고 말한 것이다. 당시 '과부'는 가장 열악한 상황에 처한 사람의 대표 격이었다.고아와과부와나그네 과부는 자신의 것도 제대로 확보할 수 없었던 사람이었고, 남을 도와주기는커녕 언제나 도움을 받아야 하는 처지에 놓인 사람이었다. 그런 사람에게 생전 처음 보는 엘리야가 하나님의 기적을 약속하면서 가진 것 전부를 내놓으라고 한 것이다. 이것은 매우 무모하고 과도한 요구다. 엄청난 희생을 요구하는 것이다.

그러나 자포자기를 한 건지, 아니면 하나님의 말씀이 생각나서인지 과부는 엘리야의 요구를 들어준다. 결과가 어떻게 되었을까? "과연 그 여인과 엘리야와 그 여인의 식구가 여러 날 동안 먹었지만, 뒤주의 밀가루가 떨어지지 않고, 병의 기름도 마르지 않았다. 주님께서 엘리야를 시켜서 하신 주님의 말씀대로 되었다."15-16절 주변 사람들이 모두 가뭄과 기근으로 신음하는 와중에 사르밧 과부와 그의 아들은 하나님의 공급을 받아서 생계를 이어갈 수 있게 되었다.

엘리야와 사르밧 과부, 두 사람의 순종의 행동에 대해 좀 더 깊이 들여다보자.

3. 엘리야 - 하나님을 믿으면서 무모하게 요구하기

엘리야는 마지막 남은 음식을 달라고 했다. 그렇게 하면 하나님의 기적을 체험할 수 있다고 하면서. 하지만 가난한 과부에게 마지막 남은 음식을 달라고 하는 것은 지나친 요구가 아닌가? 너무 무례한 것이 아닌가? 사정을 전혀 봐주지 않는 것

이 아닌가?

만약 엘리야 자신이 생각한 대로 결과가 나오지 않으면 어떻게 할 것인가? 어떻게 책임을 질 것인가? 책임은 질 수 있는가? 이토록 과감한 요구를 하면서도 '두려워하지 말라, 하나님께서 지켜주실 것이다'라고 말할 수 있는가?

엘리야가 과감하게 요구할 수 있었던 까닭은 무엇일까? 하나님에 대한 확신이 없었다면 그렇게 할 수 없었을 것이다. 엘리야는 그릿 시냇가에서 이미 하나님의 기적적인 도움을 경험했었다. 그 경험에 근거해서 하나님이 또 다른 기적을 행하겠다고 하자 그 말씀을 믿었고, 그 믿음을 따라 과감하게 과부에게 요구한 것이다.

그러나 조금 다른 각도에서 생각해보면, 내가 하나님의 은혜와 기적을 체험한 것에 근거하여 모험의 삶을 사는 것과 나의 믿음에 근거하여 다른 사람에게 무리한 요구를 하는 것은 전혀 다른 문제다. 내게 아무리 확신이 있다 해도 남에게도 하나님의 뜻을 따라 부담스러운 것을 요구하는 건 결코 쉽지 않은 일이다. 잘못되면 남의 인생까지 책임져야 하기 때문이다. 그럼에도 불구하고 엘리야가 이런 요구를 했다는 것은 그만큼 하나님에 대한 확신이 컸다는 것을 말해준다. 자신뿐만 아니라 다른 사람도 하나님을 신뢰하면서 모험을 선택하는 것이 현명하다는 확신이 있었기에 그렇게 요구한 것이다.

우리는 엘리야처럼 할 수 있을까? 하나님에 대한 나의 확신에 근거하여 다른 사람에게 하나님께 순종하라는, 매우 무리해 보이는 요구를 할 수 있는가? 그렇게 할 만큼 하나님에 대한 확신이 있는가? 이런 태도로 복음을 전할 수 있는가? 복음을 받아들이는 것이 최고로 가치 있는 일이라는 확신이 있는가? 그리스도인으로 살아가는 것이 어렵고 힘들어도 가장 가치 있는 인생길이라는 확신에 차서 다른 사람에게 강력하게 권할 수 있는가?

교회의 리더들은 소그룹 멤버에게 하나님의 말씀에 순종하라는 무모한 요구를 할 수 있는가? 그런 요구를 할 수 있게 하는 힘은 어디서 나오는가? 본인의 체험과 하나님에 대한 확신에서 나오지 않겠는가?

우리 아이들에게 공부를 못해도 하나님을 사랑하고 섬기는 것이 지혜의 근본이라는 말씀을 강력하게 선포할 수 있는가? 어느 전도사에게 고민을 들고 찾아온 고3 학생이 있었다. 그 학생은 1년 전 예수를 믿기 시작했는데 부모와 갈등 관계에 있었다. 부모님이 이제 고3이니까 교회는 끊고 공부에만 집중하라고 하는데, 어떻게 하면 좋겠냐고 물어온 것이다. 당신이 전도사라면 이 학생에게 어떤 대답을 해 주겠는가?

반대의 경우도 있다. 교회에 가라는 부모와 공부를 해야 하기 때문에 교회에 가지 못하겠다는 딸이 실랑이를 벌인다. 딸이 말한다. '공부 안 하고 교회 갔다가 시험 못 보면 엄마가 책임질 거야? 그러다 대학 떨어져도 상관없다는 거야? 좋은 대학 못 가도 괜찮다는 거야?' 이런 상황에서 부모는 '너희는 먼저 하나님의 나라와 그의 의를 구하라. 그리하면 이 모든 것을 너희에게 더하여 주시리라'는 말씀을 신뢰하면서 계속 교회에 갈 것을 요구할 수 있는가?

중학생 딸을 1년간 학교를 쉬게 하고 세계여행을 다닌 가족이 있다. 그 집 아빠는 딸과 함께 세계 이곳저곳을 다니면서 책도 읽히고 다양한 경험을 시켰다. 어떻게 그렇게 할 수 있었을까? 공부가 뒤처지더라도 세상을 경험하는 것이 더 낫다는 깊은 확신이 있었기 때문일 것이다.

내가 하나님의 가치와 세상의 가치 사이에서 고민하면서 선택할 때에도 믿음이 필요하겠지만, 비슷한 고민을 하고 있는 다른 사람들에게 하나님의 가치를 선택하라고 조언할 때에는 하나님에 대한 더 큰 확신이 필요하다.

우리에게 이런 확신이 있는가?

4. 사르밧 과부 : 의외의 상황에서도 순종하기

사르밧 과부는 어떤 사람이었을까? 시돈 주민이니 바알을 섬기는 자였을까?

아니면 혹시 숨어서 하나님을 섬기는 이방 신자였을까? 확실치는 않다. 그러나 그녀에겐 이미 엘리야와 하나님에 대해 작은 지식이 있었을 것으로 추정할 수는 있다.12절 그녀는 엘리야가 선포한 가뭄에 관한 심판의 메시지를 들었을 것이고, 메시지의 효력을 직접 경험하고 있었을 것이다. 그뿐만 아니라 하나님은 그녀에게 엘리야가 올 것을 미리 알려주셨다.9절 하나님에 대한 그녀의 지식과 체험은 아주 강한 것은 아니지만, 희미하게나마 하나님에 대한 두려움과 신뢰의 마음을 싹트게 했을 것이다.

그러나 지금 벌어지고 있는 일은 사르밧 과부의 예상을 뛰어넘는 전혀 의외의 상황이다. 하나님이 그녀에게 엘리야가 올 거라고 말씀하셨을 때 그녀는 먹을 것이 아직 남아 있을 때에 올 것으로 예상했거나, 엘리야가 설마 눌러앉지는 않을 테니 한두 끼 정도 먹여주면 될 거라고 생각했을지 모른다. 그러나 이 두 가지 예상이 모두 깨졌다. 엘리야가 언제 왔는가? 아직 먹을 것이 많이 남아 있을 때였는가? 아니다! 가뭄이 계속되어 더 이상 먹을 물과 음식이 남아 있지 않은 바로 그때, 이제 마지막 음식을 먹고 죽으려고 하는 상황에서 엘리야가 나타났다. 아무리 하나님이 미리 알려주었다고 해도 엘리야는 가장 최악의 상황일 때 나타났다. 하필 왜 이때 나타났느냐고 불평할만한 상황이다. 더군다나 엘리야는 죽으려는 찰나에 갑자기 나타나서 상당히 무례하게 마지막 음식을 요구하고 그 후로도 눌러앉을 태세다. 상황이 이런데도 과부가 하나님이 지시하신 대로 따를 수 있겠는가? 아무리 미리 말을 들었다고 해도 지금 벌어지고 있는 상황은 예상과 너무나 다르지 않은가?

예상치 못한 의외의 상황에서 순종하는 것은 쉽지 않다. 아무리 명확한 하나님의 말씀이 있더라도 우리는 여전히 내가 순종할 수 있는 상황을 정해놓는다. 나에게 돈이 있을 때, 시간이 있을 때, 마음의 여유가 있을 때, 아이들을 다 키워 놓은 후에, 등등. 그런 상황에서만 하나님의 요구에 순종할 수 있다고 생각한다. 자신이 순종할 수 있는 상황을 정해놓고 그 상황에 맞으면 순종한다.

그러나 가끔 이런 프레임을 벗어난 상황에서 하나님이 순종을 요구할 때가 있다. 그때 갈등이 시작되고, 진정한 믿음의 싸움이 비로소 시작된다. 참된 믿음이란 내가 정해놓은 프레임이나 상황 혹은 시기가 아니어도, 나의 통제 범위를 벗어나 불안할 때에도, 하나님께 순종하는 것이다.

우리는 보통 한 달 예산을 미리 세운다. 그 안엔 헌금도 있고, 남을 돕는 기금도 있고, 선교단체나 시민단체 후원금도 들어 있다. 이런 식으로 예산을 짜는 것은 분명히 믿음의 실천이다. 그런데 공동체의 어떤 형제가 갑자기 병원에 입원하게 되어 도와주어야 할 상황이 벌어지면 갈등이 시작된다. 그를 도우면 내 계획이 틀어진다. 예산의 균형이 깨진다. 그러면 불안하고 걱정이 돼서 그 형제를 도울 수 없다고 결론짓는다. 그러나 나의 재정 계획이 틀어지더라도 서로 돌아보라는 말씀에 순종하여 어려움에 처한 형제를 돕는 것이 믿음의 행동이다.

5. 사르밧 과부 - 무모한 요구에도 순종하기

먹을 거라곤 밀가루 한 줌과 기름 몇 방울밖에 없는 과부에게 엘리야는 먹을 것을 달라고 한다. 그리하면 뒤주의 밀가루가 떨어지지 않고, 병의 기름이 마르지 않을 것이라고 주 이스라엘의 하나님이 말씀하셨다고 주장한다. 과부는 자신과 아들의 생존이 걸린 상황에서 자신이 가진 귀한 것을 엘리야에게 줄 수 있겠는가?

이때 그녀는 어떤 마음이었을까? 전혀 다른 두 마음이 있었을 것 같다. 어차피 이래 죽으나 저래 죽으나 마찬가지니 그냥 엘리야와 여호와를 믿어보자는 마음이 들 수도 있다. 이와는 반대로, 마지막 양식이 남았으니 더 집착이 생길 수도 있었을 것이다. 죽음을 앞에 둔 비참한 지경인데 말도 안 되는 약속을 하면서 음식을 만들어 달라고 하니 분노가 치솟을 수도 있었을 것이다.

엘리야가 과부에게 뒷일은 하나님이 알아서 하실 테니 말씀에 순종하라고 하는 것은 하나님이 엘리야에게 요구한 것과 유사하다. 하나님은 엘리야에게 아합 왕 앞에 나아가 심판의 메시지를 전하라고 무모한 명령을 주셨다. 엘리야가 순종했을 때 하나님은 아합 왕과 가뭄의 위협 속에서 그의 생명을 보존해주셨다.

짧은 순간이었지만, 과부는 많은 생각을 했을 것이다. 갈등했을 것이다. 남은 양식을 아들과 함께 먹고 며칠이라도 더 버텨야 하지 않을까, 다 내줬다가 아무것도 얻지 못하면 어찌할 것인가. 지금 확실한 것은 아무것도 없다. 다만 하나님의 사람이라고 하는 엘리야의 말만 믿어야 할 뿐이다. 안전장치가 있는 것도 아니다. 이런 상황에서 어떻게 무모한 순종을 할 수 있단 말인가? 그래도 엘리야의 요구, 하나님의 요구에 응해야 하는가?

심각한 갈등의 상황에서 과부는 엘리야의 요구에 응하는 쪽을 택했다. 그렇게 결정한 근거는 무엇이었을까? 두 가지 가능성이 있다. 하나는 하나님에 대한 막연한 지식이다. 이스라엘에서 하나님이 보낸 엘리야라고 하는 자가 가뭄을 선포했고, 시돈 땅에 몰아닥친 심각한 가뭄도 그 탓이라는 소문을 들었을 것이다. 그 소문에서 하나님 이야기를 조금 들었을 것이다. 그러나 소문은 소문이지 확실한 것은 아무것도 없다. 다른 하나는 하나님이 엘리야가 올 것을 미리 알려주었다는 점이다. 하지만 앞에서도 언급했듯이 이 근거들은 확실한 것도 아니며, 대접할 음식이 충분할 때라면 몰라도 마지막 먹을 것만 남았을 때라면 상황은 다르다. 이런 근거들이 자신과 아들의 모든 것을 걸기에 충분해 보이는가? 희미한 근거에 자신의 모든 것을 거는 것은 상당한 위험이 따르는 모험이다. 그럼에도 과부는 엘리야의 요구를 따랐고 하나님을 향한 믿음을 보여주었다.

이와 같은 과부의 행동은 믿음의 본질을 잘 보여준다. 믿음은 작은 근거를 바탕으로 움직이는 것이다. 100% 확실한 상황에서는 믿음이 필요 없다. 믿음이 필요할 때는 불확실하고 불안할 때이며 위험 부담을 느낄 때다. "믿음은 보이지 않는 것들의 증거다."히 11:1 "우리는 믿음으로 살아가지, 보는 것으로 살아가지 아니합니다."고후 5:7 이 구절들은 모두 믿음은 불확실할 때, 아무 것도 보이지 않는 암흑과 같은 상황에서 발휘되는 것이라고 말한다. 믿음은 내가 만들어 놓은 안전한 공간, 모든 것이 분명하고 확실한 공간에서 뛰쳐나와 하나님이 지시하시는 광야로 나설 것을 요구한다. 믿음은 당연히 위험을 감수하는 것이며, 모험하는 것이다.

우리의 현실은 어떤가? 우리는 너무 이성적이다. 모든 것을 합리적으로 판단하려고 한다. 최소한 80-90%의 확실성이 담보될 때 움직이는 것이 안전하고 합리적이라고 생각한다. 그래서 하나님의 요구가 이 범위를 벗어난다고 생각되면 따르지 않으려고 한다. 전체 과정이 보여야, 내 안전이 위협당하지 않아야, 내 불안감을 자극하지 않는 것이어야, 내게 더 나은 것을 가져다준다는 확신이 있어야, 비로소 순종하면서 움직이려고 한다. 그러나 믿음은 무모한 걸음을 내딛는 것이다. 내 경험으로는 있을 수 없는 일을 하는 것이 바로 믿음의 본질이다.

하나님을 향한 믿음의 결과는 무엇일까? 하나님은 믿음으로 순종하면서 광야로 나서는 자를 결코 외면하지 않으신다. 이런 사람은 하나님이 준비하신 일상적이지 않으며 다른 방식으로는 결코 경험할 수 없는 놀라운 것을 누리게 될 것이다. 사르밧 과부처럼 하나님의 능력과 하나님의 살아계심을 체험하게 될 것이다.

하나님은 엘리야를 먹이신 것처럼, 사르밧 과부에게 은혜를 베풀어주신 것처럼, 하나님을 신뢰하면서 믿음으로 나아가는 우리에게도 필요한 은혜를 베풀어주실 것이다. 엘리야와 사르밧 과부는 가뭄이 길어졌어도 결코 굶어 죽지 않았다. 비록 풍성하지는 않지만 생존하기에 충분한 양식을 공급받았다. 이것은 믿음으로 살아가는 자에게 주시는 하나님의 은혜의 선물이다.

6. 누가 참된 신인가?

하나님은 엘리야를 시돈 땅 사르밧으로 옮기셨다. 왜 그렇게 하셨을까? 여기에는 어떤 의도가 담겨 있을까?

첫째, 여기에는 누가 참된 신인지 보여주려는 의도가 담겨 있다. 이세벨의 고향, 바알 신앙의 본거지인 시돈 지역도 가뭄으로 고생한다. 하나님의 심판엔 예외가 없다. 이것은 바알에겐 가뭄을 막을 능력이 없다는 것을 보여준다. 바알은 이스라엘은커녕 자신의 본토인 시돈에서도 무기력하다. 반면, 여호와는 바알의 본거지인 시돈에서 자신의 능력을 보여주신다. 이것은 엘리야 사건의 중심 주제인, 누가 참된 신인지 보여주기 위한 의도적인 행보다.

둘째, 사르밧에서도 엘리야의 생존을 책임지심으로써 하나님의 능력은 이스라엘에만 아니라 이방 지역에까지 미친다는 것을 보여주려는 것이다. 이것은 당시 사람들의 '지역 신'local god 개념에 도전하면서 교정하려는 것이다. 하나님은 이스라엘의 중심인 사마리아에서도, 요단강 동편 광야에서도, 우상의 본거지인 이방 지역에서도 오직 여호와만이 유일하고 참된 신임을 보여주려는 것이다. 이것은 엘리야 에피소드의 중심 주제이다.

셋째, 엘리야를 사르밧으로 옮기신 것은 하나님의 통치의 성격을 보여주는 사건이다. 정작 하나님의 백성이라고 하는 이스라엘에는 하나님에 대한 불신이 팽배해있다. 그 결과 하나님의 심판을 받아 가뭄과 기근으로 시달리고 있다. 그런데 바알 신앙의 본거지인 시돈에 사는 과부는 하나님의 말씀을 신뢰했다. 그 결과 그녀는 비록 이방인이지만 하나님의 은혜를 체험할 수 있었고, 생명을 유지할 수 있었다. 이스라엘 백성이나 주변 사람들은 하나님을 민족적인 신으로 생각했다. 오직 이스라엘 사람들에게만 관심이 있고 그들만 돌보신다고 생각했다. 그러나 하나님의 통치는 지역이나 민족을 초월한다. 하나님의 백성일지라도 하나님을 거부하면 심판을 받고, 이방인일지라도 하나님을 신뢰하는 자는 은혜를 받는다. 하나님은 온 세상의 창조자이며, 만백성의 주님이기 때문이다.

7. 하나님의 "방식"은 창조적이고 기발하다.

하나님이 일을 하시는 방식은 인간의 예상을 뛰어넘는다. 하나님은 자기의 사람들을 인간의 생각을 뛰어넘는 매우 기발한 방식으로 지켜주신다. 이것은 엘리야를 지켜주시는 방식에 잘 드러나 있다.

첫째, 하나님은 전혀 예기치 못한 방법으로 자기 사람의 필요를 채워주신다. 하나님은 "까마귀"를 통해서 엘리야에게 먹을 것을 주시겠다고 한다.4절 까마귀는 부정한 동물이다.레 11:15, 신 14:14 시체를 먹는 동물을 통해서 먹을 것을 주시겠다는 것은 정상적으로 보이지 않는다. 그 까마귀가 무엇을 가져다주겠는가? 혹시 죽은 동물의 살점이 아닐까? 하지만 하나님은 까마귀를 통해 엘리야가 먹을만한 음식을 날라다 주셨다. 도무지 정상적으로 보이지 않지만 하나님은 이런 이상한 방법을 통해서도 필요를 채우신다.

하나님은 또한 '과부'를 통해서 엘리야에게 먹을 것을 공급해주시겠다고 한다.9절 과부는 곤궁한 사람을 대표한다. 그런데 하나님은 과부가 엘리야를 먹여 살릴 것이라고 말씀하신다. 전혀 믿기 힘든 방식이다. 하지만 결국 엘리야는 이방인 과부를 통해 아무 걱정 없이 생존할 수 있었다. "예수께서 또 말씀하셨다. '내가 진정으로 너희에게 말한다. 아무 예언자도 자기 고향에서는 환영을 받지 못한다. 내가 진정으로 너희에게 말한다. 엘리야 시대에 삼 년 육 개월 동안 하늘이 닫혀서 온 땅에 기근이 심했을 때에, 이스라엘에 과부들이 많이 있었지만, 하나님이 엘리야를 그 많은 과부 가운데서 다른 아무에게도 보내지 않으시고, 오직 시돈에 있는 사렙다 마을의 한 과부에게만 보내셨다.'"눅 4:24-26

까마귀와 과부는 전혀 예기치 못한 하나님의 방법이다. 하나님이 일하시는 방식은 우리의 상상을 초월한다. 우리의 일상적인 판단과 기대를 뛰어넘는다. 하나님은 예기치 못한 방식, 예기치 않은 수단과 방법, 예기치 않은 통로를 통해서 자신의 목적을 이루신다. 그러므로 내가 기대하는 방법이 아니더라도, 하나님이 제시하시는 방법이 말이 안 된다고 생각되더라도 하나님을 신뢰하는 것이 옳은 길이다.

둘째, 하나님은 전혀 예기치 못한 장소에서, 심지어 적의 심장 한복판에서 자기 사람을 지키신다. 엘리야가 찾아간 사르밧은 이세벨의 아버지 엣바알이 다스리는 시돈의 한 마을이다. 엘리야가 이곳으로 가리라고는 그 누구도, 심지어 엘리야조차도 상상할 수 없었을 것이다. 그러나 하나님은 모든 사람의 예상을 깨고 적의 심장부인 사르밧에서 엘리야를 안전하게 지켜주셨고, 최후의 대결을 준비하게 하셨다.

우리는 이런 아이러니를 이미 모세를 통해서 본 적이 있다. 하나님은 이스라엘의 구원자가 될 모세를 이스라엘을 핍박하고 있던 애굽 왕 바로의 궁에서 자라게 하시고, 바로의 자원을 이용해서 모세를 키우셨다. 상황은 조금 다르지만, 요셉은 아무도 생각지 못한 감옥에서 야곱 가족의 구원자로 준비되었다. 요셉은 노예로 팔려간 보디발의 집에서 억울하게 감옥으로 보내졌으나 그 감옥에서 기회를 잡아 애굽의 총리대신이 되었고, 결국 가족을 구원하는 기적을 이루게 되었다.

우리는 왕은 왕궁에서만 나오며, 보안장치가 잘 된 집이라야 안전하고, 세상에서 인정받는 좋은 학교에서만 좋은 교육을 받을 수 있다는 고정관념에 쉽게 빠진다. 인간의 관점에서는 그렇게 생각할 수밖에 없을 것이다. 그러나 하나님은 우리의 고정관념을 깨뜨리면서 일을 하실 때가 많다. 오히려 매우 위태로운 곳, 전혀 보호받을 수 없다고 생각되는 곳, 바로 그런 곳에서 하나님은 우리를 보호하시고, 키우시고, 훈련시키실 때가 많다. 더 나아가 바로 그곳에서 우리를 통해 놀라운 일을 이루신다.

하나님은 창조자일 뿐만 아니라 '창조적인' 분이시다. 하나님이 우리를 훈련시키시고 돕는 방식도 창조적이다. 그러므로 그분의 방법을 제한하지 말라. 앞이 막히면 뒤에서 도움이 올 것이고, 앞뒤가 막히면 옆에서 도움이 올 것이고, 사방이 막히면 위로부터 도움이 올 것이다. 사방으로 우겨쌈을 당하여도 걱정할 필요가 없다. 하나님의 도움은 예기치 못한 곳으로부터 올 것이기 때문이다. "우리는 사방으로 죄어들어도 움츠러들지 않으며, 답답한 일을 당해도 낙심하지 않으며, 박해를 당해도 버림받지 않으며, 거꾸러뜨림을 당해도 망하지 않습니다." 고후 4:8-9 아는 사람으로부터 도움이 막히면 전혀 모르는 사람으로부터 도움이 올 것이다. 기대하는 방식이 좌절되면 전혀 예기치 못한 방식으로 도움이 올 것이다. 그러므로 힘겨운 상황에 있다고 해서 너무 절망하지 말라. 그 상황이 예기치 못한 하나님의 능력을 체험할 기회일 수 있다. 어려운 자리에 들어가 있다고 해서 너무 주눅 들지 말라. 그 자리가 하나님의 은혜를 깊이 체험하는 장소가 될 수 있다. 어렵고 힘들게 하는 사람들 틈에 있다고 해서 낙담하지 말라. 내가 전혀 기대하지 않았던 사람들을 통해서 하나님이 나에게 도움을 줄 수 있기 때문이다.

〈삶을 향하여〉

1. 엘리야는 밀가루 한 줌과 기름 몇 방울밖에 없는 사르밧 과부에게 먹을 것을 달라며 무모한 요구를 했다. 살아계신 하나님에 대한 확신이 있었고, 그릿 시냇가에서 까마귀를 통해 먹을 것을 주신 하나님을 체험했기 때문이었다. 하나님에 대한 나의 확신에 근거하여 다른 사람에게 하나님께 순종하라는, 어찌 보면 무리한 요구를 해 본 적이 있는가? 그런 요구를 하기 어려운 이유는 무엇일까? 목사로서 교인들에게, 교회 소그룹 리더로서 멤버에게, 교회 선배로서 후배에게, 또는 불신자에게 다가가 순종의 요구를 하려면 어떻게 해야 할까?

2. 사르밧 과부는 먹을 것이 다 떨어진, 예상치 못한 의외의 상황에서 엘리야에게 먹을 것을 주라는 하나님의 말씀에 순종했다. 전혀 예상치 못한 상황에서 말씀에 순종하는 것은 쉽지 않다. 예를 들어, 한 달 재정 지출 계획을 다 세워두었는데 형제가 어려움에 처해 있다면 어떻게 할 것인가? 마음의 여유나 시간적 여유도 없는데 도움이 필요한 형제의 말을 들어줘야 할 상황이 닥치면 어떻게 할 것인가? 내 아이들 뒷바라지도 벅차고 내 부모 보살피는 일도 벅찬데 가난한 이웃을 돌봐야 할 일이 생기면 어떻게 할 것인가? 이런 예기치 못한 상황 속에서도 이웃을 사랑하라는 하나님의 말씀에 순종하려면 어떻게 해야 할까?

3. 믿음은 내가 만들어 놓은 안전한 공간, 모든 것이 분명하고 확실한 공간에서 뛰쳐나와 하나님이 지시하시는 광야로 나서는 것이다. 믿음은 위험을 감수하는 것이요, 모험하는 것이다. 내가 들어가 앉아 있는 안전 공간은 무엇인가? 벗어나면 큰일 날 것 같은 공간, 절대 포기할 수 없다고 생각하는 것은 무엇인가?

7. 믿음의 성장

왕상 17:17-24

"이런 일이 있은 뒤에, 이 집 여주인의 아들이 병이 들었다. 그의 병은 매우 위중하여서, 끝내는 숨을 거두고 말았다. 그러자 그 여인은 엘리야에게 이렇게 말하였다. '하나님의 사람이신 어른께서 저와 무슨 상관이 있다고, 이렇게 저에게 오셔서, 저의 죄를 기억나게 하시고, 제 아들을 죽게 하십니까?' 엘리야가 그 여인에게 아들을 달라고 하면서, 그 여인의 품에서 그 아이를 받아 안고, 자기가 머물고 있는 다락으로 올라갔다. 그리고 그를 자기의 침대 위에 뉘어 놓고, 주님께 부르짖었다. '주 나의 하나님, 어찌하여 내가 머물고 있는 이 집의 과부에게 이렇게 재앙을 내리시어, 그 아들을 죽게 하십니까?' 그는 그 아이의 몸 위에 세 번이나 엎드려서, 몸과 몸을 맞춘 다음, 주님께 또 부르짖었다. '주 나의 하나님, 제발 이 아이의 호흡이 되돌아오게 하여 주십시오!' 주님께서 엘리야가 부르짖는 소리를 들으시고, 그 아이의 호흡을 되돌아오게 하여 주셔서, 그 아이가 살아났다. 엘리야는, 그 아이를 안고 다락에서 내려와서, 아이를 돌려주면서 말하였다. '보시오, 아들이 살아났습니다.' 그 여인이 엘리야에게 말하였다. '이제야 저는, 어른이 바로 하나님의 사람이시라는 것과, 어른이 하시는 말씀은 참으로 주님의 말씀이라는 것을 알았습니다.'"

1. 움직이는 믿음

과부는 엘리야를 대접하면서 좋은 믿음을 보여주었다. 그러나 한때 좋은 믿음의 모습을 보여준 것과 그 후에도 믿음으로 계속 살아가는 것은 전혀 별개다. 믿음은 우리가 소유하고 있는 고정된 물건과 같은 것이 아니다. 믿음은 영원히 고정된 채로 우리와 함께 있는 것이 아니라, 살아가는 동안 계속해서 변화되는 것이다. 믿음은 삶과 함께 움직이는 생물체와 같은 것이다. 이런 점에서 믿음은 명사가 아니라 동사다. 대부분의 사람들이 살아가는 동안 삶의 부침을 겪는 것처럼 믿음의 삶에서도 부침을 거듭한다. 누구도 평생 일관되게 굳건한 믿음으로 살아갈 수 있다고 자신할 수 없다.

큰 민족이 되고 복의 근원이 되게 해 주겠다는 하나님의 약속을 믿고, 자신의 고향을 떠난 아브라함이었지만, 자식이 생기지 않자 믿음의 위기에 직면했다. 결국 하나님의 약속을 기다리지 못하고 아내의 여종을 통해 아들을 낳고 말았다. 예수님에게 '주는 그리스도시요 살아계신 하나님'이라며 천금 같은 신앙고백을 한 베드로도 예수님을 세 번이나 모른다고 하면서 믿음을 저버렸다. 디모데전서에는 과거의 좋았던 믿음을 잃고 실패한 사람이 등장한다. "믿음과 선한 양심을 가지십시오. 어떤 사람들은 선한 양심을 버리고, 그 신앙생활에 파선을 당하였습니다. 그렇게 된 사람 가운데 두 사람이 바로 후메내오와 알렉산더입니다."딤전 1:19-20 이처럼 과거에 믿음이 좋았다고 해서 현재나 미래도 그렇게 살아갈 것이라고 확신할 수 없다.

우리의 삶은 어떤가? 과거에 믿음이 좋았는가? 그렇다면 지금은 어떤가? 과거에 좋은 믿음이 있었다고 해서 절대로 자만해선 안 된다. 과거는 과거일 뿐이다. 현재가 중요하다. 믿음은 삶과 함께 움직이는 것이다. 지금 우리의 믿음은 어떤가? 우리는 믿음으로 살고 있는가?

2. 비극 앞에 선 믿음

사르밧 과부는 엄청나게 좋은 믿음을 보여주었다. 그녀는 남은 양식이 밀가루 한 줌과 기름 몇 방울뿐이었지만 엘리야의 말에 순종하여 엘리야에게 먹을 양식을 만들어주었다. 그 여인의 가족과 엘리야가 여러 날 동안 먹었으나 주님께서 약속하신 말씀대로 뒤주의 밀가루가 떨어지지 않고 병의 기름도 마르지 않았다. 과부는 어려운 상황에서도 순종하는 믿음의 행동으로 하나님의 놀라운 은혜를 체험한 것이다.

하지만 행복의 날은 영원하지 않았다. "이런 일이 있은 뒤에, 이 집 여주인의 아들이 병이 들었다. 그의 병은 매우 위중하여서, 끝내는 숨을 거두고 말았다." 17절 과부의 아들이 병이 들어 죽어버린 것이다. 엄청난 비극이 일어난 것이다. 이렇게 감당하기 어려운 일을 당하자 과부는 어떤 모습을 보여주었는가? "그러자 그 여인은 엘리야에게 이렇게 말하였다. '하나님의 사람이신 어른께서 저와 무슨 상관이 있다고, 이렇게 저에게 오셔서, 저의 죄를 기억나게 하시고, 제 아들을 죽게 하십니까?'" 18절

과부는 불행의 원인을 찾으려고 한다. 이것은 불행을 당하는 사람들의 일반적인 행동방식이다. 당시에는 고난의 원인을 죄에서 찾는 것이 가장 일반적이었다. 욥의 친구들은 욥이 고난을 겪는 모습을 보고 죄 없이 망한 사람이 있느냐면서 욥이 죄 때문에 고난당하는 것이라고 단정했다. 시각장애인을 본 예수님의 제자들은 부모의 죄 때문에 그가 앞을 못 보게 된 것이냐고 물었다. 사르밧 과부도 비극이 닥치자 자신의 죄 때문에 아들이 죽은 게 아닐까 라는 생각에 사로잡혔다. 그러나 죄와 고난 사이의 인과관계가 맞을 때도 있고, 전혀 그렇지 않을 때도 있다. 구약의 욥이나 신약의 시각장애인의 경우는 이런 인과관계에 해당하지 않는다. 그러니 고난이 모두 죄 때문에 초래되는 것이라고 너무 쉽게 단정하지 말아야 한다.

과부의 죄 때문에 지금 과부의 아들이 죽은 것인지 여부는 불확실하지만, 그렇지 않다고 보는 게 옳을 것이다. 만약 그랬다면 엘리야는 과부의 죄를 먼저 처리했을 것이기 때문이다. 성경에 그런 언급이 전혀 없는 것으로 봐서 과부가 단순하게 당시의 세계관을 그대로 드러냈다고 보는 게 맞을 것이다.

과부가 직접 잘못을 범한 것은 아니지만, 과부는 아들의 죽음을 초래한 원인이 분명히 있다는 생각에 사로잡혀 이상한 태도를 보인다. 그녀는 말로는 자신의 죄가 생각난다고 하면서도, 그것에 대해 자기가 책임을 지려고 하지 않고 갑자기 방향을 돌려서 엘리야 탓을 하기 시작한다. 엘리야가 자기 집에 왔기 때문에 이런 일이 생긴 것이라고 단정하고 원망하는 것이다. 정말로 엘리야 때문에 아들이 죽었

단 말인가? 이 비극이 엘리야가 찾아와서 일어난 일이란 말인가? 지금까지 엘리야 덕에 가뭄 속에서도 죽지 않고 살아왔지 않은가? 그런데도 엘리야 때문에 아들이 죽었다고 단정하는 것은 너무 성급한 판단이 아닌가?

아들이 죽는 바람에 너무 충격을 받아 정신이 혼미해진 탓이라고 생각할 수도 있다. 아들의 죽음은 인간이 경험할 수 있는 가장 비극적이고 비참한 경험이니까 말이다. 과부는 너무 슬픈 나머지 수많은 인과관계를 찾다가 엘리야에게 책임을 돌리게 된 것으로 보인다. 그러나 아무리 슬프다고 해도 엘리야에게 죽음의 책임을 묻는 것은 전혀 정당하지 않은 비난이다. 과부는 엘리야 덕에 생명을 이어갈 수 있었던 과거의 은혜를 너무 쉽게 잊고 원망하고 있다. 인과관계도 불분명하거니와 설령 그런 인과관계가 조금 있다고 하더라도 과거에 그렇게 큰 은혜를 입었던 사람에게 이렇게 성급하게 돌아서서 원망하는 것은 너무 심하지 않은가?

그런데 이것은 우리도 늘 답습하는 모습이다. 문제가 생기거나 일이 잘 풀리지 않거나 내 뜻대로 혹은 내가 기대한 대로 안 되면, 먼저 하나님을 원망한다. 과거에 받은 은혜를 너무 쉽게 잊어버리고 원망하고 불평한다. 이런 모습은 믿음이 부족한 모습이다. 상황에 압도되어 과거의 은혜도 잊어버리고, 하나님과의 관계도 너무 쉽게 뭉개버리는 것이다.

어떤 사람들은 하나님을 원망하지는 않지만 다른 사람 탓을 하기도 한다. 문제가 생기면 만만한 상대를 찾아서 책임을 전가한다. 심지어 과거에 은혜를 베풀어준 사람들한테도 원망의 화살을 쏘아댄다. 현재 내게 못마땅한 일이 생기고, 힘든 일이 생기고, 그 원인이 조금이라도 어떤 사람과 관련이 있다는 생각이 들면, 그가 과거에 얼마나 큰 은혜를 베풀었는지, 나와 어떤 관계에 있었는지 잊어버리고, 너무 쉽게 원망하는 태도를 보인다.

그러므로 우리는 과부의 태도를 비판만 할 수는 없다. 우리도 비슷한 사람들이기 때문이다. 배은망덕은 어려움에 직면한 모든 사람이 범할 수 있는 흔한 잘못이다. 하나님에 대해서도, 다른 사람들에 대해서도. 특히 힘들 때에, 문제가 생길 때에 이런 잘못에 빠지기 쉽다. 그러므로 힘들 때일수록 과거의 은혜를 쉽게 잊어버리고 성급하게 하나님과 다른 사람 탓을 하지 않도록 조심해야 한다.

3. 엘리야의 대응

과부의 비난을 듣고 엘리야는 억울했을 것이다. 사르밧으로 온 엘리야는 과부와 아들에게 은혜를 베풀어주는 하나님의 도구였다. 엘리야도 과부의 도움으로 살고 있기는 하지만, 엘리야가 오지 않았더라면 과부와 아들은 가뭄으로 진작 죽었을 것이다. 그러므로 지금 과부가 엘리야 탓을 하는 것은 배은망덕한 태도다. 아들의 죽음이 엘리야 때문인가? 엘리야가 전염병을 옮겼는가? 엘리야가 사고를 쳤나? 전혀 아니다. 그럼에도 과부는 엘리야 탓을 한다. 엘리야 입장에서는 억울해서 팔짝 뛸 노릇이다.

이와 비슷한 일이 예수님에게도 일어났다. 나사로가 죽어 예수님이 그의 집에 갔을 때 그의 누이 마르다와 마리아는 예수님 탓을 한다. "마르다가 예수께 말하였다. '주님, 주님이 여기에 계셨더라면, 내 오라버니가 죽지 아니하였을 것입니다.'" 요 11:21 "마리아는 예수께서 계신 곳으로 와서, 예수님을 뵙고, 그 발아래에 엎드려서 말하였다. '주님, 주님이 여기에 계셨더라면, 내 오라버니가 죽지 않았을 것입니다.'" 요 11:32 예수님이 다른 곳에 가지 않고 자기들과 함께 있었다면 나사로가 병 들었을 때에 고쳐서 죽지 않게 했을 것이라는 뜻이다. 아쉬움의 표현이기는 하지만, 어쨌든 나사로의 죽음을 예수님의 책임으로 돌리는 말이다. 이런 부당한 비난에도 예수님은 변명하거나 화를 내지 않으시고 그들과 같이 슬퍼하시면서 문제를 해결할 방도를 찾으셨다. "예수께서는 마리아가 우는 것과, 함께 따라온 유대 사람들이 우는 것을 보시고, 마음이 비통하여 괴로워하셨다." 요 11:33

예수님처럼 엘리야도 변명하거나 화를 내지 않았다. 억울함을 풀려고 하지 않았다. 지금 그것이 핵심이 아니기 때문이다. 핵심은 어떻게든 이 문제를 해결하는 것이다. 그는 과부를 돕는 일에 집중했다. 자신이 책임져야 할 것도 아닌데 과부의 아픔을 이해하고 돕기 위해 움직였다. 엘리야는 자신의 능력의 한계를 인식하고 하나님께 나아가 도움을 구했다. 자신이 할 수 있는 것이 있었다면 과부를 돕기 위해 뭐라도 해 보려 애썼을 것이다. 그러나 이 문제는 자신의 능력을 넘어선다고 판단하여 하나님께 나아간 것이다.

4. 엘리야의 믿음의 성장 과정

엘리야는 아무 변명도 하지 않고 죽은 아이를 안고 기도하러 다락으로 올라갔다. 기도하면 하나님께서 응답하셔서 아이를 다시 살려주실 것을 확신했기 때문일 것이다. 그의 기대대로 하나님은 아이를 살려주셨다.

우리는 엘리야 하면 갈멜산의 기적을 일으킨 능력의 사람으로 기억한다. 지금 죽은 아이를 살린 능력이 하나 더 추가되었다. 대단한 능력의 사람으로 기억될 것이다. 그러나 성경은 엘리야를 '능력의 사람'이라기보다는 '기도의 사람'으로 묘사한다. "엘리야는 우리와 같은 본성을 가진 사람이었지만, 비가 오지 않도록 해 달라고 간절히 기도하니, 삼 년 육 개월 동안이나 땅에 비가 내리지 않았으며, 다시 기도하니, 하늘이 비를 내리고, 땅은 그 열매를 맺었습니다."약 5:17-18 지금 죽은 아이를 안고 방으로 가서 기도하는 것도 갑자기 나온 행동이 아니다. 중요한 순간마다 언제나 기도했던 모습이 이번에도 그대로 나타난 것이다.

그렇다고 해서 엘리야가 처음부터 대단한 믿음의 사람이었다고 생각해서는 안 된다. 야고보가 분명하게 언급한 대로, 엘리야도 우리와 같은 본성을 가진 사람이었다는 것을 기억해야 한다. 즉 우리와 그렇게 다를 바 없는 사람이었다는 뜻이다. 그런 그가 지금 대단한 믿음의 사람으로, 기도의 사람으로 나타난 것이다. 그렇다면 엘리야 역시 믿음이 부족할 때가 있었고, 믿음이 성장해온 과정이 있었고, 성장의 출발점이 있었다는 뜻이다. 그 과정을 추적해보자.

엘리야는 조상으로부터 내려오는 여호와 신앙을 전수받았다. 온 민족이 여호와를 버리고 바알 숭배로 달려간, 여호와 종교가 쇠락하던 암울한 시대에 그는 오직 여호와만이 참된 신이라는 확신을 버리지 않고 꿋꿋이 붙잡았다. 어떤 계기가 있었는지는 알 수 없으나 그는 하나님의 부르심을 받았고, 부르심에 응답하고 순종하여, 두려운 아합 왕에게 직접 가서 하나님의 심판의 메시지를 선포했다. 아마 이때까지는 아직 하나님의 능력을 실제로 체험하기 전이었을 것이다. 이 단계는 마치 높은 산을 오르고 있는 상황과 비슷하다. 한참을 올라가도 정상이 보이지 않는다. 정상 같은 것이 보였지만, 올라가 보니 또 다른 봉우리가 나타난다. 포기하고 싶은 마음이 굴뚝 같이 솟아오른다. 이렇게 전혀 진전이 없는 것처럼 보이는 시간을 한참 지나고 나면 어느새 7부, 8부 능선을 넘어섰다는 것을 알게 된다. 운동이나 악기를 배울 때에도 실력이 전혀 늘지 않는 것처럼 보이는 실망스러운 시기가 있다. 그러다가 그 고비를 넘기면 실력이 갑자기 부쩍 늘게 된다. 엘리야의 믿음도 포기하고 싶은 순간을 넘어가면서 성장했을 것이다.

우리의 신앙 성장의 여정에도 고비가 있다. 말씀을 들어도 전혀 감동이 없고, 하나님에 대한 생생한 느낌이나 체험도 없고, 지금까지 기독교인으로 살아왔으니까 그냥 그렇게 관성적으로 살아가는 것 같은 느낌이 들고, 의무감으로 신앙생활을 하는 것 같을 때가 있다. 이때 조심해야 한다. 함부로 때려치우면 안 된다. 그냥 산을 내려가 버리면 안 된다. 이 고비를 잘 넘겨야 한다. 이때는 그냥 버텨야 할 때다. 무의미하게 보이는 말씀, 전혀 감동이 없는 말씀에도 묵묵히 순종하며 따라가야 할 때다. 엘리야가 조상들과 하나님의 언약을 기억하면서 그대로 순종했던 것처럼, 역사에 나타난 하나님의 능력과 존재에 대한 지식으로 버텨야 한다. 다른 사람의 삶에 나타난 증거로 버텨야 한다.

엘리야는 아합 왕에게 심판의 메시지를 선포한 이후 점차 하나님의 능력을 체험하면서 그분을 더 잘 알게 되었다. 비가 내리지 않을 것이라고 선포했는데 그대로 이루어졌다. 엘리야 자신도 깜짝 놀랐을 것이다. 그릿 시냇가에서 하나님이 먹여주시는 은혜를 체험했다. 먹을 것을 물고 오는 까마귀를 보고도 믿기지 않았을 것이다. 사르밧 과부의 집에서 하나님의 약속대로 먹을 것이 끊어지지 않게 된 것을 목격했다. 이런 과정을 거쳐 엘리야는 차츰 하나님에 대한 확신이 커졌을 것이다. 이런 과정의 연장선에서 엘리야는 지금 죽은 사람을 앞에 두고 하나님이 능히 살려주실 것을 확신하고 기도하러 들어간 것이다. 엘리야는 이렇게 하나님의 말씀을 따라 한 걸음씩 믿음의 걸음을 옮기면서 하나님이 어떤 분인지 더 알게 되고, 하나님의 능력을 더 많이 체험하게 되고, 그의 믿음 또한 더욱 커지게 된 것이다.

큰 믿음의 행동은 갑자기 나타나지 않는다. 성경은 결코 그렇게 말하지 않는다. 성경의 인물들 모두 갑자기 하늘에서 대단한 믿음을 가지고 떨어진 사람들이 아니다. 그들이 태어날 때부터 대단한 믿음의 사람이었던 것은 아니다. 하나님의 말씀이 이해되거나 납득되지 않을 때에도 묵묵히 순종하며 살다가 하나님을 알게 되고, 하나님의 능력을 체험하게 된 것이다. 하나님에 대한 지식과 체험을 바탕으로 하나님에 대한 확신이 쌓여서 더 어려운 일을 극복할 수 있는 믿음의 사람으로 성장한 것이다. 다른 사람의 눈엔 갑자기 튀어나온 믿음의 사람인 것처럼 보이지만, 보이지 않는 성장의 과정이 있었던 것이다.

모든 신앙의 사람도 믿음의 시작은 미약했다. 아브라함은 75세에 하나님의 부르심을 받고 고향을 떠났으나 그의 여정은 불확실했다. 그는 갈 바를 알지 못하고 떠났지만, 그 후에도 여러 번 실패를 경험했다. 모세는 하나님이 바로에게 가라고 했으나 계속 거부하다가 마지못해 끌려가다시피 애굽으로 가서 바로에게 이스라엘의 해방을 요구했다. 그런데 가나안으로 가는 여정에서 산전수전을 겪고 실패에 실패를 거듭하다가 비로소 지상에서 가장 하나님과 가까운 사람으로 변화되었다.

믿음은 차츰차츰 커가는 것이다. 믿음은 작은 순종이 쌓이면서 자라간다. 그 과정을 통해 하나님을 더 알게 되고 은혜를 체험하면서 믿음이 눈덩이처럼 조금씩

불어난다. 그러므로 우리는 지금 순종해야 할 작은 하나님의 뜻이 무엇인지 생각해보고 실천하는 것이 필요하다.

5. 과부의 믿음도 진보하다

사르밧 과부는 밀가루와 기름이 떨어지지 않는 기적을 체험하고 있었다. 그런데 아들이 죽자 바로 엘리야를 원망한다. 엘리야를 향한 원망은 엘리야를 보낸 하나님을 원망하는 것과 다를 바 없다. 엘리야를 원망한다는 것은 그녀가 아직 엘리야와 하나님에 대한 확신이 없다는 것을 보여준다.

사르밧 과부는 살아계신 하나님을 만나는 엄청난 체험을 하고 있는 것처럼 보이지만, 그녀의 믿음은 아직 초보 수준이었던 것이다. 극심한 가뭄에도 먹을 양식이 떨어지지 않는 체험을 했다면 대단한 믿음을 보여주어야 마땅하고, 시련이 와도 하나님을 신뢰하는 태도를 보여야 마땅할 것 같은데, 그녀는 아직도 반신반의하고 있었던 것이다.

아들의 죽음이라는 예기치 않은 큰 시련 앞에서 그녀의 진짜 모습이 적나라하게 드러났다. 문제가 없을 때에는 신앙이 좋아 보일 수 있다. 그러나 진짜 믿음은 문제가 닥쳤을 때 나타난다. 시험에 떨어지고, 취직이 잘 안 되고, 돈이 궁해지고, 다른 사람과 갈등이 생길 때, 믿음 생활을 포기하고 공동체를 떠나 잠적하는 사람들이 있다. 그들이 과거에 어떤 좋은 믿음의 모습을 보여주었을지 몰라도 지금 보여주는 반응이 그의 현재 믿음의 실상이다. 그렇다면 믿음의 훈련이 잘 된 사람은 힘들고 어려운 문제가 닥칠 때 어떻게 반응할까?

우리에게 닥친 문제, 고난, 고통, 시련은 상반되는 효과를 낼 수 있다. 한편으로, 어려운 일들이 우리를 실망시키고, 하나님으로부터 멀어지게 할 수 있다. 문제에만 집중하고, 원망만 하면 그렇게 될 수 있다. 사탄은 욥을 시험할 때 욥에게서 이런 반응을 기대했다. 고난이 닥치면 하나님을 욕하고 돌아설 것이라고 예상한 것이다. 실제로 욥의 아내는 사탄의 의도대로 반응했다. 그녀는 욥에게 하나님을 저주하고 죽어버리라고 했다. 누구든 이런 위험에 빠질 수 있다.

다른 한편으로, 삶에서 맞닥뜨린 어려운 문제는 우리의 믿음을 진보시키는 도구가 될 수도 있다. 욥은 나름대로 하나님을 잘 섬기고 있다고 생각했는데 어느 날 갑자기 자식들과 재산을 모두 잃었다. 심지어 몸에 악성 종기까지 생겼다. 욥은 왜 이런 고통을 당해야 하는지 이해할 수 없었다. 그래서 하나님을 원망하기도 하고 떼를 쓰기도 했다. 그러나 욥은 두 가지 점에서 아내와 달랐다. 첫째, 그는 현재의 고통 속에서도 과거의 은혜를 기억했다. "우리가 누리는 복도 하나님께로부터 받았는데, 어찌 재앙이라고 해서 못 받는다 하겠소?" 욥 2:10 둘째, 욥의 아내는 하나님을 저주하고 죽어버려라, 즉 하나님을 떠나라고 말했지만, 욥은 답답하고 괴로워도 하나님 앞을 떠나지 않았다. 그는 어떻게든 하나님 앞에서 이 문제를 해결하기를 원했다. 원망하고, 떼를 쓰는 한이 있어도 하나님 앞을 떠나지 않고 씨름했다. 그리하여 욥은 문제를 극복하고 더 큰 복을 받았다. 삶에 어려움이 닥쳐도 하나님 앞을 떠나지 않는 것이야말로 복의 비결이다.

아들만 바라보고 사는 사르밧 과부에게 아들의 죽음은 엄청난 비극이었다. 크나큰 시련 앞에서 그녀의 믿음의 상태가 적나라하게 드러났지만, 이 사건은 오히려 그녀의 믿음을 확인하고 점검하는 좋은 기회가 되었다. 다행히도 그녀는 혼자 해결하려고 하지 않고, 앞에 있는 엘리야, 즉 하나님을 원망했다. 호소할 데가 거기밖에 없었기 때문이었겠지만, 이렇게 한 것은 참으로 다행스러운 일이었다. 그녀도 욥처럼 하나님과 씨름할 수밖에 없게 되었기 때문이다. 그 결과 마침내 엘리야의 도움으로 다시 살아난 아들을 만날 수 있게 되었다. 사랑하는 아들의 얼굴을 다시 만지고, 목소리를 다시 들을 수 있게 되었다.

우리는 그 후에 그녀가 한 고백에 주목해야 한다. "이제야 저는, 어른이 바로 하나님의 사람이시라는 것과, 어른이 하시는 말씀은 참으로 주님의 말씀이라는 것을 알았습니다."24절 그녀는 문제가 해결되자 의심을 거두고 완전한 신앙고백으로 나아갔다. 인생에 닥친 난관이 오히려 하나님을 더 잘 알게 되고, 더 큰 믿음의 삶으로 이끌어주는 계기로 작용한 것이다.

사르밧 과부는 가뭄과 기근 속에서 엘리야를 대접하라는 요구에 응답하는 믿음의 결단을 거쳐, 아들의 죽음이라는 큰 시련을 통과하면서 하나님에 대한 확신이 더 커졌고, 믿음이 더욱 굳건해졌다. 그녀는 문제를 통과하면서 점차 믿음의 사람으로 성장한 것이다.

우리도 문제를 만날 때마다 욥의 아내처럼 하나님 앞을 떠나지 말고, 오히려 하나님 앞으로 더 나아가 하나님께 마음을 토로해야 한다. 때로는 원망하고 불평하면서 하나님과 씨름하기도 하고, 때로는 하나님께 기도하고 도우심을 구하면서 간절히 매달려야 한다. 이 과정을 거치는 동안 우리의 문제가 다양한 방식으로 다루어질 것이다. 내 바람대로 다루어질 수도 있고 내 기대와 다른 방식으로 다루어질 수도 있다. 결과가 어떻게 되든지, 그 과정을 거치면서 우리가 하나님 앞에 서 있는 시간이 있었기 때문에 그 과정에서 우리는 하나님을 더 잘 알게 되고, 믿음의 성장이라는 열매를 얻게 될 것이다.

엘리야처럼, 사르밧 여인처럼, 우리는 모두 믿음의 사람으로 성장해야 한다. 믿음의 사람은 한순간에 만들어지지 않는다. 한 걸음씩 나아가는 과정을 밟아야 한다. 믿음의 성장은 작은 순종에서 시작된다. 무의미해 보이고, 메마른 광야와 같은 길을 묵묵히 순종하면서 걸어가야 믿음이 성장한다. 꽤 많이 걸어왔다고 생각했는데 다시 태양이 작렬하는 고통스러운 광야를 지나야 할지도 모른다. 믿음이 성장하려면 나를 무너뜨릴 것 같은 문제와 각종 시련과 고통을 넘어서야 한다. 힘든 여정은 하나님을 더 잘 알게 해 주고, 하나님의 능력을 체험하게 해 주고, 나를 성장하게 해 주는 도구다. 이 길 끝에서 우리는, 우리와 비슷한 사람이지만 대단한 믿음의 사람으로 우뚝 섰던 엘리야나 사르밧 과부처럼, 부쩍 성장한 믿음의 모습을 우리 안에서 발견하게 될 것이다.

〈 삶을 향하여 〉

1. 참된 믿음은 예기치 못한 어려운 일을 당할 때 드러난다. 이때 과거의 은혜를 잊어버리고 하나님을 원망하거나 다른 사람 탓을 하고 공동체에서 잠적하거나 떠나는 사람들도 있다. 하지만 힘든 순간마다 하나님 앞에 더 나아가 마음을 토로하고 씨름하는 사람들도 있다. 나를 무너뜨릴 것 같은 힘든 일이 생길 때 나는 어떻게 반응하는가? 참된 믿음의 사람은 어떻게 반응해야 할까?

2. 말씀을 들어도 전혀 감동이 없고, 하나님에 대한 생생한 느낌이나 체험도 없고, 지금까지 기독교인으로 살아왔으니까 그냥 그렇게 관성적으로 살아가는 것 같은 느낌이 들고, 의무감으로 신앙생활을 하는 것 같을 때가 있지 않은가? 이 고비를 잘 넘기려면 어떻게 해야 할까?

3. 믿음은 고정되어 있지 않고 움직인다. 과거에 믿음 좋은 모습이 있었다고 해서 그 믿음이 지금도 그대로 있는 게 아니다. 예기치 못한 시련을 지나기도 하고 메마른 광야와 같은 시간을 지나기도 하면서 믿음은 성장한다. 무엇보다 믿음의 성장은 작은 순종에서 시작된다. 지금 상황이 어렵고 마음도 내키지 않지만 믿음으로 순종해야 할 것이 있다면 무엇인지 생각해보고 실천해 보자.

8. 하나님의 증거와 위로

왕상 17:10-24

"엘리야는 곧 일어나서, 사르밧으로 갔다. 그가 성문 안으로 들어설 때에, 마침 한 과부가 땔 감을 줍고 있었다. 엘리야가 그 여인을 불러서 말하였다. '마실 물을 한 그릇만 좀 떠다 주십 시오.' 그 여인이 물을 가지러 가려고 하니, 엘리야가 다시 여인을 불러서 말하였다. '먹을 것 도 조금 가져다 주시면 좋겠습니다.' 그 여인이 말하였다. '어른께서 섬기시는 주 하나님께 서 살아 계심을 두고 맹세합니다. 저에게는 빵 한 조각도 없습니다. 다만, 뒤주에 밀가루가 한 줌 정도, 그리고 병에 기름이 몇 방울 남아 있을 뿐입니다. 보시다시피, 저는 지금 땔감을 줍고 있습니다. 이것을 가지고 가서, 저와 제 아들이 죽기 전에 마지막으로, 남아 있는 것을 모두 먹으려고 합니다.' 엘리야가 그 여인에게 말하였다. '두려워하지 말고 가서, 방금 말한 대로 하십시오. 그러나 음식을 만들어서, 우선 나에게 먼저 가지고 오십시오. 그 뒤에 그대 와, 아들이 먹을 음식을 만들도록 하십시오. 주님께서 이 땅에 다시 비를 내려 주실 때까지, 그 뒤주의 밀가루가 떨어지지 않을 것이며, 병의 기름이 마르지 않을 것이라고, 주 이스라엘 의 하나님께서 말씀하셨습니다.' 그 여인은 가서, 엘리야의 말대로 하였다. 과연 그 여인과 엘리야와 그 여인의 식구가 여러 날 동안 먹었지만, 뒤주의 밀가루가 떨어지지 않고, 병의 기 름도 마르지 않았다. 주님께서 엘리야를 시켜서 하신 주님의 말씀대로 되었다. 이런 일이 있 은 뒤에, 이 집 여주인의 아들이 병이 들었다. 그의 병은 매우 위중하여서, 끝내 숨을 거두 고 말았다. 그러자 그 여인은 엘리야에게 이렇게 말하였다. '하나님의 사람이신 어른께서 저 와 무슨 상관이 있다고, 이렇게 저에게 오셔서, 저의 죄를 기억나게 하시고, 제 아들을 죽게 하십니까?' 엘리야가 그 여인에게 아들을 달라고 하면서, 그 여인의 품에서 그 아이를 받아 안고, 자기가 머물고 있는 다락으로 올라갔다. 그리고 그를 자기의 침대 위에 뉘어 놓고, 주 님께 부르짖었다. '주 나의 하나님, 어찌하여 내가 머물고 있는 이 집의 과부에게 이렇게 재 앙을 내리시어, 그 아들을 죽게 하십니까?' 그는 그 아이의 몸 위에 세 번이나 엎드려서, 몸과 몸을 맞춘 다음, 주님께 또 부르짖었다. '주 나의 하나님, 제발 이 아이의 호흡이 되돌아오게 하여 주십시오!' 주님께서 엘리야가 부르짖는 소리를 들으시고, 그 아이의 호흡을 되돌아오 게 하여 주셔서, 그 아이가 살아났다. 엘리야는, 그 아이를 안고 다락에서 내려와서, 아이를 돌려주면서 말하였다. '보시오, 아들이 살아났습니다.' 그 여인이 엘리야에게 말하였다. '이 제야 저는, 어른이 바로 하나님의 사람이시라는 것과, 어른이 하시는 말씀은 참으로 주님의 말씀이라는 것을 알았습니다.'"

엘리야 사역의 시작이 17장 1절의 가뭄의 선포라면, 절정은 18장에서 펼쳐지는 갈멜산 대결이다. 엘리야는 거기서 바알과 아세라 선지자와 대결하여 그들을 완전히 패배시키고, 증인으로 서 있던 이스라엘 백성들을 향해 여호와께 다시 돌아오도록 촉구한다.

그런데 가뭄 선포와 갈멜산 사건 사이에 3년이라는 시간이 지나간다. 이 기간은 어쩌다 보니 그냥 흘러가 버린 시간이 아니다. 무의미하게 흘러간 시간이 아니라 절정으로 치닫기 위한 준비 기간이다. 하나님의 의도가 담긴 기간이다. 이런 관점으로 보면, 17장은 서막과 같다. 17장은 18장 갈멜산으로 이끌기 위한 예비적 기능을 한다. 특히 시돈 땅 사르밧에서 일어난 일들 속에는 하나님의 깊은 의도가 담겨 있다.

예수님의 말마따나 왜 하나님이 엘리야를 하필 이방 지역인 사르밧으로 이끌었을까? 그릿 시냇가에 계속 머물게 할 수도 있고, 아니면 이스라엘의 다른 지역으로 보낼 수도 있었을 텐데 왜 하나님은 시돈 땅 사르밧으로 엘리야를 보냈을까? 이것은 하나님의 의도적인 선택이었다. 사르밧에서 일어난 사건을 통해서 하나님이 무언가를 말하려는 것이다.

하나님의 의도를 크게 세 가지로 생각해 볼 수 있다.

1. 바알의 땅에서 하나님이 생명의 주인임을 선포하다

바알 숭배자들은 바알이 비와 천둥의 신이며, 다산과 풍년의 신이며, 궁극적으로 생명의 신이라고 생각한다. 바알은 '주권자', '소유자'란 뜻을 담고 있다. 바알은 가나안에서 최고의 신으로 추앙받는 존재로, 비와 날씨를 주관하는 농사의 신임과 동시에 가축 떼를 주관하는 풍요와 다산多産의 신이고, 전쟁을 주관하는 능력의 신이기도 하다. 시돈에서 가장 위대한 신으로 경배 받고 있을 뿐만 아니라, 시돈의 공주였던 이세벨의 영향으로 이스라엘 백성들까지 바알을 생명의 신으로 믿고 있었다.

그러나 지금 하나님은 바알의 본거지인 시돈 땅 사르밧에서 바알이 아니라 하나님이 진정한 생명의 주인이라는 것을 만천하에 천명하고 계신다. 하나님이 선포하신 가뭄이 3년이나 계속되는 동안 비와 날씨를 주관하는 신이라고 하는 바알은 아무것도 할 수 없었다. 그 여파로 사르밧 과부와 그의 아들 역시 죽을 수밖에 없는 운명에 처해 있었다. 바알을 숭배하고 있지만 이 사태 앞에서 바알의 도움을 전혀 받지 못하고 있다. 그러나 하나님은 바알 신앙의 본거지에서 과부와 그 아들을 먹여 살리심으로써 바알의 무능력과 대비되는 하나님의 능력을 보여주셨다.

과부의 아들이 죽었지만, 풍요와 다산, 그리고 생명의 신이라고 추앙받던 바알은 무기력할 뿐이다. 그러나 여호와 하나님은 과부의 죽은 아들을 다시 살려주심으로써 생명의 주인이 바알이 아니라 여호와라는 것을 드러내셨다.

이것은 마치 적진으로 침투하여 적의 무기력함을 만천하에 드러내어 적의 사기를 꺾는 것과 같은 전술이다. 적의 핵심 지역에 침투해서 적진을 교란하고 있다는 것 자체만으로도 힘을 과시할 수 있고, 적의 무능함을 드러낼 수 있다. 지금 하나님이 사르밧에서 하시는 일이 바로 그런 효과를 노리는 일이었다. 바알은 무기력하고 거짓된 존재이고, 오직 여호와만이 능력 있는 참된 신이라는 것을 맛보기로 보여주고 있다.

이것은 다시 엘리야 이야기의 핵심과 연결된다. 하나님은 자신만이 진정한 신이고, 생명의 주인이기 때문에, 유일하게 경배 받을 존재라는 사실을 만천하에 증거하기를 원하신다. 그릿 시냇가에서 엘리야를 먹이시고, 사르밧 과부의 집에 양식이 떨어지지 않게 하시고, 지금 과부의 아들의 생명을 다시 살리심으로써 하나님은 점차 이 사실을 증거하고 계신다. 하나님의 이러한 증거는 갈멜산에서 절정을 이룰 때까지 한 걸음씩 나아가고 있다.

엘리야는 하나님의 이러한 의도를 펼쳐내는 도구로 움직이고 있다. 과부와 그 아들에게 먹을 것을 줌으로써 생명을 연장해주는 도구로 쓰임 받고 있으며, 죽은 아들을 위해 기도하여 생명을 회복시켜 주는 도구로 움직이고 있다. 엘리야는 오직 여호와만이 참된 생명의 신임을 증거하고 있다. 이것이 엘리야의 소명이었다. 그의 사역은 오직 여호와만이 죽어가는 이스라엘에게 생명을 불어넣을 수 있는 분임을 증거하는 것이었다. 이것은 '변증적 사역' 즉, 여호와를 증명하는 사역이다. 하나님은 배교의 시대에 엘리야를 통해서 오직 여호와만이 참된 신, 생명을 주는 신이라는 것을 선포하고 증명하기를 원하셨다.

하나님의 자녀로 부르심을 받은 우리에게 맡겨진 중요한 사명도 여호와가 참된 생명의 근원임을 선포하는 것이다. 지금도 하나님은 생명을 약속하는 가짜 신들다른 종교, 이데올로기, 인본주의적 사상 가운데서 자신만이 참 생명의 신이라고 선포하신다. 하나님은 우리를 통해 하나님을 따르는 삶이 생명을 누리는 길이라는 것을 선포하고 증명하기를 원하신다. 우리는 하나님의 도구로서 이 싸움의 한복판에 서 있다. 어떻게 싸워야 할까? 우리는 두 가지 방식으로 하나님이 생명이라는 것을 증명해야 한다.

첫째, 사상적 싸움을 통해 하나님이 생명의 근원이라는 것을 증거해야 한다. 하나님 종교, 즉 기독교가 유일하게 참된 종교라는 것을 증거해야 한다. 그런데 우리는 정말로 그렇게 생각하는가? 확신하는가? 무신론보다 유신론, 유신론 중에서도 다른 종교가 아니라 여호와 종교, 예수 그리스도의 종교가 진정한 생명의 종교라는 확신이 있는가? 예전에 이 확신은 복음 전도로 나타났다. 사람들에게 복음을 전하면서 하나님을 믿는 것이 참된 생명의 길이라고 설득했다. 지금은 선교사들이 사상적 싸움의 최전방에 있는 사람들이지만, 우리 역시 마찬가지다. 복음을 전한다는 것은 하나님이 참 생명이라는 확신에서 나오는 움직임이다. 그런데 지금은 하나님만이 참된 생명이라는 것, 그리스도만이 유일한 구원자라는 것을 증거하기가 점점 더 어려워지고 있는 시대다. 두 방향에서 공격이 오고 있기 때문이다.

첫째, 무신론자들의 공격이 거세다. 19-20세기에 세속주의의 대공습에 대응하기 위해 변증학이 활발했었다. C. S. 루이스나 프란시스 쉐퍼 같은 사람들이 왕성하게 기독교 변증을 펼쳤다. 그러다가 20세기말-21세기에 신무신론자들의 공격이 다시 거세지고 있다. 도킨스, 히친스, 밀러와 같은 무신론자들은 종교는 인간이 만들어낸 허상이라면서 세상의 모든 종교를 없애야 참된 평화가 오고 인간이 더 잘 살 수 있게 될 것이라고 주장한다. 그들의 주된 타겟은 기독교다. 그들은 십자군 전쟁, 종교전쟁, 이슬람 근본주의자들의 공격, 북아일랜드에서의 개신교와 가톨릭의 대결, 개신교 근본주의자들의 이라크, 아프가니스탄, 리비아 공습 등을 대표적인 폐해로 들어 종교의 무익함을 주장한다. 이들의 주장이 상당한 근거가 있는 것은 분명하지만, 그럼에도 한 가지 명백한 사실이 있다. 20세기와 21세기로만 좁혀서 생각해도, 종교가 끼친 해악보다 무종교인들, 인본주의자들, 인본적 유토피아주의자들이 저지른 만행이 훨씬 더 크다는 점이다. 1억 명 이상을 살상한 20세기 전쟁과 인종 학살 대부분은 종교와 무관한 인간의 광적인 권력욕과 민족적, 사상적 갈등에 의해 일어난 것들이다. 제1차 세계대전 살상자 1000만 명, 제2차 세계대전 사망자 2500만 명, 스탈린이 숙청한 1300만 명, 히틀러가 학살한 600만 명, 난징대학살로 처형당한 30만 명, 베트남전 사상자 300만 명, 한국전 사상자 550만 명, 르완다 후투족의 만행으로 죽은 80만 명, 수단 내전 사망자 200만 명, 캄보디아의 폴 포트가 죽인 200만 명, 중국 문화혁명에서 숙청당한 650만 명, 시리아 내전으로 살육당한 40만 명, 등등 그러므로 도스토옙스키가 『까라마조프의 형제들』에서 말한 것처럼, '신이 없다면 모든 것이 허용된다'는 것은 사실이다. 비록 종교를 이용한 사람들이 끼친 폐해도 작지 않지만, 무신론의 이름으로 자행된 비극에 비할 바 못 된다. 반면에 참된 종교가 인류에 공헌한 긍정적인 측면은 결코 무시할 수 없다. 무신론은 그것이 어떤 종류든 생명을 주지 못한다. 그러나 거짓 종교와는 달리 참된 하나님 종교는 생명을 줄 수 있다. 우리는 이 진리를 확신하면서 증거해야 한다.

둘째, 종교 다원주의의 공격이 거세다. 세속화 사회의 특징은 탈종교와 종교적 관용이다. 그래서 무신론과 더불어 종교 다원주의가 대세를 형성하고 있다. 자기 종교만이 참된 종교라고 주장하지 말고, 다른 종교에도 진리가 있고, 다른 종교가 믿는 신도 참된 신이라고 인정해야 한다고 주장한다. 이런 주장이 힘을 얻는 이유가 무엇인가? 종교 간 갈등으로 평화가 깨지는 것을 막기 위해서다. 서로 인정해주고, 타협하면 종교 간 갈등이 줄어들고 세계에 평화가 찾아올 수 있다고 생각하기 때문이다. 그래서 모든 종교는 결국 동일한 신을 섬기는 다양한 방식에 불과하다고 주장하는 종교 다원주의가 환영받고 있다. 종교 다원주의야말로 포용력이 있고, 분쟁을 줄이고, 함께 협력하는 사회를 만들 수 있는 사상으로 여겨지기 때문이다.

그런데 문제는, 다신교를 택하는 불교나 힌두교는 어떨지 모르지만, 유일신을 신봉하는 종교들기독교, 이슬람, 유대교은 결코 이 이론을 받아들이지 않는다는 점이다. 왜 그런가? 자신의 핵심 교리와 모순되기 때문이다. 우리 기독교도 마찬가지다. 우리의 중요한 신앙고백 한 가지는, 오직 여호와만이 참된 신이며 그의 아들 예수 그리스도를 통하지 않고서는 누구도 구원을 얻을 수 없다는 것이다.

과거에 엘리야를 통해서 자신의 유일성을 선포하신 하나님은 지금도 그것을 온 세상에 증거하기를 원하신다. 우리 역시 하나님이 유일하신 분임을 확신했기에 그리스도인이 된 것이다. 그러므로 무신론의 공습, 세속주의의 공습, 타종교와의 갈등 속에서도 우리는 우리가 믿는 하나님만이 세상에 생명을 줄 수 있는 유일한 신이라는 점을 확신하고 증거해야 한다.

하나님이 생명임을 증거하는 두 번째 방식은, 삶의 싸움을 통해서 증거하는 것이다. 하나님이 제시해주신 삶의 원리가 세상의 그 어떤 원리보다 생명력이 있다는 것을 우리의 실제 삶으로 보여주는 것이다. 이것은 하나님을 믿는다는 것을 단지 머리로만 동의하지 않고 삶으로 살아내는 것을 의미한다. 믿는 대로 살지 않으면 사람들이 이렇게 비웃을 것이다. '당신은 하나님이 참 생명이라고 믿는다면서 왜 그의 뜻을 따라 살지 않는가? 왜 그가 하라는 대로 하지 않는가? 믿는대로 살지도 않으면서 하나님이 생명의 주인이라고 말하는 것은 모순 아닌가?'

죽음으로부터는 구더기와 악취가 나온다. '녹차 라떼'로 가득한 4대강에서는 죽은 물고기가 둥둥 떠다니고 썩은 냄새가 코를 찌른다. 그러나 살아있는 강물에서는 온갖 생명체가 뛰놀고, 수중 생물이 번성하고, 향긋한 냄새가 난다. 생명의 근원에서 또 다른 생명이 나오는 것이다. 이것은 우리가 생명의 하나님을 따라 살 때 생명을 누리는 것과 같은 원리다. 그런데 종종 그리스도인들이 생명의 하나님을 믿는다고 하면서도 그를 따르지 않는다. 그를 따라 살면, 그에게 순종하면서 살면, 그가 원하는 대로 살면, 거기서 또 다른 생명을 누릴 수 있음에도 우리는 자꾸 구정물이 흐르는 개천으로 달려가려고 한다. 이것은 모순이다. 하나님이 진정으로 생명이라는 사실을 증거하지 않는 것이며, 오히려 다른 사람들로 하여금 그 사실을 의심하게 만드는 짓이다.

예수님은 제자들에게 팔복마음이 가난함, 슬퍼함, 온유함, 의에 주리고 목마름, 자비함, 마음이 깨끗함, 평화를 이룸, 의를 위하여 핍박을 받음을 말씀하신 후에 그렇게 사는 것이 소금으로, 빛으로 사는 것이라고 하셨다. 예수를 따르는 제자들의 착한 행실을 보고 세상 사람들이 하나님께 영광을 돌리게 될 것이라고 하셨다. 이런 삶이 하나님이 생명의 근원임을 증거하는 삶이다. 세상 사람들처럼 개인의 이익만을 위해 살지 않고 서로 돌보고, 서로 책임지고, 서로 협력하고, 서로 봉사하는 공동체로 사는 삶, "육체의 욕망과 눈의 욕망과 세상 살림에 대한 자랑"을 추구하지 않고 형제자매를 사랑하는 삶요일2:16, 덧없는 재물에 소망을 두지 않고 "선을 행하고, 좋은 일을 많이 하고, 아낌없이 베풀고, 즐겨 나누어주는 삶"엡6:18, 섬김을 받는 삶이 아니라 더 낮아져서 섬기는 삶. 이런 삶이 진정으로 생명을 누리면서 사는 삶이요, 하나님이 진정한 생명의 근원이라는 것을 증거하는 삶이다.

우리는 이 세상에서 사는 동안 엘리야처럼 하나님의 전사로 싸움의 최전방에 서 있다. 우리는 말과 삶으로 하나님만이 참된 생명의 주님이라고 선포해야 한다. 우리의 활약 여부에 따라 이 싸움의 판세가 갈릴 것이다.

2. 엘리야의 사역이 '생명 사역'임을 증거하다

이스라엘 백성들에게 엘리야는 심판과 징계의 상징이었고, 평온한 일상을 헤집는 방해꾼으로 인식되었을 것이다. 그의 선포로 비가 안 오고 가뭄이 들어 생활이 고통스러워졌기 때문이다. 엘리야는 여호와를 버리고 바알을 섬기고 있는 이스라엘 백성을 비판하고 정죄하고 심판을 내렸다. 백성들은 자신들이 별문제 없이 잘 살고 있다고 생각했는데 느닷없이 엘리야가 나타나 비판하고 심판을 내리니 마음이 편할 리 없었을 것이다. 그들 생각에는 바알을 섬길 수밖에 없는 나름의 사정이 있는데 그것을 전혀 헤아려주지 않고 비판하고 심판과 징계를 내리는 엘리야가 야속했을지 모른다. 그래서 사람들은 엘리야를 고통과 죽음의 사자로 인식했을 것이다. 이런 인식은 엘리야를 만난 아합의 말에서 대표적으로 잘 드러난다. "아합은 엘리야를 만나서 이렇게 말하였다. '그대가 바로 이스라엘을 괴롭히는 자요?'"왕상18:17 다른 백성들도 비슷한 생각을 했을 것이다.

그러나 엘리야의 사역은 겉으로는 비판과 심판과 징계로 가득해 보이지만, 그의 사역의 방향은 오히려 생명으로 나아가는 것이었다. 거짓 신인 바알을 섬기면 죽음의 길로 가게 된다는 것을 깨닫고 다시 여호와를 섬기는 삶으로 돌아서게 하여 참 생명을 주려는 것이다. 열왕기상 17장에 나오는 엘리야의 사역이 전부 이런 의미를 품고 있다. 엘리야의 가뭄 선포도 심판과 징계처럼 보이지만, 그것은 생명으로 이끌기 위한 도구였다. 가뭄 속에서 사르밧 과부와 아들의 생명을 이어가게 해 준 것 역시 하나님의 의도는 생명을 주는 것임을 보여준다. 과부의 아들을 살려 준 것도 마찬가지다. 엘리야는 과부의 원망과 비난을 듣고도 변명하거나 화를 내지 않았다. 대신 아이를 데리고 하나님 앞으로 나아갔고, 하나님은 엘리야의 기도에 응답하여 그를 다시 살려주셨다. 이 장면은 엘리야 사역의 성격을 단적으로 보여준다. 엘리야는 죽이러 온 것이 아니라 살리러 온 것이다. 죽음의 사자로 온 것이 아니라 생명의 사자로 온 것이다. 엘리야가 섬기는 하나님이 생명의 하나님인 것처럼, 엘리야가 잘못된 것을 비판하고, 징계를 내리고, 심판하는 것 역시 생명을 회복하기 위한 사역이다.

하나님이 생명의 하나님이기 때문에 그의 도구인 우리의 사명도 생명의 사역을 하는 것이다. 이 사역은 두 가지 방향으로 나타난다. 하나는 긍정적인 생명의 사역이다. 이 사역은 복음을 전해서 생명을 구원하는 것을 일컫는다. 서로 기도해주고, 권면하고, 지원하고, 아플 때 기도해주고, 경제적으로 어려울 때 돕고, 마음이 힘들 때 위로해주는 모든 활동을 포함한다. 교회의 모든 활동도 긍정적인 생명의 사역에 해당된다. 교회의 활동은 결코 교회라는 조직을 위한 것이 아니다. 그것이 조직적인 활동이고, 집단적인 활동일지라도 그 모든 것은 우리를 살리고, 이웃을 살리기 위한 활동이어야 한다. 그리스도를 따르는 온전한 제자도를 위한 모든 활동은 하나님의 자녀들에게 영의 양식을 먹여서 생명이 잘 성장하고 건강하고 생명력이 넘치는 하나님의 사람이 되게 하려는 것이다. 성경을 공부하고 예배를 드리고 기도를 하는 이유가 여기에 있다. 성도들이 공동체적인 삶을 살려고 애쓰는 이유도 개인주의적인 삶이 아닌 공동체적 삶이 우리의 삶을 생명력 있게 만든다고 믿기 때문이다. 교회가 사회의 구조적인 악의 문제와 그 해결책을 고민하고 사회의 약자를 돕는 활동을 하는 것도 사회에 하나님의 생명을 불어넣어 살리기 위함이다.

우리가 아이들의 교육에 대하여 고민하는 이유가 무엇인가? 주일학교뿐만 아니라 공교육에까지 깊은 관심을 기울이는 이유가 무엇인가? 공교육의 여러 가지 문제를 비판적으로 성찰하면서 보완할 점을 찾고 대안을 모색하려는 이유가 무엇인가? 생명을 살리는 교육을 회복하기 위한 것이다. 아이들을 죽이는 교육이 아니라 살리기 위한 교육을 하려는 것이다. 지금 우리나라의 10대들은 독서 빈도나 분량에서 남녀 간 큰 차이가 없다. 그런데 20대가 되면 남자와 여자가 큰 차이가 난다. 남자들은 거의 책을 읽지 않는다. 이렇게 책을 읽지 않은 결과가 일베, 넷우익, 여혐, 극우 득세 현상과 연결된다고 진단한다. 그렇다면, 책을 읽지 않는 세대가 등장한 더 근본적인 원인이 무엇인가? 바로 교육방식의 결함 때문이다. 토론하고 비판하고, 근거를 토대로 논쟁하고, 스스로 성찰하게 하는 교육의 부재가 핵심 원인이다. 지금 우리의 교육은 생명을 살리는 교육이 아니라 죽이는 교육이다. 우리는 교육의 방향을 어떻게 돌릴 수 있을지 고민해야 한다. 교육은 결국 생명과 연결되기 때문이다.

우리가 해야 할 생명 사역의 또 다른 방향은 부정적인 생명의 사역이다. 하나님 보시기에 그릇된 것을 비판하고 정죄하는 일이 여기에 해당된다. 부정적인 사역도 궁극적으로는 생명을 회복하기 위한 목적에서 행하는 것이다. 그런데 죄를 지적하고, 잘못을 책망하는 일이 우리 시대에 점점 줄어들고 있다. '너 잘못했으니 그렇게 하지 말라'고 하면 사람들은 싫어한다. 지적하는 이유가 무엇인가? 미워서? 죽이려고? 아니다! 살리기 위해서다. 생명을 불어넣기 위해서다. 엘리야가 이스라엘을 비판한 것처럼 말이다. 이스라엘 백성처럼 사람들이 잘못을 저지르는 데는 다 이유가 있고, 변명할 만한 사정도 있을 것이다. 그러나 핑계 대고 변명하다가 무덤에 가는 것보다 따끔하고 아프지만, 책망을 받아들이고 생명으로 돌아오는 것이 낫다.

한국교회를 향한 비판도 한국교회를 다시 세우고 생명을 회복하려는 것이다. 우리 자신은 전혀 문제가 없고 잘났기 때문에 비판하는 것이 아니다. 오히려 우리도 그 안에 함께 속한 운명 공동체이기에 비판의 소리를 내는 것이다. 물론 잘못을 지적하면서 우리 자신도 돌아봐야 한다. 최근 몇 년 동안 많은 사람들이 목회 세습하는 교회들을 강도 높게 비판했다. 다른 교회를 비판하는 것은 매우 부담되는 일이다. 오히려 '남의 일에 신경 쓰지 말라' '너희는 얼마나 잘 났냐' 하는 비난을 돌려받기 일쑤다. 그러나 이것은 그 교회를 무너뜨리려는 것이 아니라 오히려 살리려는 것이며, 무너져가는 한국교회를 회복하기 위한 것이다. 목회 세습이 지속되면 실질적으로 교회가 죽는다. 목회자 세습은 인간의 성을 쌓아 교회의 주인이신 예수님을 몰아내는 것이기 때문이다. 그 결과는 교회의 죽음이다. 그러므로 다시 생명 있는 교회로 회복하기 위해서 교회의 잘못을 비판하는 것이다. 비록 듣는 입장에서는 사람들의 비판이 쓰고 아프고 괴롭겠지만, 회복과 재건을 위해서는 겸손하게 받아들여야 한다.

사회의 문제를 지적하고 바로 잡으려는 활동도 생명 사역의 일환이다. 우리 사회는 죽음의 그림자가 짙게 드리워진 사회다. 아이들, 청소년, 청년, 장년, 노년 모두 짙은 어둠의 그림자 속에서 살아가고 있는 것처럼 보인다. 우리나라의 경제력은 세계에서 상위권일지 모르지만, 삶의 만족도나 행복지수는 한참 아래다. 이대로 가면 소망도 없고, 생명도 다 사라진 사회가 될 것이다. 단적인 예가 출산율의 급격한 저하다. 원인이 무엇이든 생명이 태어나지 않는다는 것은 우리 사회의 어두운 모습을 상징적으로 보여주는 그림이다. 우리는 하나님이 창조하신 세상이 하나님이 의도하신 생명력으로 넘치는 곳이 되기를 원하는 마음으로 세상의 잘못된 것을 비판하고 바로잡으려고 애쓴다. 무너뜨리기 위해서가 아니라 생명으로 다시 세우기 위함이다.

이태영 변호사1914-1998, 평양 남산현교회 교사, 서울 남산교회 권사, 감리교 여선교부 명예회원 는 법조인으로서 평생 사회의 문제를 바로 잡기 위해 애를 썼다. 그녀는 1946년 33세에 서울대 법대에 입학하여 서울대 첫 번째 여학생이 되었으며, 1952년 여성 최초로 고등고시사법고시에 합격하였다. 이승만 대통령이 야당 정치인의 아내라는 이유로 판사 임명을 거부하자 변호사로 개업하여 우리나라 여성 최초의 변호사가 되었다. 여성 변호사를 찾아온 수많은 여성들을 위해 1956년에 여성법률상담소를 개설했다. 1976년엔 여성운동의 중심이 될 여성백인회관을 건립했으며 같은 해에 민주구국선언에 가담하여 3년 징역 3년 자격정지를 받아 변호사 자격을 박탈당했다. 그녀는 1952년부터 법조계의 비난과 싸워가며 가족법 개정과 호주제 폐지 그리고 동성동본 금혼령 폐지를 위해 노력했다. 그녀의 피나는 노력에 대해 당시 대법원장은 이렇게 말했다. "1500만 여성이 모두 평온하게 살고 있는데 왜 평지풍파를 일으키려고 하느냐?" 그러나 기득권자들의 비난에도 불구하고 그녀의 노력은 후배 여성운동가들에게 이어졌고 마침내 2005년에 호주제가 폐지되었다. 그녀가 위헌심판과 헌법소원청구를 통해 호주제 폐지운동을 시작한 지 53년 만이었다. 그녀가 잘못된 관습이나 행동을 바로잡기 위해 비판하고 지적하고 개혁했던 일은 생명을 회복하기 위한 아낌없는 수고였다.

세월호 참사 진상규명을 위해 활동하는 사람들에게 그냥 교통사고로 생각하고 넘어가자고, 사회를 더 이상 혼란스럽게 하지 말고 묻고 가자고 주장하는 사람들이 있다. 이들의 행태는 파선되어 물속에 가라앉고 있는 세월호에 갇힌 학생들에게 '가만 있으라'고 말하는 것과 다를 바 없다. 오히려 들쑤시고, 뒤집고, 헤집어야 한다. 문제의 진상을 정확하게 밝혀서 다시는 이런 참사가 반복되지 않도록 해야 한다. 유가족의 아픔을 치유하려는 온갖 노력은 생명을 잃고 절망하여 죽어가는 또 다른 생명을 다시 회복시키기 위한 것이며, 진상규명을 위한 노력은 죽음의 그림자가 우리 사회에 다시는 드리우지 않게 하기 위한 것이다. 이 모든 것은 생명을 회복하기 위한 노력이다.

탄핵당한 대통령과 국정농단 협력자들을 제대로 처벌하는 일도 생명 사역의 일환이다. 사회의 화합을 위해 이들을 사면하자는 이야기가 재판이 끝나기 전부터 나왔다. 예전에 전두환 재판 때에도 그랬었다. 대화합을 위해서 사면하고, 과거는 묻고 가야 한다고. 물론 화합은 필요하다. 협력도 필요하다. 용서도 필요할 것이다. 어떤 사람들은 마치 엘리야에 대한 잘못된 인식처럼 심판과 징계, 죽음의 사자와 같은 모습은 기독교인에게 안 맞는 것이라고 주장한다. 그러나 하나님의 공의는 악에 대한 분명한 징계와 처벌을 요구한다. 그것이 정의요, 하나님의 성품에 부합되는 것이다. 비판하고, 징계와 처벌을 요구하는 것은 생명력 넘치는 사회로 회복하기 위한 것이다. 화합과 협력은 그 다음 단계다. 잘못된 과거를 확실하게 처리하지 않고 미봉책으로 덮기만 하면 또다시 곪아 더 심한 질병으로 번지게 된다. 암이 퍼진 장기는 아깝다고 그대로 놔둘 게 아니라 가차 없이 칼을 대야 한다. 그렇게 하지 않으면 암은 더 크게 퍼진다. 그러므로 제거할 것을 확실하게 제거해야 사회에 참된 생명이 순환하게 된다.

우리의 사역이 때로는 비판하고, 반대하고, 징계하고, 처벌을 요구하는 것처럼 보여도, 궁극적으로는 다시 생명을 회복하기 위한 것이다. 우리가 이런 활동에 나설 때 하나님이 엘리야의 생명 사역에서 보여주듯 좋은 결과로 우리를 보증해주실 것이다.

3. 생명 사역의 사명을 받은 엘리야에게 힘을 실어주다

하나님은 하나님의 사람들에게 사명을 주실 때 빈손으로 보내지 않으신다. 그들에게 힘을 실어주시고 격려하신다. 엘리야에게 사명을 주신 하나님은 두 가지 방법으로 그에게 힘을 실어 주셨다.

첫째, 생명의 하나님을 증거하도록 보냄 받은 엘리야가 하나님의 사람이라는 것을 확증해주셨다. 하나님은 엘리야를 전격적으로 불러서 사명을 주셨다. 엘리야를 아합에게 보냈을 때 그는 무명의 사람이었다. 아무도 그의 말에 주의를 기울이지 않았을 것이다. 그러나 그의 선포대로 가뭄이 들자 사람들은 엘리야를 다르게 보게 되었을 것이다. 하나님은 그릿 시냇가에서 엘리야를 직접 먹이시면서 돌보셨다. 자신의 사람을 생각하시는 하나님의 마음을 읽을 수 있다. 하나님은 엘리야에게 음식을 대접한 사르밧 과부의 집에 식량이 떨어지지 않을 거라고 선언하게 하시고 실제로 그 일이 일어나도록 하셨다. 엘리야의 선포에 또다시 권위가 실렸다. 하나님은 사르밧에서 생명을 살리는 기적을 일으키시면서 엘리야가 이방 여인의 완벽한 인정을 받는 데까지 이르게 하셨다. "이제야 저는, 어른이 바로 하나님의 사람이시라는 것과, 어른이 하시는 말씀은 참으로 주님의 말씀이라는 것을 알았습니다."24절 하나님은 사명을 맡긴 사람, 그 사명을 위해 길을 나서는 사람을 이렇게 돌보시고 인정받게 하신다.

둘째, 하나님은 엘리야를 격려하고 힘을 북돋워주셨다. 생명 사역은 쉽지 않은 일이다. 모든 백성이 바알에게로 돌아선 상황에서 엘리야 홀로 외롭게 여호와를 섬기면서 달려가고 있다. 더군다나 엘리야는 백성을 괴롭게 하는 심판 사역을 감당하고 있다. 그의 선포로 비가 내리지 않았고, 가뭄으로 사람들이 고통을 당하고 있다. 어쩔 수 없는 사역이기는 하지만, 고난을 당하는 백성들을 보는 것은 엘리야에게도 힘들고 괴로운 일이었을 것이다. 누구에게도 자신의 고충을 말할 수 없다. 3년이라는 세월을 혼자 견뎌야 한다. 외롭기도 했을 것이다. 자신을 향한 부정적인 시선도 견디기 힘들었을 것이다. 그러나 이 고난의 과정을 거쳐야 생명을 회복하는 길로 나아갈 것이기 때문에 힘들더라도 버텨야 한다.

하나님이 엘리야에게 그냥 버티라고만 했다면 엘리야는 매우 힘들었을 것이다. 그러나 하나님은 그가 버틸 수 있도록 힘을 주셨고, 그 증거로 여러 가지 생명을 체험할 수 있게 하셨다. 사르밧 과부와 아들이 굶지 않는 것을 목격했으며, 하나님께 기도했더니 과부의 죽은 아들이 살아나는 기적을 보았다. 이런 체험을 하면서 엘리야는 확신하게 되었을 것이다. 비록 심판하고, 부수고, 징계하는 부정적인 사역을 하고 있지만, 그것은 생명을 회복하기 위한 과정이라고 확신하게 되었을 것이다.

또한, 이런 체험은 엘리야 본인에게 위로와 힘이 되었을 것이다. 하나님이 기도에 응답하셨다는 사실이 큰 위로가 되었을 것이고, 자신이 생명을 살리는 일에 조금이나마 기여하고 있다는 생각에 뿌듯했을 것이다. 특히 이런 체험은 갈멜산 대결이라는 중요한 과업을 앞둔 엘리야에게 큰 힘이 되었을 것이다. 지금까지 하나님은 엘리야를 발탁하고, 사명을 맡기고, 그 사명을 잘 감당하도록 힘을 실어주었다. 하지만 엘리야에게는 아직 더 중요한 최종적인 미션이 기다리고 있다. 바알 선지자와 대결하여 생명의 주이신 여호와의 이름을 온 천하에 드러내고 이스라엘을 다시 생명의 언약으로 회복시켜야 한다. 당시 온 나라와 백성들을 지배하고 있는 막강한 세력에 맞서 홀로 싸워야 한다. 850대 1의 싸움, 목숨을 건 싸움이 될 것이다. 두려운 싸움이 될 것이다. 이런 싸움을 앞두고 엘리야에게는 용기와 확신이 필요했다. 지금 사르밧에서 엘리야의 기도로 죽은 아이가 다시 살아난 기적은 엘리야에게 용기를 주고, 여호와에 대한 확신을 심어주기에 충분했다. 하나님은 엘리야에게 아합 왕과 대결할 수 있도록 힘을 북돋워 주신 것이다.

하나님은 생명의 주인이시며, 생명의 부여자이시다. 다른 존재가 생명을 줄 수 없다. 우리는 이것을 확신하고 생명의 하나님을 온 세상에 선포해야 한다. 또한, 우리는 하나님의 사도로 부름 받아 생명의 과업을 부여받았다. 우리의 모든 사역의 목표는 생명을 주고, 생명을 회복하는 것임을 잊지 말아야 한다. 우리가 이 사명을 위해 나아갈 때 하나님은 위로하시고, 격려하시고, 힘을 실어주실 것이다. 그러므로 담대하게 나아가자. 두려워하지 말고 나아가자.

〈삶을 향하여〉

1. 하나님이 생명의 근원이라는 진리를 증거하면서 사는 것이 우리 그리스도인들에게 주어진 소명이다. 신무신론자들의 공격과 종교 다원주의의 공격이 거세진 요즘 사회에서 이 진리를 증거하는 것은 쉽지 않은 일이다. 개인주의와 집단이기주의와 물신주의가 팽배한 현실에서 주님이 말씀하신 공동체적 삶을 실제로 살아냄으로써 이 진리를 증거하는 것도 쉽지 않은 일이다. 일터에서, 가정에서, 혹은 다양한 관계들 속에서 우리가 싸우고 있는 사상적 싸움과 삶의 싸움의 실상이 어떤지 생각해보자. 그 싸움터에서 나와 공동체는 어떻게 대응하고 있으며 그 싸움의 판세는 어떻게 되고 있는가?

2. 하나님이 맡겨주신 일을 해 나갈 때 늘 순조롭고 평탄하기만 한 것은 아니다. 예기치 않은 어려움을 겪으며 의기소침해질 때도 있고 차라리 포기해 버리고 싶을 때도 있다. 그러나 하나님은 사명을 맡긴 하나님의 사람을 홀로 버려두지 않으시고 위로와 격려를 베푸시며 힘을 주신다. 하나님의 말씀을 따라 그릿 시냇가에 머문 엘리야에게 먹을 것을 주시고, 사르밧 과부의 죽은 아들을 살려달라는 기도에 응답하셔서 엘리야에게 위로와 힘을 주셨던 것처럼 하나님이 나를 위로해주신 경험이 있는가? 하나님은 어떤 방식으로 위로하셨는가?

9. 죽음의 사람 vs. 생명의 사람

왕상 18:1-15

"많은 날이 흘러서, 삼 년이 되던 해에, 주님께서 엘리야에게 말씀하셨다. '가서, 아합을 만나거라. 내가 땅 위에 비를 내리겠다.' 엘리야가 곧 아합을 만나러 갔다. 그 때에 사마리아에는 기근이 심하였다. 아합이 오바댜 궁내대신을 불렀다. 오바댜는 주 하나님을 깊이 경외하는 사람으로서, 이세벨이 주님의 예언자들을 학살할 때에, 예언자 백 명을 쉰 명씩 동굴에 숨기고서, 먹을 것과 물을 대준 사람이다. 아합이 오바댜에게 말하였다. '이 땅 곳곳으로 다 다니며, 물이 있을 만한 샘과 시내를 샅샅이 찾아보도록 합시다. 어쩌다가 풀이 있는 곳을 찾으면, 말과 나귀를 살릴 수 있을 거요. 짐승들이 죽는 것을 이대로 보고 있을 수만은 없소.' 왕과 오바댜는 물을 찾으려고, 전 국토를 둘로 나누어서, 한 쪽은 아합이 스스로 담당하고, 다른 한 쪽은 오바댜가 담당하여, 제각기 길을 나섰다. 오바댜가 길을 가고 있는데, 마침 엘리야가 그를 만나려고 오고 있었다. 오바댜가 엘리야를 알아보고, 머리를 숙여서 인사를 하였다. '엘리야 어른이 아니십니까?' 엘리야가 그에게 말하였다. '그렇소. 가서, 엘리야가 여기에 있다고 그대의 상전에게 말하시오.' 그러나 오바댜는 두려워하며 말하였다. '제가 무슨 죄를 지었기에, 저를 아합의 손에 넘겨 죽이려고 하십니까? 예언자께서 섬기시는 주 하나님께서 살아 계심을 두고 맹세합니다. 제 상전은 어른을 찾으려고, 모든 나라, 모든 왕국에 사람들을 풀어 놓았습니다. 그러나 그들이 돌아와서, 엘리야가 없다고 보고하면, 제 상전은, 그 나라와 왕국에게 어른을 정말 찾지 못하였다고, 맹세하게 하였습니다. 그런데 지금 어른께서는 저더러 가서, 어른께서 여기에 계시다고 말하라는 말씀이십니까? 제가 어른을 떠나가면, 주님의 영이 곧 어른을 제가 알지 못하는 곳으로 데려 가실 것입니다. 제가 가서, 아합에게 말하였다가, 그가 와서 어른을 찾지 못하면, 반드시 저를 죽일 것입니다. 어른의 종인 저는 어릴 때부터 주님을 경외하여 왔습니다. 이세벨이 주님의 예언자들을 학살할 때에 제가 한 일과, 제가 주님의 예언자 백 명을 쉰 명씩 동굴에 감추고 그들에게 먹을 것과 마실 것을 대준 일을, 어른께서는 듣지도 못하셨습니까? 그런데 지금 어른께서는, 저더러 가서, 저의 상전에게, 어른께서 여기 계시다고 말하라는 것입니까? 그러면 제 상전은 반드시 저를 죽일 것입니다.' 그러자 엘리야가 말하였다. '내가 섬기는 만군의 주님께서 살아 계심을 두고 맹세하오. 나는 오늘 꼭 아합을 만날 것이오.'"

1. 엘리야의 재등장

"많은 날이 흘러서, 삼 년이 되던 해에, 주님께서 엘리야에게 말씀하셨다." 1
절상

비는커녕 이슬 한 방울도 내리지 않을 것이라고 엘리야가 선포하고 나서 3년이
지난 후 하나님은 엘리야에게 다시 명령하신다. 여기서는 3년째라고 말하고 있지
만, 신약 성경에서는 가뭄 기간을 3년 반이라고 말한다.눅 4:25, 약 5:17 하지만 이것
은 별 차이가 없는 표현이다. 열왕기상 18장 1절은 대략적인 기간만 언급하고 있
고 신약은 3년 반이라는 좀 더 정확한 기간을 표현하고 있을 뿐이다.

하나님은 3년의 가뭄 끝에 드디어 비를 내리겠다고 말씀하신다. "'너는 가서 아
합에게 보이라 내가 비를 지면에 내리리라.'" 1절하 이제 우로가 그치는 심판을 멈
추고 비를 내려주겠다는 것이다. 그러나 아무 조건 없이 비를 내리게 하는 것은 아
니었다. 비가 다시 내리기 위해서는 먼저 처리해야 할 일이 있었다. 만약 3년의 가
뭄으로 심판이 종결되었다면 엘리야를 아합에게 다시 보낼 필요가 없었을 것이
다. 하나님의 목적은 단순히 이스라엘을 심판하는 것이 아니었다. 이스라엘을 회
복하여 다시 자신에게로 이끄는 것이 궁극적인 목적이었다. 그래서 하나님은 비
를 내리기 전에 처리해야 할 일이 있었고, 그 일을 위해서 엘리야를 다시 아합에
게 보내신 것이다. 그 일은 바로 갈멜산에서 바알 선지자와 대결을 벌이는 것이었
다.19절 이제 엘리야는 단순히 하나님의 말씀을 전하러 떠나는 것이 아니다. 바알
세력과 대결하러 가는 것이다. 죽음의 결투를 앞둔 걸음인 것이다.

"엘리야가 곧 아합을 만나러 갔다." 2절

엘리야는 하나님의 명령에 순종하여 아합에게 간다. 대결을 앞둔 무거운 발걸

음이지만, 그 결투장까지 가려면 먼저 아합이라는 산을 넘어야 한다. 3년 전 아합에게 나타나 가뭄을 선포했을 때와 지금의 상황은 많이 다르다. 3년 전에는 아직 아무 일도 일어나지 않은 때였으므로 엘리야가 심한 예언을 하더라도 무사할 수 있었다. 아합이 아직 아무런 감이 없었기 때문이다. 그러나 지금은 사정이 다르다. 엘리야의 예언대로 3년 반 동안 비가 내리지 않았다. 그로 인해 아합을 비롯한 모든 백성이 고통을 당하고 있다. 2절은 이 상황을 "그때에 사마리아에는 기근이 심하였다"라고 간략하지만 무거운 어조로 표현하고 있다. 아합은 엘리야를 찾으려고 혈안이 되어 있었다. 잡아들여서 심문하고 추궁하고 심지어는 죽일 생각까지 하고 있었을 것이다. 이세벨은 여호와의 선지자들을 색출하여 죽이고 있었다. 이런 상황에서 아합이 엘리야를 만나면 가만두지 않을 게 분명하다. 더욱이 엘리야는 하나님의 계획대로 아합에게 갈멜산 대결을 제안해야 한다. 아합이 그 제안을 받아들인다는 보장은 없다. 악에 받쳐서 제안을 무시하고 다짜고짜 엘리야를 죽이려고 달려들 수도 있을 것이다.

이런 위험한 상황에서도 엘리야는 아합에게 가라는 하나님의 명령에 순종하여 길을 나선다. 엘리야는 그동안 하나님의 놀라운 기적을 체험하면서 믿음의 성장 단계를 차근차근 밟아왔기 때문에 아합의 위협을 예상하면서도 두려워하지 않고 순종할 수 있었을 것이다. 가뭄에서 지켜주신 분도 여호와이고, 바알의 무력함을 드러내면서 먹을 것을 공급해 주신 분도 여호와이고, 사르밧 과부의 죽은 아들에게 다시 생명을 주신 분도 여호와라는 것을 몸소 체험했기 때문에 엘리야는 두말하지 않고 순종한다. 믿음이 성장했다는 증거는 이처럼 위험하고 어려운 일, 예전 같으면 순종하기 힘들었을 일도 기꺼이 순종하는 것이다.

하나님은 무슨 의도로 엘리야를 아합에게 다시 보내신 걸까? 3년 가뭄이라는 전초전이 끝난 후 바알과 본격적으로 대결하여 바알의 허상을 만천하에 밝히 드러내고, 이스라엘을 다시 회복하려는 것이다. 물론 3년의 전초전 기간에도 이미 바알은 처참하게 패배했다. 비와 농사의 신인 바알은 하나님의 심판을 이겨내지 못했으며 비 한 방울도 내리게 할 수 없었다. 17장에서 보았듯이 바알 숭배의 중심지였던 시돈의 사르밧에서도 과부와 아들을 먹여 살린 존재는 바알이 아니라 여호와였다는 것은 바알의 패배를 조롱하듯이 드러낸다. 그러나 그 일들은 소수의 사람들에게만 알려졌을 뿐이고, 대부분의 백성들은 아직 아무것도 깨닫지 못하고 있다. 그래서 이제 하나님은 모든 사람이 보는 앞에서 자신의 능력과 바알의 무기력함을 보다 명료하게 드러내시려는 것이다. 하나님은 자신의 계획을 확실하게 이루실 것이다. 그러므로 엘리야는 두려워할 필요가 없다. 하나님이 함께 하실 것이고, 하나님이 일을 진행하실 것이기 때문이다.

민음이 요구되는 어려운 과업을 수행해야 할 때는 하나님이 우리를 통해서 무언가를 이루려고 하실 때다. 그러므로 우리 눈에는 어렵고 힘든 과업처럼 보이지만, 하나님을 바라본다면 걱정을 내려놓을 수 있다. 하나님이 이끌어 가실 것이고, 내 힘으로 할 수 없는 놀라운 일들을 이루실 것이기 때문이다.

2. 아합과 이세벨의 행태

여호와와 바알의 본격적인 대결에 앞서 열왕기 저자는 가뭄이 3년이나 계속되는 동안 아합과 이세벨이 무엇을 하고 있었는지 알려준다. 그들의 적나라한 모습을 보여주어 나중에 그들을 심판하는 것이 전혀 부당하지 않다는 것을 드러내려는 의도다. 그 기간 동안 아합과 이세벨은 무엇을 했는가? 자신들의 잘못을 인정하고 하나님께로 돌아올 준비를 했을까?

첫째, 바알에겐 여호와가 선포한 가뭄을 멈추게 할 능력이 전혀 없다는 것을 확인하고도 그들은 자신들의 잘못을 전혀 인정하지 않았다. 바알을 섬기면 번영을 누리게 될 것이라고 주장하면서 바알을 이스라엘로 끌고 들어왔으나 정반대의 결과가 나타났다. 바알이 허상이라는 것과, 바알을 끌고 들어온 자신들의 과오가 분명하게 드러난 것이다. 그런데도 그들은 이 사실을 인정하지 않고 더욱 악이 받쳐서 엘리야를 잡으려고 혈안이 되었고 하나님의 선지자를 학살하는 극악한 짓을 하고 있다.

애굽왕 바로의 경우를 봐도 잘못을 인정한다는 것이 쉽지 않다는 것을 알 수 있다. 그는 이스라엘 백성을 노예로 잡아두려는 욕심을 버리지 않고 고집을 부리다가 결국 애굽에 10가지 재앙을 불러들여 나라를 초토화하고 말았다. 사회적 지위가 높고 권력의 자리에 있을수록 잘못을 인정하지 않으려는 성향이 더 강해지고, 잘못을 인정하지 않을수록 상황은 더 꼬이고 부작용도 심해진다. 자신들도 더 큰 손해를 보게 될 뿐만 아니라 그들의 영향을 받는 다른 사람들도 엄청난 피해를 입게 된다. 아합과 이세벨은 고집을 부리다가 결국 하나님의 심판을 받아 비극적인 죽음을 맞게 되지만, 그 와중에 백성들까지 온갖 고통 속에 시달리게 된다.

잘못이 드러나면 솔직하게 인정하고 빨리 돌이키는 게 좋다. 그것이 문제를 더키우지 않고 봉합하는 지혜로운 길이다. 특히 지도자의 위치에 있는 자들은 자존심을 내세우지 말고 빨리 잘못을 인정하는 것이 자신에게나 다른 사람들에게도 유익하다.

둘째, 아합은 기근이 심해지자 물을 찾아서 온 나라를 헤매고 다녔다.5-6절 그는 어떻게든 물을 구하려고 국토를 절반으로 나눠 오바댜와 자신이 반씩 맡아 찾아나섰다. 물을 찾는 것은 가뭄에 대한 해결책처럼 보인다. 피상적으로는 그렇게 보인다. 그러나 지금 상황에서 그것은 근본적인 해결책이 아니다. 근본적인 해결책은 바알을 버리고 여호와께로 돌아오는 것이다.

사람들은 잘못을 인정하는 근본적인 해결책은 도외시한 채 지엽적인 해결책에만 매달리는 경향이 있다. 왜 그럴까? 자신의 과오를 인정하면 당장 손해를 볼까봐 두렵기 때문이다. 잘못을 인정하지 않으려다가 자신의 잘못을 덮으려고 또 다른 잘못된 해결책을 찾는 헛된 행동을 하게 된다. 결국, 사태는 더 악화하여 돌이킬 수 없는 지경으로 추락하게 된다. 잘못이 드러났을 때 피상적이고 손쉬운 해결책만 만지작거리지 말고, 근본적인 해결책이 무엇인지 깊이 생각해야 한다.

셋째, 아합은 엘리야를 잡으려고 사방팔방으로 찾아다녔다. 아합의 오른팔이었던 오바댜는 이렇게 말한다. "제 상전[아합]은 어른을 찾으려고, 모든 나라, 모든 왕국에 사람들을 풀어놓았습니다. 그러나 그들이 돌아와서, 엘리야가 없다고 보고하면, 제 상전은, 그 나라와 왕국에게 어른을 정말 찾지 못하였다고, 맹세하게 하였습니다."10절

아합은 왜 엘리야를 찾고 있는가? 엘리야에게 자신의 잘못을 인정하고 회개하려고? 아니다! 엘리야를 문제의 근원으로 여기고 그를 잡아 책임을 전가하려는 것이다. 표면적으로 보면 가뭄을 일으킨 존재는 엘리야다. 엘리야의 선포로 가뭄이 시작되었기에 그렇게 생각할 수밖에 없다. 그러나 엘리야가 가뭄 심판을 선포한 근본적인 원인은 아합에게 있다. 아합이 여호와를 버리고 바알 신앙으로 달려갔기 때문에 심판이 임한 것이다. 그런데 아합은 이것을 인정하려 하지 않고, 엘리야를 문제의 근원으로 지목하여 잡으려고 한다. 당시에 언론이 있었다면 온갖 방송과 신문이 엘리야를 공공의 적으로 몰아갔을 것이고, 백성들 역시 그렇게 받아들였을 것이다.

잘못된 책임 전가로 애꿎은 백성들만 가뭄을 견디느라 더 힘들어졌다. 아합은 엘리야를 잡으려고 군사들을 각 지역으로 파견했고 마을 사람들을 추궁했다. 그들이 엘리야를 보지도 못했고, 숨기지도 않았다고 하면 그 말이 사실이라는 것에 대해 맹세를 하게 했다. 그 맹세는 만약 이 지역에서 엘리야가 발견되면 마을이 징벌을 받아들이겠다는 내용이었을 것이다. 백성들은 공포에 휩싸일 수밖에 없었을 것이고, 서로 감시하면서 불신 사회로 전락했을 것이다. 그 과정에서 백성들 역시 엘리야를 이 모든 문제의 근원으로 인식하면서 성토했을 것이다.

책임을 지지 않으려는 사람은 이런 식으로 다른 사람 탓을 하면서 책임을 전가할 희생양을 찾는다. 이런 행태는 과거나 현재나 별로 달라지지 않았다. 권력자들은 자신의 실책을 덮으려고 희생양을 만들고 시민들의 원망을 그에게 쏠리게 한다. 우리 사회에서도 이런 행태는 다반사다. 세월호 참사의 책임을 유병언에게만 뒤집어씌워 희생양 삼은 것, 경제 악화의 주범이 노조 탓이라고 주장하는 것, 재벌 규제가 경제침체의 원인이라면서 규제 철폐를 계속 부르짖는 것, 교회가 무너지는 것이 목회 세습을 반대하고 교회의 비리를 비판하는 사람들 탓이라고 주장하는 것, 등등. 자신의 잘못을 인정하지 않고 다른 사람 탓을 하려는 죄악된 성향의 뿌리는 참으로 깊고 강하다. 이것을 뽑아내지 못하면 자신도 멸망할 뿐만 아니라 다른 사람들까지 고통 속으로 끌어들이게 된다.

넷째, 아합은 지난 3년 동안 이스라엘에 바알 숭배가 완전히 뿌리내리게 하려고 하나님의 선지자들을 죽였다. "이세벨이 주님의 예언자들을 학살할 때에"4,13절 이세벨은 바알 신앙을 이스라엘에 정착시키기 위해 애썼다. 바알 산당을 세우고, 바알 선지자를 양성하고, 바알 제사를 확대하는 등, 바알 신앙의 확립을 위해 할 수 있는 모든 것을 다 했다. 더 나아가 그녀는 바알 숭배를 이스라엘에 확고하게 세우기 위해서는 기존에 있던 여호와 신앙을 완전히 뿌리 뽑아야 한다고 생각했다. 그래서 여호와 종교 지도자들예언자들을 잡아 죽였던 것이다. 지도자들이 사라지면 제의도 중단될 것이고, 백성들은 자연스럽게 여호와를 포기하고 바알 신앙으로 넘어올 것으로 생각했기 때문이다. 엘리야가 출현하기 전부터 하나님의 선지자들을 학살했겠지만 엘리야의 가뭄 선포 이후 더 극악해졌다. 엄청난 박해로 공포 시대가 도래한 것이다. 아합과 이세벨은 바알의 패배를 인정하지 않고, 더욱 악이 받쳐서 여호와의 선지자들을 살육한 것이다.

아합과 이세벨은 애굽의 바로 왕처럼 국가가 흔들리고 백성들의 삶이 완전히 피폐해지는 지경까지 이르러도 자신들의 잘못을 인정하지 않고, 오히려 복수에만 혈안이 되어 있었다. 이런 행태는 오히려 역설적으로 그들이 섬기는 바알이 죽음의 신이라는 것을 드러낼 뿐이다. 또한 통치자인 그들 자신도 백성들을 살리고 그들의 삶을 풍요롭게 하는 데 관심이 없는 자라는 것을 밝히 드러낸다.

3. 생명의 사람, 오바댜

엘리야는 하나님의 말씀에 순종하여 아합을 만나러 가는 길에 아합의 지시로 물을 찾아다니던 오바댜를 먼저 만나게 된다. "오바댜가 길을 가고 있는데, 마침 엘리야가 그를 만나려고 오고 있었다."7절

오바댜는 누구인가? 그의 이름의 뜻은 "여호와의 종"이다. 그는 아합 왕의 궁내 대신으로서, 아합이 국토를 절반으로 나눠 한쪽은 자신이 맡고 다른 쪽은 그에게 맡길 정도로 신뢰한 이스라엘의 2인자였다. 어떤 학자들은 그가 소선지자 중 하나인 오바댜와 동일 인물이라고 주장하지만, 그렇게 볼만한 근거는 별로 없다.

성경은 오바댜가 여호와를 경외하는 자였다는 점을 여러 번 강조한다. 오바댜도 자신이 "어릴 때부터 주님을 경외하여 왔다"고 주장한다.12절 이세벨이 여호와의 선지자들을 죽일 때 그는 선지자 100명을 동굴에 숨겨주어 살렸고 먹을 것과 마실 것을 공급해 주었다.4,13절 피바람이 휘몰아치는 공포정치 시대에 막강한 왕권을 거스르면서 하나님의 선지자들을 살려준 것은 목숨을 건 무모한 행동이었을 것이다. 심지어 기근이 심한 상황에서 이렇게 많은 사람을 먹여 살리는 것도 결코 쉬운 일이 아니었을 것이다. 그러므로 오바댜의 이 행동은 하나님을 향한 그의 믿음을 확실하게 보여준다. 그 결과, 성경은 오바댜를 "주 하나님을 깊이 경외하는 사람"이라고 평가한다.3절 성경에서 이런 식의 직접적인 평가는 드물다. 그만큼 성경이 그를 인정한다는 것이다.

오바댜는 특히 아합과 대비될 때 더욱 빛난다. 열왕기서는 아합과 오바댜를 서

로 비교하면 서악한 자와 대비되는 하나님의 사람의 모습을 보여준다. 아합은 온 나라가 가뭄으로 고통을 당할 때 가축을 먼저 살리려고 하였다. "아합이 오바댜에게 말하였다. '이 땅 곳곳으로 다 다니며, 물이 있을 만한 샘과 시내를 샅샅이 찾아보도록 합시다. 어쩌다가 풀이 있는 곳을 찾으면, 말과 나귀를 살릴 수 있을 거요. 짐승들이 죽는 것을 이대로 보고 있을 수만은 없소.'"5절 아합은 왕이지만, 죽어가는 백성들을 돌보는 일에는 전혀 관심을 보이지 않고, 원수를 갚거나 자신의 가축을 먹이는 데에만 지나친 열정을 보인다. 비열한 권력자의 전형적인 모습이다.

이처럼 시민의 안위는 전혀 고려하지 않고 자기 잇속만 채우려는 지도자들은 역사에서 비일비재하다. 최근에도 피폐해지는 국가 경제는 팽개친 채 부정하게 축재한 돈을 스위스로 빼돌리는 독재자들이 속출하고 있다. 이집트의 무바락 대통령은 아들들과 함께 2천억 원이 넘는 돈을 빼돌린 것으로 재판을 받고 수감되었다. 자이레의 모부투 쎄세 세코 대통령은 5조 8천억 원을 스위스로 빼돌렸다, 필리핀의 마르코스 대통령은 스위스 은행으로 11조를 빼돌린 혐의를 받았다. 나이제리아의 싸니 아바차 대통령은 16조에 가까운 돈을 개인적으로 빼돌렸다, 인도네시아의 수하르토 대통령 역시 41조를 빼돌렸다. 예멘의 알리 압둘라 살레 대통령은 예멘의 연간 GDP와 비슷한 70조 원을 부정 축재했다. 이들은 모두 현대판 아합들이다. 이런 악한 지도자들 때문에 그 나라 국민의 삶이 피폐해지고 죽음으로 내몰리고 있다.

아합은 하나님의 선지자들을 죽인 것처럼, 심지어 심복인 오바댜까지 죽일 수 있는 무서운 자였다. 오바댜가 아합에게 죽임을 당할까 봐 심히 두려워했다는 점에서 아합의 이런 성향이 여실히 드러난다.12,14절 또한 아합은 바알을 숭배한 죄로 가뭄 심판을 초래하여 온 나라에 죽음의 그림자가 드리워지게 한 자였다. 그는 죽음의 사람이었다. 그러나 오바댜는 죽음의 위협에 처한 하나님의 선지자들을 살려주는 사람이었다.4절 17장에서 보았던 생명의 하나님을 닮은 자였다. 그는 생명의 사람이었다. 한마디로 말해서, 아합에게는 죽음이 드리워져 있고, 오바댜에게는 생명이 뒤따르고 있다.

이러한 차이를 불러일으킨 근본적인 원인이 무엇인가? 그것은, 아합은 바알을 섬겼지만 오바댜는 암흑의 시대 속에서도 여호와를 전심으로 섬겼다는 점이다.3 절 17장에서 여호와는 생명의 하나님이라는 점이 강조되고 있다고 언급했었다. 지금 여호와를 잘 섬기는 사람 오바댜에게서도 생명의 전달자 모습이 선명하게 드러나고 있다. 반면에 여호와를 버리고 바알을 선택한 아합은 죽음의 사자로 나타나고 있다. 풍요와 번영을 약속하는 바알 신앙은 바알을 섬기는 사람들까지 물질주의와 이기주의의 속박에 얽매여 생명을 무시하고 죽음을 불러들이는 존재로 만들어버리고 있다. 아합과 오바댜는 비록 같은 시공간에 살고 있었지만, 그들의 삶은 그들이 섬기는 자가 다른 것처럼 완전히 정반대의 모습을 보여주고 있다.

가나안 지방에는 다양한 신들이 있었다. 몰렉왕상 11:5, 그모스왕상 11:7, 아스다롯왕상 11:5, 다곤대상 10:10, 등등. 바알은 수많은 우상 중에서도 가장 오랫동안 영향을 미쳤다. 이미 사사 시대부터 이스라엘 백성들은 바알과 아세라 신에게로 종종 달려갔다. "이스라엘 자손이 주 하나님을 저버리고 바알과 아세라를 섬겨, 주님께서 보시기에 악한 일을 저질렀다."삿 3:7 바알 신앙은 신약 시대에까지 이어져 맘몬 신앙으로 둔갑했다. 바알이 수많은 이방 신들 중에서도 오랫동안 지속적으로 영향을 미친 이유는 번영과 재물과 풍요를 약속해주는 신이었기 때문이다. 이 점에서 바알은 사람들의 욕망을 가장 잘 자극하고 이용하는 신이었다. 결국 바알과 맘몬 신앙은 물질주의적 신 개념이다. 현대 물질만능주의는 바알 신앙을 계승한 것이다. 그러나 물질만능주의가 생명을 주었는가? 아니다. 물질에 눈이 멀게 되면 오히려 생명을 죽음으로 바꿔놓는다.

세월호 과적, 에어컨 설치 기사의 과로사, 지하철 수리 기사 청년의 안전 미비로 인한 죽음, 삼성 반도체 공장에서 백혈병으로 죽어간 노동자들, 노동권과 휴식권을 제대로 보장받지 못한 택배 노동자들의 잇단 죽음. 이 모든 것들은 물질만능 주의를 추구하는 사회에서 일어나고 있는 생명 말살 현상이다.

우리나라 입시교육의 목표는 무엇인가? 더 좋은 대학 가서, 더 좋은 직장에 들어가서, 더 많은 돈을 벌려고 하는 게 아닌가? 그 길에 내몰린 우리나라 청소년은 결국 세상에서 가장 불행한 사람들이 되어버렸다. 학업 성취도는 최고일지 모르나 자살률과 불행지수가 세계 최고 수준이다.

경제성장에 목을 매다가 실제로 사람들이 목을 매어 죽는 일들이 벌어지고 있다. 직장은 원래 생명의 자원을 주는 곳이어야 하는데 지속 성장이라는 목표에 사로잡혀 실제로는 사람들의 피를 빨아먹는 죽음의 장소가 되어버렸다. 과도한 노동시간, 스트레스, 갑질 행태, 양극화 임금체계 등이 직장인의 현주소다. 노동시간을 적정화하자고 해도 성장률이 떨어질까 두려워서 실행하지 못한다, 비정규직의 처우를 개선해야 한다고 외쳐도 동일노동 동일임금 비용 절감을 이유로 거부한다. 대기업에 취직한 사람들도 3년 만에 30% 이상이 뛰쳐나가고 있다. 모두가 선망하는 직장에 어렵게 들어갔는데 왜 뛰쳐나오는가? 이유는 하나다. '살기 위해서.' 그들은 그곳에 계속 있다가는 미치거나 죽을 것 같았다고 말한다. 먹고 살려고 일하는 수많은 직장인이 삶의 의욕을 잃고 죽어가고 있다. 이 모든 현상은 현대판 바알 신앙인 물질주의가 사람들을 죽이고 있다는 증거다.

가진 것이 많지 않고, 맛있는 것 풍족하게 먹지 못하고, 여행을 마음껏 다니지 못하고, 작은 집에 살더라도, 자연의 아름다움과 풍성함을 누리고 사람들과 사랑의 교제를 나누면서 서로 돕고 사는 삶이야말로 생명을 누리는 삶이 아닐까? 그래서 최근에 귀농/귀촌하는 사람들이 늘고 있다. 얼마 전 통계에 의하면 처음으로 서울과 경기도 인구가 줄었다고 한다. 수도권에서 인구가 빠져나가고 있다는 것이다. 적게 벌고 적게 쓰는 삶으로 이동하려는 것이다. 생명이 풍성한 자연 속에서 좀 더 여유 있게 마음을 나눌 수 있는 사람들과 더불어 사는 것이 생명을 누리는 삶이라고 생각하기에 과감히 삶터를 옮기는 것이다. 그러나 정말 생명을 누리는 삶으로 전환하려면 내가 섬기는 대상을 바꿔야 한다. 바알과 맘몬을 계속 섬기는 한 결코 삶의 방향이나 방식을 전환할 수 없다. 이것은 결국 신앙의 문제로 귀결된다.

기독교인들에게도 마찬가지다. 아합 시대에 하나님이 엘리야를 보내신 이유는 생명 신앙을 회복하려는 것이었다. 지금 우리 시대도 물질주의에 매여 죽음으로 달려가고 있다. 이 상황에서 생명의 하나님을 섬기는 기독교인들이 어디로 달려가고 있는지 살펴야 한다. 우리도 세상의 거대한 흐름에 파묻혀 거짓 생명을 약속하는 바알 신앙을 따르고 있는 것은 아닌지 살피고 반성해야 한다. 맘몬이라는 죽음의 신을 섬기는 세상의 흐름을 거슬러서 생명을 추구하겠다는 강한 결심을 해야 한다. 삶의 대전환을 이루어 내야 한다. 이것이야말로 살아있는 신앙이다. 내가 섬기는 신을 바꾸겠다는 결심과 같은 것이기 때문이다.

세월호 참사가 일어난 후 몇 년이 지났지만 여전히 진상 규명에 진척이 없었던 어느 날, 지하철을 타고 가는데 어떤 사람이 스쳐 지나가면서 세월호 리본을 달아 주어 고맙다고 말하는 것을 들었다. 그 사람이 누구인지 잘 모르지만 아마 세월호 피해자와 가까운 사람일 거라는 생각이 들었다. 그의 고백은 일베의 작태와 정부의 무관심에 상심하여 삶의 의욕을 잃고 지내다가, 노란 리본을 달고 있는 사람을 보면 나의 슬픔에 동참하는 사람들이 있다는 생각에 매우 감사하고 다시 살아야겠다는 다짐을 하게 된다는 세월호 유가족의 고백과 일치한다. 슬퍼하는 자와 함께 슬퍼하고, 우는 사람들과 함께 우는 것롬 12:15, 고통당하는 자들과 함께 아파하는 것, 그들의 문제에 공감하는 것, 어떻게든 문제를 해결하기 위해 힘을 보태는 것은 생명을 위한 것이다. 짙은 죽음의 그림자가 더는 퍼지지 않게 하고, 생명으로 회복시키려는 것이다.

우리가 복음을 전하는 것도 생명을 주려는 것이다. 서상륜1848-1926은 열세 살

어린 나이에 부모를 여의고 험난한 인생을 살았다. 삶이 힘들어 종종 자살을 생각하기도 했던 사람이었다. 그는 생계를 위해 일찍 세상으로 나갔고, 청나라를 오가면서 장사를 하였다. 그가 태어나고 자란 평북 의주는 압록강변의 국경도시였기 때문에 청나라와 교역이 활발했다. 서상륜은 1878년에 홍삼 장사를 하려고 만주의 영구항에 갔다가 장티푸스에 걸려 사경을 헤맸다. 친구들의 주선으로 매킨타이어 선교사가 자신의 집으로 데리고 가서 영국인 의사 헌터를 청해 치료하게 하였다. 그 결과 2주 만에 완쾌되었다. 서상륜은 감사한 마음에 '제가 은혜를 갚을 방법이 없겠습니까?'라고 물었고, 매킨타이어는 '당신이 진정으로 은혜를 갚기 원하거든 하나님께 감사하고 예수님을 믿기 바랍니다'라고 대답해주었다.

서상륜은 매킨타이어로부터 기독교 진리를 배우고 성경도 얻어서 읽어 보았다. 그러나 유교적 세계관에 깊이 빠져 있던 그는 기독교를 쉽게 받아들일 수가 없었다. 얼마 후 로스 선교사가 한문 성경을 한글로 번역할 사람을 찾다가 서상륜을 소개받아 그에게 누가복음 번역을 부탁하면서 다시 복음을 전했다. 서상륜은 이때 로스의 인품과 사랑에 감동하였고, 그가 전해준 복음의 명쾌함에 빠져들어 복음을 받아들이게 되었다. 그는 자신의 죄를 회개하고 1882년에 중국인 교회에서 세례를 받았다.

로스는 서상륜을 비롯해서 이응찬, 백홍준, 이성하 등의 도움을 받아 1882년에 〈예수성교 누가복음〉과 〈예수성교 요한복음〉을 한글로 번역하였다. 이 책이 선교사가 우리나라에 들어오기 이전에 먼저 존재했던 최초의 한글 성경이었다. 로스는 서상륜에게 성경과 기독교 서적을 판매하고 전해주는 매서인, 권서인 역할을 맡겼다. 서상륜은 의주에서 활동을 하다가 서울로 올라와 남대문 창동에 거처를 정하고 6개월간 4백 권의 복음서를 반포하면서 복음을 전해 여러 사람을 개종하게 하였다.

최초의 선교사인 알렌1884, 언더우드, 아펜젤러1885가 들어오기 전인 1884년 봄에 서상륜은 동생 서경조와 함께 당숙이 살던 황해도 장연 솔내 마을에 우리나라 최초의 자생 교회인 소래교회를 세우고 지역 주민들에게 계속 전도하여 교인이 20여 명에 이르게 되었다. 그리고 2년 후인 1886년에는 선교사들의 도움을 뿌리치고 자신들의 힘만으로 소래 교회당을 건립하였다. 1886년 서상륜은 서울에 있었던 언더우드를 찾아가 소래에 와서 세례를 베풀어 달라고 청하였으나 아직 선교사가 마음대로 지방 여행을 할 수 없는 상황이라 어렵다는 이야기를 들었다. 그러자 그는 동생 서경조, 정공빈, 최명오 세 명을 서울까지 데리고 가서 언더우드에게 세례를 받게 하였다. 1887년 9월 27일 언더우드 선교사의 집에서 14명의 세례교인으로 우리나라 최초의 교회인 정동교회지금의새문안교회가 설립되었다. 그중 13명이 서상륜의 전도로 교인이 된 사람들이었다. 그해 10월 말에는 언더우드가 직접 소래로 찾아와 세례를 베풀었는데 이때 서경조의 석 달 된 아들 서병호가 세례를 받아 우리나라 최초의 유아 세례식이 베풀어졌다. 서상륜은아들이없어서관습대로 서경조의차남인서병호를자신의아들로호적에입적했다.

부모를 잃고 힘겨운 삶을 비관하며 죽음까지 생각했던 사람이 복음을 통해 생명의 삶을 회복한 것. 거기서 그치지 않고 자신이 얻은 생명을 다른 사람들에게도 전해주어 이 땅에 생명의 복음이 편만하게 전해지게 한 것. 이것이 한국 기독교 역사의 시작이었다. 한국 기독교는 다름 아닌 생명의 복음의 역사였다. 엘리야의 하나님, 오바댜의 하나님, 서상륜의 하나님은 죽음을 생명으로 바꾸는 하나님이었다. 이 하나님이 바로 지금 우리의 하나님이다.

우리가 믿는 하나님은 생명의 하나님이다. 그렇다면 그를 따르는 우리 역시 생명의 전달자가 되어야 한다. 우리가 눈앞의 물질과 이익에 눈이 멀어 생명을 버린다면, 우리는 바알을 따르는 자가 되는 것이다. 우리가 그리스도인으로서 힘쓰는 일들이 모두 생명과 관련이 있다는 것을 기억하고, 그 일들을 더욱 잘 하기 위해 노력해야 한다. 우리는 생명을 전해주고 세워주는 자들, 생명을 전하는 사람들이 되어야 한다.

〈 삶을 향하여 〉

1. 하나님은 내가 잘못을 회개하고 죄에서 돌이키게 하시려고 삶의 어려움이나 고통을 주실 때도 있다. 하나님께서 고통을 통해 거듭 말씀하시는데도 깨닫지 못하거나 고집을 부리고 계속 잘못된 길에 머무르고 있지는 않은지 돌아보자.

2. 오바댜는 여호와 신앙을 드러내는 자들을 잡아 죽이는 공포의 시대에서도 하나님의 선지자들을 살려주었다. 자신의 목숨이 위태로울 수 있다는 것을 알면서도 생명의 하나님을 본받아 생명을 살리는 일에 자신을 드렸다. 그는 성경에서 '주님을 깊이 경외하는 사람'으로 인정받았다. 지금 내가 오바댜처럼 생명을 위해 할 수 있는 일들이 무엇일까?

10. 두려움과 믿음의 행동

왕상 18:1-15

"많은 날이 흘러서, 삼 년이 되던 해에, 주님께서 엘리야에게 말씀하셨다. '가서, 아합을 만나거라. 내가 땅 위에 비를 내리겠다.' 엘리야가 곧 아합을 만나러 갔다. 그 때에 사마리아에는 기근이 심하였다. 아합이 오바댜 궁내대신을 불렀다. 오바댜는 주 하나님을 깊이 경외하는 사람으로서, 이세벨이 주님의 예언자들을 학살할 때에, 예언자 백 명을 쉰 명씩 동굴에 숨기고서, 먹을 것과 물을 대준 사람이다. 아합이 오바댜에게 말하였다. '이 땅 곳곳으로 다 다니며, 물이 있을 만한 샘과 시내를 샅샅이 찾아보도록 합시다. 어쩌다가 풀이 있는 곳을 찾으면, 말과 나귀를 살릴 수 있을 거요. 짐승들이 죽는 것을 이대로 보고 있을 수만은 없소.' 왕과 오바댜는 물을 찾으려고, 전 국토를 둘로 나누어서, 한 쪽은 아합이 스스로 담당하고, 다른 한 쪽은 오바댜가 담당하여, 제각기 길을 나섰다. 오바댜가 길을 가고 있는데, 마침 엘리야가 그를 만나려고 오고 있었다. 오바댜가 엘리야를 알아보고, 머리를 숙여서 인사를 하였다. '엘리야 어른이 아니십니까?' 엘리야가 그에게 말하였다. '그렇소. 가서, 엘리야가 여기에 있다고 그대의 상전에게 말하시오.' 그러나 오바댜는 두려워하며 말하였다. '제가 무슨 죄를 지었기에, 저를 아합의 손에 넘겨 죽이려고 하십니까? 예언자께서 섬기시는 주 하나님께서 살아 계심을 두고 맹세합니다. 제 상전은 어른을 찾으려고, 모든 나라, 모든 왕국에 사람들을 풀어 놓았습니다. 그러나 그들이 돌아와서, 엘리야가 없다고 보고하면, 제 상전은, 그 나라와 왕국에게 어른을 정말 찾지 못하였다고, 맹세하게 하였습니다. 그런데 지금 어른께서는 저더러 가서, 어른께서 여기에 계시다고 말하라는 말씀이십니까? 제가 어른을 떠나가면, 주님의 영이 곧 어른을 제가 알지 못하는 곳으로 데려 가실 것입니다. 제가 가서, 아합에게 말하였다가, 그가 와서 어른을 찾지 못하면, 반드시 저를 죽일 것입니다. 어른의 종인 저는 어릴 때부터 주님을 경외하여 왔습니다. 이세벨이 주님의 예언자들을 학살할 때에 제가 한 일과, 제가 주님의 예언자 백 명을 쉰 명씩 동굴에 감추고 그들에게 먹을 것과 마실 것을 대준 일을, 어른께서는 듣지도 못하셨습니까? 그런데 지금 어른께서는, 저더러 가서, 저의 상전에게, 어른께서 여기 계시다고 말하라는 것입니까? 그러면 제 상전은 반드시 저를 죽일 것입니다.' 그러자 엘리야가 말하였다. '내가 섬기는 만군의 주님께서 살아 계심을 두고 맹세하오. 나는 오늘 꼭 아합을 만날 것이오.'"

1. 오바댜의 두려움

아합은 지도자였지만 백성들을 살리고 생명을 주려고 하지 않고 오히려 죽이고 멸하려는 사람이었다. 그와 달리 오바댜는 위험을 무릅쓰고 하나님의 선지자들을 숨기고 살려서 생명을 준 믿음의 사람이었다. 이런 행동은 아무나 따라 할 수 없는 대단한 것임에 틀림없다. 그렇다고 해서 오바댜가 우리와 질적으로 다른 믿음의 슈퍼맨인 것은 아니다. 오히려 그의 모습을 세밀하게 살펴보면 오바댜는 우리와 마찬가지로 두려움이 많고 겁도 많고 근심 걱정도 많은 사람이었다는 것을 알게 된다.

오바댜는 비록 위험을 무릅쓴 행동을 했지만 속으로는 아합의 손에 죽게 될까봐 두려움에 사로잡혀 있었다. 그는 두려움이 많은 보통 사람이었다. 이 사실은 그가 아합이 자신을 죽일 것이라는 말을 세 번이나 반복하는 데서 여실히 드러난다. "그러나 오바댜는 두려워하며 말하였다. '제가 무슨 죄를 지었기에, 저를 아합의 손에 넘겨 죽이려고 하십니까?'"9절 "제가 어른을 떠나가면, 주님의 영이 곧 어른을 제가 알지 못하는 곳으로 데려가실 것입니다. 제가 가서, 아합에게 말하였다가, 그가 와서 어른을 찾지 못하면, 반드시 저를 죽일 것입니다."12절 "그런데 지금 어른께서는, 저더러 가서, 저의 상전에게, 어른께서 여기 계시다고 말하라는 것입니까? 그러면 제 상전은 반드시 저를 죽일 것입니다."14절

오바댜는 아합이 어떤 사람인지 잘 알고 있었다. 그는 아합이 엘리야를 만나면 반드시 죽일 것이라고 생각했다. 그리고 엘리야도 그 사실을 모를 리 없을 것으로 짐작했다. 오바댜는 지금 엘리야가 아합을 만나겠다고 하는 것은 실제로 그렇게 하려는 게 아니라 아합을 조롱하고 골탕 먹이려는 것으로 해석했다. 엘리야를 찾았다는 보고를 받고 아합이 달려 나오면 엘리야가 지난번처럼 목숨을 건지기 위해 다시 사라질 게 분명하다고 생각한 것이다. 엘리야가 사라진 것을 보게 되면 바짝 약이 오른 아합은 엘리야를 찾았다고 말한 오바댜 자신에게 화풀이를 할 것이

고 결국 자신은 아합의 손에 죽을 것이라고 생각한 것이다.

사실, 오바댜의 두려움은 근거가 있는 두려움이었다. 아합은 엘리야를 잡아 죽이려고 눈에 불을 켜고 있었고, 숨겨준 사람도 죽이려고 했기 때문이다. 10절 이 사실을 잘 아는 오바댜가 두려움에 떠는 것은 당연하다. 오바댜는 엘리야를 만난 것 자체를 자신에게 닥친 비극으로 생각했을 가능성이 크다. '왜 하필이면 직접 아합에게 가지 않고 나에게 나타나서 이런 곤란한 일을 겪게 하는가?' 라고 생각했을 것이다.

오바댜가 두려움에 떨 수밖에 없다는 것이 이해가 되기는 한다. 하지만 두려움은 신뢰의 부족을 나타낸다는 점 역시 분명하다. 후환을 무서워하지 않고 여호와의 선지자들을 숨기고 살려주었던 그가 지금 이렇게 죽음을 두려워하는 이유는 무엇인가? 이 두려움은 어디서부터 나온 것인가? 이 두려움은 정당한 것인가?

오바댜의 두려움은 우선 엘리야를 신뢰하지 않아서 생긴 두려움이다. 엘리야의 선포로 3년 동안이나 가뭄이 계속되고 있다. 그 현상을 눈으로 보고 있음에도 지금 그는 엘리야의 능력은 잊어버리고 다만 자신에게 재앙을 가져다주는 존재로만 보고 있다. 이 모습은 누구와 비슷한가? 바로 사르밧 과부다. 그녀가 아들이 죽었을 때 보여주었던 모습과 유사하다. 그녀는 엘리야가 먹을 것을 공급해주고 있다는 사실도 잊은 채 아들이 죽자 엘리야를 원망했다. 오바댜도 마찬가지로 엘리야 때문에 자신이 피해를 본다고 생각한 것이다.

둘째, 오바댜의 두려움은 더 파고 들어가면 하나님의 능력도 신뢰하지 않아서 생긴 두려움이다. 오바댜는 어릴 때부터 배운 신앙의 길을 따라 이스라엘을 애굽에서 구원해주시고 가나안으로 인도해주신 능력의 하나님을 섬기는 마음으로 선지자들을 숨겨준 사람이었다. 그러나 오랫동안 아합과 이세벨의 공포정치에 압도된 나머지 하나님의 능력에 대한 확신이 사라진 것 같다. 아합의 무자비한 횡포에도 하나님이 아무런 행동도 하지 않는 것을 보고 하나님의 능력에 대한 확신이 약해졌을지도 모른다. 이세벨이 하나님의 선지자들을 죽일 때 하나님께 이렇게 부르짖었을 것이다. '어찌하여 이런 일이 일어납니까? 하나님! 이런 악행을 그냥 내버려 두시렵니까? 가만히 보고만 계실 겁니까? 빨리 오셔서 막아주시고 선한 자들을 살려 주소서!' 그러나 오랫동안 아무런 응답이 없었고 악의 세력은 더욱 기승을 부렸다. 이런 절망적인 경험이 그의 믿음을 흔들었을 가능성이 크다. 그래서 오바댜가 나타나 아합 왕을 만나겠다고 했을 때 그의 말을 믿을 수 없었던 것이다. 오히려 죽음에 대한 현실적인 두려움에 사로잡혔다.

하지만, 오바댜의 현재 상황이 이해된다고 해서 그의 불신의 반응이 정당하다고 말할 수는 없다. 하나님이 과거에 행하신 일을 기억한다면 지금도 역사하실 수 있다는 것을 믿어야 했다. 그의 잘못은 현실에 압도되어 과거에 대한 기억이 사라졌다는 것이다. 3년 전 엘리야가 나타나서 여호와의 이름으로 가뭄을 선포했고, 지금 그 결과를 보고 있다면, 여호와의 능력이 지금도 역사하고 있다는 분명한 증거다. 아합과 자신이 물을 찾아 헤매고 있다는 사실이 그것을 명백하게 보여주고 있음에도 불구하고, 그는 여전히 자신의 눈앞에서 칼을 휘두르고 있는 실세 아합의 권력을 두려워하고 있다. 아합이 아무리 무서운 존재라고 해도 하나님을 이길 수는 없는데 오바댜는 현실 권력의 막강한 힘 앞에 주눅이 들어 하나님의 능력에 대해서는 생각조차 못 하고 있다. 오바댜의 믿음의 한계다. 이런 점에서 그는 우리와 별로 다를 것이 없는 나약한 인간이다.

2. 두려움 속에서 빛나는 믿음

오바댜는 아합을 만나겠다는 엘리야의 말을 잠시 의심했지만, 결국엔 엘리야의 말에 설득되어 아합에게 엘리야를 만났다는 사실을 보고했다. 여전히 불안한 마음이 컸지만 엘리야의 말에 순종한 것이다. 이런 행동은 이세벨이 하나님의 선지자를 학살할 때에 죽음을 각오하고 선지자 100명을 숨겨주고 먹을 것과 마실 것을 대준 것과 유사하다.4,13절

그때는 두려움이 없었을까? 오히려 더 두려웠을 것이다. 갈등도 많이 했을 것이다. 여러 번 망설였을 것이다. '굳이 내가 이렇게 해야 하나? 이러다 발각되어 우리 가족에게 화가 미치면 어떻게 하나? 세상엔 믿음 좋다고 하는 사람들도 많고, 그들도 모두 침묵하면서 아무것도 안 하고 있는데 내가 뭐라고 이렇게 위험하고 힘든 일을 하려고 하는가? 이것은 완전히 미친 짓 아닌가?' 하는 생각에 몇 번이나 주저했을 것이다. 그러므로 선지자를 숨겨준 그의 행동 역시 두려움과 불안에 떨면서 행한 일이었음이 분명하다.

이처럼 과거와 현재의 오바댜의 행동을 보면, 그는 두려움이 꽤 많은 사람이라는 것을 알 수 있다. 원래부터 겁이 많은 사람이었을지도 모른다. 그렇지 않더라도 그가 처한 상황을 보면 누구라도 잔뜩 겁이 났을 것이다. 이처럼 그는 과거에도 현재에도 우리처럼 별로 특별한 것이 없는, 소심하고 두려움이 많은 사람이다.

그런데도 그는 실제로는 매우 대담한 행동을 했다. 그는 죽음을 두려워하는 사람이었지만 실제로 죽을 수도 있는 위험한 일을 했다. 예전에 학살의 시대에 불안에 떨면서도 여호와의 선지자들을 숨겨주었고, 지금도 아합의 손에 죽을까 봐 두려워하면서도 엘리야의 말에 순종하여 아합에게 갔다. 이것은 무엇을 말하는가? 그는 분명히 두려움을 느끼고 있었지만, 그렇다고 해서 두려움에 압도되어 마땅히 해야 할 선한 일이나 하나님의 일을 포기하지 않고 믿음의 행동을 했다는 것이다. 현실의 문제를 두려워하는 것과 그럼에도 마땅히 해야 할 선한 일을 행하는 것은 전혀 별개의 문제다.

우리는 모두 오바댜처럼 두려움을 느끼는 존재들이다. 염려도 많고 걱정도 많다. 현실적인 문제 앞에서 두려워한다. 초인처럼 아무 두려움도 없는 사람은 없다. 믿음의 사람도 마찬가지다. 역사를 거쳐간 수많은 믿음의 사람들도 모두 두려움

을 느끼는 연약한 인간들이었다. 그러므로 믿음으로 살아간 사람들을 우리와 전혀 다른 종류의 사람들인 것처럼 간주하여 '저 사람들은 원래부터 대단한 사람들이니까 저렇게 살 수 있는거야'라고 생각하면서 스스로 위로하는 것은 잘못된 일이다. 엘리야도 우리와 같은 사람이고약 5:17, 오바댜도 우리와 하등 다를 바 없는 사람이다.

모든 인간은 두려움을 느낀다. 하지만 두려움을 전혀 느끼지 않는 것처럼 행동할 때가 있다. 이 차이는 어디에서 나오는가? 두려움 앞에서 보이는 반응의 차이다. 어떤 사람은 위험 앞에서 두려움을 느껴서 포기하고 도망간다. 그러나 어떤 사람은 위험 앞에서 두려워하지만, 두려움 때문에 포기하지 않고 두려움에 떨면서도 앞으로 나아간다.

비록 두려워하고 겁먹고 때로는 하나님과 엘리야를 신뢰하지 않는 모습을 보여주고 있음에도 오바댜가 칭찬을 받은 이유는, 두려움을 강하게 느끼면서도 마땅히 해야 할 일을 포기하지 않았기 때문이다. 그는 두려움 속에서도 하나님께 순종하면서 불확실하고 불안한 길을 선택했다. 비록 오바댜의 마음 상태는 두려움에 압도되어 믿음이 없는 것처럼 보이지만, 행동으로는 하나님의 뜻에 순종했다. 그는 참된 믿음의 본질, 즉 모험하고 도전하고 위험을 무릅쓰는 행동을 보여주었다.

편안하고, 문제가 없고, 풍족할 때는 순종하기가 쉽다. 그러나 진정한 순종의 시험은 위기의 상황에서, 가진 것이 부족할 때, 위협에 직면했을 때, 두려움에 가득 차 있을 때 찾아온다. 우리의 신앙 여정은 폭풍우 치는 망망대해를 항해하는 것과 같다. 폭풍우가 휘몰아칠 때면 우리는 두려움에 사로잡힌다. 폭풍우는 분명 우리를 해치고 위험에 빠지게 할 수 있는 위협 세력이다. 그러나 그런 두려움에 굴복하여 뒤로 물러서지 않고 두려움에도 불구하고 하나님 나라의 가치를 선택하면서 폭풍우에 맞서 앞으로 나아가는 것, 내가 해야 할 일을 꿋꿋이 감당하는 것, 이것이 바로 믿음의 삶이다.

히틀러 시대에 유대인을 숨겨준 양심적인 사람들이 있다. 바실레아 슈링크와 쉰들러 같은 사람들이다. 1980년대 말 독일 일간지 〈슈투트가르트 차이퉁〉이 가방 하나가 발견되었다고 보도했다. 이 가방에는 여러 사람의 이름이 적힌 명단과 편지들, 그리고 여러 가지 종류의 서류들이 들어 있었다. 조사 결과 그 명단은 어느 공장의 직원들 명부였다. 이 문서의 원주인은 1974년에 공장 사장이 힐데스하임에서 사망할 당시 가장 가까웠던 친구로, 사장으로부터 이 문서를 받아 보관해 오다가 1984년 사망했으며 그 자녀들이 집 안을 청소하다가 우연히 이 문서를 발견했다고 이 신문은 전했다. 이 공장의 사장이 바로 오스카 쉰들러였다.

쉰들러는 젊은 시절에 오토바이 경주 선수로 이름을 날리기도 했다. '쉰들러 리스트'에 들어 있는 유대인 1천 200명은 쉰들러가 나치 관료들에게 뇌물을 주고 군수물자 생산에 꼭 필요한 인력이라는 구실로 아우슈비츠를 비롯해서 폴란드의 여러 수용소에서 크라코프의 공장으로 빼내 목숨을 구해준 사람들이었다. 쉰들러는 한 명이라도 더 구해내지 못한 것을 정말 안타까워했다고 그를 잘 아는 사람들은 전하고 있다. 이 가방 안에는 쉰들러 덕분에 구사일생으로 살아나 전쟁 후에 세계 각지로 흩어진 사람들이 쉰들러에게 보낸 감사 편지도 함께 들어 있었다.

쉰들러가 유대인들을 빼내려고 했을 때 두렵지 않았을까? 그럴 리가 있겠는가! 매우 두려웠을 것이다. 유대인을 빼돌리려는 계획이 발각되면 그 살벌한 시대에 자신과 가족의 운명도 낭떠러지에 떨어질 게 분명하다. 그럼에도 불구하고 그는 생명을 살려야 한다는 일념으로 위험을 무릅쓰고 선을 행했다. 그 결과 수많은 생명을 살리는 역사를 이룬 것이다.

예루살렘으로 올라가는 길에 가이사랴에 들른 바울 일행은 선지자 아가보의 예언을 들었다. "아가보라는 예언자가 유대에서 내려와, 우리에게 와서, 바울의 허리띠를 가져다가, 자기 손과 발을 묶고서 말하였다. '유대 사람이 예루살렘에서 이 허리띠 임자를 이와 같이 묶어서 이방 사람의 손에 넘겨 줄 것이라고, 성령이 말씀하십니다.'"행21:10-11 "이 말을 듣고, 그곳 사람들과 함께 우리는, 바울에게 예루살렘으로 올라가지 말라고 간곡히 만류하였다."12절 그러나 바울은 이렇게 대답했다. "왜들 이렇게 울면서, 내 마음을 아프게 하십니까? 나는 주 예수의 이름을 위해서, 예루살렘에서 결박을 당할 것뿐만 아니라, 죽을 것까지도 각오하고 있습니다."13절 바울은 예루살렘에 가면 사로잡혀 혹독한 고난을 겪게 되리라는 것을 알고 있었지만, 예루살렘에 가서 복음을 전해야 하고, 더 나아가 로마까지 가야 한다고 생각했다. 그렇기에 어려움이 닥칠 게 분명함에도 그는 그 길을 회피하지 않고 나아간 것이다.

바나바는 자신의 밭을 팔아 교회에 바쳤다. 이를 보고 아나니아와 삽비라 부부도 자신의 땅을 팔아 교회에 바치려고 했다. 그러나 땅을 판 돈을 다 바치면 생계가 어려워질까 걱정되어 일부를 숨겼다. 그리고 나서 마치 전부를 바치는 것처럼 베드로를 속였다. 바나바는 두려움이 없었을까? 이 밭을 다 바치고 나면 생계를 어떻게 이어갈까 하는 걱정이 없었을까? 아나니아와 삽비라 부부와 마찬가지로 바나바도 모든 재산을 바치는 것에 대해 걱정과 두려움이 있었을 것이다. 왜 아니겠는가? 그도 우리와 같은 인간이고, 살아야 할 날이 많이 남았고, 가족도 있었을 텐데. 그러나 차이는 그 후에 발생한다. 바나바는 걱정과 두려움 속에서도 옳다고 믿는 대로 행동했지만, 아나니아와 삽비라 부부는 걱정에 사로잡혀 절반만 바치고 속이다가 결국 죽고 말았다.

로마에 AD 165년, 251년 두 차례 혹독한 전염병이 돌았다. 로마의 일반 시민들은 병에 걸린 사람들을 돌보지도 않고 자신의 생명을 보존하려고 도망가기에 바빴지만, 기독교인들은 형제들 중에 전염병에 걸린 사람이 있으면 정성껏 간호해주었다. 그들은 전염될 위험이 있다는 것을 알면서도 형제를 사랑하고 돌보라는 주님의 말씀에 순종한 것이다. 간호하다가 병에 전염된 사람도 있었지만, 초기에 치료하면 회복될 확률이 높았기 때문에 기독교인들은 그렇게 심한 피해를 입지 않았다. 결과적으로 로마인들의 피해는 엄청났으나 기독교인들의 피해는 매우 적었다. 로드니 스타크는 이 사건 속에 초대 교회가 성장하여 로마를 뒤집어 놓은 두 가지 요인이 담겨 있다고 말한다. 첫째는 전염병이 돈 후에 상대적으로 로마 인구 중에서 기독교인의 비율이 높아졌다. 그들의 생존율이 더 높았기 때문이다. 둘째는 그들이 서로를 섬기고 희생하는 모습이 이방인들에게 큰 감명을 주어 많은 사람이 기독교로 귀의하게 되었다. 로드니스타크,기독교의발흥,115-147 AD 300년대 초에 로마 황제였던 율리아누스의 말은 기독교의 이런 힘을 잘 보여준다. "무신론기독교은낯선 자를 사랑으로 섬기며, 죽은 자의 장례를 정성껏 보살핌으로써 발전했다. 유대인은 거지가 하나도 없다. 우리는 동족이 도움을 구해도 돕지 않는데 이 신앙 없는 갈릴리 사람들은 가난한 동족뿐 아니라 우리의 가난한 자들도 보살핀다. 우리에게 수치가 아닐 수 없다." 스티븐닐,기독교선교사,42 그는 로마인들에게 이와 같은 동족애를 보여줄 것을 호소했지만 그의 뜻대로 이루어지지 않았다. 차이가 분명했기 때문이다. 기독교인들에게는 로마인들에게 없는 한 가지가 있었기 때문이다. 그것은 그리스도의 희생의 죽음에 대한 감사의 마음과 그를 본받아 사랑을 보여주겠다는 마음이다. 전염병에 걸린 다른 형제들을 돌볼 때 자기도 전염될까 봐 두려워하는 마음이 없었을까? 당연히 있었을 것이다. 그렇지만 그들은 위험을 무릅쓰고 형제를 향해서 마땅히 해야 할 일을 했다. 이것이 결국 기독교가 소수 종교에서 로마의 국교로 성장하게 된 큰 요인이 되었다.

호주 출신 인도 선교사 부부 그래햄 스테인즈Graham Staines와 글래디스 스테인즈Gladys Staines는 세 남매아들 두 명과 딸 한 명를 데리고 1995년 이후 인도 오리사Orissa 지방에서 나병 환자들을 위한 선교사역을 하고 있었다. 힌두교 근본주의자들의 과격한 행동이 점차 고조되면서 위협과 경고가 계속 전해졌다. 선교를 포기하고 고국으로 돌아가라고. 그렇지 않으면 무슨 일이 일어날지 장담할 수 없다고.

1999년 1월 22일. 아내 글래디스 스테인즈 선교사와 딸이 고국을 방문하고 있을 때였다. 그래햄 스테인즈 선교사는 그 지역 기독교인들과 함께 정글 캠프에 참여하고 있었다. 그 날 밤에 도끼로 무장한 힌두교도 괴한들이 급습하여 그래햄 스테인즈는 8살, 10살이었던 두 아들과 함께 차 안에서 불타 죽었다. 충격과 슬픔 속에서 장례식을 마친 후에 고국의 많은 친지와 친구들은 아내인 글래디스 스테인즈 선교사에게 귀국할 것을 종용했으나 그녀는 그곳에 남아 사역을 계속하기로 결단했다. 60명의 한센병 환자들을 돌보는 사역을 그만두고 떠나는 것은 남편의 뜻이 아닐 것이라고 여겼기 때문이다. "우리를 사랑하고 믿는 사람들을 버려두고 도저히 떠날 수 없습니다." 그녀는 오히려 사역을 더 확대하기로 하고, 남편을 기념하여 40병상 규모의 한센병 환자를 위한 병원 설립을 추진했다. 그녀는 남편의 장례를 치른 후에 바로 살인자들을 용서한다고 발표하였다. 그녀는 그들을 용서하지 않았다면 고통과 미움이 마음속에 계속 남아있었을 것이며, 용서가 고통과 미움을 제거했다고 말했다. 그녀는 위험danger을 분명히 알았고 경험했지만, 두려움fear에 굴복하기를 거부한 것이다.

우리는 어떤가? 위험하다는 걸 분명히 알고 그 때문에 두려워하면서도 포기하지 않고 하나님께서 하라고 하는 일, 기뻐하시는 일, 순종해야 할 일을 담대하게 감당하며 살고 있는가? 돈이 많든 적든 '충분히' 가졌다고 생각하는 사람은 거의 없다. 우리는 모두 돈에 쪼들린다.또는그렇게생각한다 그런데 그때 나보다 더 궁핍한 형제의 필요가 보이고, 당장 도와야 할 것 같은 상황이 눈에 밟힌다. 하지만 내가 가진 것을 나눠주자니 두려움이 앞선다. 나도 필요가 많다. 노후 대책도 세워야 하고 자식 교육도 시켜야 한다. 그런데 지금 모아둔 것도 충분치 않다. 그렇기에 두려운 마음과 걱정이 앞선다. 어찌할까? 이런 상황은 오바댜의 상황과 비슷하다. 걱정되고, 두렵기도 하다. 나의 두려움과 걱정에 압도되면 결코 도움의 손을 내밀지 못할 것이다. 그러나 이때 두렵고 걱정되더라도 주님 앞에서 마땅히 해야 할 일을 하는 것이 믿음의 행동이다.

믿음으로 산다는 것은 두려움을 모두 몰아낸다는 것이 아니다. 두려움의 본질을 이해하고, 비록 두렵지만, 그것을 극복할 방법을 찾고, 하나님께서 원하시는 것을 꿋꿋하게 하겠다는 의지다. 두려움에 굴복하여 등을 지고 돌아서면 두려움에서 벗어나지 못하지만, 두려움에 맞서면 오히려 두려움이 사라진다. 애니메이션 영화 '굿 다이노'에서 엄마 공룡이 아기 공룡에게 이렇게 말한다. "때로는 두려움을 넘어서야 삶의 아름다움을 볼 수 있단다." 기업 경영자들도 이런 말을 한다. "리스크를 피하려는 것이 더 큰 리스크를 초래한다, 안정적인 것을 보장받으려고 하면 오히려 더 보장받지 못하게 된다." 모험하고 도전하는 삶이 더 불안한 것만은 아니다. 오히려 더 안전한 삶일 수 있다.

오바댜는 위험을 명백하게 감지했다. 그리고 두려워했다. 그러나 그 두려움에 굴복하여 멈추지 않았다. 그는 어려운 상황에서도 자신이 해야 할 일을 두렵고 떨리는 마음으로 감당했다. 이 모습이야말로 하나님을 섬기는 자의 진정한 모습이다.

3. 하나님의 위로

엘리야는 아합 왕에게 가기 전에 오바댜를 만났다. 얼마든지 아합 왕을 직접 만날 수 있었을 텐데 왜 아합에게 직접 가지 않고 오바댜를 먼저 만났을까? 엘리야가 오바댜를 만난 것은 의도적인 행동이었다고 볼 수 있다. 왜 그랬을까?

첫 번째 이유는 오바댜를 만나서 그의 믿음의 행동을 인정해주기 원했기 때문이었다. 오바댜는 두려움 속에서 믿음의 선행을 하면서도 누가 이것을 알아줄까,

하나님은 알고 있을까, 라고 의심했을지 모른다. '이 일을 하는 것이 정말로 의미가 있을까?' 하는 마음이 들었을 것이다. 아무리 오른손이 하는 일을 왼손이 모르게 하라고 해도 사람의 마음은 그렇지 않다. 특히 정말로 어렵고 힘든 상황에서 악전고투하면서 선을 위해 애쓸 때, 더군다나 오바댜처럼 목숨을 건 일을 할 때는, 다른 사람은 몰라도 적어도 하나님만은 알아주시기를 바라는 마음이 간절할 것이다. 그런데 오바댜는 오랫동안 하나님이 알고 계실 거라는 확신이 들지 않았다. 어쩌면 깊은 절망에 빠져 있었을지 모른다. 이런 상태에서 엘리야를 만난 것이다. 그는 지금 엘리야에게 비록 두려웠으나 위험을 무릅쓰고 하나님의 선지자를 숨겨주었노라고 이야기한다. 그 후에 오바댜는 자기가 한 일이 엘리야를 통해서 하나님에게 전달되었다고 확신하고 안도감을 느꼈을 것이다. 깊은 위로도 받았을 것이다. 아마 오바댜는 엘리야를 처음 만났을 때에는 두려움에 압도되어 경황이 없었을 테지만, 시간이 흐른 후 이 사건을 돌아보고 엘리야가 왜 아합에게 직접 가지 않고 자신에게 왔는지 그 이유를 이해하고 하나님의 깊은 배려와 돌아보심에 감사했을 것이다.

두 번째 이유는, 오바댜가 아합에게 인정을 받게 하기 위해서였다. 지금 아합의 최대 관심사는 엘리야를 찾는 것이었다. 그렇다면 엘리야를 찾는 사람은 큰 공을 세운 것과 같다. 마치 현상 수배범을 찾은 것과 같은 것이다. 이런 상황에서 엘리야는 오바댜를 찾아가서 자수를 한 것이다. 결국 오바댜는 아합의 오랜 골칫거리를 해결해 준 해결사가 된 셈이다. 아합도 인정할만한 공을 세운 것이다. 오바댜가 엘리야를 찾은 것이 아니다. 엘리야가 오바댜를 찾은 것이다. 이것은 굴러들어온 복과 같다. 그로 인해 오바댜는 아합 왕에게 크게 인정받게 된 것이다. 오랫동안 악의 소굴에서 전전긍긍하면서 고통 가운데 살아온 오바댜에게 지금 하나님이 보상해 주시는 것이다. 이것은 오바댜를 위로하고 격려하는 하나님의 사려 깊은 은혜다.
하나님은 엘리야를 통해 오바댜를 위로하고 세워주셨다. 두려움 속에서도 믿음의 행보를 포기하지 않은 사람을 하나님은 결코 잊지 않으신다. 그를 찾아가셔서 위로하시고 칭찬하실 뿐만 아니라 원수에게도 인정받게 해 주신다. 하나님의 깊은 사랑과 배려를 느낄 수 있지 않은가?

믿음으로 선을 행할 때 상심하지 말라. 하나님이 기억하실 것이다. "선한 일을 하다가, 낙심하지 맙시다. 지쳐서 넘어지지 아니하면, 때가 이를 때에 거두게 될 것입니다."갈6:9 하나님을 위해 살아가는 사람을 우리 하나님은 결코 외면하지 않으시며, 큰 자비와 은혜를 베풀어주실 것이다.

〈 삶을 향하여 〉

1. 주님 앞에서 마땅히 해야 할 일임에도 나와 가족이 손해를 보거나 불이익을 당할까 봐 두려워 머뭇거린 적이 있었는가? 혹은 최근에 이런 일로 마음에 갈등을 겪고 있지는 않은가? 갈등과 두려움 속에서도 믿음의 행동을 선택하려면 무엇이 필요할까?

2. 믿음으로 선한 일을 하고 나서 기뻐하지 못하고 낙심하는 이유는 무엇일까? 오바댜는 죽음의 위협을 무릅쓰고 하나님의 선지자들을 숨겨주고 먹을 것을 대주는 선한 일을 했으나 과연 하나님이 알아주실지 확신이 들지 않아 절망했다. 오바댜가 겪었을 상실감, 외로움 혹은 피해의식을 상상해 보자. 하나님은 엘리야를 만나게 하셔서 위로를 얻게 하셨다. 낙심하고 있을 때 나를 찾아준 지체가 있었다면 떠올려보자. 선한 일을 하다 지친 나를 위로하신 하나님의 손길을 떠올려보자.

3. "선한 일을 하다가, 낙심하지 맙시다. 지쳐서 넘어지지 아니하면, 때가 이를 때에 거두게 될 것입니다." 갈 6:9 이 말씀이 내 삶에서 실제로 이루어진 적이 있었는가? 선한 일을 하다가 낙심하지 않고 지쳐 넘어지지 않으려면 어떻게 해야 할까?

11. 분리냐 타협이냐?

왕상 18:1-15

"많은 날이 흘러서, 삼 년이 되던 해에, 주님께서 엘리야에게 말씀하셨다. '가서, 아합을 만나거라. 내가 땅 위에 비를 내리겠다.' 엘리야가 곧 아합을 만나러 갔다. 그 때에 사마리아에는 기근이 심하였다. 아합이 오바댜 궁내대신을 불렀다. 오바댜는 주 하나님을 깊이 경외하는 사람으로서, 이세벨이 주님의 예언자들을 학살할 때에, 예언자 백 명을 쉰 명씩 동굴에 숨기고서, 먹을 것과 물을 대준 사람이다. 아합이 오바댜에게 말하였다. '이 땅 곳곳으로 다 다니며, 물이 있을 만한 샘과 시내를 샅샅이 찾아보도록 합시다. 어쩌다가 풀이 있는 곳을 찾으면, 말과 나귀를 살릴 수 있을 거요. 짐승들이 죽는 것을 이대로 보고 있을 수만은 없소.' 왕과 오바댜는 물을 찾으려고, 전 국토를 둘로 나누어서, 한 쪽은 아합이 스스로 담당하고, 다른 한 쪽은 오바댜가 담당하여, 제각기 길을 나섰다. 오바댜가 길을 가고 있는데, 마침 엘리야가 그를 만나려고 오고 있었다. 오바댜가 엘리야를 알아보고, 머리를 숙여서 인사를 하였다. '엘리야 어른이 아니십니까?' 엘리야가 그에게 말하였다. '그렇소. 가서, 엘리야가 여기에 있다고 그대의 상전에게 말하시오.' 그러나 오바댜는 두려워하며 말하였다. '제가 무슨 죄를 지었기에, 저를 아합의 손에 넘겨 죽이려고 하십니까? 예언자께서 섬기시는 주 하나님께서 살아 계심을 두고 맹세합니다. 제 상전은 어른을 찾으려고, 모든 나라, 모든 왕국에 사람들을 풀어 놓았습니다. 그러나 그들이 돌아와서, 엘리야가 없다고 보고하면, 제 상전은, 그 나라와 왕국에게 어른을 정말 찾지 못하였다고, 맹세하게 하였습니다. 그런데 지금 어른께서는 저더러 가서, 어른께서 여기에 계시다고 말하라는 말씀이십니까? 제가 어른을 떠나가면, 주님의 영이 곧 어른을 제가 알지 못하는 곳으로 데려 가실 것입니다. 제가 가서, 아합에게 말하였다가, 그가 와서 어른을 찾지 못하면, 반드시 저를 죽일 것입니다. 어른의 종인 저는 어릴 때부터 주님을 경외하여 왔습니다. 이세벨이 주님의 예언자들을 학살할 때에 제가 한 일과, 제가 주님의 예언자 백 명을 쉰 명씩 동굴에 감추고 그들에게 먹을 것과 마실 것을 대준 일을, 어른께서는 듣지도 못하셨습니까? 그런데 지금 어른께서는, 저더러 가서, 저의 상전에게, 어른께서 여기 계시다고 말하라는 것입니까? 그러면 제 상전은 반드시 저를 죽일 것입니다.' 그러자 엘리야가 말하였다. '내가 섬기는 만군의 주님께서 살아 계심을 두고 맹세하오. 나는 오늘 꼭 아합을 만날 것이오.'"

1. 쉽지 않은 문제

아이히만은 유대인 학살에 핵심적으로 관여했던 인물로 당시 히틀러 치하에서 유대인 이주국을 총괄했던 관료였다. 그는 나치 친위대 중령으로 유대인을 체포하고 강제이주 시키는 일에 관여했으며, 열차 수송의 최종 책임자였고 아우슈비츠를 비롯한 수용소에서 집단 학살을 집행하는 책임자였다. 전범으로 수배를 받다 체포된 아이히만은 마침내 1961년 12월에 유대인 600만 명을 학살한 혐의로 예루살렘에서 재판을 받게 된다. 그는 "나는 법을 지키는 시민이고, 국가의 명령에 최선을 다하는 사람이다. 그러므로 나는 아무런 책임이 없다"고 주장했다.

이 사람을 어떻게 생각해야 할까? 그의 말대로 그는 시킨 일을 했으니 아무 책임이 없는 것일까?

또한 이런 경우는 어떻게 생각해야 할까? 일제 강점기에 일본 총독부에서 일한 사람이나 지방의 관리로 일한 사람은? 박근혜 정부 청와대에서 국정농단이 자행되고 있을 때 맡겨진 일 즉, 국정농단과 관련된 일을 묵묵히 열심히 한 것은? 그 당시 문화계 블랙 리스트 작성을 주도한 문체부 소속 공무원은? 김희범 전 문체부 차관은 이렇게 증언했다. "박근혜 대통령의 뜻을 거스른 유진룡 장관을 해임하고, 1급 공무원 3명의 옷을 벗게 하는 공포 분위기였다. 시키는 대로 하지 않으면 상당한 불이익을 받을 수 있는 분위기였기에 직원들이 어쩔 수 없이 끌려갈 수밖에 없었다."

아이히만이나 적극적 친일파의 경우처럼 어떤 문제는 비교적 간단하게 판단할 수 있는 것처럼 보인다. 그러나 어떤 문제는 그리 간단해 보이지 않는다.

2. 엘리야와 오바댜 비교

엘리야와 오바댜는 둘 다 아합 왕 시대에 같은 공간에 존재하고 있는 인물들이다. 아합 왕의 공포정치 시대에 이 두 사람이 어떻게 대응했는지 살펴보면 비슷한 상황을 자주 만나게 되는 우리가 성찰할 만한 것들이 생길 것이다.

우선 엘리야와 오바댜의 공통점부터 살펴보자. 둘 다 여호와를 "지극히 경외하는" 자들이었다. 엘리야는 모두가 바알 신앙에 물든 상황에서 주 이스라엘의 하나님께서 살아계심을 확신하고 하나님만을 섬기는 사람이었다.왕상 17:1 오바댜도 어릴 때부터 주님을 섬겨왔고12절, 아합과 이세벨이 하나님의 선지자들을 죽이는 공포정치 시대에 주 하나님을 깊이 경외하는 사람이었다.3절 엘리야와 오바댜는 둘 다 목숨을 걸어야 하는 위험한 일을 하고 있었다. 엘리야는 아합이 절대 권력을 행사하고 이세벨이 들여온 바알 신앙이 판을 치던 시대에 하나님의 명령을 따라 아합에게 나아가 가뭄이 시작된다는 심판의 메시지를 전했다.왕상 17:1 오바댜는 이세벨이 주님의 예언자들을 학살할 때에 예언자 백 명을 오십 명씩 동굴에 감추고 그들에게 먹을 것과 마실 것을 대주었다.왕상 18:13-14

한편, 두 사람은 차이점도 있다. 엘리야는 밖에서 어느 날 갑자기 나타나 아합에게 심판의 메시지를 전하고 홀연히 사라졌다. 그러나 오바댜는 타락의 심장부인 아합 왕의 궁 안에서 일하고 있었다. 악한 왕인 아합의 궁내대신이었기 때문이다.3절 두 사람은 똑같이 여호와를 지극히 경외하는 자였지만, 여호와를 섬기는 방식에서는 차이를 보여주고 있다. 엘리야는 상당히 공격적이다. 하나님을 대적하는 세력에게 하나님의 심판의 메시지를 직접 선포한다. 그 후 체제 내부에서 이탈하여 재야로 빠진다. 하나님이 그를 숨겨주고 생계를 챙겨준다. 엘리야는 광야에서 야인으로 살아간다. 상당히 격동적인 삶을 산다. 유랑인과 같은 모습이다. 이에 반해 오바댜는 체제 내부에 자리 잡고 정착민으로 살아간다. 그런데 그 자리가 악의 심장부였다. 엘리야와 비교할 때 오바댜는 겉으로는 편한 삶을 산다. 그는 자신의 신앙을 공개적으로 밝힐 수 없는 상황에서 은밀하게 살아간다. 마치 이슬람 국가에서 살아가는 그리스도인처럼, 북한에서 살아가는 신자들처럼, 엔도 슈사쿠의 소설 '침묵Silence'의 시대를 살아가는 일본 그리스도인처럼. 오바댜는 위험한 시기에 남몰래 하나님의 선한 일을 한다. 당시 엘리야의 심판의 메시지가 선포된 후에 이세벨이 보복심리로 여호와의 선지자들을 죽이는 매우 살벌한 정국에서 자신에게 주어진 권력과 재력으로 하나님의 선지자들을 살려주었다. 그는 자신이 할 수 있는 최선의 일을 한 것이다.13절

엘리야와 오바댜의 차이점은 격동의 시대를 살아가는 우리에게 꽤 어려운 질문을 던진다. 우리가 아합의 통치 아래 살고 있다면 어떻게 처신해야 할까? 엘리야처럼 심판의 메시지를 선포하고 세상에서 뛰쳐나와야 하는가? 그렇게 하지 않은 오바댜는 불의한 세력과 타협한 비굴한 인간인가? 아니면 오바댜의 역할도 의미가 있는 것인가?

3. 오바댜 논쟁 : 개인적 실천과 구조적 상황

비판적 입장에서 보면 오바댜는 악의 세력과 타협한 인물이다. 비록 개인적으로 신앙을 지켰고, 나름대로 선한 일을 행하고 있었다는 것은 인정한다. 그러나 오바댜는 아합 왕국의 2인자로서 중대한 역할을 맡고 있다. 비록 여호와 신앙을 핍박하는 데 직접 가담하지 않았을지라도, 악한 아합을 보좌하면서 그의 명령에 순종하고 있는 것은 사실이다. 이것은 결국 악의 세력을 돕는 것이 아닌가?

아합 시대처럼 악한 때라면 오바댜는 왕궁의 자리를 박차고 나와야 하는 것이 아닌가? 그렇게 하지 않고 그 안에서 선을 행했다는 것만으로 그를 칭찬할 수는 없을 것이다. 그래서 어떤 학자들은 오바댜가 자신의 안위를 위해 타협하고, 양심의 가책을 달래기 위해 선지자들을 숨겨서 살려준 것이라고 비판한다. 즉 선의로 선행을 한 것이 아니라 자신의 과오를 합리화하기 위해 그렇게 했다는 것이다. 결국 그는 하나님과 아합 양자를 섬기고 있었다는 것이다. 마음으로는 하나님을 섬겼을지 몰라도, 눈에 보이는 이익을 위해서 아합도 동시에 섬기고 있었다는 것이다.

그래도 오바댜의 도움이 없었다면 100명의 선지자들은 목숨을 잃었을 것이니 오바댜의 행위를 제한적인 범위에서나마 인정해주어야 한다고 말하는 동정론적 견해도 있다. 그러나 이런 주장에 대해서도 얼마든지 반박할 수 있다. 비록 오바댜를 통해 100명의 선지자들이 목숨을 건졌지만, 하나님은 오바댜를 통하지 않고서도 얼마든지 그들을 구할 수 있었을 것이다. 오바댜처럼 타협하는 방식만이 유일한 해결책이라고 생각하면 안 된다. 하나님의 능력은 우리의 상상을 초월하기 때문이다. 그러므로 그런 선행이 그의 타협을 정당화하지 못한다.

반면에, 오바댜의 행동을 긍정적으로 보는 견해도 있다. 오바댜는 적대적인 상황에서 나름대로 하나님을 섬기기 위해 애쓴 사람이다. 오바댜는 자신이 하나님을 잘 섬기고 있다고 생각했다. 그는 어릴 때부터 여호와 신앙을 버린 적이 없다. 비록 시대가 악해서 공개적으로 신앙을 드러낼 수는 없었겠지만, 그는 이슬람 국가의 기독교인들이나 북한의 기독교인들처럼 은밀하게나마 계속 믿음을 지키고 있었다. 아마 그는 바알 숭배에 동참하지는 않았을 것이다. 여호와를 섬기는 일을 멈추지 않았을 것이다. 악한 시대에 이 정도 한 것도 대단하다고 인정해줄 수 있지 않을까? 비록 그가 아합에게 죽임을 당할 것을 두려워하고, 아합을 만나겠다는 엘리야의 말을 의심하면서 믿음의 위기를 보여주기는 했지만, 그를 악의 세력과 타협한 인물로 비난하는 것은 지나치다.

어떤 사람들은 오바댜가 악의 시대에 자신이 감당해야 할 역할이 있을 것으로 생각해서 선한 의도를 가지고 왕궁에 머물러 있었을 것이라고 추정한다. 선지자들을 구원하는 것이 그중 한 가지 목적이라는 것이다. 오바댜는 이렇게 생각했을지도 모른다. '어차피 이 상황을 되돌리기는 어렵다. 내가 왕궁을 뛰쳐나간다고 해도 아합의 폭주는 멈추지 않을 것이다. 그렇다면 왕궁에 있으면서 최대한 선을 행하려고 애쓴다면 그만큼 악을 견제하고 선을 증진하는 것이 아니겠는가?' '국가의 일이라는 것이 매우 다양하고 그중에는 국민을 돌보고 선을 행하는 일도 포함되는데, 어느 하나가 잘못되었다고 모두 그 자리를 박차고 나오면 오히려 더 악한 사람들이 자리를 차지하게 되고, 상황이 더 나빠지지 않겠는가? 국가가 감당하는 선한 기능도 있는데 악한 행태 몇 가지 때문에 그런 선한 기능까지 마비되는 것은 바람직하지 않을 것이다. 그렇게 되면 오히려 국민이 더 큰 피해를 입게 될 것이기 때문이다.' 이런 생각으로 그는 악의 소굴에서도 목숨을 걸고 선지자들을 살려주는 매우 위험한 일을 감행했을지 모른다.

오바댜의 도움이 없었다면 하나님의 선지자 100명도 죽었을 것이다. 그러므로 그는 제한된 범위이기는 하지만 중요한 역할을 했다. 이것이 악의 시대에 그가 감당해야 할 역할이 아니었을까? 바로 이때를 위해 하나님이 그를 적진 한복판에 심어두신 것이 아닐까? 만약 오바댜가 목숨을 걸고 선한 행동을 한 것이라면, 아합 아래서 궁내 대신 역할을 맡았다는 이유 하나만으로 그를 비난하기는 쉽지 않을 것이다.

여러분은 어떻게 생각하는가?

4. 엘리야만을 추앙하는 분위기

우리는 모두 엘리야처럼 살아야 하는가? 문제가 있다고 판단되는 모든 곳으로부터 떨어져 나와 순백한 삶을 살아야 하는가? 우상숭배를 권장하는 사회에서 떨어져 나와야 하는가? 악에 가담하는 회사를 그만두어야 하는가? 악과 조금이라도 연루된 조직과는 절대로 손을 잡아서는 안 되는가?

이 질문에 모두 '그렇다'라고 대답하는 사람들이 있다. 그들은 절대로 악과 타협해서는 안 되고, 악에 동참하는 상황이 생기면 그 조직을 뛰쳐나와야 한다고 주장한다. 그것이 온전하게 신앙을 지키는 길이라고 생각한다. 그들은 '순백주의'를 주장하는 사람들이다. 세상을 등지고 은둔생활을 하는 사람들은 순백주의를 택한 경우다. 아미쉬 공동체나 무정부주의자들을 예로 들 수 있다. 또한 1980년대에 반미운동이 한창일 때 미국계 회사에 다니는 것을 악과 타협하는 것으로 여긴 것이나, 술 만드는 회사엔 절대로 들어가서는 안 된다고 생각하는 것, 조금이라도 나쁜 일을 하는 회사에 다니면 안 된다고 생각하는 것 등도 순백주의의 예다.

이런 인식은 아직 현실 세계에 들어가지 않은 청년들에게나 진보적인 입장을 취하는 사람들에게 특히 인기가 많다. '사이다처럼 시원하고 극단적인 결론'은 언제나 인기가 많다. 그래서 그들은 타협하는 것처럼 보이는 사람들을 쉽게 비난한다. 그들도 모두 문제가 있는 조직에서 나와야 한다고 주장한다.

하지만 이런 식의 완전한 분리만이 정답일까? 순백주의 행동만이 정당한 것일까? 이론적으로만 생각하면 이것이 정답처럼 보인다. 책으로만 현실을 생각하면 이렇게 해야 할 것처럼 생각된다. 그러나 현실의 삶은 그렇게 간단하거나 쉽지 않다.

순백주의가 가진 몇 가지 문제를 생각해보자.

먼저, 순백주의는 비현실적이다. 몇 가지 경우를 생각해보자. 첫째, 세상에 완벽하게 깨끗하고 정의로운 조직이 있을까? 우리가 다니는 회사나 우리가 속해 있는 조직은 완벽하게 깨끗할까? 먼저 기업을 생각해보자. 순백주의에 빠진 사람이 취업하려면 완전히 윤리적인 기업에만 취업해야 한다. 그런데 정말로 깨끗한 기업, 회사의 수익을 상당히 많이 가져가는 사장이 바르게 사는 기업이 과연 몇 개나 있을까? 현실 세계에서 갑질하지 않는 기업은 거의 없다고 봐도 무방하지 않을까? 남양유업이 대리점에 갑질을 했다. 본사에서 물건 밀어내기 방식으로 대리점에 상품을 강매했다. 대기업 LG가 중소기업의 기술을 강탈해서 수익을 올렸다. 삼성반도체는 공장 직원의 산재를 제대로 인정해주지 않아서 문제가 되고 있다. 회사의 사장이나 대주주 일가가 도덕적이거나 최소한 나쁘게 보이는 일을 하지 않는 기업을 찾기는 정말 어렵다. 삼성의 대주주인 이재용 부회장은 각종 비리와 탈세에 연루된 혐의로 감옥에 가고 벌금을 부과받았다. 대한항공 사주 가족의 갑질과 패악질은 유명하다. BBQ치킨 사장은 태극기집회 주관단체인 바르게살기운동 중앙회 회장이다. 옥시는 독성 가습기 살균제를 제조·판매하여 100여 명이 넘는 사망자를 냈다. 여기서 예를 든 기업들은 우리에게 잘 알려진 몇 가지 경우에 불과하다. 이와 유사한 예를 들자면 책 한 권으로도 모자랄 것이다. 그러므로 완벽하게 정의롭고 도덕적인 기업을 찾아 입사하려면 정말로 무지막지한 노력을 기울여야 할 것이고, 그것이 실제로 가능한지도 의문이다.

국가는 어떤가? 기관마다 정도의 차이가 있겠지만, 완전히 선한 기능만을 하고 깨끗하게 운영되는 국가기관이 있을까? 청와대 국정농단이나 문체부의 블랙 리스트 사태, 검찰이나 국정원의 행태를 떠올려보라. 그런 기관에서 일하다가 부당한 상황이 생기면 뛰쳐나와야 하는가? 정당하지 않은 일을 하는 국가기관에서 일하는 그리스도인들은 모두 저항하거나 뛰쳐나와야 하는가? 그런 마음가짐이라면 공무원 생활하기가 쉽지 않을 것이다. 국가가 국민의 세금으로 정당하지 않은 일을 하면 그 일을 조금이라도 돕지 않기 위해 세금을 내지 말아야 하는가? 이명박 정부 시절 부실투성이 4대강 사업과 해외자원개발에 막대한 국민 혈세가 들어갔는데 이 일에 대해 어떻게 반응해야 하는가? 헨리 데이빗 소로우는 멕시코 전쟁에 반대한다는 뜻으로 인두세 납부를 거부했다. 순백주의를 택하면 국가에 세금을 내는 일도 신중해질 수밖에 없다.

둘째, 우리가 살아가는 일상의 삶도 결코 완벽할 수 없다. 우리가 문제가 있는 회사의 제품을 사용하면 결국 그 회사를 도와주는 것과 같기 때문이다. 사람들은 아무 생각 없이 농심 라면을 끓여 먹고 BBQ치킨을 배달시켜 먹는다. 공정무역 제품이 아닌 수입품도 구매한다. 어떤 물건들이 저개발국가의 노동력 착취를 통해서 만들어지고 있는지 잘 모르기 때문이다. 자원을 낭비하고 환경을 파괴하는 SPA 제품을 저렴하다는 이유로 적극적으로 사용한다. 일제 부역 기업들, 독재정권에 뇌물을 준 기업들, 노동자를 부당해고한 쌍용자동차, 반도체 공장 노동자가 백혈병에 걸려 죽어가도 책임지지 않으며 비선 실세였던 최순실에게 뇌물을 준 삼성. 불법행위로 총수가 구속된 SK 등. 우리는 문제투성이 기업들의 제품이나 서비스를 일상에서 빈번하게 이용한다. 그러나 만약 우리가 순백주의를 택해야 한다면 문제 많은 회사에 조금이라도 도움이 되는 일을 절대로 하면 안 될 것이다. 그런데 과연 이것이 현실적으로 가능한가?

그러므로 복잡하게 얽히고설킨 세상에서 나쁜 사람이 주도하는 조직에 있다는 이유로 비난하거나 그 조직에서 나오라고 하는 것은 지나친 요구일 수 있다. 악에 대해 이처럼 결벽증 같은 태도를 지니면 이 세상에서 살아가기가 현실적으로 어렵다. 우리는 결코 100% 완벽하게 순결한 위치에서 순결한 사람들과만 함께 일을 하면서 살 수는 없다. 그렇게 살 수 있다고 주장하는 것은 사실상 이 세상을 떠나라는 것과 같고, 우리끼리 분리된 공동체를 형성하여 사는 길밖에 없다는 결론이 나온다.

우리가 순백주의 관점에서 오바댜의 약점을 비판하기는 쉽다. 그러나 그가 처한 상황으로 들어가 같은 입장이 되었을 때 오바댜처럼 행동하는 것은 입으로 비판하는 것만큼 쉬운 일이 아니다. 비판에 앞서 그들이 처한 힘겨운 상황을 좀 더 고려해주는 태도가 필요하지 않을까?

성경의 입장도 순백주의를 주장하지 않는 것 같다. 오바댜와 유사한 경우에 처한 사람들의 예를 살펴보자. 다니엘과 느헤미야는 포로의 신분으로서, 어떤 경로를 통해서인지 잘 알려지지 않았지만, 조국을 멸망시킨 적국의 정부에서 중요한 역할을 맡았다. 이것은 박정희가 일본군 장교가 된 것보다 더 나쁘게 볼 수 있는 처신이다. 얼마든지 매국노로 비난받을 수 있을 만한 행보다. 그러나 그들의 이런 행태에 대해 성경은 전혀 부정적으로 말하지 않는다. 오히려 그들의 위치를 문제 삼기보다는 그들이 그 상황에서도 믿음으로 행동한 것을 긍정적으로 보고 있다.

초대 교회 당시 로마 황제 가이사의 궁에도 기독교인이 있었다. "모든 성도들이 너희에게 문안하되 특히 가이사의 집 사람들 중 몇이니라."빌 4:22 당시 기독교인 중에 상류층이 많았고, 로마의 요직을 맡은 귀족들도 있었다. 말하자면, 그들은 우상을 섬기는 황제를 모시고 있었고, 기독교인을 박해한 자들과 한솥밥을 먹고 있었다. 그러나 바울이나 사도들은 이들에게 그 자리를 박차고 나오라는 권면을 하지 않았다.

성경은 오바댜에 대해서도 긍정적으로 평가하는 것처럼 보인다. 열왕기상 18장 3절에서 "오바댜는 주 하나님을 깊이 경외하는 사람이었다"라고 평가한다. 4절에서도 "이세벨이 주님의 예언자들을 학살할 때에, 오바댜는 예언자 백 명을 쉰 명씩 동굴에 숨기고서, 먹을 것과 물을 대준 사람이다"라고 기록되어 있다. 그가 어려운 상황에서 위험을 무릅쓰고 한 행동에 대해서도 긍정적인 분위기다. 그래서 오바댜가 자신의 업적을 말했을 때 엘리야도 인정해주는 태도를 보였고, 그가 아합의 궁내대신으로 있다는 것에 대해 질책하거나 그 자리에서 내려오라고 명령하지 않은 것이다. 성경의 이런 긍정적인 평가는 오바댜의 선의를 인정해주는 것이 아니겠는가?

요한복음 17장 15절 말씀이 오바댜의 행동을 긍정적으로 바라보게 하는 단서가 될 수 있을 것 같다. "내가 아버지께 비는 것은, 그들을 세상에서 데려가시는 것이 아니라, 악한 자에게서 그들을 지켜주시는 것입니다." 예수님도 세상이 어떠한지 잘 아셨다. 특히 그 시대는 로마의 식민 시대였다. 악이 만연한 시대였다. 그럼에도 불구하고 예수님은 우리가 세상 밖으로 나가야 한다고 생각하지 않으셨다. 믿음으로 살아야 하지만, 현실적인 한계도 인정하신 것으로 보인다.

하지만 현실적이라는 이유만으로 어떤 기준도 없이 무조건 타협해도 되는 것은 아니다. 이런 식의 완전 타협주의의 예가 두 가지 있는데, 하나는 혼합주의적 태도이다. 이 태도를 보이는 사람은 하나님의 영역과 세상의 영역은 다르다고 생각하여, 세상에서는 세상의 법을 따르는 것이 현명하다고 생각한다. 또 하나는 조직

주의적 태도다. 일단 한 조직의 일원이 된 이상, 그 조직에 무조건 충성을 다하는 것이 올바른 태도라고 생각한다. 이런 태도들은 성경적이지 않다. 하나님은 온 세상의 주인이시고, 모든 세상에 통용되는 윤리적 법칙을 제정하신 분이기 때문이다. 그러므로 악을 행하는 조직에 속해 있으면서 아무런 문제의식이 없는 것은 오히려 문제가 있는 것이다.

박근혜 전 대통령 당시 이화여대의 최모 총장의 행태는 용납될 수 있을까? 그는 독실한 기독교인으로 알려졌지만, 최순실의 부당한 요구에 굴복하여 부정한 일에 가담했다. 그렇게 행동한 것은 총장이라는 위치를 지키기 위한 것이거나 학교의 안위를 위한 것이었다 하더라도 너무나 분명한 불의를 묵인하고 도운 것이다. 그의 행동은 이원론적인 타협주의적 행동이다. 댓글 부대에 동원된 법적으로 금지된 국내 사찰반 소속 국정원 직원은 민간인 사찰과 정치개입이라는 명백한 불법을 자행하는 것에 가담한 것이다. 조직의 악을 보고도 눈을 감고 오히려 악에 동참한 것이다.

5. 현실주의(절충주의)

세상으로 파송 받아 들어가되 세상에 속하지는 말라는 예수님의 말씀을 따른다면, 완전한 분리와 완전한 타협이라는 극단은 분명히 문제가 있다. 타락한 세상을 떠나 완전히 분리된 삶을 사는 것은 잘못된 것이며, 세상에서 통용되는 원리를 맹목적으로 따르면서 세상과 완전히 타협해서 사는 것도 옳지 못하다. 우리는 순백주의로 살아갈 수도 없고, 완전 타협주의로 살아갈 수도 없다. 현실적으로 둘 사이 어느 지점에서 끊임없이 판단하고 결정하면서 살아야 한다.

우리가 살아가는 세상은 흑과 백으로 날카롭게 구분되지 않는다. 세상의 모든 일은 0흑에서 100백 사이에 있다. 0에 가까울수록 점점 더 검은색을 띠고 100에 가까울수록 점점 더 흰색을 띠지만, 어느 지점부터 검은색이나 흰색이라고 규정하기가 쉽지 않다. 그래서 우리 임의대로 명확한 잣대를 긋는 것은 무리다. 그렇다고 해서 기준이 없다고 말할 수도 없다. 어느 지점 이상 넘어가게 되면 분명히 흰색에 가깝거나 검은색에 가깝다고 말하는 것이 합리적이기 때문이다. 마찬가지로, 우리가 속한 조직이 100% 완벽할 수는 없지만, 어느 지점을 넘어서면 검은색에 가깝다고 말할 수 있는 지점이 있을 것이다. 그러나 그 지점에 대한 인식도 상황에 따라 달라질 수 있으므로 보편적이고 절대적인 기준을 세우는 것은 무리다.

그러므로 상황의 심각성 여부에 따라 행동을 다르게 할 수 있을 것이다. 0에서 100 사이에서 취해야 할 행동의 편차가 있을 것이다. 악이 허용하는 범위를 넘어선다고 판단되고, 그 자리에 머무르면서 선을 증진할 기회가 점점 사그라진다고 판단될 때, 엘리야처럼 내부에 머물지 않고 악한 자의 심장부에서 누리던 혜택을 단호하게 박차고 나오는 결단을 할 수도 있다. 그러나 아직 그 수준에까지 다다르지 않았다고 판단할 때에는 체제 내에 머물면서 제한적이나마 선을 증진하는 역할을 감당할 수도 있다. 각각의 상황마다 사안별로 다르게 판단해야 한다. 일제 강점기에 총독부에 고용된 모든 직원은 부역자인가? 모두 그 자리에서 사퇴해야 하는가? 고위 공무원과 지방직 하위 공무원을 동일선상에 놓을 수 있을까? 블랙 리스트를 만들고 시행한 문체부 공무원들은 지위 고하를 막론하고 모두 동일한 잘못을 저지른 것이라고 생각해야 하는가? 식민지나 저개발국을 수탈하는 사업을 하는 기업체의 직원들을 모두 동일한 기준으로 판단해야 할까?

이처럼 어렵고 복잡한 상황 속에서 우리는 다른 사람을 향해 쉽게 손가락질을 하면 안 된다. 나의 판단을 절대적인 것으로 생각하고 그것으로 다른 사람을 비판하지 않도록 조심해야 한다. 양극단에 속한 것이 아니라면 각 상황의 특수성을 고려하면서 겸손하게 이해하려는 태도를 가져야 한다. 물론 계속해서 깨어서 분별하도록 노력하는 것은 필요하다.

또한, 어떤 판단을 하든지 기본자세는 동일해야 한다. 우리 삶의 목표는 하나님의 영광이라는 점을 항상 기억해야 한다. 단순히 자리를 보전하여 이 세상에서 영화를 누리는 것이 목적이 아니다. 자리를 박차고 나오든 그 자리에 머무르든 하나님을 온전히 섬기려는 마음이어야 한다. 그 자리에 머무를 때 누릴 수 있는 혜택을 자신만을 위해서 사용한다면 자리를 탐내는 것이라고 볼 수 있다. 그것은 타협이다. 그러나 그 혜택을 자신만 누리지 않고 잘 사용하고 나눈다면 진심으로 섬기려는 동기에서 그 자리에 있는 것이라고 볼 수 있다. 오바댜의 경우가 그렇다. 그는 자신이 누리는 상대적으로 편한 자리와 보수를 자기만을 위해 사용하지 않고 하나님의 선지자를 살리고 먹이는 데 사용했다. 이런 태도가 인정을 받은 것이다.

이런 자세를 견지하고 있다면, 어떤 방식으로 살든지 상당한 희생을 치러야 할 것이다. 자리를 버린 사람은 고생길을 걷게 될 것이 분명하지만, 그 자리에 머무는 사람도 편하지는 않을 것이다. 악을 분별해야 하고, 악한 일에 가담하지 않으려고 애를 써야 하고, 정신적인 스트레스를 감수해야 하고, 그 상황에서 선을 행할 기회를 찾고 실행하는 위험을 무릅써야 한다.

6. 오바댜처럼

하나님은 오바댜와 같은 사람들의 믿음을 통해서 하나님의 일을 이루신다. 자신에게 위험이 닥칠 수 있고 곤란하게 될 수도 있다는 것을 알면서도, 자신이 동원할 수 있는 것을 사용하여 선을 행하려는 사람들을 통해서, 하나님의 놀라운 능력이 나타나는 갈멜산을 향한 징검다리가 놓인다.

우리도 모두 오바댜처럼 험난한 시대에 힘겨운 조직 안에서 살고 있다. 삶의 현장은 만만하지 않다. 우리가 속한 조직은 완벽하게 선하지 않다. 그래서 갈등도 있고 힘도 든다. 직장인의 노고가 참으로 크다. 그래서 교회에서 직장인을 위로하고 격려하는 것이 필요하다. 직장생활의 고충도 나누고 선배 직장인이 조언을 하는 것도 필요할 것이다. 그리고 문제도 많고 어려움도 많은 환경에서도 나름대로 선을 행하기 위해 애쓰려는 태도를 포기하지 말아야 한다. 그렇게 살아가려고 힘쓸 때 오바댜처럼 우리도 작은 부분이라도 선을 증진하는 기회를 얻을 수 있을지 모른다. 그러나 계속해서 분별해야 한다. 내가 속한 조직이 한계치를 넘어가고 있는지 끊임없이 살피고 분별해야 한다.

믿음의 삶은 비호의적인 세상 안에서 신앙으로 살아가는 것이다. 진정한 믿음은 온실이 아니라 황량한 벌판 한복판에서 폭풍우를 맞으면서 발휘되는 것이다. 믿음의 삶을 살아내고자 애쓰는 우리의 수고를 하나님께서 칭찬해주실 것이다.

〈삶을 향하여〉

1. 그리스도인은 세상과 완전히 분리되어 살 수도 없고 세상과 완전히 타협하여 살 수도 없다. 완벽한 분리와 타협이라는 양극단 어느 지점에서 살아갈 수밖에 없다. 현재 내가 속한 조직의 상태는 어떤가? 문제 많은 조직 속에서 일하면서도 선을 증진하기 위해 애쓰는 부분이 있다면 무엇인가?

2. 최근 직장생활에서 겪고 있는 어려움이 있다면 무엇인가? 이 어려움을 해결하기 위해 공동체 안에서 어떤 식으로 도움을 받고 있는가? 내가 속한 공동체가 직장인을 위로하고 격려해 주기 위해 어떤 노력을 할 수 있을지 생각해보자.

12. 혼란을 일으키는 자

왕상 18:16-18

"오바댜가 아합에게로 가서, 이 사실을 알리니, 아합이 엘리야를 만나러 왔다. 아합은 엘리야를 만나서, 이렇게 말하였다. '그대가 바로 이스라엘을 괴롭히는 자요?' 엘리야가 대답하였다. '내가 이스라엘을 괴롭히는 것이 아니라, 임금님과 임금님 아버지의 가문이 괴롭히는 것입니다. 임금님께서는 주님의 계명을 내버리고, 바알을 섬기십니다.'"

1. 누구 탓인가?

(1) 엘리야 탓을 하는 아합

오바댜는 엘리야의 말을 듣고 아합에게 가서 엘리야를 찾았다고 보고했다. "오바댜가 아합에게로 가서, 이 사실을 알리니, 아합이 엘리야를 만나러 왔다."16절 아합은 한걸음에 달려 나와 엘리야를 만났다.

엘리야를 만난 아합의 첫마디는 엘리야에 대한 비난과 책임 추궁이었다. "아합은 엘리야를 만나서, 이렇게 말하였다. '그대가 바로 이스라엘을 괴롭히는 자요?'"17절 아합은 3년 전 엘리야가 우로가 내리지 않을 것이라고 예언한 탓에 온 나라가 가뭄으로 고생하고 있다며 엘리야를 맹비난했다.

그러나 이스라엘을 괴롭히는 자가 엘리야라는 아합의 주장은 왜곡이다. 왜 그런가? 아합은 지금 여호와를 밀어내고 바알을 섬기고 있다. 만약 아합이 믿는 대로 바알이 진정한 신이라면 가뭄은 엘리야의 말처럼 여호와로 인해 시작된 것이 아닐 것이다. 여호와가 능력이 없다고 생각했기에 여호와를 밀어내고 바알을 섬기고 있는 것이 아닌가? 설령 여호와로 인해 가뭄이 시작되었더라도 바알이 더 큰 신이라면 자신의 능력으로 곧바로 가뭄을 멈추게 하고 비를 내리게 했을 것이다. 그러므로 아합이 믿는 바에 따르면 무력한 여호와를 섬기는 엘리야는 가뭄에 대해 전혀 책임이 없다.

반대로 아합의 말처럼 엘리야로 인해 가뭄이 왔고 바알은 이 가뭄을 중단시킬 능력이 없었다면, 바알은 가짜 신이거나 최소한 여호와보다 능력이 뒤떨어진다는 것을 드러내는 것이다. 결국 여호와가 진짜 신이라는 뜻일 것이다. 그러므로 엘리야와 여호와로 인해 가뭄이 왔다고 주장하는 아합은 거꾸로 엘리야와 그를 보낸 여호와의 능력을 인정하고 있는 셈이다. 그렇다면 아합은 엘리야를 잡을 것이 아니라 거짓 신인 바알을 버리고 여호와께로 돌아오는 것이 마땅하다. 그런데 아합은 자신이 모순을 범하고 있다는 것도 인식하지 못한 채 온 백성이 겪고 있는 고난의 원인을 엘리야 탓으로 돌려 그에게 모든 책임을 전가하고 있다.

한편, 엘리야의 생각은 전혀 다르다. 엘리야는 자신이 아니라 아합 때문에 이스라엘이 고통을 겪고 있다고 주장한다. "내가 이스라엘을 괴롭히는 것이 아니라, 임금님과 임금님 아버지의 가문이 괴롭히는 것입니다. 임금님께서는 주님의 계명을 내버리고, 바알을 섬기십니다."18절 엘리야는 여호와가 이 가뭄의 심판을 내린 것이라는 사실을 부인하지 않는다. 왜냐하면 오직 여호와만이 그런 능력을 가지고 있기 때문이다. 다만 이 재앙은 아합이 여호와의 계명을 버리고 바알을 섬겼기 때문에 내려진 심판이라고 주장하는 것이다.

누구의 주장이 옳은가? 둘 다 옳다. 아합의 주장도 맞는 말이다. 엘리야가 가뭄을 선포한 이래로 3년 반 동안 비가 오지 않았고 그로 인해 백성들이 심한 고생을 한 것은 사실이기 때문이다. 그러나 이 사태의 근본 원인은 엘리야가 언급한 대로 이스라엘과 아합이 여호와를 버리고 바알을 섬겼기 때문이다. 그러므로 가뭄과 그로 인한 고통의 근본적인 원인은 엘리야나 여호와가 아니라 심판을 초래한 아합과 이스라엘 백성이라는 엘리야의 주장이 더 옳은 말이다.

우리는 피상적인 원인과 근본적인 원인을 구분해야 한다. 왜곡된 기존 질서를 흔들고 새로운 질서를 요구하는 사람들을 사회 파괴자라고 비난하는 것은 옳지 못하다. 아합은 엘리야가 안정된 사회를 흔든 주범이요 사회 파괴자라고 비난하지만, 문제의 근본 원인은 바로 아합 자신이었다.

(2) 남 탓 본능

아합이 자신의 책임을 인정하지 않고 다른 사람엘리야에게 책임을 전가한 것처럼, 자신이 저지른 잘못을 다른 사람 탓으로 돌리고 여론을 몰아가면서 희생양을 찾는 것은 권력자들이 저지르는 흔한 전략이다.

네로 황제는 자신의 실정을 가리기 위해 로마에 불을 지른 후 기독교인을 방화범으로 몰아붙였다. 이명박-박근혜 정부는 북한 핵 개발, 천안함 사건, 양극화, 경제침체 등 모든 문제의 원인을 노무현 탓 아니면 북한 탓으로 돌렸다. 세월호 참사의 책임을 유병언에게 덮어씌운 것도 마찬가지다. 침몰과 구조실패의 원인으로 해수부, 해경, 국정원, 심지어 청와대까지 수면 위에 올랐는데 갑자기 이상한 일이 벌어졌다. 세월호의 선주인 세모그룹 회장 유병언을 주범으로 몰아 대대적인 체포 작전이 방송에 생중계된 것이다. 전직 고위 검찰 관계자는 당시 김진태 검찰총장도 이 수사를 '돼지머리 수사' 유병언을 정치적 제물로 삼으려는 수사라고 불렀다고 증언한다 "법무부와 검찰 수뇌부는 당시 구조에 실패한 해경 등 공권력을 겨냥한 수사를 지연시킨 반면, 유 전 회장에 대해선 대대적이고 공개적인 압수수색 등을 벌이고 군까지 동원했다." 실제로 검찰의 유병언 수사는 매우 시끌벅적하게 진행됐다. 압수수색을 실시간으로 언론에 알려 현장 생중계까지 했다. 박 전 대통령도 수사 진행 중에 유병언 일가를 세월호 사건의 주범으로 지목했고, 그해 5월 27일 국무회의에서 "참사의 근본적 원인인 유병언 일가가 지금 법을 우롱하면서 국민의 공분을 자초하고 있다"고 말했다. 이어 6월 10일에는 유병언을 신속히 검거하라고 지시했고, 그날 대검 반부패부는 군합참과 경찰, 안전행정부 관계자들까지 대검 청

사로 불러 모아 긴급회의를 했다. 검찰은 6·4 지방선거 이틀 전 이례적으로 "유병언 등을 아직 사법처리 하지 못해 송구하다"는 내용의 대국민 사과문까지 발표했다. 그러는 사이 광주지검이 진행하던 해경을 비롯한 공권력의 구조실패 수사는 '윗선'의 개입으로 지지부진했다. 한겨레신문, 2017년 5월 30일

이런 식의 남 탓 습성은 일반인들이라고 해서 별로 다르지 않다. 자신의 잘못을 인정하지 않고 다른 사람 탓을 하는 것은 인간의 뿌리 깊은 죄성이다. 축구 경기에서 골이 터졌을 때 골키퍼의 행동을 유심히 살펴보라. 골키퍼는 골을 먹으면 대부분 수비수 탓을 하면서 화를 낸다. 수비수들이 제대로 수비를 안 해서 골을 먹었다는 것이다. 수비수가 골을 다 막을 정도로 잘한다면 도대체 골키퍼는 왜 있는 것일까? 이 광경은 인간의 남 탓 본능을 대표적으로 보여준다. 아이들에게서도 이런 모습이 심심치 않게 나타난다. 자기 맘대로 안 되면 바로 엄마나 아빠 탓을 한다. 음식이 뜨거우니 조심하라고 했는데도 주의를 기울이지 않고 빨리 먹다가 뜨거우면 왜 이렇게 음식을 뜨겁게 했느냐고 화를 내면서 남 탓을 한다. 자전거를 배우다가 넘어지면 아빠가 잘 잡아주지 않아서 그런 거라고 탓한다. 남 탓 습성은 이미 어릴 때부터 타고난 것이다.

대개 보수주의자들은 모든 문제의 원인을 개인의 책임이나 잘못으로 돌리려고 하고, 진보주의자들은 사회 구조적 문제로 돌리려고 한다. 그러나 이것은 지나친 단순화다. 우리는 양극단에 빠지지 않도록 조심해야 한다. 개인이 실패하고 힘겨운 삶을 살게 된 원인은 십중팔구 개인의 책임과 사회 구조적 문제 두 가지가 얽혀 있기 때문이다. 둘 중에 어느 것이 더 크게 작용하는지는 사람마다 상황마다 다르다. 그러므로 모든 실패를 개인의 탓으로만 돌리는 것도 잘못이지만, 모든 문제를 사회 구조적 요인 탓으로만 돌리는 것도 잘못이다. 그것은 인간의 죄성을 이용한 정치적인 수사법이다. 개인적인 노력을 하지 않았거나, 쾌락을 절제하지 못하고 시간과 돈을 낭비한 탓도 분명히 있기 때문이다. 좋은 사회는 개인의 노력에 정당한 보상이 돌아가도록 하는 곳이다. 그러나 충분한 노력을 기울이지 않는 개인의

나태와 무책임까지 책임져줄 수 있는 사회는 없다.

2. 가짜 평화

(1) 아합의 평화 정책

가뭄의 근본적인 원인이 엘리야가 아니라 아합에게 있다는 것이 맞기 때문에 엘리야 탓을 하는 것은 잘못이지만, 가뭄을 통해서 백성들에게 고통을 안겨준 장본인이 여호와 엘리야라는 것 역시 분명한 사실이다. 여호와는 왜 이런 고통스런 가뭄 심판을 내렸는가? 앞에서도 언급했듯이 아합과 이스라엘 백성이 여호와를 버리고 바알을 숭배했기 때문이다.

그렇다면 아합이 아무 생각 없이 아내 이세벨의 부추김에 못 이겨 여호와를 버리고 바알을 선택한 것일까? 아합이 한 국가의 왕이라는 점을 고려하면 이렇게 단순하게 몰아가는 것은 좀 지나친 면이 있다. 오히려 상황을 좀 더 자세히 살펴볼 필요가 있다. 아합이 왜 시돈 왕의 딸 이세벨과 결혼했을까? 이방인과의 결혼은 하나님이 금지하신 것인데 왜 아합은 왕이면서도 금지 규정을 어겼을까? 개인적인 차원에서 보자면 이세벨의 아름다움에 매료되었을 가능성이 있다. 마치 클레오파트라에 매료된 안토니우스처럼. 하지만 한 나라의 왕이라는 관점에서 보면, 대개 왕의 결혼은 정치적 관점에서 이루어지는 경우가 다반사이며, 특히 타국과의 혼인은 정략적인 결혼이 대부분이기 때문에, 아합도 이세벨과 결혼할 때 국제 정세를 고려했을 가능성이 크다. 시돈은 이스라엘 북쪽에 자리잡은 탄탄한 왕국이었기 때문에 그 나라와 혼인을 통해 제휴를 맺으면 이스라엘의 안전에 큰 도움이 될 것이 분명하다. 북쪽으로부터 오는 외세의 침략에 방패막이가 될 수 있기 때문이다. 그렇다면 이세벨과의 결혼은 국가 안보의 관점에서 보면 지혜로운 선택인 것이다.

또한 아합은 이세벨을 통해 가나안에서 능력이 있다고 정평이 난 바알 신앙을 이스라엘의 국가 종교로 삼으면 내외적으로 안정된 나라를 구축할 수 있을 것으로 기대했을 것이다. 다만 한 가지 장애물만 걸릴 뿐이었다. 조상 대대로 섬겨오던 여호와를 밀어내야 한다는 것. 그래서 아합은 이 문제를 직접 손대지 않고 이세벨이 여호와의 선지자들을 잡아 죽이는 것을 묵인한 것이다. 이렇게 해서 아합은 국내외적으로 안정을 이루는 조치를 잘 취했다고 생각했을 것이다. 엘리야가 나타나 심판의 메시지를 선포하기 전까지는.

엘리야는 새로운 종교와 정책으로 안정을 찾은 것처럼 보이는 사회에 갑자기 등장하여 큰 혼란을 일으켰다. 그는 아합과 이세벨의 잘못된 결혼 문제를 들쑤시고, 바알 숭배 위에 세운 국가의 안정을 뒤흔들었다. 이런 점에서 엘리야는 그들의 안정된 삶을 뒤흔드는 자요, 사회를 어지럽게 한 자요, 백성들의 삶을 힘겹게 만드는 자요, 나라를 위기에 빠뜨리는 자로 지목되기에 충분했다. 아합 뿐만 아니라 백성들도 그렇게 생각했을 것이다. 엘리야가 나타나지 않았다면 잘 살 수 있었는데, 엘리야가 나타나서 큰 혼란이 시작되었다고. 쓸데없이 평지풍파를 일으켰다고.

정말로 엘리야가 문제였는가? 그가 사회를 어지럽히는 세력이었는가? 그가 나타나지 않았다면, 그래서 가뭄이라는 심판을 내리지 않았다면, 아무런 문제없이 잘 사는 사회가 되었을까? 그렇지 않다! 문제의 본질은, 그들이 생각한 '안정'이 가짜였다는 데 있다. 아합은 이세벨과 결혼하고 나서 잘살고 있다고 생각했을 테지만, 그들의 결혼은 근본적으로 잘못된 결합이었다. 그들의 삶은 언제 터질지 모르는 폭발물을 품고 사는 것 같은 불안한 삶이었다.

아합은 바알 신앙으로 이스라엘을 다스리면서 국제적으로나 국내적으로 안정된 국가를 이루었다고 생각했겠지만, 그것은 이스라엘을 세우신 여호와를 배제한 터 위에 건설한 불의하고 위태로운 안정이었다. 이 상태에서 안정을 유지한다는 것은 계속해서 여호와를 배반한다는 것이고, 결국은 멸망의 길로 질주하게 된다는 뜻이다. 그러므로 결코 진정한 안정이 아니다. 왜 그런가? 여호와를 배신한 결과를 생각해보면 그 이유를 알 수 있다. 하나님은 이스라엘이 여호와를 거부할 때 어떤 일이 일어날 것이라고 예언하셨는가? "당신들은, 주 당신들의 하나님이 당신들과 세우신 언약을 잊지 말고 지켜야 합니다. 그리고 주 당신들의 하나님이 당신들에게 금하신대로, 어떤 형상의 우상도 만들어서는 안 됩니다. 주 당신들의 하나님은 삼키는 불이시며, 질투하는 하나님이십니다. 당신들이 자식을 낳고, 또 그 자식이 자식을 낳아, 그 땅에서 오래 산 뒤에, 어떤 형상의 우상이든, 우상을 만들어 섬기거나, 주 당신들의 하나님의 눈에 거슬리는 행동을 하면, 오늘 내가 하늘과 땅을 증인으로 세울 것이니, 당신들이 요단강을 건너가 차지하는 땅에서 반드시 곧 멸망할 것입니다. 그 땅에서 오래 살지 못하고, 반드시 망할 것입니다. 주님께서는 당신들을 여러 민족 사이에 흩으실 것입니다. 주님께서 당신들을 쫓아 보내실 그곳 백성 사이에서 살아남을 사람이 많지 않을 것입니다." 신4:23-27

우상을 섬기면 망할 것이라고 여호와께서 경고했음에도 지금 아합과 이세벨이 바로 그 짓을 하고 있다. 그러면서 그들은 아무 문제가 없다고 생각하고 있다. 그러므로 지금 아합이 생각하는 안정과 평화는 언젠가는 폭발할 핵폭탄을 손에 쥐고 장난을 치고 있는, 불안한 평화였다. 이 상태는 마치 폭풍 전야와 비슷하다. 조용하고 평온하다고 해서 아무 문제가 없는 것이 아니다. 이 상태가 지속되면 곧 엄청난 폭풍이 몰아쳐 모든 것이 부서지고 결국 파멸할 것이다. 그러므로 지금 그들이 누리는 평화는 가짜 평화다. 이 '평화'를 그대로 두면 언젠가는 회복할 수 없는 파국으로 치닫게 될 것이다.

하나님은 궁극적 파멸이 임하기 전에 '가짜 평화'에 취한 자들을 흔들어 깨워 하나님께로 돌이킬 기회를 주시려고 엘리야를 먼저 보내신 것이다.

(2) 기득권자들은 위장된 평화를 선전한다.

기득권세력과 불의한 독재자들은 부당하고 불의한 사상과 체제system 위에 사회를 세우고, 그 상태를 유지하는 것을 '평화'라고 국민에게 주입하면서, 그 체제를 흔드는 자들을 '반체제인사'로 낙인찍어서 박해한다.

'팍스 로마나Pax Romana'는 오직 로마의 소수 시민에게만 평화의 시대였다. 노예, 외국인, 그리고 여자들에게는 시민으로서의 기본적인 권리조차 주어지지 않았다. 그들에게는 전혀 평화가 아니었다. '팍스 로마나'는 위장된 평화의 시대였다.

미국은 독립 이후 엄청난 번영을 누리면서 세계의 최강국으로 부상했다. 사람들은 그때를 '팍스 아메리카나Pax Americana', 즉 미국의 평화의 시기라고 말한다. 그러나 그 평화는 누구를 위한 평화였나? 오직 백인들만을 위한 평화였다. 수천 년 동안 평화롭게 살던 고향 땅에서 쫓겨나고 대량 학살당한 원주민들과 아프리카에서 노예로 잡혀 와서 죽을 때까지 농장을 벗어나지 못한 흑인들에게는 평화의 시대가 아니라 불의와 고통의 시대였다. 그들의 고통을 덮어버린 채 평화를 말하는 것은 기만이다. 1950년대와 60년대 흑인 민권 운동이 시작되었을 때 백인들은 그 운동에 참여한 자들을 나라를 흔들고 사회를 혼란에 빠뜨리는 망국 세력이라고 비난했다. 백인들이 모든 것을 누리던 평안한 삶이 뒤흔들렸고, 사회적으로도 대혼란이 일어났기 때문이다. 그러나 백인들이 주장하는 평화는 가짜 평화였다. 그것은 흑인들의 처참한 고통 위에 세운 자기들만의 평화였다.

군사독재 시대에 정권의 타락과 폭압에 맞서 정의를 외치며 시위를 하는 사람들에게 '너희들이 사회 안정을 해치고 있다'고 비난하면서 '사회 혼란 세력'으로 몰아세웠다. 그러나 독재정권이 주장하는 평화는 가짜였다. 그것은 정적을 부당하게 감옥에 집어넣고, 민주주의를 요구하는 시민들을 핍박하는 가짜 안정이었다.

신자유주의 체제에서 평화는 양극화로 이익을 보는 사람들만을 위한 것이다. 비정규직, 중소기업 직원, 실업자, 저소득자, 그리고 부모의 빈곤한 '사회적 신분'을 이어받을 수밖에 없는 자녀들에게는 진정한 평화가 아닌 '위장된 평화'에 불과하다.

남한이든 북한이든, 또는 한반도를 둘러싸고 있는 열강이든, 분단 상황을 이용해서 권력을 행사하고 자신의 이익을 확보하려는 세력들은 이 분단 상태를 '안정적으로' 관리하려고만 한다. 그들은 이 상태가 깨지는 것을 결코 원하지 않는다. 즉 통일을 원하지 않는다. 이들은 이 분단 상태를 나름대로 '안정된' 상태라고 주장한다. 그러나 이것은 가짜 평화다.

문제의 근본적인 원인은 사회를 흔드는 자들이거나 문제를 해결하라고 요구하는 자들이 아니라, 가짜 평화를 선전하고 그 체제 속에서 기득권을 누리면서 사회를 곪게 하여 결국 파멸로 이끄는 자들이다. 하나님은 이들이 주장하는 '안정된 사회'나 '평화'를 인정하지 않으신다. 그것은 가짜이기 때문이다. 그래서 자신의 사람들을 보내 가짜 평화를 뒤집어엎고 무너뜨리신다.

3. 가짜 평화를 부수는 하나님

하나님이 깨부수려는 가짜 평화는 우리의 개인적 삶과 사회 양면에서 모두 드러난다.

(1) 하나님은 내 삶의 가짜 평화를 깨뜨리신다.

예수님은 사람들에게 참된 평안을 주시는 분이다. 그분은 온 세상에 평화를 주려고 오신 '평화의 왕'이다. 그러나 예수님은 참된 평안을 주시기 전에 우리가 누리고 있다고 착각하는 가짜 평안을 포기하고 버릴 것을 요구하신다. 예수님을 만나 삶이 변한 니고데모, 삭개오, 바울 그리고 남강 이승훈의 삶에 이것이 어떻게 나타났는지 간략히 살펴보자.

니고데모는 존경받는 바리새인 지도자였다. 하나님과 유대교에 대한 확신이 있었고, 그 토대 위에서 안정된 삶을 살아왔다. 그런데 그는 예수님의 메시지와 사역에 충격을 받아 자신이 지금까지 확신했던 것, 붙잡고 살아온 것이 모두 흔들리는 경험을 했다. 그 혼란 속에서 유대인의 최고 지도자 니고데모는 창피를 무릅쓰고 배우기 위해 예수님을 찾아 왔다. 그는 이제까지 누린 안정된 삶을 고수하려는 유혹을 물리치고 예수님을 찾아 왔고, 예수님과 대화를 나누면서 자신의 안정된 삶이 흔들리는 것을 받아들였고 그것에 정직하게 대면했다. 그리하여 그는 '거듭남'이라는 매우 중요한 개념을 배울 수 있었고, 예수님이 죽었을 때 진심으로 조문을 했다. 요19:39 "또 전에 예수를 밤중에 찾아갔던 니고데모도 몰약에 침향을 섞은 것을 백 근쯤 가지고 왔다."

삭개오는 로마가 식민지 치하에서 부여한 권한을 십분 발휘하여 그 누구보다 경제적으로 부유하고 안정된 생활을 유지할 수 있었다. 그러나 예수님은 그의 내면에 도사리고 있던 불안과 공허함과 외로움을 간파하시고 외적으로 누리던 피상적인 안정을 뒤흔들었다. 삭개오는 그 흔들림을 받아들였고, 피상적인 안정을 걷어차 버리고 경제적 파탄을 기꺼이 받아들이고 혼란스러운 삶으로 걸어 들어갔다. "내 소유의 절반을 가난한 사람들에게 주겠습니다. 또 내가 누구에게서 강제로 빼앗은 것이 있으면, 네 배로 하여 갚아 주겠습니다." 눅19:8 이렇게 하면 그에게 무엇이 남을까? 그의 가족은 경제적으로 궁핍해졌을 것이다. 이전에 누리던 것을 누리지 못하게 되었을 것이다. 그러나 그는 돈으로 환산할 수 없는, 예수님만 주실 수 있는 참된 평안을 경험했을 것이다.

바울은 어떤 사람이었는가? "난 지 여드레만에 할례를 받았고, 이스라엘 민족 가운데서도 베냐민 지파요, 히브리 사람 가운데서도 히브리 사람이요, 율법으로는 바리새파 사람이요, 열성으로는 교회를 박해한 사람이요, 율법의 의로는 흠 잡힐 데가 없는 사람"이었다. 빌3:5-6 그의 인생은 모든 것이 질서 있게 한 가지 목표를 향해 나아가고 있었다. 그는 야망에 불타는 젊은이였다. 이대로만 가면 성공적인 인생을 가꿀 수 있었다. 그런데 중간에 문제가 생겼다. 다메섹 도상에서 예수님을 만난 것이다. 이 경험으로 그의 삶은 대혼란에 빠져들었다. 이전에 질서 있게 자리 잡았던 모든 것이 깨져버렸다. "나는 그리스도 때문에 모든 것을 잃었다"고 말할 정도였다.빌3:8 바울의 삶은 뒤죽박죽이 되고 말았다. 그가 유대교를 버리고 예수를 따르겠다고 했을 때 그의 가족은 망치로 머리를 맞는 느낌이었을 것이다. 그러나 가짜 안정을 버리고 인생의 대혼란 속으로 들어가기로 결심했을 때 그는 비로소 진정한 질서를 발견했고, 진정으로 가치 있는 인생 목표를 새로 정립하게 되었다. "나는 그리스도 안에 있는 사람으로 인정받으려고 합니다. 나는 율법에서 생기는 나 스스로의 의가 아니라, 그리스도를 믿는 믿음으로 말미암아 오는 의 곧 믿음에 근거하여, 하나님에게서 오는 의를 얻으려고 합니다. 내가 바라는 것은, 그리스도를 알고, 그분의 부활의 능력을 깨닫고, 그분의 고난에 동참하여, 그분의 죽으심을 본받는 것입니다. 그리하여 나는 어떻게 해서든지, 죽은 사람들 가운데서 살아나는 부활에 이르고 싶습니다."빌3:9-11

남강南岡 이승훈은 조선 최고의 갑부가 되려는 목표로 사업을 하여 많은 돈을 벌었다. 하지만 부흥회에서 복음을 받아들여 기독교인으로 거듭난 후, 복음으로 민족을 일깨우는 일에 헌신하기로 작정하면서 평안했던 삶이 깨지기 시작했다. 그는 그동안 모은 돈을 자신이 설립한 기독교 학교에 쏟아 붓고, 독립운동을 지원하고, 교회를 세우는 데 내놓았다. 그 결과, 감옥에 투옥되는 고초를 겪으면서 매우 힘겨운 삶을 살았지만, 그리스도를 만나 새로운 인생을 살게 된 것을 후회하지 않았다.

이들은 모두 예수를 만난 후에 삶에 균열이 발생하는 것을 경험했다. 이전까지 살던 삶을 그대로 이어갈 수 없었다. 이전까지 안정되고 질서가 있었다고 생각했던 삶이 뒤흔들린 것이다. 이것이 바로 예수님이 우리의 삶에서 의도하시는 것이다. 살얼음 같은 가짜 평안을 뒤흔들어 정신을 차리게 하고, 예수님이 주시는 진정한 평화를 누리게 하려는 것이다. 기독교인이 된다는 것은 예수를 알기 전에 누리던 '평안한 삶'은 위장된 평화였다는 것을 깨닫고 그것을 다 흔들고 뒤집어 무너뜨린 후에 예수가 주시는 참된 평화를 경험하는 것이다. 예수를 진정으로 만나게 되면 이전에 가졌던 인생 목표와 가치관과 삶의 방식이 송두리째 흔들리는 경험을 하게 된다. 육신의 정욕과 안목의 정욕과 이생의 자랑에 빠져 잘못 세운 인생의 목표가 흔들린다. 예수를 만나기 전에 소중하게 여겼던 가문이나 학벌이나 재산 그리고 능력에 대한 관점이 흔들린다. 남 생각하지 않고 편하게 즐기며 살던 삶의 방식, 더 크고 안락한 집에 살려고 돈을 벌고 자식 교육에 과도한 돈을 쓰며 살던 삶의 방식이 흔들린다. 그 후 '하나님의 영광'과 '살든지 죽든지 내 몸에서 그리스도가 존귀하게 되는 것'을 새로운 삶의 목표로 삼게 된다.

그런데 그리스도를 따르겠다고 하는 사람들 가운데서도 지금까지 누리던 얄팍한 평화가 깨지는 것을 두려워하면서 주저하는 사람들이 있다. 지금까지 소유했던 것, 추구하던 것, 갈망하던 것을 결코 포기하지 않으려는 사람들이 있다. 이들은 기존의 삶이라는 옷에 기독교인이라는 겉옷을 하나 더 걸쳐 입으려는 것과 같다. 기존의 옷과 새 옷이 전혀 어울리지 않는다는 것을 인식하지 못하는 것이다.

중세 시대 어느 바이킹 부족이 집단으로 기독교로 개종하고 세례를 받았던 때가 있었다. 그들은 세례가 무엇을 의미하는지 잘 알고 있었다. 세례는 이전 삶을 버리고 그리스도를 중심으로 하는 새로운 삶으로 들어가는 것이며, 칼을 내려놓고 평화를 추구하는 삶을 사는 것도 의미한다는 것을 잘 알고 있었다. 그들은 세례 받는 순간에 세례 집례자에게 딱 한 가지를 요구했다. 몸 전체가 물에 다 들어가지만 단 하나, 오른쪽 팔만은 물 밖으로 내놓고 세례를 받게 해 달라는 것이었다. 칼을 쥔 손을 포기할 수 없었던 것이다.

기독교인은 안정을 구하는 자들이 아니다. 안정을 추구하려는 순간 이 세상에 속한 자들이 되어버린다. 우리는 이 세상에서 '나그네'다. 끊임없이 안정된 자리를 떠나고, 방랑하고, 새로운 곳으로 가고, 새로운 시도를 하는 사람들이다. 우리가 세상에서 안정을 누리려는 순간 우리는 가짜 평안에 빠지게 된다. 성장한다는 것은 계속해서 세상이 약속하는 거짓된 평화를 버리고 하나님이 재정립해 주시는 삶의 질서를 받아들인다는 것이다. 손에 쥔 가짜를 놓지 않으면 결코 진짜 좋은 것을 얻을 수 없다. 우리는 이런 경험을 했는가? 아니면 아직도 가짜 평안에 홀려서 결코 영원히 누릴 수 없는 것에 매여 살아가고 있는가?

(2) 하나님은 사회의 위장된 평화를 깨뜨리신다.

세상에 언어가 하나뿐이어서 모두가 같은 말을 썼을 때 동쪽에서 이동하여 오던 사람들이 시날 땅 한 들판에 이르러 자리를 잡았다. 그들은 마음이 일치되어 높은 탑을 쌓았다. 그러면서 자신들이 하나님에게까지 높아지기를 원했다. "자, 도시를 세우고, 그 안에 탑을 쌓고서, 탑 꼭대기가 하늘에 닿게 하여, 우리의 이름을 날리고, 온 땅 위에 흩어지지 않게 하자."창11:4 그 어느 때보다 안정되고 번영을 누리던 시기였다. 그러나 하나님은 그 평화를 파괴하셨다. 분열을 일으키셨다. "주님께서 거기에서 그들을 온 땅으로 흩으셨다. 그래서 그들은 도시 세우는 일을 그만두었다."창11:8

안정된 번영이 무조건 좋은 것은 아니다. 그것이 '우리의 이름을 날리고, 온 땅 위에 흩어지지 않게 하자'라고 말한 사람들처럼 하나님을 배신하는 것이라면 악한 것이다. 흔들어 깨뜨릴 필요가 있다. 그래서 하나님은 잘못된 평안을 깨뜨리고 혼란을 주신 것이다.

예수님은 헤롯과 종교지도자들이 주도하는 이스라엘의 평화를 깨뜨리셨다. 예수님 당시 종교지도자들은 율법과 장로의 유전전통에 기초한 종교질서와 사회질서를 구축했다. 그들은 사회가 그 질서 위에 있어야 안정을 누릴 수 있다고 생각했을 것이다. 그러나 그것은 백성을 압제하는 것이었고, 오직 종교지도자들의 배만 불리는 왜곡된 질서였다. 예수님은 그들을 향해 자신도 천국에 들어가지 않고, 들어가려는 사람들까지 막아서는 나쁜 놈들이라고 책망하셨다. 뒤이어 예수님은 성전에서 종교지도자들의 비호 아래 장사하면서 백성들을 수탈하던 자들의 상을 뒤엎으셨다. 예수님은 성전 질서를 까부순 것이며, 종교의 위계질서를 파괴하신 것이다. 이런 일들 때문에 종교지도자들은 예수님에게 사회를 혼란케 하는 자라는 죄명을 씌워 죽이려고 하였다.

하나님은 성도들을 땅 끝까지 보내 사회를 혼란케 하여 가짜 평화를 깨뜨리게 하신다. 하나님의 뜻을 이해한 자들은 세상 곳곳에서 분란을 일으켰다. 데살로니가에 있는 유대인들은 바울 일행이 도착하자 세상을 소란하게 하는 그리스도인들이라고 고소한다. "세상을 소란하게 한 그 사람들이 여기에도 나타났습니다."행 17:6 실제로 초대교회 성도들은 하나님의 도구가 되어 유대교의 잘못된 종교질서를 까부수고, 더 나아가 로마의 거짓된 평화와 질서를 흔들고 무너뜨렸다. 그들은 우상숭배를 거부할 뿐만 아니라, 로마 황제를 중심으로 구축된 왜곡된 사회 질서를 정면으로 거부하여 로마 사회 전체를 뒤흔들었다. 바울의 다음과 같은 선언도 그 중 하나였다. "유대 사람도 그리스 사람도 없으며, 종도 자유인도 없으며, 남자와 여자가 없습니다. 여러분 모두가 그리스도 예수 안에서 하나이기 때문입니다."갈 3:28 이 말씀을 따라 그들은 민족의 차이, 신분의 차이, 남녀의 차이를 철폐하여 로마인-귀족-남자 위주의 사회에 심각한 균열을 냈다.

앞에서 언급했듯이, '팍스 로마나Pax Romana'는 노예나 외국인들을 배제한 평화였으며, 특히 같은 로마 사람인 여성들도 배제한 가짜 평화였다. 실제로 로마는 여성을 매우 차별하는 사회였다. 첫째, 로마는 남아선호사상이 매우 심했다. 그래서 기형 남자아이와 여자아이를 버리는 것은 전혀 불법이 아니었다. 둘째, 로마인들은 자녀를 많이 낳는 것을 좋아하지 않았기 때문에 낙태가 만연하였다. 낙태의 결정권은 전적으로 남성에게 있었기에 억지로 낙태를 해야 했던 여자들이 낙태하다가 많이 죽게 된다. 그 당시 의술이 열악했기 때문에 그럴 수밖에 없었다. 쇠갈고리, 검증되지 않은 약물, 복부 가격 등의 방식을 사용했다. 이런 이유로 로마는 남성 인구가 기형적으로 많아졌다. 남자/여자 비율 135:100 셋째, 로마는 여자아이가 12세가 되면 합법적으로 결혼할 수 있다고 규정했다. 그러나 실제로는 그보다 이른 나이에도 상당수가 결혼했다. 그래서 여러 문서에 12세 결혼 규정을 되도록 지키라고 권고하는 말이 남아 있고, 그 이전에 결혼했다면 12세가 되어야 합법적으로 아내로 인정받을 수 있다고 말하기도 한 것이다. 넷째, 아내에게는 성적 정절이 엄격하게 요구되었지만, 남자들에게는 성적 방종이 허용되었다. 그래서 당시에는 창녀나 정부情婦가 엄청나게 많았다고 알려져 있다.

이런 상황 속에서 기독교는 혁명적인 복음을 선포했다. 기독교는 남녀 모두에게 성적 정절을 요구했고, 너무 어린 나이에 결혼하지 못하게 하였고, 낙태는 절대 금지하였다. 또한, 교회 안에서는 바깥 사회에서 생각할 수 없을 정도로 여자들의 역할과 지위를 보장해주었다. 그리하여 로마 사회의 여성 차별적인 사회구조에 염증을 느낀 여자들이 여성을 존중하는 혁명적인 가르침을 설파하는 기독교로 대거 귀의하게 되었고, 그들이 남편이나 가족까지 교회로 이끌었다. 이런 흐름 속에서 기독교는 로마 사회의 남성 위주 체제를 흔들었고, 그것이 결국 로마를 정복하는 동력이 되었다. 이처럼 복음으로 무장된 그리스도의 사람들은 왜곡된 기존 체제에 도전하면서 가짜 평화에 균열을 내고 깨뜨리고 참된 평화를 세우기 위해 노력했다. 로드니스타크, 『기독교의발흥』, 149-195

종교개혁도 중세 가톨릭의 가짜 평화를 깨뜨리고 진정한 평화를 정립하려는 시도였다. 중세 사회는 초대교회 전통을 버리고 계층화가 상당히 진행되어, 신분에 근거한 사회질서가 하나님이 세우신 것이라고 주장하면서 신분 사회를 종교적으로 정당화했다. 그러나 종교개혁가들은 인간의 사회제도는 그 어떤 것이라도 결국 사람이 만든 것이므로 오류의 가능성이 있고, 오류가 있다면 얼마든지 변화시킬 수 있다고 주장하였다. 이런 생각의 변화가 사회 변화의 물꼬를 텄고, 신분제도의 개혁을 통한 새로운 질서를 가져왔다.

신분의 개혁과 맞물려 소명, 즉 직업 개념에도 개혁의 바람이 불었다. 당시 중세 사회는 직업도 신분처럼 고정된 것이며, 물려받은 직업은 결코 바꿀 수 없다고 가르쳤다. 그러나 개혁가들은 개인이 얼마든지 직업을 선택할 수 있고, 그 어떤 직업이라도 하나님 앞에서 책임을 다해 감당한다면 거룩한 소명이라고 가르쳤다. 이로 인해 사회의 변화와 경제의 변화, 그리고 계층의 이동이 촉발되었다. 교회에서도 사제나 평신도 할 것 없이 모든 그리스도인이 하나님 앞에서 제사장이라는 만인 제사장교리를 가르쳐서 사제와 평신도로 구분된 신분적 위계질서를 타파했다. 이것은 로마 가톨릭 체제를 완전히 뒤집은 엄청난 가르침이었다. 이 가르침은 교회의 새로운 질서를 가져오게 되었다.

이처럼 복음의 역사는 '평안하다 평안하다'고 하며 거짓 위로를 건네는 기득권자들의 위장된 평화를 드러내고 부수고 참된 평화를 세우는 과정이었다. 하나님은 엘리야와 같은 자신의 사람들을 보내서 여전히 이런 일을 행하고 계신다.

(3) 하나님은 왜 '가짜 평화'를 깨뜨리시는가?

하나님이 가짜 평화를 깨뜨리려는 목적이 단지 괘씸해서 벌을 주려는 것인가? 그렇지 않다. 벌을 주려는 의도도 있겠지만, 그것은 최종 목적이 아니다. 가짜 평화를 깨뜨려서 진짜 평화를 주려는 것이 하나님의 주된 목적이다.

하나님은 평안하다고 착각하는 사람들의 평안을 흔들어 진정한 평화를 주기를 원하신다. 하나님을 모른 채 낭떠러지로 달려가는 기차 위에서 평안하게 잘 지내고 있다고 착각하고 있다면 이 얼마나 큰 비극인가? 하나님을 안다고 하지만, 여전히 세상 질서와 세상이 약속하는 허무한 안정을 얻으려고 애쓰고 있다면 얼마나 불쌍한 일인가? 그래서 하나님은 가짜 평안에 취해 있던 우리의 뺨을 때리면서 밖을 내다보게 하고, 우리를 흔들어 깨워 상황이 얼마나 위중한지 깨닫게 하신다. 하나님이 주시는 진짜 평안을 얻게 하려는 것이다.

세상에 취해서 살아가는 우리의 삶, 육신의 정욕과 안목의 정욕과 이 생의 자랑에 취해서 살아가는 우리의 삶이 흔들리면 불편하고 부담스럽고 괴롭다. 마치 삭개오와 같은 상황이 될 것이다. 가난한 사람에게 재산의 절반을 나눠주고, 부당하게 취한 것은 네 배로 갚아주고 나면 그의 삶은 얼마나 불안해지고 힘들어지겠는가? 그러나 삭개오는 육신은 힘들어졌겠지만, 진정한 평화를 얻었을 것이다. 예수님을 집으로 맞아들이면서 기뻐 뛴 것을 보면 알 수 있다. 하나님이 우리의 삶을 흔들면 사는 게 힘들어지고 불편해질지 모른다. 그러나 그것은 우리에게 진짜 평안을 주기 위한 과정일 뿐이다. 그러므로 힘들게만 여기지 말고, 안정이 깨졌다고 불평만 하지 말고, 잠시 불편한 것을 참아내 보자. 그 후에 우리는 진짜 평화를 누리게 될 것이다.

하나님이 자신의 뜻을 따르는 사람들을 보내서 사회의 위장된 평화를 깨부수려는 이유도 진짜 평화를 주기 위한 것이다. 국정농단에 분노해서 일어난 촛불집회는 분명 혼란과 갈등의 시간이었다. 그러나 그것은 우리 사회를 무너뜨리고 파멸로 이끄는 시간이 아니라, 오히려 가짜 평화를 깨뜨리는 건설적인 시간이었다. 그 결과 적폐청산의 길이 열리고 진짜 평화를 이루는 것이 가능해졌기 때문이다. 하나님의 의도도 이런 것이다. 기득권자들만 누리던 거짓된 평화를 깨뜨리고 온 백성이 다 함께 누릴 수 있는 참된 평화를 주려는 것이다. 그러므로 우리는 가짜 평화를 깨뜨리는 과정에서 생기는 혼란을 거부해서는 안 된다. 흔들림과 혼란은 참된 평화를 정착시키기 위한 성장통이기 때문이다. 이런 과정이 지나가야 모두가 함께 누리는 참된 평화가 올 것이다.

예수님과 선배 기독교인들을 본받아 살아야 할 우리는 세상이 위장된 평화를 선전할 때 그 위선을 드러내고 지적하고 개혁해야 한다. 기득권자들이 양극화를 고착화해 놓고, '헬조선'을 만들어놓고, 불공정한 제도를 확고하게 해 놓고서 이 제 사회가 안정되었다고 기만하는 것을 까발려야 한다. 양극화, 헬조선의 양상, 불공정한 제도 등은 하나님이 의도하시는 정의와 평화와 공평의 기초 위에 세워진 사회의 모습이 아니라고 도전하고 고발해야 한다. 또한, 우리는 '종교 장사꾼들'이 만들어놓은 가짜 종교 질서를 그대로 받아들이고 안주해서는 안 된다. 유사 사제주의, 성전주의, 성속 이원론과 같은 거짓된 신학에 기초한 왜곡된 교회 질서를 깨부수고 새로운 질서를 만들어야 한다. 이 과정에서 '세상을 흔드는 자들'이라고 비난받는 것을 두려워하지 말아야 한다. 그런 과정을 거쳐야 비로소 참된 평화가 임할 것이기 때문이다.

〈삶을 향하여〉

1. 내 삶에 어떤 문제가 생겼을 때 다른 사람이나 어떤 구조적인 문제 탓을 하면서 자신의 책임이나 노력 부족을 회피하고 있지는 않은가? 남 탓하지 않고 자신의 잘못을 직시하고 솔직하게 인정하려면 어떻게 해야 할까?

2. 예수님을 만나기 전과 후에 내 삶에 어떤 변화가 있었는가? 내가 누리던 안정된 삶에 균열이 생기고, 인생의 목표와 삶의 방식과 가치관이 달라지는 경험을 했는가? 혹시 지금 누리고 있는 얄팍한 평화가 깨지는 것을 두려워하면서 주저하고 있지는 않은가?

13. 왜 양다리를 걸치는가?

왕상 18:19-21

"'이제 사람을 보내어, 온 이스라엘을 갈멜산으로 모아 주십시오. 그리고 이세벨에게 녹을 얻어먹는 바알 예언자 사백 쉰 명과 아세라 예언자 사백 명도 함께 불러 주십시오.' 아합은 모든 이스라엘 자손을 부르고, 예언자들을 갈멜산으로 모았다. 그러자 엘리야가 그 모든 백성 앞에 나서서, 이렇게 말하였다. '여러분은 언제까지 양쪽에 다리를 걸치고 머뭇거리고 있을 것입니까? 주님이 하나님이면 주님을 따르고, 바알이 하나님이면 그를 따르십시오.' 그러나 백성들은 한 마디도 그에게 대답하지 못하였다."

1. 싸움을 제안하다

엘리야는 가뭄으로 온 나라가 피폐해진 사태의 진정한 원인이 무엇인지, 또는 진정한 능력자가 누구인지 가려보자고 아합에게 제안한다. "이제 사람을 보내어, 온 이스라엘을 갈멜산으로 모아 주십시오. 그리고 이세벨에게 녹을 얻어먹는 바알 예언자 사백 쉰 명과 아세라 예언자 사백 명도 함께 불러 주십시오."19절

엘리야는 바알과 아세라 선지자 850명을 불러 자신과 대결할 것을 제안한다. 단, 이 대결은 온 백성이 보는 앞에서 해야 한다. 하나님의 선지자는 이세벨에 의해 이미 모두 제거되었거나, 오바댜가 숨겨준 것처럼 어디론가 숨어버렸다. 그 빈자리를 바알과 아세라 선지자들이 차지하고 있었다. 엘리야는 대결 장소로 갈멜산을 선택했다. 갈멜산은 이스라엘과 시돈의 경계에 있는 곳으로 당시에 바알 신앙의 중심지로 알려져 있다. 갈멜산을 선택한 것은 적의 본거지로 들어가겠다는 의지의 표현이다.

아합은 엘리야의 제안에 어떤 반응을 보였나? 엘리야를 만나자마자 바로 잡아

서 죽일 수는 없었을까? 가뭄을 통해서 이스라엘을 고통 속에 몰아넣은 주범이 나타났으니 말이다. 마음 같아서는 그러고 싶었겠지만, 그렇게 하지 못하는 이유가 있다. 가뭄이라는 문제를 아합 스스로 해결할 수 없기 때문이다. 문제 해결의 열쇠는 엘리야가 쥐고 있다는 것을 아합도 인정할 수밖에 없었고, 따라서 엘리야의 제안에 응할 수밖에 없었을 것이다.

이것은 무엇을 말해주는가? 엘리야의 제안을 받아들일 때 이미 아합은 지고 들어갔다는 것을 의미한다. 즉, 이 가뭄의 원인과 해결책이 엘리야에게 있다는 것을 인정한다는 것과 같다. 그래서 아합은 엘리야의 제안을 받아들여 "모든 이스라엘 자손을 부르고, 예언자들을 갈멜산으로 모았다."20절

2. 백성들에게 도전하다

갈멜산에서 대결의 장이 마련되고, 백성들이 구름떼처럼 몰려들자, 엘리야는 대결을 시작하기 전에 백성들에게 먼저 말을 건다. "엘리야가 그 모든 백성 앞에 나서서, 이렇게 말하였다. '여러분은 언제까지 양쪽에 다리를 걸치고 머뭇거리고 있을 것입니까? 주님이 하나님이면 주님을 따르고, 바알이 하나님이면 그를 따르십시오.'"21절 '머뭇거리다'라는 표현은 술 취한 사람의 '갈 지之'자 걸음을 의미한다. 우왕좌왕하면서 이쪽으로도 못 가고 저쪽으로도 못 가는 모양새, 양쪽을 저울질하면서 더 이익이 될 것 같은 쪽으로 가려는 엉거주춤한 자세를 뜻한다. 기회주의적 태도다.

이스라엘은 원래 여호와를 섬겼지만, 지금 아합의 압력으로 바알 숭배로 돌아선 상태다. 그런데 지난 3년 동안 여호와의 심판으로 비가 내리지 않으면서 백성들 사이에서 다시 여호와께로 돌아가야 하나 하는 마음이 생겼을 것이다. 비록 이세벨의 포악 때문에 대놓고 여호와를 섬기지는 못해도 마음속으로는 갈등하고 있었을 것이다. 그래서 엘리야는 지금 백성들의 상태가 이러지도 못하고 저러지도

못하는 어정쩡한 상태라고 규정한 것이다. 이런 상태에 있는 백성들에게 엘리야는 분명하게 선택할 것을 요구한다. "누가 진짜 신인가? 이제 더는 어정쩡한 태도를 보이지 말고 참된 신을 선택하라." 지금 엘리야는 가나안에 처음 들어왔을 때 여호수아가 이스라엘 백성들에게 결단을 요구했던 것을 반복하고 있다. "당신들은 이제 주님을 경외하면서, 그를 성실하고 진실하게 섬기십시오. 그리고 여러분은 여러분의 조상이 강 저쪽의 메소포타미아와 이집트에서 섬기던 신들을 버리고, 오직 주님만 섬기십시오. 주님을 섬기고 싶지 않거든, 조상들이 강 저쪽의 메소포타미아에서 섬기던 신들이든지, 아니면 당신들이 살고 있는 땅 아모리 사람들의 신들이든지, 당신들이 어떤 신들을 섬길 것인지를 오늘 선택하십시오. 나와 나의 집안은 주님을 섬길 것입니다."수24:14-15

하나님은 이미 십계명을 통해 오직 하나님만을 섬기라고 명령했다. "너희는 내 앞에서 다른 신들을 섬기지 못한다."출20:3 예수님께서 다시 확인하셨듯이, 두 주인을 섬기는 것은 우상숭배이기 때문이다. "아무도 두 주인을 섬기지 못한다. 한쪽을 미워하고 다른 쪽을 사랑하거나, 한쪽을 중히 여기고 다른 쪽을 업신여길 것이다."마6:24

"그러나 백성들은 한 마디도 그에게 대답하지 못하였다."21절 이스라엘 백성들은 엘리야의 강력한 요구에 직면해서도 아무런 반응을 보이지 않고 있다. 지난 3년 동안 여호와의 능력을 분명히 보았음에도 여전히 여호와 편에 선뜻 서지 못하고 눈치를 보면서 주저하고 있다. 왜 이렇게 되었는가? 그 이유가 무엇인가?

3. 머뭇거리는 첫 번째 이유: 권력의 압박에 굴복하다

이스라엘 백성이 머뭇거리는 일차적인 원인은 권력의 무자비한 폭력과 공포 속에 주눅 들었기 때문일 것이다.

아합은 바알 신앙의 본거지였던 시돈의 공주 이세벨과 결혼하였다. 아합이 이세벨과 결혼한 것은 앞서도 언급했듯이 정략적이었다. 그것은 주변 국가들, 특히 강대국 앗시리아에 맞설 수 있는 지혜로운 정책일 수 있다. 그러나 아합의 결혼은 이방 여인과 결혼하지 말라는 여호와의 명령을 무시한 것이었다. 그 결과 아합은 이세벨의 영향을 받아 바알을 섬기고 예배하고, 바알 신전을 세우고, 바알과 아세라 선지자들을 수입하게 되었다. 이세벨은 바알 신앙을 뿌리 내리기 위해 여호와의 선지자들을 학살하면서 여호와 신앙을 탄압했다.16:31-33, 18:4, 19:2

권력의 힘을 동원해서 우상 숭배를 강요하는 권력자들에게 저항하는 것은 쉽지 않다. 이런 상황에서 이스라엘 백성 중에 믿음을 지키려는 자들은 상당한 압박을 느꼈을 것이다. 이세벨이 여호와 신앙을 박해하면서 여호와의 선지자들을 모두 잡아 죽이고 있었기 때문에 여호와 신앙을 드러내놓고 말하는 것은 엄청난 불이익을 감수해야 하는 일이었을 것이다. 결국, 권력에 굴복하여 어쩔 수 없이 바알 숭배 의식에 참여한 사람들도 많았을 것이다. 물론 자신의 이익을 지키기 위해 권력에 야합하는 사람들도 있었을 것이라는 점은 충분히 예상할 수 있는 일이다.

신앙인들이 권력의 압박에 굴복하는 일은 역사에서 계속 반복되고 있다. 우리나라 역사에서 가장 대표적인 예는 일제 강점기에 신사참배를 결의한 일이다. 일본 경찰이 신사참배는 종교의식이 아닌 국민의례라고 가장하여 교회를 회유하자 천주교는 1938년 5월 25일 교황 바오로 12세 이름으로 "신사참배는 종교적 행사가 아닌 애국적 행사이므로 이를 용어한다"고 발표했다. 뒤이어 감리교는 1938년 9월 3일 총리사 양주삼 박사의 이름으로 신사참배에 참여할 것을 결정하고 일본적 기독교에 입각하여 황도정신을 발양한다는 선언문을 채택했다.

천주교와 감리교가 굴복하자 일본 총독부는 최대 교단인 장로교신자수29만명, 전체 기독교인의76% 역시 굴복시키려고 압력을 가하기 시작했다. 1938년 2월에 열린 각 지역 노회에서 17개 노회가 신사참배를 결의하고 같은 해 9월 10일에 평양 서

문밖교회에서 열린 27회 조선예수교장로회 총회에서 총회장 홍택기 목사 명의로 다음과 같은 성명서가 발표되었고 신사참배를 최종적으로 결의하였다. "아등은 신사는 종교가 아니요, 기독교의 교리를 위반하지 않는다는 본의를 이해하고, 신사참배가 애국적 국가의식임을 자각하여 이에 솔선 여행하고 추히 국민정신총동원에 참가하여 비상시국 하에서 총후 황국신민으로서 적성을 다하기로 기함에 서명했다." 선교사들은 불법이라며 즉각 반발했지만, 일본 경찰의 제지로 어쩔 수 없었다. 총회 후 지도자들은 대거 평양 신사에 가서 참배했다.

신사참배는 어쩔 수 없는 일이었는가? 한국기독교역사연구소에 따르면, 총대들이 목숨을 걸고 신사참배를 반대했다면 더는 신사참배 강요가 없었을 것이라고 한다. 총대들이 거부하면 더 이상 신사참배를 강요하지 않으려는 일본 정부의 움직임이 있었지만, 총대들이 일본 경찰의 설득에 넘어가고 말았다는 것이다.

신사참배 결의 후, 한국 기독교의 맥과 전통을 이어오던 평양신학교는 폐교되었고, 신사참배를 반대하던 교회도 폐쇄되었다. 주기철, 최상림, 한상동, 이인재, 이영환, 박봉진 목사를 비롯한 여러 목회자가 신사참배 반대로 고난을 받거나 순교하였고, 성도 2000명이 투옥되었다. 순교자도 50명이나 되었다.

군사정권 시절에 진보 기독교는 정권에 저항했으나 보수 기독교는 권력의 힘 앞에 굴복했다. 보수 기독교는 국가가 독재정치를 하면서 온갖 불의를 저질러도 방관하고, 오히려 부당한 권력과 결탁하여 그들을 인정해주고 그 대신 혜택을 누렸다. 한국 보수교회가 국가가 주는 혜택을 누리려고 독재 폭압 정권에 눈을 감은 것이다. 1965년 2월 27일 김준곤 목사 주도로 국가조찬기도회가 처음 시작되었다. 첫 번째 조찬기도회에서 "박 대통령이 이룩하려는 나라가 속히 임하길 빈다"고 기도했고, 다음 해에는 "우리나라의 군사 혁명이 성공한 이유는 하나님이 혁명을 성공시킨 것"이라고 군사쿠데타를 찬양했다. 김지방, 정치교회, 74-75 1980년 8월 6일 '전두환 국가보위 비상대책위원회 상임위원장을 위한 조찬기도회'에서 한경직 목사는 설교를 통해 전두환을 '여호수아와 같은 지도자'로 칭송하였다. 권력에 굴복하고 아부한 것이다.

현대의 사회경제적 권력은 기독교를 직접 압제하기보다 미묘한 방식으로 압박하기도 한다. 권력자들이 만들어 놓은 사회 제도를 따라야 성공적인 삶을 살 수 있고, 그것에 저항하면 상당히 힘든 삶을 살 수밖에 없는 상황에 직면하게 한다. 권력자가 만들어 놓은 기성 제도가 하나님의 뜻을 실천하지 못하게 방해를 놓는 것이다. 예를 들어, 저녁이 있는 삶이 인간다운 삶이라고 말은 하지만 기존의 경제구조로는 저녁이 있는 삶을 살지 못하게 되어 있다. 과도한 노동시간을 강요하는 직장이 신이 되어 그리스도인이 하나님의 뜻을 따라 살지 못하게 방해한다. 우리는 경제활동에 참여할 뿐만 아니라 가족을 돌보고, 이웃을 섬기고, 공동체를 섬기고, 사회의 약자를 돌보는 사명을 받았지만, 기존 경제구조는 우리에게 이런 사명을 감당할 여유를 주지 않기 때문이다.

그러나 기성 제도나 권력의 압박에 굴복하지 않고 저항하면서 제도나 법을 바꾸는 데 기여한 사람들이 있다. 대안교육은 '우리 아이들의 교육을 왜 국가가 마련한 것에만 의존해야 하는가? 언제부터 국가가 우리 아이들의 교육을 통제했고 왜 우리는 국가가 정한 규정을 무비판적으로 따라야 하는가?'라는 질문에서 시작했다. 국가가 쥔 학력인증 권력에 무조건 순응했다면 아무런 시도도 하지 못했을 것이다. 그러나 국가교육제도의 문제점을 인식하고 그것을 따르기를 거부한 사람들이 있었고, 그들이 대안학교를 만들기 시작했고, 홈스쿨링을 시도했다. 그들은 대안학교 제도를 인정하지 않는 국가의 정책 때문에 처음엔 상당한 불이익을 당했다. 그러나 굴복하지 않고 노력한 결과 지금은 불이익이 상당히 줄어들었다.

양심적 병역거부자들은 "왜 나의 종교적 신념에 어긋나는 행동을 국가라는 이름으로 강제하는가?"라며 성역 같은 병역법에 의문을 제기했다. 과거 우리나라

병역법은 정당한 이유 없이 입영일에서 사흘이 지나도 입대하지 않으면 3년 이하의 징역에 처하도록 규정했었다. 1990년대 이후 양심적 병역거부라는 단어가 본격적으로 쓰인 지 거의 30년만인 2018년 6월 28일 헌법재판소는 종교나 양심을 이유로 군복무를 거부한 이들을 위한 대체복무를 정하지 않은 병역법 조항은 헌법에 어긋난다는 판단을 내렸다. 다만 입영거부에 대한 처벌 조항은 합헌이라고 판단했다. 현재 양심적 병역거부자들에 대한 무죄판결도 90건에 이르고 있다. 이제 드디어 대체복무제도가 마련되었다. 수십 년 동안 극심한 불이익을 당하면서도 부당한 권력에 저항한 노력의 결실을 얻게 된 것이다.

우상 숭배와 하나님 섬김의 차이는 단순히 주일에 어디에 가서 예배를 드리느냐의 문제가 아니라, 일상의 삶에서 누구를 따를 것인가 하는 문제다. 권력의 힘이 우리로 하여금 하나님을 제대로 섬기지 못하게 만든다면 그것은 우상을 섬기게 만드는 것과 같다. 국가권력이 우상 숭배를 조장한다는 말이다. 이스라엘 백성은 권력의 압박 때문에 여호와와 우상 사이에서 갈팡질팡했다. 이것은 당시 이스라엘 백성만의 문제가 아니다. 우리를 포함한 모든 시대 모든 그리스도인이 직면한 문제다.

권력자의 압박은 버티기 쉽지 않다. 그렇기에 이스라엘 백성이 바알에 굴복한 것을 어느 정도는 이해할 수 있다. 우리도 이런 압박을 이겨낼 수 있다고 자신할 수 없기 때문이다. 그래서 우리는 우리 자신의 약함을 알기 때문에 다만 우리 시대에 권력자의 압박이 심하지 않기를 바라게 된다. 사회 분위기, 권력자의 성향 등이 우리의 개인적인 신앙에 미치는 영향이 매우 크기 때문이다. 우리가 일제 강점기에 태어났다면, 북한 주민이라면, 이슬람국가의 국민이라면 어떠했겠는가? 그런 상황에서도 당당하게 믿음대로 살 수 있었을까? 결코 쉽지 않았을 것이다. 그러므로 겸손해야 한다. 그 당시 권력에 굴복한 사람들을 향해 마치 나는 결코 그렇게 하지 않을 것처럼 지나치게 비난만 해서는 안 된다. 오히려 현재 이런 갈등이 없이 편하게 신앙생활을 할 수 있는 사회와 구조를 만든 사람들에게 감사하는 마음을 가져야 한다.

하지만 그렇다고 해서 우리를 압박하는 사회와 권력에 무조건 복종해도 좋다는 건 아니다. 아무리 어려운 상황에서도 압박하는 세력에 저항하고 믿음을 지키면서 살아가려는 사람들이 많이 있으며, 그것이 하나님의 뜻이라는 것이 분명하기 때문이다. 압박에 아무도 저항하지 않을 때, 이스라엘이 멸망의 길로 떠내려간 것처럼, 우리도 같은 길로 가게 될 것이다. 그러므로 우리도 힘을 모아 저항하면서 우리의 믿음을 지키기 위해 노력해야 한다.

4. 머뭇거리는 두 번째 이유 : 실용적 혜택

이스라엘 백성이 권력자의 강압에 굴복하여 바알을 섬겼을 수도 있지만, 바알 신앙이 주는 매력도 그들이 양다리를 걸치는 데 큰 역할을 했을 것이다.

이스라엘 백성은 애굽에서 주로 목축을 하던 민족이었다. 그러나 가나안에 정착한 이후 농사를 지으면서 살았기 때문에 농사와 관련된 것에 민감할 수밖에 없었다. 당시 가나안 지방에서 세력을 떨치고 있던 바알은 다산과 풍요의 신으로 알려져 있었고, 이스라엘 백성들도 가나안에 들어와 정착한 초기부터 이방 신들을 섬기려는 시도를 자주 했었다. 즉, 왕의 강압이 없었던 사사 시대부터 이스라엘 백성들은 스스로 가나안의 신들을 섬긴 경험이 있었다. 이런 상황에서 아합이 바알 신앙의 본거지인 시돈 왕 엣바알'바알이 함께 한다', '바알의 사람'의 딸 이세벨과 결혼하면서 종주국으로부터 바알 신앙을 제대로 수입해서 섬겨보자고 할 때 백성들은 굳이 반대할 이유가 없었을 것이다. 농사라는 현실 문제를 해결하는 것이 가장 중요했기 때문에 아합과 동조하여 바알 숭배에 참여하게 되었을 것이다. 결국, 이스라엘 백성이 바알 신앙을 선택한 것은 권력자의 강제력에 의한 압박도 있었지만, 실제적인 이익을 얻고자 하는 동기가 오히려 더 크게 작용했다고 볼 수 있다. 그래서 지금 엘리야가 여호와와 바알 중에서 하나를 선택하라고 강요할 때 선뜻 바알을 버리고 여호와께 돌아오는 것을 주저하는 것이다. 그렇게 하다가 농사를 망치고, 경제적 손해를 입을까 봐 두려웠기 때문이다. 이것은 결국 현실적인 이익을 더 중요하게 생각하는 것이다.

우상은 하나님 대신, 또는 하나님보다 더 우리의 삶을 만족시켜주고 미래를 보장해주고 욕구를 더 잘 충족시켜준다고 약속하는 것들이다. 그래서 사람들이 이런 것들을 섬기는 것이다. 이런 점에서 보면 하나님보다는 바알이 더 현실적인 것처럼 보인다. 하나님은 여러 가지 명령으로 우리를 피곤하게 만들지만, 우상은 그런 윤리적 요구를 하지 않고, 당장 필요한 것을 채워주겠다는 약속만 해주기 때문에 더 친근하고 매력적으로 느껴진다.

양다리를 걸친 채 머뭇거리고 있는 이스라엘 백성들의 마음속에서는 가치와 욕망이 대립하면서 충돌하고 있다. 가치 면에서는 여호와를 섬겨야 하지만, 욕망은 바알에 더 닿아있다. 이성적으로 판단할 때 가치를 선택하는 것이 더 옳다는 것을 알지만, 현실 상황에 눈을 돌리면 욕망이 가치를 눌러버린다. 욕망의 힘은 엄청나다. 욕망이 한번 생기면 제어하기가 거의 불가능하다.

부동산 규제가 왜 이렇게 어려운가? 왜 집값이 잡히지 않는가? 부동산으로 돈을 벌려는 욕망을 제어할 수 없기 때문이다. 가상화폐로 일확천금을 벌려는 욕망에 국가가 손을 댔더니 난리가 났다. 사람들의 욕망을 거스르면 엄청난 반발과 저항이 일어난다. 학교에서 영어 조기 교육을 제한하는 규정을 만들었더니 부모들이 들고일어나 반대를 했다. 대한민국 부모에게 자녀 교육, 더 정확하게는 자녀의 성공은 거의 이데올로기 수준, 아니 더 나아가서 우상의 수준이기 때문이다. 복지재정을 충당하기 위해서는 세금 인상이나 건강보험료 인상이 필수적이라고 전문가들이 열심히 설파해도, 지금 당장 눈앞에 있는 돈이 사라지는 것을 참지 못하는 국민을 설득하려는 정치인이 없다. 그렇게 하는 것은 정치적 자살행위에 가깝기 때문이다. 국민의 욕망을 거슬러 가는 정책을 펼치려는 정권은 버티기 어렵다. 반대로, 국민의 욕망을 잘 파악하고 그것에 잘 맞춰주는 정권은 적어도 임기 내에는 지지를 얻게 된다.

기독교 역사도 가치와 욕망이 갈등하고 싸우는 역사였다. 간단하게 일별해도 콘스탄틴 기독교의 권력주의, 중세 기독교의 타락면벌부를 통한 부의 축적, 성적 타락, 권력 다툼, 한국교회의 타락물질주의, 권력주의, 화려한 교회 건축, 교회 세습 등에서 이런 싸움이 극명하게 드러난다. 이 싸움의 결과가 무엇이었나? 거의 대부분 욕망이 이겼다. 다만 엘리야와 같은 소수의 사람들이 하나님의 가치를 선택했고, 그 선택이 어두운 시대를 혁신하는 새로운 부흥의 기폭제가 되면서 자정 능력을 발휘했기에 기독교의 명맥이 이어졌다고 해도 과언이 아니다.

교회 세습은 우리 시대 욕망의 결정체 중 하나다. 이 욕망을 제어할 수 있을까? 거의 불가능할 것이다. 명성교회는 큰 교회니까 유명세 때문에 욕을 먹고 있지만, 지금도 수많은 교회에서 세습이 이루어지고 있다. 그리스도의 제자로서 합당한 삶제자도을 강조하는 교회보다 처세술을 가르치면서 하나님의 이름으로 복 받는 비결을 알려주는 교회에 사람들이 몰리고 있다. 중보기도를 하는 '예수원' 같은 곳에는 사람들이 별로 없다, 그러나 복을 강조하는 기도원에는 언제나 사람들로 북적인다. 한국의 그리스도인들도 절반 정도가 점쟁이를 찾아가서 점을 친다고 한다. 기도해도 응답이 막연한 것보다는 당장 가려운 곳을 긁어주는 게 더 좋게 보이기 때문이다.

그렇다면 이스라엘 백성들과 우리가 다를까? 전혀 그렇지 않다! 여전히 우리도 가치와 욕망 사이에서 갈팡질팡하고 있다. '다 먹고 살기 위해서' '자식 교육을 위해서'라는 변명을 하면서 욕망을 추구하고 있다. 먹고 사는 문제, 자식 교육과 성공, 안락한 생활이 최고의 가치가 되었다. 이스라엘 백성들처럼 우리에게도 매력적인 유혹은 계속 다가올 것이다. 그러므로 우리는 깨어 있어야 한다. 하나님을 밀어내고 슬그머니 그 자리를 꿰차고 앉아 있는 것은 없는지 눈을 크게 뜨고 살펴야 한다.

우리의 우상은 무엇인가? 우리의 삶을 보장해주는 것은 무엇인가? 우리가 최종적으로 믿는 것은 무엇인가? 우리가 갈구하는 것은 무엇이며, 안전이나 행복감을 얻기 위해 의지하는 것은 무엇인가? 돈인가? 집인가? 보험인가? 저축인가? 직장인가? 자식인가? 우리는 이 싸움을 주님 오시는 날까지 해야 할 것이다.

가치와 욕망의 싸움은 개인의 싸움이기도 하지만, 공동체의 싸움이기도 하다. 개인이 무너지면 공동체도 무너지고, 공동체가 중심을 잃으면 개인도 패배하게 된다. 그러나 반대로, 개인이 잘 버텨주면 그 힘으로 공동체가 아름다운 모습이 될 것이고, 공동체가 이 싸움을 포기하지 않고 계속 싸워나간다면 우리 각자도 그 안에서 힘을 얻으면서 함께 승리할 가능성이 더 커진다. 그러므로 우리는 엘리야의 호소에 분명하게 답하는 그리스도인과 공동체가 되어야 한다. "'여러분은 언제까지 양쪽에 다리를 걸치고 머뭇거리고 있을 것입니까? 주님이 하나님이면 주님을 따르고, 바알이 하나님이면 그를 따르십시오.'"21절

5. 머뭇거리는 세 번째 이유 : 쾌락적 만족 (성적 유혹)

이스라엘 백성이 여호와와 바알 사이에서 머뭇거린 세 번째 이유는 성적 쾌락과 관련 있다. 고대인들은 하늘에서 내리는 비를 신들의 정액이라고 생각했다. 신들이 섹스를 통해서 비를 잘 내려주어야 농사가 잘 된다고 생각했다. 그래서 사람들은 정기적으로 신전에 모여 신들의 섹스를 모방하는 섹스 의식을 거행했다. 그 의식은 모방의 성격도 있지만, 섹스를 통해서 신들을 자극하여 신들도 섹스를 하

게 만들려는 의도도 있었다. 그래야 정액인 비가 잘 내릴 수 있다고 믿었기 때문이다. 그리하여 바알 숭배엔 성적인 의식이 반드시 수반되었고왕상 14:24, 결국 사회 전반에 자유로운 성 생활을 초래했다.

여호와 종교는 성에 관해 엄격했지만 바알 제사는 성적 쾌락까지 주기 때문에 이스라엘 백성에게 상당히 매력적으로 다가왔을 것이다. 합법적인 성적 일탈이 보장되기 때문이다. 바알 신앙은 쾌락적 욕구를 만족시켜주기 때문에 끌리지 않을 수 없었을 것이다. 쾌락 추구 앞에서 하나님 종교의 특징인 율법에 대한 이성적인 이해와 율법을 철저하게 준수하는 윤리적 삶은 밀려나게 되었다. 바알 종교는 윤리가 결여되어 있었다. 다만 풍요라는 현실적 이익과 쾌락의 추구만이 있을 뿐이다. 이것은 모든 시대와 민족을 관통하는 현세 기복적 종교의 공통적인 특징이다.

6. 결국 이스라엘은 굴복했다.

이스라엘이 가나안에 들어올 때부터 바알 신앙은 이스라엘을 계속 유혹했다. 이것을 미리 예상하신 하나님은 여호수아에게 가나안 사람들을 완전히 멸하도록 명령하셨다.

"주 당신들의 하나님은 그들을 당신들의 손에 넘겨주셔서, 당신들이 그들을 치게 하실 것이니, 그 때에 당신들은 그들을 전멸시켜야 합니다. 그들과 어떤 언약도 세우지 말고, 그들을 불쌍히 여기지도 마십시오. 그들과 혼인관계를 맺어서도 안 됩니다. 당신들 딸을 그들의 아들과 결혼시키지 말고, 당신들 아들을 그들의 딸과 결혼시키지도 마십시오. 그렇게 했다가는 그들의 꾐에 빠져서, 당신들의 아들이 주님을 떠나 그들의 신들을 섬기게 될 것이며, 그렇게 되면 주님께서 진노하셔서, 곧바로 당신들을 멸하실 것입니다."신7:2-4

유혹거리를 옆에 두고 사는 것은 폭발물을 옆에 두고 가스 불을 피우는 것과 같다는 것을 알고 계셨기 때문에 처음부터 폭발물을 제거하도록 명령한 것이다. 이것은 마치 알코올 중독자가 술친구를 만나지 않겠다고 결심하는 것과 비슷하며, TV의 유혹을 이기기 위해 TV를 아예 없애버리는 것과 같다. 유혹의 대상을 옆에 두고 이기기는 정말 어렵다. 우리 인간은 매우 약하기 때문이다. 그러므로 근본적인 해결은 과감하게 결단하여 유혹의 싹을 자르는 것이다.

하나님의 엄한 명령이 있었는데도 이스라엘은 유혹의 싹을 없애지 못했고, 끝내 발목을 잡히고 말았다. "주님의 천사가 길갈에서 보김으로 올라와서 이렇게 말하였다. "나는 너희를 이집트에서 이끌어 내었고, 또 너희 조상에게 맹세한 이 땅으로 너희를 들어오게 하였다. 내가 너희에게 말하기를 '나는 너희와 맺은 언약을 영원히 깨뜨리지 않을 것이니, 너희는 이 땅의 주민과 언약을 맺지 말고, 그들의 단을 헐어야 한다' 하였다. 그러나 너희는 나의 말에 순종하지 않았다. 너희가 어찌하여 이런 일을 하였느냐? 내가 다시 말하여 둔다. 나는 그들을 너희 앞에서 몰아내지 않겠다. 그들은 결국 너희를 찌르는 가시가 되고, 그들의 신들은 너희에게, 우상을 숭배할 수밖에 없도록 옭아매는 올무가 될 것이다.""삿2:1-3

우상은 우리를 끈질기게 유혹한다. 누군가 우리에게 다가와 "너 예수 믿으면 죽인다"고 위협하면 우리는 마음을 굳게 먹고 확고한 신앙의 태도를 취하겠지만, 조금씩 살금살금 접근하면 우리는 자기도 모르는 새에 조금씩 끌려 들어가 어느 순간 무기력한 자신의 모습을 발견하게 될 것이다. 은밀하게 다가오는 유혹들을 헤치고 그리스도인으로 신실하게 살아간다는 건 참 힘들다.

현실적으로 우리가 이 세상에서 살아가는 한 유혹에서 완전히 벗어날 수는 없다. 그러려면 세상 밖으로 나가야 할 것이다. 그렇다면 우리는 무기력한 채 우상의 유혹에 굴복할 수밖에 없는 운명인가? 우리에게 구원의 희망은 없는가?

하나님은 우리에게 유혹을 극복할 수 있는 두 가지 처방을 내려주셨다. 첫 번째는 하나님의 말씀을 곁에 두고 그 말씀의 가르침에 늘 주의를 기울이는 것이다. 시편 119:9-11절은 이렇게 잘 말해준다. "젊은이가 어떻게 해야 그 인생을 깨끗하게 살 수 있겠습니까? 주님의 말씀을 지키는 길, 그 길뿐입니다. 내가 온 마음을 다하여 주님을 찾습니다. 주님의 계명에서 벗어나지 않게 하여 주십시오. 내가 주님께 범죄하지 않으려고, 주님의 말씀을 내 마음 속에 깊이 간직합니다." 두 번째는 바울이 청년 디모데에게 준 권면에 나타난다. "그대는 젊음의 정욕을 피하고, 깨끗한 마음으로 주님을 찾는 사람들과 함께, 의와 믿음과 사랑과 평화를 좇으십시오."딤후2:22 혼자 힘으로는 유혹을 피하기 어렵지만 공동체와 더불어 있으면 가능해진다는 것이다. 전도서 4장 12절에도 동일한 권면이 나온다. "혼자 싸우면 지지만, 둘이 힘을 합하면 적에게 맞설 수 있다. 세 겹줄은 쉽게 끊어지지 않는다." 우리는 좋은 믿음의 사람들과 함께 하는 것이 필요하다. 성도의 교제가 나의 믿음을 키워줄 뿐만 아니라 우상의 유혹에 빠져드는 것을 막아주는 방패가 될 것이기 때문이다.

7. 선택하라!

3년간 가뭄으로 고생한 백성들, 여호와의 능력을 목도한 백성들에게 엘리야는 자신의 답답한 마음을 토로하고 분명한 입장을 취할 것을 요구한다. "'여러분은 언제까지 양쪽에 다리를 걸치고 머뭇거리고 있을 것입니까? 주님이 하나님이면 주님을 따르고, 바알이 하나님이면 그를 따르십시오.'"21절상 그러나 백성들은 침묵한다. "그러나 백성들은 한 마디도 그에게 대답하지 못하였다."21절하 여호와가 누구인지 잘 알고 있고, 지금 그 능력을 경험하고 있지만, 현실적인 상황 때문에 바알을 포기할 수 없는 어정쩡한 모습이다.

우리는 여러 가지 방식으로 하나님의 하나님 되심을 확인하게 된다. 성령의 불로써, 인격적인 만남으로써, 철학적 논증을 통해서, 기적적인 체험을 통해서. 그런데도 우리는 여러 가지 현실적 이유 때문에 우상의 유혹에 끌려 양다리를 걸치게 된다. 그 결과, 어떤 상황에서도 하나님을 전폭적으로 신뢰하지 못하게 된다.

이런 태도에 대해 바울은 정확하게 지적한다. "그들은 입으로는 하나님을 안다고 말하지만, 행동으로는 부인하고 있습니다. 그들은 가증하고 완고한 자들이어서, 전혀 선한 일을 하지 못합니다."딛 1:6 믿음의 결단을 하지 못하고, 결단에 따른 행동을 하지 못한다는 의미다. 하나님은 이런 모습을 매우 싫어하신다. 미지근한 태도를 보인 라오디게아 교회를 향해 이렇게 꾸짖는다. "나는 네 행위를 안다. 너는 차지도 않고, 뜨겁지도 않다. 네가 차든지 뜨겁든지 하면 좋겠다. 네가 이렇게 미지근하여, 뜨겁지도 않고 차지도 않으니, 나는 너를 내 입에서 뱉어 버리겠다."계 3:15-16 예수님도 엄히 말씀하셨다. "아무도 두 주인을 섬기지 못한다. 한쪽을 미워하고 다른 쪽을 사랑하거나, 한쪽을 중히 여기고 다른 쪽을 업신여길 것이다. 너희는 하나님과 재물을 아울러 섬길 수 없다."마6:24

하나님은 우리가 다시 하나님께로 돌아와서 "그가 주 하나님이시다! 그가 주 하나님이시다!" 라고 고백하기를 원하신다.39절 양다리를 걸치는 태도를 버리고 분명하게 여호와만을 섬기는 삶으로 돌아서기를 원하신다. 이 고백의 실천은 바알과 그 선지자들을 완전히 제거하는 것이다. 한 마디로, 우상을 제거하고 하나님을 전적으로 신뢰하기로 결심하는 것이다.

우리의 양다리는 무엇인가? 하나님과 동시에 섬기고 있는 것은 무엇인가? 하나님을 전적으로 섬기는 데 방해가 되는 것은 무엇인가? 그것에 대해 어떻게 할 것인가?

〈삶을 향하여〉

1. 먹고 사는 것과 관련된 돈과 경제, 자식, 안락한 삶, 내가 하고 싶은 것 등이 요즘 시대의 최고의 가치요 우상이 되어버렸다. 하나님과 그의 뜻에 순종하기 위해서 경제적 이익을 포기하고, 자식에게 좋을 것 같은 것을 포기하고, 내가 하고 싶은 것을 포기한 경험이 있는가?

2. 가치와 욕망 사이의 싸움은 주님 오실 때까지 지속되는 싸움이다. 더 중요한 것을 생각하지 못하도록 나의 욕망을 부추기며 유혹하는 것들은 무엇인가? 내가 속한 공동체는 가치와 욕망의 싸움에서 승리하기 위해 어떤 전략을 짜고 있는가? 돈과 자녀 교육과 안락한 삶이라는 우상을 타파하기 위해 우리 공동체는 어떤 노력을 하고 있는가? 나는 공동체의 도움이 필요하다는 것을 알고 그 안에서 더 깊은 교제를 갖기 위해 어떤 노력을 기울이고 있는가?

14. 저들이 알게 되기를

왕상 18:22-40

"그래서 엘리야는 백성들에게 다시 이렇게 말하였다. '주님의 예언자라고는 나만 홀로 남았습니다. 그런데 바알의 예언자는 사백 쉰 명이나 됩니다. 이제, 소 두 마리를 우리에게 가져다주십시오. 바알 예언자들이 소 한 마리를 선택하여 각을 떠서, 나뭇단 위에 올려놓되, 불을 지피지는 않게 하십시오. 나도 나머지 한 마리의 소를 잡아서, 나뭇단 위에 올려놓고, 불은 지피지 않겠습니다. 그런 다음에, 바알의 예언자들은 바알 신의 이름을 부르십시오. 나는 주님의 이름을 부르겠습니다. 그 때에, 불을 보내셔서 응답하는 신이 있으면, 바로 그분이 하나님이십니다.' 그러자 모든 백성들은, 그렇게 하는 것이 좋겠다고 대답하였다. 엘리야가 바알의 예언자들에게 말하였다. '당신들은 수가 많으니, 먼저 시작하시오. 소 한 마리를 골라 놓고, 당신들의 신의 이름을 부르시오. 그러나 불은 지피지 마시오.' 그들은 가져 온 소 한 마리를 골라서 준비하여 놓은 뒤에, 아침부터 한낮이 될 때까지 '바알은 응답해 주십시오' 하면서 부르짖었다. 그러나 응답은커녕, 아무런 소리도 없었다. 바알의 예언자들은 제단 주위를 돌면서, 춤을 추었다. 한낮이 되니, 엘리야가 그들을 조롱하면서 말하였다. '더 큰소리로 불러 보시오. 바알은 신이니까, 다른 볼일을 보고 있을지, 아니면 용변을 보고 있을지, 아니면 멀리 여행을 떠났을지, 그것도 아니면 자고 있으므로 깨워야 할지, 모르지 않소!' 그들은 더 큰 소리로 부르짖으면서, 그들의 예배 관습에 따라, 칼과 창으로 피가 흐르도록 자기 몸을 찔렀다. 한낮이 지나서 저녁 제사를 드릴 시간이 될 때까지, 그들은 미친 듯이 날뛰었다. 그러나 아무런 소리도 없고, 아무런 대답도 없고, 아무런 기척도 없었다. 이 때에 엘리야가 온 백성들에게 가까이 오라고 하였다. 백성들이 가까이 오니, 그는 무너진 주님의 제단을 고쳐 쌓았다. 그리고 엘리야는, 일찍이 주님께서 이스라엘이라고 이름을 고쳐 주신 야곱의 아들들의 지파 수대로, 열두 개의 돌을 모았다. 이 돌을 가지고 엘리야는 주님께 예배할 제단을 다시 쌓고, 제단 둘레에는 두 세아 정도의 곡식이 들어갈 수 있는 넓이의 도랑을 팠다. 그 다음에, 나뭇단을 쌓아 놓고, 소를 각을 떠서, 그 나뭇단 위에 올려놓고, 물통 네 개에 물을 가득 채워다가, 제물과 나뭇단 위에 쏟으라고 하였다. 사람들이 그대로 하니, 엘리야가 한 번 더 그렇게 하라고 하였다. 그들이 그렇게 하니, 그는 또 그렇게 하라고 하였다. 그들이 세 번을 그렇게 하니, 물이 제단 주위로 넘쳐흘러서, 그 옆 도랑에 가득 찼다. 제사를 드릴 때가 되니, 엘리야 예언자가 앞으로 나서서, 이렇게 기도하였다. '아브라함과 이삭과 이스라엘을 돌보신 주 하나님, 주님께서 이스라엘의 하나님이시고, 나는 주님의 종이며, 내가 오직 주님의 말씀대로만 이 모든 일을 하고 있다는 것을, 오늘 저들이 알게 하여 주십시오. 주님, 응답하여 주십시오. 응답하여 주십시오. 이 백성으로 하여금, 주님이 주 하나님이시며, 그들의 마음을 돌이키게 하시는 주님이심을 알게 하여 주십시오.' 그러자 주님의 불이 떨어져서, 제물과 나뭇단과 돌들과 흙을 태웠고, 도랑 안에 있는 물을 모두 말려 버렸다. 온 백성이 이것을 보고, 땅에 엎드려서 말하였다. '그가 주 하나님이시다! 그가 주 하나님이시다!' 엘리야가 그들에게 말하였다. '바알의 예언자들을 잡아라. 한 사람도 도망가게 해서는 안 된다.' 백성은 곧 그들을 사로잡았고, 엘리야는 그들을 데리고 기손 강 가로 내려가서, 거기에서 그들을 모두 죽였다."

1. 대결 방식을 제안하다

아합 왕과 이스라엘 백성들과 바알 선지자 450명을 갈멜산에 모이게 한 후, 엘리야는 다음과 같이 제안한다. 엘리야가 처음 제안했을 때는 바알 선지자 450명과 아세라 선지자 400명을 모으라고 했지만〈18:19〉, 어떤 이유인지 몰라도 아세라 선지자는 갈멜산에 나타나지 않은 것으로 보인다. 그래서 이후에는 바알 선지자만 등장하고 있다.〈18:22-25, 40〉 "이제, 소 두 마리를 우리에게 가져다주십시오. 바알 예언자들이 소 한 마리를 선택하여 각을 떠서, 나뭇단 위에 올려놓되, 불을 지피지는 않게 하십시오. 나도 나머지 한 마리의 소를 잡아서, 나뭇단 위에 올려놓고, 불은 지피지 않겠습니다. 그런 다음에, 바알의 예언자들은 바알 신의 이름을 부르십시오. 나는 주님의 이름을 부르겠습니다. 그 때에, 불을 보내서 응답하는 신이 있으면, 바로 그분이 하나님이십니다." 23-24절 백성들이 바알과 여호와 사이에서 갈팡질팡하고 있으니 모든 이들이 보는 앞에서 누가 참된 신인지 분명하게 가려보자는 것이다. "그러자 모든 백성들은, 그렇게 하는 것이 좋겠다고 대답하였다." 24절

그런데 이 대결 방식은 바알 선지자들에게 유리한 것이다. 바알은 태양과 비의 신, 폭풍우를 주관하는 신이었다. 고대 시리아의 예술 작품에서는 바알이 오른손에 번개를 들고 있는 것으로 묘사되었다. 날씨를 주관하기에 날씨에 민감한 농사

에 도움을 주는 신, 결국 풍요를 가져다주는 신으로 인식되었다. 그러므로 하늘에서 태양처럼 뜨겁고 강렬한 불을 내리거나 번개를 치게 하는 것은 바알의 성격에 맞는 일이었다. 또한 이 대결에서 바알 선지자들은 450명이 힘을 합해 기도하는 반면 엘리야는 혼자 기도한다. 바알 선지자들은 아합과 이세벨이 권력을 쥔 국가의 지원을 받지만, 엘리야는 반역자로 낙인찍혀 쫓기는 신분으로 혼자 나선다. 이런 정황으로 볼 때 이 대결 방식은 바알 선지자들에게 유리할 수밖에 없다. 그래서 아합과 바알 선지자들이 엘리야의 대결 조건을 기꺼이 받아들인 것이다. 이 대결은 엘리야의 입장에서는 무모한 도전처럼 보이지만 아합이나 바알 선지자들에게는 회심의 미소를 짓게 하는 대결이다.

엘리야는 바알 숭배의 한복판인 갈멜산으로 들어가서, 그들에게 유리한 조건 속에서 대결을 펼치려고 한다. 백성들도 엘리야의 불리한 상황을 보고 혀를 찼을지도 모른다. 그러나 엘리야는 가장 불리한 상황 속에서도 능력을 보여주시는 하나님을 드러내어 백성들이 다시는 핑계 대지 못하도록 할 작정이었다. 하나님도 자신의 능력이 조건에 달려 있지 않다는 것을 보여주기를 원하셨다.

한편, 불을 내리게 하는 대결에는 엘리야의 또 다른 의도가 있었다. 3년의 가뭄 속에서 백성들에게 절대적으로 필요한 것은 비다. 그렇다면 비를 내릴 능력이 있는 신이 누구인지 대결하는 것이 이치에 맞다. 하지만 엘리야는 비와 정반대되는 불을 내리는 것으로 대결하자고 한다. 이것은 아이러니다. 비가 안 와서 온 들판이 타들어가고 있는데 불을 내려 더 태우려고 하기 때문이다. 그럼에도 불구하고 왜 엘리야는 불을 내리는 대결을 제안했을까? 엘리야는 지금 불로 동물을 태우는 '제사'를 생각하고 있는 것으로 보인다. 이스라엘이 오랫동안 무시해버린 여호와께 드리는 제사 말이다. 이런 의도는 엘리야가 제사를 드릴 때처럼 소를 '각을 떠서' 나뭇단 위에 올려두는 행위에서 더욱 분명하게 드러난다. 33절 엘리야의 기도에서 이 의도가 다시 나타나겠지만, 엘리야는 백성들이 폐기해버린 여호와 제사를 다시 복원하려는 의도를 가지고 제물에 불이 내리는 대결을 제안한 것이다.

그러므로 이 대결의 표면적 목적은 바알을 패퇴시키는 것이지만, 더 큰 목적은 바알을 내쫓고 이스라엘에서 무너진 여호와 경배를 다시 회복하려는 것이다.

2. 바알 선지자들의 기도

엘리야는 바알 선지자들에게 먼저 기도하라고 제안한다. "당신들은 수가 많으니, 먼저 시작하시오. 소 한 마리를 골라 놓고, 당신들의 신의 이름을 부르시오. 그러나 불은 지피지 마시오."25절 엘리야는 더 좋은 소를 선택할 권한까지 주면서 바알 선지자들이 먼저 기도하도록 유도한다. 이것은 다분히 전략적이다. 만약 엘리야가 먼저 기도를 시작하고 그 응답으로 불이 내리면 바알 선지자들이 어떻게 하겠는가? 이런저런 핑계를 대면서 대결을 회피할 가능성이 클 것이다. 그렇게 되면 대결이 무산된다. 그래서 엘리야는 바알 선지자들에게 먼저 기도하라고 한 것이다. 물러설 수 없는 상황으로 몰아붙이려는 것이다.

바알 선지자들은 "가져온 소 한 마리를 골라서 준비하여 놓은 뒤에, 아침부터 한낮이 될 때까지 '바알은 응답해 주십시오' 하면서 부르짖었다. 그러나 응답은 커녕, 아무런 소리도 없었다. 바알의 예언자들은 제단 주위를 돌면서, 춤을 추었다."26절 그래도 아무런 응답이 없자, 엘리야가 조롱하기 시작했다. "더 큰 소리로 불러보시오. 바알은 신이니까, 다른 볼일을 보고 있을지, 아니면 용변을 보고 있을지, 아니면 멀리 여행을 떠났을지, 그것도 아니면 자고 있으므로 깨워야 할지, 모르지 않소!"27절 엘리야의 조롱에 약이 바짝 오른 바알 선지자들은 "더 큰소리로 부르짖으면서, 그들의 예배 관습에 따라, 칼과 창으로 피가 흐르도록 자기 몸을 찔렀다."28절

바알 선지자들의 기도는 기복신앙의 전형을 보여준다.

첫째, 기복 신앙의 핵심적인 요소 중 하나는, 내가 무언가 받으려면 공짜로 받

을 수는 없고, 내 편에서 그에 상응하는 정성을 바쳐야 한다고 생각하는 것이다. '지성至誠이면 감천感天'이라는 태도다. 그래서 바알 선지자들처럼 자기 몸을 상하면서까지 기도를 드리는 것이다. 자신의 간절함과 정성을 보여주는 방식이다.

둘째, 첫 번째 생각과 쌍을 이루는 것으로, 내가 정성을 바쳤으면 신은 반드시 그에 상응하는 보상을 해 주어야 한다고 생각한다. 내가 조건을 제시하고 신은 그 조건에 매여서 움직여야 한다는 것이다. 이런 생각은 신을 내 욕구에 얽어매는 것이다. 내가 이만큼 했으니 신도 마땅히 이만큼 해 주어야 한다고 생각하는 것이다. 이것은 일종의 거래 법칙으로, 신도 이 법칙에 구속받아야 하는 존재가 된다. 여기서 신은 다양한 상황에 맞게 스스로 판단해서 움직이는 인격적인 존재가 아니라 자동 기계가 되어버린다. 이 모든 과정의 기본적인 사고방식은, "만약 우리가 ~ 한다면, 신은 ~ 하실 것이다"라는 것이다. 내가 조건만 충족시키면, 신은 자동적으로 움직여야 한다는 것이다.

기복신앙에 물든 기독교인들도 하나님이 약속을 해 주셨기 때문에 우리가 그 조건만 충족시키면 반드시 복을 받을 것이라는 생각을 확고하게 가지고 있다. 이런 생각이 전혀 근거가 없는 것은 아니다. 성경 여러 곳에서 하나님은 복을 주시겠다고 약속하셨기 때문이다.

"너희는 온전한 십일조를 창고에 들여 놓아, 내 집에 먹을거리가 넉넉하게 하여라. 이렇게 바치는 일로 나를 시험하여, 내가 하늘 문을 열고서, 너희가 쌓을 곳이 없도록 복을 붓지 않나 보아라. 나 만군의 주의 말이다." 말3:10

"예수께서 그에게 말씀하셨다. "'할 수 있으면'이 무슨 말이냐? 믿는 사람에게는 모든 일이 가능하다."" 막9:23

"나에게 능력을 주시는 분 안에서, 나는 모든 것을 할 수 있습니다."빌4:13

"구하여라, 그리하면 하나님께서 너희에게 주실 것이다. 찾아라, 그리하면 너희가 찾을 것이다. 문을 두드려라, 그리하면 하나님께서 너희에게 열어 주실 것이다. 구하는 사람마다 얻을 것이요, 찾는 사람마다 찾을 것이요, 문을 두드리는 사람에게 열어 주실 것이다."마7:7-8

"너희가 내 안에 머물러 있고, 내 말이 너희 안에 머물러 있으면, 너희가 무엇을 구하든지 다 그대로 이루어질 것이다."요15:7

하나님이 이런 약속을 주신 것은 사실이다. 그러나 우리는 이 말씀들의 문맥과 상황을 고려해서 의미를 이해해야 한다.

기복신앙을 가진 이들의 문제가 무엇인가?

첫째, 모든 복을 물질적인 것으로만 생각한다는 것이다. 하나님이 주시는 복을, 돈 많이 벌고, 건강하고, 자식 잘되고, 오래 살고, 좋은 집에 사는 것과 같은 물질적인 것으로 한정한다. 예를 들어, 기복신앙의 신봉자들은 "나는 모든 것을 할 수 있다."빌4:13는 말씀을 예수님이 능력을 주시면 내가 하고 싶은 것을 다 할 수 있다는 식으로 이해한다. 하지만 이 말씀은 빌립보서 4장 12절과 함께 봐야 한다. "나는 비천에 처할 줄도 알고 풍부에 처할 줄도 알아 모든 일 곧 배부름과 배고픔과 풍부와 궁핍에도 처할 줄 아는 일체의 비결을 배웠노라." 그러므로 "나는 모든 것을 할 수 있다"는 말은, 가난하든 부유하든 그런 외적 조건이 나를 흔들지 못한다는 뜻이 된다. 예수 안에 있으면 배부르다고 오만하지 않고 배고프다고 절망하지 않고 살수 있다는 것으로, 문제가 해결될 때에도 혹은 문제가 원하는 대로 해결되지 않을 때에도 예수 안에 있으면 살 수 있다는 말씀이다. 한마디로, 이 말씀은 내가 원하는 물질적 조건을 다 충족시켜주겠다는 만능열쇠와 같은 약속이 아니다.

둘째, 기복신앙은 하나님의 약속을 너무 단순화한다. 조건, 상황, 마음의 상태도 전혀 고려하지 않는다. 그저 기계적이다. 예를 들어 십일조에 대해서 생각해보자. 말라기의 십일조 규정은 사회적 의무를 의미하는 것이다. 십일조는 제사장과 레위인, 가난한 자, 나그네를 위한 것이었다. 십일조 규정의 신약적 적용은 모든 재물에 대한 청지기적 삶이요, 베풀고 나누는 삶이다. 신약시대에는 십의 일이 아닌 십의 십, 우리가 가진 모든 것이 하나님의 것이며, 따라서 우리의 모든 것을 하나님의 뜻대로 사용해야 한다는 것이 강조된다. 그럼에도 기복신앙은 십일조만 교회 헌금으로 잘 드리면 하나님이 창고에 복을 쌓아주실 것이라고 생각하는 오류에 빠진다.

셋째, 기복신앙은 하나님의 약속과 한 쌍으로 제시되는 '조건'을 너무 경시한다. "너희가 내 안에 머물러 있고, 내 말이 너희 안에 머물러 있으면"이라는 조건은 무시하고 "무엇을 구하든지 다 그대로 이루어질 것이다"라는 약속에만 주목한다. 어거스틴은 이런 말을 했다. "하나님을 사랑하라. 그리고 네가 원하는 대로 하라." 하나님을 진정으로 사랑한다면 그를 기쁘게 하려고 애쓸 것이고, 그가 무엇을 원하는지 살피고 바로 그것을 하려고 애쓸 것이다. 그렇게 되면 우리가 원하는 것만을 쉼 없이 주장하지 않게 되고, 하나님이 원하는 것이 바로 내가 원하는 것이 될 것이고, 나의 세속적 욕망은 뒤로 물러나게 될 것이다.

넷째, 기복신앙은 약속의 말씀들과 상충하는 다른 말씀들을 전혀 고려하지 않는다. 핍박, 환난, 고난, 아무것도 없이 사는 것이 복 있는 삶이라는 말씀이 분명히 있는데 이런 말씀은 애써 무시한다. "의를 위하여 박해를 받은 자는 복이 있나니 천국이 그들의 것임이라. 나로 말미암아 너희를 욕하고 박해하고 거짓으로 너희를 거슬러 모든 악한 말을 할 때에는 너희에게 복이 있나니, 기뻐하고 즐거워하라 하늘에서 너희의 상이 큼이라 너희 전에 있던 선지자들도 이같이 박해하였느니라."마 5:10-12 결국 하나님의 약속의 말씀들을 너무 평면적이고 물질적으로만 생각하는 것이 문제의 근원이다.

무엇보다도, 하나님께 정성을 바친 만큼 하나님의 보상을 기대하는 기복신앙에서는 하나님이 '이미' 나에게 베풀어 주신 은혜와 사랑에 감사해서, 하나님을 사랑해서, 하나님을 믿고 사는 게 기뻐서, 하나님이 그냥 좋아서 하나님을 위해 무엇인가를 한다는 개념은 사라지고, 오직 더 많이 받기 위해서 전략적으로 드릴 뿐이다. 하나님과의 인격적 관계도 사라지고, 은혜와 감사도 사라진다. 따라서 '헌금'의 의미도 변질된다. 무언가를 더 받기 위해서, 혹은 벌을 받지 않기 위해서 헌금을 드릴 뿐이다. 하나님의 선제적 은혜에 대한 감사의 의미가 완전히 사라지는 것이다.

바알 신앙은 기복신앙의 전형이다. 바알 신앙의 본질이 인간의 욕망을 투영한 허구적 우상을 섬기는 것이라는 점에서 그렇다. 바알 신앙에서 신과 종교는 나의 욕구를 충족시켜주는 수단으로서만 기능한다. 신은 나의 유익을 위한 존재라고 생각한다. 신은 내가 이 땅에서 잘 되고 잘 사는 데 도움을 주는 한에서만 존재 이유가 있고 나의 섬김을 받을 가치가 있다고 생각한다. 그러므로 신을 잘 구슬리면 내가 잘 살게 된다. 현세에서 잘 사는 것이 최고의 목적이며, 신은 그것을 위한 들러리에 지나지 않는다는 점에서 바알 신앙은 완전히 인간 중심적 종교다.

바알 선지자들은 칼과 창으로 자기 몸을 찌르면서 미친 듯이 날뛰었지만, 저녁 제사를 드리는 시간까지오후 3시경 바알에게선 아무런 응답이 없었다.29절 왜 그랬을까? 간단하다. 바알은 거짓 신이었기 때문이다!

3. 엘리야의 사전 준비

바알 선지자들이 실패하자 이제 엘리야가 나선다.

먼저 엘리야는 이스라엘의 지파 수대로 열두 개의 돌을 모아서 무너진 주님의 제단을 고쳐 쌓았다. "이 때에 엘리야가 온 백성들에게 가까이 오라고 하였다. 백성들이 가까이 오니, 그는 무너진 주님의 제단을 고쳐 쌓았다. 그리고 엘리야는, 일찍이 주님께서 이스라엘이라고 이름을 고쳐 주신 야곱의 아들들의 지파 수대로, 열두 개의 돌을 모았다. 이 돌을 가지고 엘리야는 주님께 예배할 제단을 다시 쌓고, 제단 둘레에는 두 세아 정도의 곡식이 들어갈 수 있는 넓이의 도랑을 팠다."30-32절

엘리야의 이 준비는 두 가지 의미를 내포한다.

우선, 이것은 여호와 종교의 복원을 통한 관계 회복을 의미한다. 이스라엘 백성들은 여호와께 정기적으로 제사를 드려야 했다. 제사는 여호와와 백성을 언약 관계로 묶어두는 중요한 의식이다. 그러나 제단이 무너졌다. 즉, 이스라엘 백성과 여호와의 관계가 파괴된 것이다. 엘리야는 먼저 이스라엘을 하나님 앞에 바로 세우기를 원했다. 관계를 회복하기를 원했다. 제단의 복구가 상징하는 것은 바로 하나님과의 관계회복이었다.

두 번째로, 열 두 개의 돌로 제단을 다시 쌓은 것은 백성들에게 과거의 일을 기억하게 하려는 의도였다. 열 두 개의 돌 제단은 이스라엘 백성들에게는 과거의 두 가지 사건을 떠올리게 하는 상징이었기 때문이다. 첫 번째는 모세의 출애굽과 관련이 있다. "모세는 주님의 모든 말씀을 기록하고, 아침 일찍 일어나서, 산기슭에 제단을 쌓고, 이스라엘의 열두 지파를 따라 기둥 열두 개를 세웠다."출24:4 출애굽 후 시내산에서 열두 지파를 따라 기둥 열두 개를 쌓았다. 이것은 하나님이 아브라함과 맺었던 언약을 갱신한다는 의미가 있다. 두 번째는 여호수아의 가나안 입성과 관련이 있다. "그래서 이스라엘 자손은 여호수아가 명령한 대로 하였다. 그들

은 주님께서 여호수아에게 말씀하신 대로, 이스라엘 자손의 지파 수에 따라 요단 강 가운데서 돌 열두 개를 메고 나와서, 그것들을 그들이 머무르려는 곳까지 가져다가 그 곳에 내려놓았다. 여호수아는 요단 강 가운데, 언약궤를 메었던 제사장들의 발이 머물렀던 곳에 다른 열두 개의 돌을 세웠다."수4:8-9 40년 광야 생활을 마치고 요단강을 건너 가나안으로 들어온 후에 하나님의 지시를 따라 제사장들이 언약궤를 메고 서 있었던 요단강 한복판에 열 두 개의 돌을 쌓았고, 또한 거기서 가져온 12개의 돌을 가나안에 들어와서 처음으로 머물렀던 길갈에 세웠다. 길갈은 '돌무더기'라는 뜻으로, 이곳에서 출애굽 후에 태어난 새 세대의 할례가 행해졌다. 이스라엘 백성은 가나안 입성 후 길갈에서 처음으로 유월절을 지켰으며, 거기서 마지막으로 만나를 먹었다.

이 두 사건 모두 이스라엘에게 베푸신 여호와의 구원과 이스라엘과 함께 하시는 여호와의 임재를 상징한다. 하나님은 세월이 지나면 이스라엘 백성들이 하나님의 은혜를 잊어버릴 것을 염려해서 돌을 쌓도록 지시하셨다. 그 돌들을 보면서 과거의 사건을 상기하라는 의도였다. 하지만 세월이 지나면서 돌탑은 형체만 남고 의미는 모두 사라져버렸다. 그 결과가 지금 이스라엘 백성들의 모습이다.

엘리야가 무너진 주님의 제단을 고쳐 쌓고, 열 두 개의 돌로 제단을 다시 쌓은 것은 모두 동일한 메시지를 담고 있다. 이스라엘 백성들이 잊었던 여호와의 은혜를 다시 기억하라는 것이다. 그들은 출애굽과 가나안 입성이라는 큰 은혜를 받고도 여호와를 버렸다. 그러므로 이제 다시 여호와에 대한 신앙을 회복해야 한다.

신앙 회복은 과거에 대한 기억으로부터 시작된다. 열녀문, 충혼탑, 광개토대왕비, 조상 제사, 국민의례 등은 모두 어떤 상징을 통해서 기억을 되살리기 위한 것이다. 그렇다면 기독교인들에게 대표적인 상징이 무엇인가? '십자가'와 '성찬식'이다. 둘 다 "우리를 구원하기 위한 예수님의 죽음"을 상징한다. 우리는 십자가를 볼 때마다 우리를 위한 예수님의 죽음을 기억한다. 성찬식을 할 때마다 예수님의 죽음으로 우리가 살아났다는 것을 기억하면서 온전히 주님을 위해 살겠다는 다짐을 한다. 그래서 성찬식을 자주 해야 한다고 생각하는 사람들도 많다. 성찬식을 자주 하는 것도 나쁘지 않지만, 우리에게는 성찬식의 상징을 충분히 담고 있는 또 다른 상징 의식이 있기 때문에 성찬식을 반드시 매 주일 해야 하는 것은 아니다. 그것이 무엇인가? '예배'다.

우리는 왜 예배를 드리는가? 예배의 핵심은 하나님을 찬양하는 것인데, 왜 우리는 이런 의식을 매 주일 행하는가? 여러 이유가 있겠지만, 가장 핵심적인 이유는 '기억하기 위한 것'이다. 바쁜 세상에 휩쓸려 살다 보면 일상생활에 눈이 고정되어 더 중요한 것을 잊고 살게 된다. 그러나 예배를 통해 우리는 하나님을 기억하고, 하나님이 내게 베풀어 주신 은혜를 기억하고, 내 삶에서 무엇이 더 중요한지 다시 깨닫고, 하나님과 더불어 살아야겠다고 다짐을 한다. 예배의 요소에 이 모든 것이 다 들어 있다. 하나님 되심에 대한 인정과 찬양, 죄 고백, 하나님 앞에서 말씀을 듣기, 말씀대로 살겠다는 다짐 등. 이런 점에서 정기적인 예배는 중요하다. 예배나 개인 기도 시간을 종종 '제단을 쌓는다'고 말하는데, 이것은 구약처럼 제사를 지낸다는 것이 아니라 하나님이 제사를 통해서 이스라엘 백성들을 만나려는 것처럼 우리도 하나님 앞에 나아가 하나님이 누구인지 기억하고, 그가 베풀어 주신 은혜를 기억하고, 그의 말씀을 경청하면서, 새로운 삶을 다짐하는 상징적인 시간을 갖는다는 것을 의미한다.

우리에게는 이런 '기억의 시간'이 필요하다. 형식보다 내용이 중요하다고 말하지만, 내용이 가진 의미를 제대로 살리기 위해서는 좋은 형식도 필요하다. 맛있는 케이크를 비닐봉지에 담으면 망가진다. 튼튼한 상자에 담아야 내용물이 잘 보존된다. 아무리 좋은 내용이라도 좋은 형식 없이 오랫동안 방치하면 내용조차 흐물흐물 사라져버리기 쉽다. 그래서 같은 경험을 공유하고 있는 공동체가 정기적으로 한 마음과 한 뜻으로 하나님 앞에 모여서 기억의 시간, 즉 예배라는 '형식'의 시간을 갖는 것은 매우 중요하다.

엘리야는 열두 개의 돌로 제단을 쌓은 후에 마치 제사를 드릴 때처럼 소의 각을 떠서 나뭇단 위에 올려놓고 백성들에게 물통 네 개에 물을 담아 세 번에 걸쳐서 제단 위에 붓게 한다.32-34절 모두 합쳐 열 두 통의 물이 부어진 것이다. 이것 역시 열두 개의 돌처럼 이스라엘의 열두 지파를 상징한다. 이스라엘의 회복에 대한 열망이 담겨 있다. 열두 통의 물이 부어지자 "물이 제단 주위로 넘쳐흘러서, 그 옆 도랑에 가득 찼다."35절

백성들은 모두 의아하게 생각했을 것이다. 제물은 불로 태워야 하는데, 물을 붓다니! 이것은 마치 캠핑 가서 나뭇가지로 불을 피워야 할 때 마른 가지를 가져오지 않고 일부러 젖은 가지를 가져온 것과 같고, 심지어 젖은 나뭇단에다 물을 붓는 것과 같다. 이 상태에서 불을 붙인들 타겠는가? 하지만 엘리야는 자신이 앞으로 행할 것이 절대로 속임수가 아니라는 것을 분명하게 보여주기 위해서, 그래서 하나님의 능력이 얼마나 대단한지 보여주기 위해서 이런 무모한 지시를 한 것이다.

4. 엘리야의 기도

준비를 마친 후 엘리야는 기도하기 시작했다. "아브라함과 이삭과 이스라엘을 돌보신 주 하나님, 주님께서 이스라엘의 하나님이시고, 나는 주님의 종이며, 내가 오직 주님의 말씀대로만 이 모든 일을 하고 있다는 것을, 오늘 저들이 알게 하여 주십시오. 주님, 응답하여 주십시오. 응답하여 주십시오. 이 백성으로 하여금, 주님이 주 하나님이시며, 그들의 마음을 돌이키게 하시는 주님이심을 알게 하여 주십시오."36-37절

엘리야의 기도는 바알 선지자의 기도와 여러 면에서 대조된다. 바알 선지자들의 기도는 부르짖고, 심지어 자기 몸을 상하게 하면서까지 신 앞에서 시위하는 모습이었다. 그러나 엘리야는 요란법석을 떨지 않았다. 그냥 차분하게 간구했다. 물론 그 자리에 있는 모든 사람이 들을 수 있도록 큰 소리로 기도했을 것이다. 당시에

나 신약시대, 그리고 지금 유대인들의 문화는 소리를 내는 문화다. 기도도 소리 내어 드리는 것이 일반적이었다. 차분하지만 소리 내어 드리는 엘리야의 기도는 물론 하나님을 향한 것이기는 하나 백성들이 듣기를 원하는 마음도 다분히 있었을 것이다. 엘리야의 기도는 신앙고백을 통해서 백성들이 잊고 있었던 여호와 신앙을 회복하기를 간절히 바라는 마음을 담은 것이었다.

엘리야 기도의 핵심은 소리의 크고 작음이나 어떤 과장된 몸짓이 아니라 그 내용에 있었다. 엘리야는 지금 기도하면서 무엇을 원하고 있는가? 어떤 일이 일어나기를 간구하고 있는가? 엘리야는 하늘에서 불이 내려 이 제물을 태우기를 구하고 있다. 그러나 사람들이 기대하는 이런 가시적인 결과도 중요하지만, 이런 기적이 일어나야 하는 근본적인 이유가 더 중요하다.

엘리야의 기도 속에는 엘리야가 증거하기를 원하는 세 가지가 담겨 있다. 여호와가 참된 신이고, 여호와가 이스라엘에게 은혜를 베풀어준 존재이고, 엘리야는 그 하나님의 뜻을 따라 행동하고 있다는 것. 결국 이 기도의 핵심은 '여호와의 하나님 되심, 그리고 엘리야가 하나님의 사람이라는 것'을 증거해 달라는 것이다. 엘리야는 하나님이 참된 신이라는 것을 잘 알고 있었다. 하지만 그것으로 충분하지 않다. 이스라엘 백성들도 이 진리를 깨닫게 되기를 원하고 있다. 지금 엘리야의 심정은 하나님의 마음과 같다. 하나님이 참된 신이라는 것을 보여주고 싶고, 백성들이 자기처럼 그 사실을 인정하고 다시 하나님께 돌아오기를 간절히 원하고 있다. 엘리야는 자기 이익이 아니라 하나님과 백성들을 위해서 애타게 기도하고 있는 것이다.

5. 승리

하나님은 엘리야의 간절한 간구에 응답한다. "그러자 주님의 불이 떨어져서, 제물과 나뭇단과 돌들과 흙을 태웠고, 도랑 안에 있는 물을 모두 말려 버렸다."[38]

절

이것은 바알은 거짓 신이며 오직 여호와만이 참된 신이라는 것을 보여주는 표시다. 이것은 천둥과 날씨의 신으로 숭배되는 바알이 거짓이며, 오직 여호와가 세상을 주관하는 존재라는 것을 보여주는 표시다. 이것은 이스라엘 백성들에게 여호와가 죽었거나 사라진 것이 아니라 여전히 지금 이곳에 존재하는 신이라는 것을 보여주는 표시다. 이것은 능력의 여호와를 버린 이스라엘 백성들이 얼마나 어리석은 존재인지를 보여주는 표시다.

이스라엘 온 백성은 이 놀라운 기적을 보고 "땅에 엎드려서 말하였다. '그가 주 하나님이시다! 그가 주 하나님이시다!'"39절

엘리야의 기도, "이 백성으로 하여금, 주님이 주 하나님이시며, 그들의 마음을 돌이키게 하시는 주님이심을 알게 하여 주십시오"37절, 이 기도가 우리의 기도가 될 수 있을까? 세상이 하나님을 인정하게 되기를 원하는가? 우리를 통해서 하나님의 살아계심이 세상에 드러나기를 원하는가? 우리가 그런 일에 쓰임 받기를 원하는가?

엘리야의 기도가 우리의 기도가 되려면 무엇이 필요할까?

첫째, 엘리야처럼 하나님이 참된 신이라는 것을 우리 자신이 먼저 확신해야 한다. 엘리야는 자신의 삶 자체가 살아있는 하나님의 증거판이었다. 그릿 시냇가의 체험이나 사르밧 과부 집에서의 체험이 그의 삶에 하나님에 대한 확신을 새겨놓았다. 그래서 그는 세상이 무신론으로 가득 차든, 하나님이 없다고 주장하든, 개독교라 비판하든, 기독교인에 대한 어떤 위협이 들어오든 상관하지 않고, 하나님의 존재와 능력에 대해 확신하고 있었다. 그렇기에 자신을 죽이려는 아합 앞에 당당하게 나타날 수 있었던 것이다. 우리는 하나님의 존재와 능력에 대해 확신하는가? 우리의 삶에 하나님의 살아계심이 새겨져 있는가?

둘째, 엘리야처럼 하나님께서 우리를 보내실 때, 기회를 주실 때, 또는 적절한

상황에 두실 때, 말로써 하나님의 하나님 되심을 증거하고 선포해야 한다. 명동 한 복판에서 확성기로 외치라는 것이 아니다. 성령님은 우리가 하나님을 증거해야 할 상황과 때를 알려주신다. 그것을 무시하지 말고 기회를 잡아 복음을 전해야 한다. 베드로는 이렇게 권면한다. "여러분이 가진 희망을 설명하여 주기를 바라는 사람에게는, 언제나 답변할 수 있게 준비를 해 두십시오."벧전3:15

셋째, 우리의 삶으로 하나님이 살아계시는 분이라는 것을 보여주어야 한다. 말로 하나님을 증거하는 것은 쉽게 이해가 되지만, 삶으로 증거하는 것은 어떻게 해야 할지 쉽지 않다. 우선, 엘리야처럼 기적 같은 능력을 보여주는 방법이 있다. 지금도 이런 역사가 세계 도처에서 일어나고 있다. 하지만 이것은 우리 마음대로 할 수 있는 것이 아니다. 하나님이 계획하시는 상황에서 하나님이 직접 개입하셔야 가능한 일이다. 하지만 우리는 평소에 기적의 가능성을 믿으면서 항상 기대하면서 살아야 할 필요는 있다.

또 다른 방법이 있다. 우리가 하나님의 말씀을 순종하고 그의 뜻대로 살면서, 그렇게 사는 것이 더 나은 삶이라는 것을 보여줌으로써 하나님의 말씀이 옳다는 것을 증명하여 간접적으로 하나님의 존재를 증거하는 것이다. 이것은 '믿음으로 사는 삶'이라고 할 수 있다. 그것을 통해 하나님이 살아계신 분이라는 것을 증명하는 것이다. 이렇게 하려면 하나님의 뜻에 순종하기 위한 적극적인 믿음의 실천이 뒤따라야 한다. 세상을 추종하면서 '이 세대를 본받는' 삶을 살면 하나님의 살아계심을 절대로 증거할 수 없다. 세상의 흐름을 거슬러 가면서 모험하고 도전할 때 하나님의 능력이 나타나는 기회가 생긴다.

베드로가 우리가 가진 소망을 발견하고 그 이유를 묻는 자들에게 복음을 잘 설명하라고 권면하는 배경에는 이런 믿음의 삶이 전제되어 있다. "악을 악으로 갚거나 모욕을 모욕으로 갚지 말고, 복을 빌어 주십시오. 여러분으로 하여금 복을 상속받게 하시려고, 하나님께서 여러분을 부르셨습니다."벧전3:9 "악에서 떠나, 선을 행하며, 평화를 추구하며, 그것을 좇아라. 주님의 눈은 의인들을 굽어보시고, 주님의 귀는 그들의 간구를 들으신다. 그러나 주님은 악을 행하는 자들에게서는 얼굴을 돌리신다.' 그러므로 여러분이 열심으로 선한 일을 하면, 누가 여러분을 해치겠습니까? 그러나 정의를 위하여 고난을 받으면, 여러분은 복이 있습니다. 그들의 위협을 무서워하지 말며, 흔들리지 마십시오."벧전 3:11-14 세상 흐름을 추종하지 않고, 고난을 당하더라도 선과 의를 행하는 삶을 살 때 사람들이 우리에게 이렇게 살게 하는 '소망'이 무엇인지 궁금해서 묻게 된다는 것이다.

영국의 정형외과 의사인 폴 브랜드 박사는 인도의 한센병 환자들의 치료와 회복과 자립을 위해 평생을 바친 사람이다. 3천여 건의 수술로 한센병 환자들의 손과 발을 교정해 주었고, 그들의 신체적 결함을 교정하여 사회로 복귀시키는 데 공헌했다. 대규모 환자군을 치밀하게 끊임없이 연구한 결과, 한센병 환자들의 피부가 문드러지는 것은 병균 때문이 아니라 감각 신경 손상 때문임을 밝혀냈다. 그는 한센병에 대한 잘못된 인식을 바로 잡는 데도 기여했다. 그는 한센병을 연구하고 치료할 뿐만 아니라 환자들의 자립을 돕는 공동체인 새생명 센터New Life Center를 만들어 환자들을 도왔다. 한센병 환자를 위한 브랜드 박사의 헌신적인 삶을 보고 한센병 환자들이 하나님을 인정하게 되었다. 하나님의 능력이 아니고서는 그런 삶을 살 수 없다고 생각했기 때문이다. 실제로 그들이 폴 브랜드 박사 안에 있는 하나님과 그의 능력을 발견한 후 이렇게 고백했다. "박사님 안에 계시는 성령님이 내 안에도 계시기를 원합니다." 회심으로 이어지는 것은 당연한 귀결이었다.

조선 후기에 전해진 복음으로 형성된 한국 기독교의 초창기 교회들은 조선 사회의 신분 차별을 철폐하는 데 크게 공헌했다. 모든 사람은 신분에 상관없이 고귀한 존재라는 '혁신적인 가르침'을 실천하면서 하나님의 말씀을 가르쳤고, 성경을 주신 하나님이 더 나은 분이라는 것을 증거했다. 그 결과 수많은 천민들과 하층 민중들이 기독교에 진리가 있다고 확신하고 교회로 몰려들었다.

1892년에 조선에 들어온 미국 북장로교 선교사 사무엘 무어Samuel Moore, 모삼열는 1893년 6월에 곤당골서울시 중구 을지로 1가에 교회를 세워 열심히 전도했을 뿐만 아니라, 교회 안에 학당을 세우고 아이들을 가르치기도 했다. 1895년 무렵 무어 선교사는 자신이 운영하는 예수교 학당에 백정 박성춘의 아들 박봉출을 받아들였다. 박성춘이 콜레라에 걸려 죽게 되었을 때 무어 선교사는 고종황제의 주치의였던 제중원 선교사 에비슨Avison을 데리고 와서 치료해주었다. 백정으로서는 감히 상상도 하지 못할 일이었다. 황제를 담당하는 의사가 인간 취급도 못 받는 백정들이 사는 마을을 찾아와 집에 들어가서 친히 그의 몸에 손을 대고 치료를 한 것이다. 그 장면은 당시 사회에서는 충격 그 자체였다. 박성춘도 크나큰 감동을 받았고, 이를 계기로 온 가족이 예수를 믿게 되었다. 박성춘은 곤당골 교회에 다니면서 1895년 무어 선교사로부터 세례를 받았다. 당시 곤당골 교회는 20여 명이 출석하고 있었는데 주로 정부 관리들이나 양반들이었다. 양반 교인들은 박성춘이 백정이라는 것을 알고 백정과 함께 예배를 드릴 수 없다고 하면서 그를 다른 교회로 보낼 것을 요구하였다. 심지어는 백정 같은 천민도 예수를 믿으면 죽은 뒤 천당에 갈 수 있다고 하는데, 백정이 가는 천당이라면 가지 않겠다고 말하는 양반 신도도 있었다. 그러나 무어 목사는 "하나님 앞에 모든 인간은 평등하다"며 그들의 요구를 일축했다. 그러자 양반들은 교회 내에서 양반과 천민의 자리를 구분하여 양반들에게 앞자리를 달라고 타협안을 제시하였다. 그러나 선교사는 그 제안도 거부했다. 그는 하나님은 모든 사람을 똑같이 사랑한다는 믿음을 포기할 수 없었다. 결국 양반들은 홍문수골광교에 따로 교회를 세우고 나갔다.

이 모든 과정을 목격한 박성춘은 오기가 생겨서 양반들이 떠난 빈자리를 메우기 위해 서울 근교 백정 마을을 찾아다니며 전도하였다. "백정으로 태어나 사람 대접도 못 받고 살아온 우리를 사람 대접해 주는 종교가 왔다." 박성춘에게 교인이 된다는 것은 곧 인간이 되는 것을 의미하였다. 박성춘의 메시지는 그와 똑같은 한을 품고 살아가던 백정들에게 호소력이 있었다. 이렇게 해서 곤당골 교회는 백정들과 천민들로 가득 차게 되었다. 홍문수골로 나간 양반들은 이런 곤당골 교회를 보고 '첩장교회'라며 무시했지만 곤당골 교회는 계속 성장하였다. 반면에 홍문수골 교회는 침체했다. 3년 후, 교회를 합치자는 홍문수골 교인들의 제안을 받아들여 탑골인사동에 새 예배당을 마련하였다. 그 교회가 지금의 '승동교회'다. 1911년 승동교회에서 처음으로 장로를 뽑을 때, 박성춘은 초대 장로로 선출되기까지 하였다. 1914년엔 홍선대원군의 친척인 왕손 이재형이 승동교회의 장로가 되었다. 당시 백정과 왕손이 함께 교회에서 협력하며 장로 역할을 한다는 것은 도저히 있을 수 없는 일이었다. 이처럼 불가능이 현실이 된 곳이 교회였고, 교회는 평등한 한국 사회로 거듭나는 장소가 되었다.

승동교회의 장로가 된 박성춘은 당시 내각 총서로 있던 유길준에게 '백정차별금지법'을 만들어 백정들도 갓과 망건을 쓸 수 있도록 해달라는 장문의 탄원서를 보냈다. 그리고 마침내 그 요구가 관철되어 박성춘은 조선 시대 500년 동안 신분의 차이로 쓰지 못하던 '망건과 갓'을 제일 먼저 쓴 백정이 되었다.

이 이야기는 어떤 난관에도 불구하고 하나님의 뜻대로 살려는 사람들을 통해서 하나님의 살아계심이 증거되고, 새로운 생명이 움트는 것을 잘 보여준다.

6. 우리도 엘리야처럼

'이 세대를 본받지 않고' 하나님의 뜻을 따른다는 것은 어떻게 사는 것을 의미할까? 욕심 부리며 살지 않고 나누면서도 행복하게 사는 것이며, 나만을 돌보지 않고 다른 사람을 돌보는 것이다. 세상의 기준으로 성공한 사람이 아닌 하나님과 이웃을 사랑하는 사람으로 아이들을 키우는 것이다. 이런 식으로 살아가려면 우리도 엘리야와 동일한 싸움을 해야 한다. 하나님 없이 살아가는 사람들 틈바구니에서 '하나님은 살아계시는 분이다'라고 선언하면서 그것을 증명하려는 시도를 해야 한다. 하나님은 엘리야처럼 우리를 부르셔서 이 대결의 현장으로 보내신다. 우리는 맘몬이 최고의 가치로 추앙받는 세상에서 하나님이 최고라는 것을 증명하며 살아야 한다. 하나님은 세상의 가치를 따르지 않는 우리의 생생한 삶을 통해서 하나님의 살아계심이 증거되기를 원하신다.

하나님의 이 마음을 품은 엘리야가 제사 준비를 다 마친 후 바알 선지자들과 이스라엘 백성 앞에서 외친 기도에 다시 귀 기울여 보자. "아브라함과 이삭과 이스라엘을 돌보신 주 하나님, 주님께서 이스라엘의 하나님이시고, 나는 주님의 종이며, 내가 오직 주님의 말씀대로만 이 모든 일을 하고 있다는 것을, 오늘 저들이 알게 하여 주십시오. 주님, 응답하여 주십시오, 응답하여 주십시오, 이 백성으로 하여금, 주님이 주 하나님이시며, 그들의 마음을 돌이키게 하시는 주님이심을 알게 하여 주십시오."36-37절

하나님의 하나님 되심을 저들이 알게 해 달라는 엘리야의 애타는 기도가 들리는가? 우리 가슴속에서도 이 엘리야의 기도가 터져 나와야 하지 않겠는가?

〈삶을 향하여〉

1. 하나님께 정성을 드리면 하나님은 내가 원하는 대로 보상을 해 주셔야 한다는, 이른바 기복신앙의 행태가 한국의 그리스도인들에게 어떤 식으로 드러나고 있는가? 한국의 기독교가 '지성이면 감천'식의 종교가 되지 않게 하려면 어떻게 해야 할까?

2. 세상 사람들과 다른 삶의 방식예를 들어, 돈을 쓰는 방식, 자녀를 양육하는 방식, 주거 형태를 선택하는 방식, 직장을 선택하는 방식 때문에 가족이나 직장 동료 혹은 친구들한테서 왜 그렇게 사느냐는 질문을 받아 본 적이 있는가?

3. 천민들을 교회에서 내보내라는 양반 교인들의 요구를 거절한 곤당골 교회의 사무엘 무어 목사의 이야기와 백정 출신으로 승동교회 장로가 된 박성춘의 이야기는 지금의 한국 교회에 어떤 도전을 주는가? 철옹성 같은 조선의 신분제 사회를 뒤흔든 조선 초대 교회의 역사에서 지금 이 땅의 교회들은 무엇을 배워야 할까?

15. 기도는 필요한 것인가?

왕상 18:41-46

"엘리야가 아합에게 말하였다. '빗소리가 크게 들리니, 이제는 올라가셔서, 음식을 드십시오.' 아합이 올라가서, 음식을 먹었다. 엘리야는 갈멜산 꼭대기로 올라가서, 땅을 바라보며 몸을 굽히고, 그의 얼굴을 무릎 사이에 넣었다. 그리고는 그의 시종에게, 올라가서 바다쪽을 살펴보라고 하였다. 시종은 올라가서 보고 와서, 아무것도 보이지 않는다고 말하였다. 엘리야가 다시 그의 시종에게, 일곱 번을 그렇게 더 다녀오라고 하였다. 일곱 번째가 되었을 때에, 그 시종은 마침내, 사람의 손바닥만한 작은 구름이 바다에서부터 떠올라 오고 있다고 말하였다. 그러자 엘리야는 아합에게 사람을 보내어서, 비가 와서 길이 막히기 전에 어서 병거를 갖추고 내려가라는 말을 전하라고 하였다. 그러는 동안에 이미 하늘은 짙은 구름으로 캄캄해지고, 바람이 일더니, 곧 큰 비가 퍼붓기 시작하였다. 아합은 곧 병거를 타고 이스르엘로 내려갔다. 주님의 능력이 엘리야와 함께 하였기 때문에, 엘리야는 허리를 동여매고, 아합을 앞질러서, 이스르엘 어귀에까지 달려갔다."

1. 엘리야의 기도와 응답

3년 전 엘리야는 "내가 섬기는 주 이스라엘의 하나님께서 살아 계심을 두고 맹세합니다. 내가 다시 입을 열기까지 앞으로 몇 해 동안은, 비는커녕 이슬 한 방울도 내리지 않을 것입니다" 라고 예언했다.왕상17:1 3년이 지나 갈멜산에서 바알이 거짓 신이라는 것을 증명하고, 바알 선지자들을 처단한 후 엘리야는 하나님의 심판이 끝났다고 생각하고 다시 비를 내려주시기를 위해 기도한다. "엘리야는 갈멜산 꼭대기로 올라가서, 땅을 바라보며 몸을 굽히고, 그의 얼굴을 무릎 사이에 넣었다."왕상18:42 3년 전에는 말 한마디로 가뭄이 시작되었지만, 지금 엘리야는 간절히 일곱 번이나 기도한다. 이 기도는 엘리야가 이스라엘을 위해 하나님을 설득하고 간구하는 기도일 것이다. 노여움을 푸시고, 다시 이스라엘에게 은혜를 베풀어 주시기를 간구하는 것이다. 이것은 마치 모세가 금송아지를 만든 이스라엘을 멸절시키려는 하나님께 애원하여 뜻을 돌이키게 한 것과 비슷하다.출32:11-14 자기 민족을 살리기 위한 애끓는 기도인 것이다.

일곱 번의 간절한 기도 끝에 드디어 비가 내리기 시작했다. "아합이 올라가서, 음식을 먹었다. 엘리야는 갈멜산 꼭대기로 올라가서, 땅을 바라보며 몸을 굽히고, 그의 얼굴을 무릎 사이에 넣었다. 그리고는 그의 시종에게, 올라가서 바다 쪽을 살펴보라고 하였다. 시종은 올라가서 보고 와서, 아무것도 보이지 않는다고 말하였다. 엘리야가 다시 그의 시종에게, 일곱 번을 그렇게 더 다녀오라고 하였다. 일곱 번째가 되었을 때에, 그 시종은 마침내, 사람의 손바닥만한 작은 구름이 바다에서부터 떠올라 오고 있다고 말하였다. 그러자 엘리야는 아합에게 사람을 보내어서, 비가 와서 길이 막히기 전에 어서 병거를 갖추고 내려가라는 말을 전하라고 하였다. 그러는 동안에 이미 하늘은 짙은 구름으로 캄캄해지고, 바람이 일더니, 곧 큰비가 퍼붓기 시작하였다. 아합은 곧 병거를 타고 이스르엘로 내려갔다."42-45절

2. 하나님의 뜻과 기도

야고보는 이 장면을 떠올리면서 이렇게 말한다. "엘리야는 우리와 같은 본성을 가진 사람이었지만, 비가 오지 않도록 해 달라고 간절히 기도하니, 삼 년 육 개월 동안이나 땅에 비가 내리지 않았으며, 다시 기도하니, 하늘이 비를 내리고, 땅은 그 열매를 맺었습니다."약5:17-18 엘리야가 특별한 사람이 아니며, 우리도 간절히 기도할 때에 응답을 받을 수 있다고 말한다. 야고보는 병자들을 위해 기도하라고 권면하는 가운데 엘리야를 예로 들면서 용기를 불어넣고 있다. "믿음으로 간절히 드리는 기도는 병든 사람을 낫게 할 것이니, 주님께서 그를 일으켜 주실 것입니다. 또 그가 죄를 지은 것이 있으면, 용서를 받을 것입니다. 그러므로 여러분은 서로 죄

를 고백하고, 서로를 위하여 기도하십시오. 그러면 여러분은 낫게 될 것입니다. 의인이 간절히 비는 기도는 큰 효력을 냅니다."약5:15-16

야고보는 지금 병자를 위한 우리의 모든 기도가 응답받아 치유된다고 말하는 것인가? 야고보가 그런 의미로 기도를 권유하고 있는 것인가? 병자를 위한 우리의 기도가 모두 우리 뜻대로 이루어진다는 의미는 아닐 것이다. 만약 그랬다면 지금까지 병으로 죽은 그리스도인이 한 사람도 없어야 하기 때문이다. 하지만 옛날도 그렇고 지금도 수많은 기독교인이 병의 치유를 위해 열심히 기도했지만, 간혹 치유되는 경우가 있었을지 몰라도 결국에는 모두 죽었다. 이것은 우리의 기도가 만병통치약이 아니라는 뜻이다. 그들은 엘리야처럼 간절히 기도하지 않았기 때문인가? 그렇지는 않은 것 같다. 간절히 기도한 사람도 치유되지 않고 죽는다. 야고보도 그 점을 잘 알고 있었을 것이다.

그렇다면 믿음으로 간절히 기도하라는 야고보의 권면은 무슨 뜻인가? 엘리야의 경우에서 힌트를 얻을 수 있다. 엘리야는 하나님의 선지자다. 하나님의 지시를 받아 아합에게 가뭄을 선포했고 그대로 이루어졌다. 3년 후에 다시 하나님의 지시로 아합에게 나타나 갈멜산의 기적을 일으켰고 비를 오게 했다. 이 모든 과정은 철저하게 하나님의 인도하심을 따라 진행되었다. 즉, 엘리야의 욕구와 계획대로 진행된 것이 아니라는 뜻이다. 성경은 일관되게 우리의 기도가 '하나님의 뜻 안에서' 이루어진다고 말한다. 요한복음 15장 7절이 대표적이다. "너희가 내 안에 머물러 있고, 내 말이 너희 안에 머물러 있으면, 너희가 무엇을 구하든지 다 그대로 이루어질 것이다." 여기서 예수님이 말씀하시는 것은, 기도 응답은 철저하게 하나님의 뜻 안에서 진행된다는 점이다. 기도는 내 욕망을 채우는 도구가 아니다. 내 욕망을 채우기 위한 기도는 바알 신앙처럼 무속신앙이다. 참된 기도는 엘리야의 기도처럼, 그리고 예수님의 말씀처럼, 우리가 하나님 안에 거할 때 하나님의 뜻을 따라 진행되는 것이다.

그렇다면 다른 의문이 든다. 어차피 하나님의 뜻만 이루어질 것이니 우리가 기도를 하나 하지 않으나 차이가 없는 것은 아닌가? 이것과 관련해서 우리의 기도와 하나님의 뜻의 관계에 대해서 세 가지 가능성을 생각해 볼 수 있다. 첫째, 우리가 어떤 것을 간구해도 우리의 뜻대로 되지 않고, 하나님의 계획대로 일이 진행되는 경우가 있다. 스데반의 죽음이나 바울의 안전을 위한 성도들의 기도가 그렇다. 둘째, 우리의 간구에 따라 하나님이 원래 작정했던 계획을 바꾸는 경우가 있다. 모세의 기도로 하나님이 이스라엘 멸절 계획을 철회한 경우와 히스기야의 수명을 연장해준 경우가 여기에 해당된다. 셋째, 하나님이 어떤 일을 할 계획이 있지만, 우리가 기도해야 그 일을 하기로 작정한 경우가 있다. 옥에 갇힌 베드로를 위한 교회의 간구에 응답한 것이나 지금 엘리야의 기도가 그런 경우다.

하나님은 우리와 상관없이 무조건 자신의 계획을 밀고 나가지 않는다. 오히려 우리와 함께 일하기를 원하시고, 특히 우리의 기도를 통해서 일하기를 원하신다. 하나님의 뜻이 이루어지기 위해서는 우리의 기도가 필요하다는 것이다. 이런 점에서 우리의 기도가 무의미한 것은 아니다. 비가 내리지 않을 때에는 엘리야의 한마디 말로 충분했다. 그것은 이스라엘의 죄에 대한 심판의 선포였기 때문이다. 그러나 비가 다시 내리게 하기 위해서 엘리야는 일곱 번이나 간절하게 기도해야 했다. 이것은 하나님의 은혜를 구하는 것이었다. 둘 다 하나님의 계획 속에 있었지만, 하나님은 엘리야의 기도를 통해서 백성들에게 은혜를 베푸신 것이다.

만약 엘리야가 기도하지 않았다면 어떻게 되었을까? 엘리야가 기도하지 않았다면 비도 내리지 않았을 것이다. 하나님은 비를 내릴 계획을 갖고 계셨지만, 비를 내려달라고 엘리야가 기도하는 것을 하나님의 계획과 연계시키셨기 때문이다. 엘리야는 기도했고, 그 응답으로 하나님은 비를 내리셨다. 이런 연계성을 백성들은 모를 수 있어도 엘리야는 알았을 것이다. 그래서 일곱 번이나 간절히 기도한 것이다.

3. 왜 하나님은 기도를 통해서 일을 하실까?

하나님은 전능하신 분이므로 우리가 기도하지 않더라도 자신이 계획하신 일은 충분히 실행하실 수 있을 텐데, 왜 우리의 기도를 통해서 일을 하실까? 그 이유는 기도의 세 가지 속성을 알면 이해할 수 있다.

기도의 첫 번째 속성은 기도하는 사람의 정체성과 관련 있다. 기도는 인간, 즉 내가 한계를 가진 피조물이라는 사실을 인정하고 고백하는 겸손함의 표현이다. 자신이 능력이 있다고 생각하고, 자기 힘으로 문제를 해결할 수 있다고 생각하는 사람은 결코 기도하지 않는다. '내 주먹돈, 권력, 관계, 머리를 믿지'라고 하면서 하나님을 의지하지 않기 때문이다. 기도한다는 것은 나는 무기력한 존재이며, 그렇기에 하나님의 도움이 필요하다는 것을 인정한다는 표시다. 하나님은 기도라는 행위를 통해 이런 마음을 표현하기를 원하신다.

기도의 두 번째 속성은 하나님의 정체성과 관련 있다. 기도는 하나님이 진정한 신이라는 것을 인정하는 행위다. 우리는 나보다 능력 있고 도움을 줄 수 있다고 생각되는 존재에게 기도한다. 다른 종교나 사당에서 기도하는 것도 마찬가지다. 그렇다면 우리가 누구에게 기도하느냐 하는 것은 내가 어떤 존재를 최고의 신으로 인정하느냐 하는 것과 같다. 하나님이 세상의 창조자요 주관자요 섭리자라는 것을 인정하고, 따라서 그에게 도움을 구하는 것이 가장 지혜롭고 현명하다고 생각하는 사람은 하나님께 기도할 것이다. 기도는 하나님에 대한 인정이고 고백이기 때문이다. 하나님은 우리가 이런 마음 상태여야 기도할 수 있다는 것을 아시기 때문에 우리가 기도하기를 원하시고, 우리의 기도를 통해서 일하기를 기뻐하신다.

기도의 세 번째 속성은 하나님과 나의 관계와 관련 있다. 기도는 하나님과 우리가 깊은 관계를 맺고 있기에 우리가 하나님께 나아가서 간구할 수 있다는 믿음을 표현한 것이다. 하나님이 나를 구원하셔서 나의 아버지가 되셨고, 나는 그의 사랑받는 자녀가 되었기 때문에 우리는 아버지께 기도할 수 있고 하나님은 우리의 기도에 응답하시는 것이다. 거꾸로 말하면, 자신을 하나님의 자녀라고 생각하지 않는 사람은 기도할 수 없다. 기도는 기도의 대상과의 관계가 전제된 행위이기 때문이다. 부모는 자녀가 '아빠, 엄마'라고 부르면서 달려와서 안길 때 기쁨을 느낀다. 부모는 자녀가 이렇게 믿음과 신뢰로 다가오기를 원한다. 하나님도 마찬가지다. 우리가 기도한다는 것은 하나님과 우리의 관계를 이해한다는 표시이며, 하나님을 우리의 아버지로 인정하면서 그에게 달려간다는 뜻이다. 그래서 하나님은 자신을 아버지라고 부르는 기도를 통해서 일하기를 원하시는 것이다.

기도의 세 가지 속성의 기초가 되는 것은 '관계'다. 기도는 어떤 조건을 충족하면 결과가 나오는 자판기와 같은 것이 아니다. 내가 맡겨 놓은 것을 자동으로 찾을 수 있는 은행도 아니다. 기도는 하나님을 알고, 나를 알고, 하나님과 나와의 관계를 인격 대 인격의 관계로 여기는 것을 전제로 이루어지는 인정이며, 이해이며, 대화이며, 요청이다. 하나님은 우리가 기도라는 멋진 행위를 통해 이런 고백과 인정을 하기를 원하시며, 그것이 확인될 때 움직이신다.

그러므로 하나님이 어떤 일을 하려는 계획을 가지고 있지만, 그 일을 우리의 기도를 통해서 이루시기를 작정하실 때, 우리가 기도하지 않으면 아무런 일도 일어나지 않는다. 즉 될 일도 되지 않을 수 있다.

예를 들어, 병에 걸렸다고 하자. 어떤 사람은 그냥 운명이겠거니 생각하면서 하나님께 간구하지 않고 자신이 할 수 있는 방법만 사용한다. 그러면 자연적인 결과만 나올 뿐이다. 즉, 병이 나을 수도 있고, 그렇지 않을 수도 있다. 반면에, 어떤 사람은 병도 하나님의 주권 아래 있다는 것을 인정하면서 하나님께 기도한다. 이 때 두 가지 상황이 벌어질 수 있다. 첫째, 하나님의 더 큰 계획 속에서 병이 낫지 않을 수도 있다. 이런 경우는 기도를 하나 안 하나 결과는 똑같아 보인다. 둘째, 하나님이 우리의 기도에 응답하여 병을 치료해주실 수도 있다. 하나님이 병 치유와 우리의 기도를 연계하기로 작정하실 경우다. 이 때 우리는 기도의 능력을 체험하고 원하는 결과를 얻게 된다.

그렇다면 둘 중에서 어떻게 하는 것이 더 지혜로운 행동인가? 의사의 도움을 받아 치료만 하는 것이 현명한가, 아니면 의학의 도움을 받으면서 동시에 하나님께 기도하는 것이 현명한가? 당연히 기도하면서 치료하는 것이 슬기로운 방법이다. 우리는 의료 기술의 도움을 받아 병을 치료하기 위해 노력하면서도, 다른 한편으로는 하나님께 간절히 기도해야 한다. 하나님이 우리의 기도에 응답하기로 작정한 경우에는, 우리가 기도하지 않으면 하나님이 응답하지 않으실테니 기도하지 않으면 손해. 그러므로 응답이라는 것만 놓고 생각해볼 때도 기도는 절대로 손해 볼 일이 아니며, 오히려 득이 되는 지혜로운 행위다.

4. 지금도 기도 응답의 기적이 일어나는가?

기도와 응답에 대한 또 다른 질문을 해보자. 지금도 엘리야 시대처럼 하나님의 기도 응답으로 기적이 일어나는가?

기도를 통해서 어떤 일이 이루어지거나 병이 낫는다고 해도, 하나님이 직접 기적을 행하셨는지 우리가 확실하게 확인할 수 없기 때문에, 기도의 결과를 우연으로 생각할 수도 있고 하나님의 개입하심으로 생각할 수도 있다. 어느 쪽이든 확실한 것은 아니다. 나중에 주님 앞에서 확인할 수 있을 테지만 지금은 확인할 길이 없다. 이 말을 거꾸로 생각하면, 어떤 일이 이루어지는 것이 하나님의 개입 때문이라고 말하는 것도 100% 확실한 것은 아니지만, 반대로 '우연'이라고 말하는 것도 그렇게 확실한 것이 아닐 수 있다는 것이다. 우연인지 하나님의 개입인지 우리의 한계 내에서는 판단할 수 없기 때문이다. 이 사실로부터 무엇을 추론할 수 있는가? 우리는 하나님이 기도를 통해서 병을 치료하시는 기적을 베푸시는 것이 불가능하다고 판단할 위치에 서 있지 않다는 것이다.

그렇다면 무엇이 더 나을까? 초자연적인 일은 절대로 일어나지 않을 것이라고 단정 짓고 자연적인 노력만 하는 것이 나을까? 그렇게 하면 자연적인 노력의 결과인 100만 얻을 수 있을 뿐이다. 그러나 초자연적인 일도 얼마든지 일어날 수 있다고 믿고 우리가 해야 할 일에 더해서 기도까지 한다면, 최소한 자연적인 노력의 결과인 100은 보장될 것이고, 혹시 초자연적인 능력이 나타난다면 플러스 알파가 되지 않겠는가? 그러므로 단순히 계산적으로만 판단했을 때에도 기도하는 것은 절대로 손해 볼 일이 아니다. 더욱이 하나님이 살아계시며 능력의 신이라고 믿는 그리스도인에게는 기도하지 않는 것은 어리석은 짓이고, 기도하는 것이 지혜로운 행동임은 너무나 자명하다.

나는 10살 즈음에 폐결핵에 걸렸다. 병원에 가서 의사가 처방해준 결핵약도 먹고 주사도 맞으면서 치료에 힘썼다. 그와 동시에 치료를 받는 동안 내 상태를 아는 사람들은 나를 위해 간절히 기도해주었다. 3년의 긴 치료과정을 거친 후에 마침내 폐결핵이 완치되었다. 생각해보자, 폐결핵이 나은 것은 병원 치료의 결과인가, 아니면 기도 응답인가?

40대 후반에 건강검진을 하다가 위암이 발견되었다. 빠르게 진행되는 암이었기 때문에 바로 입원하고 급하게 수술을 받았다. 위의 2/3를 절제했고, 그 후 6개월간 회복의 시간을 보냈다. 나와 비슷한 종류의 암이 발견된 지 몇 달 만에 손도 제대로 못 써보고 죽은 사람들에 관한 이야기를 수술 후에 들었다. 내 상태는 그만큼 위험했었다. 조기에 발견하지 못했더라면 다른 사람들처럼 죽을 수밖에 없는 위험한 종류의 암이었다. 암을 발견하고 수술을 받은 후 5년 동안 재발하지 않아 완치 판정을 받았다.

폐결핵 완치와 위암 조기 발견과 치료는 우연히 된 것인가, 아니면 나를 사랑하는 수많은 사람의 기도에 대한 응답일까? 신앙적으로 말하자면, 하나님이 여러 사람의 기도에 응답하셨다고 생각하는 것이 분명 더 은혜가 될 것이다. 그러나 솔직하게 말하자면, 하나님께 직접 자초지종을 듣지 못했기 때문에 지금 상황에서는 무엇이라 확실하게 답할 수는 없다. 무신론자들처럼 그냥 우연히 발견되어 의료 기술의 도움으로 치료되었다고 말할 수도 있고, 많은 사람의 기도에 대한 응답으로 하나님께서 치료해 주셨다고 말할 수도 있다. 하지만 나는 의사의 치료와 기도라는 두 가지 방법을 모두 사용했고, 그것은 지혜로운 행동이었다는 것이 분명하다. 왜냐하면 그것이 의료 기술만 사용한 것에 더해서 하나님의 능력이라는 변수까지 더하는 것이었기 때문이다. 기도한다고 해서 의술의 효과가 차감되는 것이 아니기 때문에 기도는 결코 마이너스가 아닐 것이다. 하지만 하나님이 우리의 기도에 응답하셔서 움직이셨다면 오히려 기도하지 않는 것이야말로 어리석은 행동이었을 것이다. 그러므로 우리가 지금 당장 기도에 대한 하나님의 반응을 명백하게 확인하지 못하더라도 기도는 결코 쓸데없는 짓이 아니라 의미 있고 가치 있는 행위인 것이 분명하다.

성 니콜라이 교회는 독일 중동부 상업도시인 라이프치히 한복판에 있다. 1982년부터 매주 월요일 오후 5시에 성 니콜라이 교회에서는 '평화 기도회'가 열렸다. 동독 교회를 지켜내려는 서독 교회의 지원, 유럽 사회의 평화를 위해 기도회를 연다는 명분과 동독 내 자유로운 종교 활동이 보장된다는 동독 정권의 대외 선전 때문에 '월요 평화 기도회'는 가능했다.

1989년 9월 4일 평화 기도회가 열렸던 날에 대규모 거리 행진이 열렸다. 사람들은 평화 기도회가 끝난 후 교회를 떠나지 않고 교회 앞 광장에 모이기 시작했다. 9월 25일, 평화 기도회가 끝나고 나서 성 니콜라이 교회 앞 광장에는 약 1만 명의 시민들이 모였고, 저항운동은 더 거세졌다. 10월 2일에는 2만 명의 시민이 참가했다. 유혈사태가 발생하기도 했다.

성 니콜라이 교회에서 시작된 '평화 기도회'는 당시 교파를 초월한 종교인, 재야인사와 국민이 함께 이뤄낸 민주주의 운동의 시발점이었다. 1989년 10월 9일, 평화 기도회 후 월요 시위에는 무려 7만 명이 가담했다. 10월 16일에는 동독 전역으로 시위가 퍼졌고, 12만 명에 달하는 사람들이 평화시위에 참여했다. 이날은 경찰이나 군인도 함께 참여했다. 이틀 후 동독 사회주의 권력의 핵심이었던 에리히 호네커 수상이 물러났다. 그로부터 3주 후 1989년 11월 9일 베를린 장벽이 무너졌다.

독일의 통일에 여러 가지 변수가 개입되었을 것이다. 우리는 무엇이 독일 통일의 주된 요인인지 분명하게 말할 수는 없지만, 최소한 기도하지 않은 것보다 평화기도회를 통해 하나님의 은혜를 구하는 것이 의미 있는 일이었다고 말할 수는 있을 것이다.

5. 그리 아니하실지라도 기도하라

그렇다면 우리의 기도가 하나님의 뜻에 부합되는지 어떻게 알 수 있을까?

한마디로 말하자면, 우리는 어떤 일에 대한 하나님의 뜻을 100% 정확하게 알 수 없다. 우리의 필요에 대한 간구가 하나님의 뜻에 부합되는지 그렇지 않은지 분명하게 알지 못한다고 말하는 것이 정직한 태도일 것이다. 그렇다고 해서 이것이 기도를 안 해도 되는 이유가 될 수는 없다. 오히려 우리의 기도가 하나님 뜻에 부합되는지 알지 못하기 때문에 더 열심히 기도해야 한다. 하나님의 뜻에 부합되지 않으면 내가 원하는 것이 이루어지지 않겠지만, 기도한다는 것 자체가 이미 하나님과 우리와 관련된 세 가지 관계를 표현하고 있기 때문이다. 또한, 하나님은 우리를 사랑하시는 분이므로 우리가 원하는 것을 주지 않는다 할지라도 우리를 깨우쳐 주시거나 다른 길로 인도하실 것이고, 혹시 하나님의 뜻에 부합되면 우리가 원하는 것이 기도를 통해 이루어질 것이기 때문이다.

우리의 모든 기도가 우리의 뜻대로 이루어지는 것은 아니지만, 기도하지 않는 것보다 기도하는 것이 더 나은 결과를 가져올 가능성은 단연코 더 크다. 우리가 열심히 기도하는 것이 더 합리적이다. 그래서 하나님은 우리에게 기도하라고 권하시는 것이다.

하나님이 어떤 분인가? 하나님은 만유의 주님이시다. 하나님은 원하는 것은 무엇이든 다 하실 수 있는 분이다. 그렇지만 하나님은 우리의 기도를 통해서 일하신다. 기도는 하나님을 알고, 나를 알고, 하나님과 나와의 관계를 인격 대 인격의 관계로 여기는 가운데 이루어지는 인정이며, 이해이며, 대화이며, 요청이다. 하나님은 우리가 하나님을 인정하고 그 앞으로 필요를 간구하며 나아오기를 원하신다. 그리고 그 기도에 응답하기를 기뻐하신다. 그렇다면 교만하게 가만히 앉아 있지 말고, 겸손한 마음으로 하나님 앞에 나아가 간구하는 것이 현명한 선택이다. 기도는 절대 손해 볼 일이 아니다. 하나님은 우리의 간구에 응답하시거나, 아니면 우리를 더 좋은 길로 인도하실 것이다.

〈삶을 향하여〉

1. 한국 교회의 기도는 세계적으로 유명하다. 새벽기도, 특별새벽기도, 금요철야 기도, 금식 기도 등 한국 교회는 기도를 참으로 많이 한다. 그런데도 하나님의 명백한 뜻인 정의와 공평이 강물처럼 흐르는 사회는 요원하기만 하다. 기도를 이토록 많이 하는데 왜 하나님의 뜻은 이루어지지 않고 있는 것일까?

2. 애타게 간절하게 하나님께 기도했으나 기도한 대로 응답해 주지 않아서 하나님 께 실망한 적이 있는가? 혹은 내가 기도한 대로 이루어지는 않았으나 다른 더 좋은 길로 응답해 주셔서 하나님께 감사한 적이 있는가?

3. 요즘 나의 기도 생활은 어떤가? 기도 응답의 기쁨을 누리며 살고 있는가? 혹시 기도하지 않고 살고 있다면 이유가 무엇인가? 분주한 삶, 고된 직장생활 또는 가사 일로 피곤함, 하나님을 신뢰하지 못함, 기도해 봐야 소용없다는 생각, 기도 하지 않아도 내가 해결할 수 있다는 생각 등 다양한 이유가 있을 것이다. 기도를 안 하는 근본적인 이유를 생각해보고, 기도를 못하게 하는 여러 방해 요소가 있 음에도 끈질기게 기도해야 하는 근원적인 이유를 찾아보자.

16. 선제적 은혜

왕상 18:41-46

"엘리야가 아합에게 말하였다. '빗소리가 크게 들리니, 이제는 올라가셔서, 음식을 드십시오.' 아합이 올라가서, 음식을 먹었다. 엘리야는 갈멜 산꼭대기로 올라가서, 땅을 바라보며 몸을 굽히고, 그의 얼굴을 무릎 사이에 넣었다. 그리고는 그의 시종에게, 올라가서 바다쪽을 살펴보라고 하였다. 시종은 올라가서 보고 와서, 아무것도 보이지 않는다고 말하였다. 엘리야가 다시 그의 시종에게, 일곱 번을 그렇게 더 다녀오라고 하였다. 일곱 번째가 되었을 때에, 그 시종은 마침내, 사람의 손바닥만한 작은 구름이 바다에서부터 떠올라 오고 있다고 말하였다. 그러자 엘리야는 아합에게 사람을 보내어서, 비가 와서 길이 막히기 전에 어서 병거를 갖추고 내려가라는 말을 전하라고 하였다. 그러는 동안에 이미 하늘은 짙은 구름으로 캄캄해지고, 바람이 일더니, 곧 큰 비가 퍼붓기 시작하였다. 아합은 곧 병거를 타고 이스르엘로 내려갔다. 주님의 능력이 엘리야와 함께 하였기 때문에, 엘리야는 허리를 동여매고, 아합을 앞질러서, 이스르엘 어귀에까지 달려갔다."

1. 이스라엘 백성들은 여호와께로 돌아왔는가?

3년 가뭄과 갈멜산 대결은 이스라엘 백성들이 우상을 섬겼기 때문에 일어났다. 그러므로 이 일을 주도하신 하나님의 목적은 하나다. 이스라엘 백성들이 회개하고 여호와께로 다시 돌아오게 하는 것이다. 이제 갈멜산 대결이 끝났다. 엘리야의 기도에 하나님이 불을 내려 응답하셨고 바알 선지자들은 처형당했다. 갈멜산 대결이 끝난 후 우리의 관심도 하나다. 이스라엘 백성이 어떻게 할 것인가?

갈멜산에서 엘리야가 바알 선지자와의 대결에서 승리하자, 백성들은 "그가 주 하나님이시다! 그가 주 하나님이시다!"39절라고 외쳤고, 엘리야의 지시대로 기손 시내에서 바알 선지자들을 처형했다. 이 장면만 보면 그들이 여호와 편으로 돌아온 것처럼 보인다. 정말로 그들은 여호와께로 돌아왔을까? 아쉽게도 아직 그렇다고 확증할 수는 없다. 왜 그런가? 몇 가지 이유가 있다.

첫째, 갈멜산 승리 후에 우리가 이스라엘 백성에게 기대하는 모습은 다음과 같은 것이다. 바알 선지자들을 처단한 것처럼 백성들이 바알 우상을 까부수고, 여호와의 제단을 다시 쌓고, 성전을 복원하고, 여호와의 제사장들을 복권시키고, 바알 신앙의 우두머리 이세벨을 처단하는 것이다. 바알 선지자들을 죽인 기세로 보면 충분히 가능한 시나리오다. 하나님도 이것을 기대했고, 엘리야도 당연히 그렇게 될 것을 예상했을 것이다. 하지만 그런 일은 일어나지 않았다. 백성들이 한 일은 바알 선지자를 처단하는 것까지였다. 그 이상으로 나아가지 않았다.

둘째, 백성들이 여호와께로 완전히 돌아오지 않았다는 것은 갈멜산 대결 후에 엘리야가 이세벨에게 쫓겨 광야로 도망가서 로뎀나무 아래에서 다음과 같이 한탄한 것에서 명백하게 드러난다. "이제 나만 홀로 남아 있는데."왕상 19:14 엘리야가 좀 과장하고 있기는 하지만, 현재 이스라엘 백성들의 전반적인 상황을 보여주는 말인 것은 분명하다. 또한 다음과 같은 하나님의 말씀도 엘리야의 상황 인식과 별로 다르지 않다. "그러나 내가 이스라엘 가운데에 칠천 명을 남기리니 다 바알에게 무릎을 꿇지 아니하고 다 바알에게 입맞추지 아니한 자니라."왕상 19:18 고작 7천 명만 남았다는 뜻이다.

셋째, 그래서인지 이스라엘 백성들이 우상숭배에 대한 잘못을 회개했다는 언급이 어디에도 없다. 최소한 지난 잘못을 인정하고 회개하는 모습을 보여야 하지만, 전혀 그렇지 않았다. 그러므로 이스라엘 백성들이 여호와께 완전히 돌아왔다고 보기는 어렵다.

2. 왜 아직도 여호와께 돌아오지 않을까?

이스라엘 백성들은 갈멜산의 놀라운 기적을 체험했음에도 불구하고 왜 아직도 여호와께 돌아오지 않고 있는 것일까? 그 이유는 아직도 적대적 세력아합과 이세벨의 권력이 살아 있기 때문이다. 이세벨은 여전히 기세가 등등하다. 지금 엘리야와의 대결에서는 바알 선지자가 패했으나 우상의 세력을 모두 잃은 것은 아니다. 아세라 선지자들은 여전히 살아 있다. 이세벨은 아세라 선지자들이 대결에 동참하지 않았기 때문에 아직 완전히 패배한 것은 아니라고 생각했을 것이다. 그래서 이세벨은 여전히 엘리야를 향해 살기등등한 기세를 보였다. "이세벨이 사신을 엘리야에게 보내어 이르되 '내가 내일 이맘때에는 반드시 네 생명을 저 사람들 중 한 사람의 생명과 같게 하리라. 그렇게 하지 아니하면 신들이 내게 벌 위에 벌을 내림이 마땅하니라' 한지라."왕상19:2

이스라엘 백성을 둘러싼 외적인 상황이 별로 달라지지 않은 것이다. 권력자아합과 이세벨의 폭정, 살기殺氣, 종교적 열심, 그로 인한 공포 분위기는 3년 전이나 지금이나 그대로였다. 이런 상황에서 이세벨이 분노하면서 엘리야를 처단하라는 추상 같은 명령을 내리자 백성들은 다시 얼어붙고 말았을 것이다. 비록 바알 선지자들은 죽었지만, 그녀의 손에는 아세라 선지자와 더불어 여전히 막강한 군사력이 있었기 때문이다. 백성들은 눈앞에 있는 권력이 여전히 두려웠던 것이다. 그래서 갈멜산에서 여호와의 능력을 분명히 보았음에도 이스라엘 백성들은 과거를 청산하지 못했고, 결국 여호와께로 완전히 돌아오지 않았다.

비록 종교적으로는 여호와가 참된 신이라는 것을 확인했지만, 여전히 현실의 권력은 이세벨이 쥐고 있다. 그에게 대적하는 것은 아직도 목숨을 걸어야 하는 위험한 일처럼 보인다. 물론 지금 엘리야의 편에 서기로 결단하고 이세벨에게 대항할 수도 있지만, 그것은 더 무서운 대가를 치러야 할지도 모르는 일이다. 대단한 용기와 믿음이 필요해 보인다. 이런 상황 인식 속에서 이스라엘 백성들은 현실적인 선택을 하고 있을 뿐이다. 그들은 현실의 두려움에 굴복하고 말았다.

3. 우리의 현실

사람들이 하나님의 능력을 직접 체험하고 그가 참된 하나님이라는 것을 확신하면 잘못된 행적을 청산하고 하나님께로 완전히 돌아올까? 생각으로는 그렇게 하는 것이 마땅하고, 그렇게 할 수 있을 것 같지만, 현실에서는 여호와를 택할 때 지불해야 할 대가가 엄청나게 크기 때문에 그렇게 하는 것이 생각만큼 쉽지 않다. 이것이 우리의 현실적인 모습이다. 마음이 없는 것이 아니다. 다만 현실의 두려움을 극복할 결단력이나 진리를 위해 기꺼이 희생을 치르려는 행동이 없는 것뿐이다.

그렇다면 우리는 이스라엘 백성들을 비난할 자격이 있는가? 우리도 이스라엘 백성들처럼 여호와의 살아계심과 능력을 체험했다. 각자 갈멜산의 경험 같은 간증거리가 있을 것이다. 그래서 하나님을 섬기는 것이 마땅하고 좋다는 것을 안다. 적어도 엘리야의 말씀을 듣는 그 순간에는 감동하면서 마음으로 동의한다. 설교를 들으면서, 좋은 책을 보면서, 저렇게 하면 좋겠다는 생각을 수도 없이 한다. 하지만 현실에서 믿음을 따르는 구체적인 행동으로까지 나가지 못하는 경우가 다반사다.

왜 그럴까? 교회 밖에서 만나는 세상은 내가 하나님을 체험하기 전이나 후나 여전히 똑같기 때문이다. 그래서 내가 받은 은혜대로 여호와를 섬기는 삶을 선택하면, 삶이 힘들어진다는 것을 잘 알기 때문이다. 우리의 삶을 지배하는 것처럼 보이는 세상 권력은 여전히 힘이 세다. 그것에 맞서는 것은 여전히 위험하다. 여호와를 따르기 위해 포기해야 할 것이 현실적으로 너무 크다는 것을 알게 되면 마음이 약해진다. 결단이 눈 녹듯이 사라진다. 그리하여 우리는 교회 안에서는 감동을 받고 결심하기도 하지만, 세상으로 나가서는 여전히 주눅 든 채 숨죽이며 지내게 된다. 여호와보다 이세벨을 더 두려워하는 것이다. 이것이 바로 이스라엘의 모습이었고, 우리 자신의 모습이기도 하다. 그토록 엄청난 갈멜산의 기적을 체험했으면서도 왜 여호와께로 돌아오지 않느냐고 이스라엘 백성들을 비난하기는 쉽지만, 우리도 세상 권력이 가로막고 있는 상황에서 모든 것을 버릴 각오를 하고 여호와와 엘리야 편에 서는 것이 그렇게 쉬운 일이 아니다. 몇 가지 구체적인 상황을 생각해 보자.

왜 우리는 개인주의를 탈피하고 공동체적으로 살지 못하는가? 우리는 사도행전에 나오는 예루살렘 교회의 아름다운 공동체 모습을 보면 너무 좋다고 생각한다. 기쁨으로 함께 모여서 성령의 교제를 나누고, 자신이 가진 것들을 서로 나누고, 그 결과 가난한 사람이 없는 공동체의 모습을 보고 감동한다. 그러나 정작 내가 그렇게 해야 하는 상황이 되면 내 돈 생각이 먼저 난다. 결국 나의 돈, 안락함, 편안함, 이기심, 개인적 성향 등 포기해야 할 것이 너무 많아서 구체적인 실천으로 나아가지 못한다.

왜 우리는 아이들에게 좀 더 신앙에 바탕을 둔 교육을 시키지 않는가? 경쟁에서 뒤처질지 모른다는 불안과 현실적인 이익을 내려놓지 못하기 때문 아닐까?

왜 우리는 다른 사람을 섬기기 위해, 세상을 바로 잡기 위해 부르시는 하나님의 음성에 선뜻 대답하고 나서지 않을까? 내 시간을 **빼앗기기** 싫고, 노력해야 하는 게 귀찮고, 손해 볼까 겁나고, 세상 경쟁에서 뒤처질까 두렵기 때문 아닐까?

하나님은 자신이 누구인지를 충분히 우리에게 보여주셨고, 큰 은혜도 베풀어주셨다. 성경의 이스라엘 역사를 통해 보여주셨으며, 예수님의 십자가와 부활을 통해 보여주셨다. 예수님의 제자들의 삶을 통해, 지난 2천 년 동안의 기독교 역사를 통해 보여주셨다. 우리 각자의 삶 속에서도 이러저러한 방식의 도우심과 개입을 통해 은혜를 베풀어주셨다. 그렇다면 이제는 우리의 선택과 결단만 남았다. 하지만 우리는 현실적인 두려움에 사로잡혀, 그리고 이익을 포기하고 싶지 않아서 여전히 바알 숭배에서 벗어나지 못하고 있는 것은 아닌가? 여호와를 선택하지 못하고 있는 것은 아닌가?

4. 선제적 은혜

이스라엘 백성들은 바알과 여호와 사이에서 결단하지 못한 채 머뭇거리고 있었지만, 그들의 행태와 정반대의 일이 발생한다. 백성들이 하나님께 완전히 돌아오기 전에 하나님은 엘리야의 기도에 응답하여 비를 내려주신 것이다. 다시 은혜를 베풀어 주신 것이다.

이것은 놀라운 일이다. 아직 회개도 하지 않고, 여호와께로 돌아오지도 않고 있는 백성들에게 은혜를 베풀어 주신 것이다. 왜 그랬을까? 그 이유가 무엇일까? 혹시 하나님이 이들에게 빚진 것이 있기 때문일까? 또는 이들이 앞으로 잘할 것 같아서 그런 것일까? 아니다! 이유는 단 하나다. 백성들이 이 은혜를 통해서 다시 여호와께 돌아오게 하시려는 배려인 것이다. 하나님의 목적은 3년 전이나 지금이나 똑같다. 백성들이 하나님께로 돌아와 섬기면서 사는 것이다. 다만 3년 전에는 자신을 배신한 백성들에게 가뭄이라는 징계를 내리면서 돌이키려 했다면, 지금은 그들에게 은혜를 베풀면서 돌이키려고 하는 것이다.

세상에서 통용되는 가장 대표적인 원리가 '인과응보'다. 하나님도 '인과응보' 방식을 사용하시는가? 잘하면 상을 주고, 못하면 벌을 주는 분인가? 일반적으로 이런 방식이 사용되는 것은 맞다. '심은 대로 거두리라'는 말씀도 있지 않은가? 그래서 우리가 죄를 지으면 그것에 상응하는 벌을 받는 것이 정상이다. 이것이 하나님의 기본적인 원칙인 것은 분명하다. 그래서 죄를 지은 인간은 에덴에서 쫓겨나게 되었고, 그들의 죽음을 대신해서 예수님이 죽어야 했던 것이다. 반대로, 하나님 나라를 위해 헌신한 사람들에게는 의의 면류관, 생명의 면류관, 하늘의 별처럼 빛나게 해 주는 것과 같은 상급이 주어진다.

그러나 우리 각자의 일상의 삶에서는 이런 대원칙과 전혀 맞지 않는 경우가 종종 발생한다. 하나님은 더 큰 계획 속에서 세상을 이끌어 가시는 분이기 때문에 현재 벌어지는 일과 전혀 다르게 행동하시는 것처럼 보일 때가 종종 있다. 그래서 우리의 일상에서는 인과응보의 양상이 정상적으로 나타날 때도 있지만, 변형적으로 드러나는 경우도 많은 것이다. 이와 관련해서 몇 가지 경우를 생각해보자.

첫째, 내가 잘못해서 일이 안 풀리고 어려워지는 경우가 있다. 인과응보 원리에 가장 부합되는 경우다. 성경의 대표적인 예는 아간이다. 그는 이스라엘 백성이 여리고 성을 함락한 후 주님께 바쳐야 할 전리품을 훔쳤다. 그 때문에 하나님은 이스라엘이 아이성 전투에서 패하는 징벌을 내리셨다. 사사기 시대 이스라엘 백성들은 조금 살 만하면 하나님을 버리고 이방신을 섬겼기 때문에 다른 나라의 지배와 괴롭힘을 당했다. 베드로전서 2장 20절은 "죄를 짓고 매를 맞으면서 참으면, 그것이 무슨 자랑이 되겠습니까?"라고 말씀한다. 죄를 지으면 매를 맞는 경우가 있다는 것이다. 우리 삶에서도 흔한 예를 찾을 수 있다. 나쁜 음식을 계속 먹어서 병이 생기는 것, 국정농단에 가담했다가 적발되어 감옥에 가는 것, 직장에서 성실하게 일하지 않다가 해고당하는 것 등. 이런 상황이 벌어지면 어떻게 해야 할까? 자신을 돌아보면서 잘못한 것이 보이면 빨리 회개하고 돌아서야 한다.

둘째, 나의 잘못과 무관하게 문제가 발생하는 경우가 있다. 베드로전서 2장 20절의 "선을 행하다가 고난을 당하면서 참으면"이라는 말씀은 그럴 가능성이 있다는 것을 의미한다. 요셉은 형들에게 꿈 이야기를 했을 뿐인데 형들에 의해 이집트로 팔렸다. 욥은 잘못한 것이 없음에도 하루아침에 자녀들과 재산을 잃고 몸에 악성종기까지 났다. 다윗은 이유 없이 사울 왕에게 쫓겨 다니며 핍박을 받았다. 이런 상황은 나면서부터 시각장애인이었던 사람을 두고 제자들이 누구의 잘못 때문인지 논쟁을 벌일 때 예수님이 어느 누구의 죄 때문도 아니라고 지적하신 것과 같다. 우리 일상에서도 이런 경우는 흔하다. 잘못한 일이 없는데 임대료가 너무 상승하여 장사하기 어려워지는 경우, 열심히 일했는데 잘못을 뒤집어쓰고 징계를 받는 경우 등. 이런 경우에는 어떻게 해야 할까? 지금 일이 잘 안 풀린다고 너무 낙담하지 말아야 한다. 문제가 생긴 게 반드시 하나님의 심판의 결과인 것은 아니기 때문이다. 오히려 하나님이 전화위복轉禍爲福, 새옹지마塞翁之馬와 같은 역전을 계획하고 계실지 모를 일이다. 그러므로 나의 잘못과 상관없이 일이 잘 안 풀릴 때는 나의 생각과 계획보다 더 잘 알고 더 잘 하실 수 있는 하나님께 나의 삶을 맡기면서 겸손하게 그의 은혜를 구하는 것이 좋다.

셋째, 우리가 잘해서 일이 잘 풀리는 경우가 있다. 요셉은 억울하게 노예로 팔려가고 감옥에 갇혀서도 하나님을 향한 믿음을 잃지 않았기에 하나님의 은혜를 입어 애굽의 총리가 될 수 있었다. 사르밧 과부는 엘리야를 잘 대접하여 가뭄에도 먹을 것이 끊어지지 않는 은혜를 입었다. 고넬료는 "경건한 사람으로 온 가족과 더불어 하나님을 두려워하며, 유대 백성에게 자선을 많이 베풀며, 늘 하나님께 기도하는 사람이었다."행 10:2 그 결과 베드로를 통해 온 가족이 구원을 받고 세례를 받게 되었다. 이런 경우에는 어떻게 해야 할까? 우리가 하나님을 기쁘게 하는 삶을 살고 있다는 것을 하나님이 알고 계시다는 것을 기억해야 한다. 그러므로 선한 일을 하다가 지금 당장 좋은 결과가 나타나지 않는다고 낙심하지 말아야 한다. 지쳐서 포기하지 않으면 좋은 성과를 거둘 때가 올 것이기 때문이다.갈 6:9 하지만 고생 끝에 주어지는 좋은 결과에 대해서도 단순히 내가 잘해서 하나님이 자동으로 보상해주신 것이라기보다는, 하나님이 우리를 사랑하셔서 은혜를 베푸신 것이라고 생각해야 한다. 그러므로 교만하지 말고 오히려 감사해야 한다. 하나님은 교만한 자를 싫어하시기 때문이다. 욥처럼 일상에서 항상 하나님 앞에서 자신을 돌아봐야 한다.

넷째, 잘한 것이 별로 없는데, 또는 오히려 잘못했는데도 일이 잘 풀리는 경우가 있다. 이스라엘 왕 여로보암 2세 시대가 이 경우에 해당된다.왕하 14:23-27 여호아하스왕 시대에 이스라엘은 아람의 공격을 받아 많은 도시를 빼앗겼고 많은 사람들이 죽었다.왕하 13:3, 7 또한 당시 최강대국이었던 앗수르를 비롯해서 많은 주변 국가들의 위협을 당하고 있는 상황이었다. 이런 상황에서 여로보암 2세가 새로운 왕이 되었다. 국제적으로, 경제적으로 어려운 시기에 왕이 된 것이다. 여로보암 2세의 통치는 어떠했는가? 그 시대에 대한 하나님의 평가는 이렇다. "여로보암이 사마리아에서 왕이 되어 사십 일 년을 위에 있으며 여호와 보시기에 악을 행하여." 왕하14:23-24 그렇다면 그 다음엔 무슨 이야기가 이어지는 것이 자연스러울까? 사사기에서 수없이 반복되었던 공식대로라면 '하나님이 심판하셨더라'가 자연스러운 결말일 것이다. 그런데 열왕기하 14장 25절에서는 우리의 예상과 다른 말이 나온다. "이스라엘 하나님 여호와께서 그 종 가드헤벨 아밋대의 아들 선지자 요나로 하신 말씀과 같이 여로보암이 이스라엘 지경을 회복하되 하맛 어귀에서부터 아라바 바다까지 하였으니." 여로보암이 여호와 보시기에 악을 행하는 왕이라고 분명히 언급한 후에 바로 이어서 하나님께서 요나 선지자를 보내 여로보암 2세가 옛 다윗 왕 시대의 영토를 완전히 회복할 것이라는 축복의 예언을 하고, 실제로 그 예언대로 성취된다. 왕하14:25-27 이해하지 못할 일이 일어난 것이다.

하나님께서 이렇게 하신 이유가 무엇이었는가? 그들이 하나님을 잘 믿고 회개했기 때문인가? 아니다! 왜냐하면 그런 모습은 눈 씻고 찾아봐도 보이지 않고, 오히려 23절에 여로보암은 악한 왕이라고 단정적으로 말하고 있기 때문이다. 그렇다면 왜 하나님이 이렇게 이스라엘을 회복해주신 것일까? 그 이유는 이스라엘의 어떠함 때문이 아니라 순전히 하나님의 긍휼 때문이었다. "이는 여호와께서 이스라엘의 고난이 심하여 매인 자도 없고 놓인 자도 없고 이스라엘을 도울 자도 없음을 보셨고." 26절 자신의 백성이 계속 고난을 당하는 것을 불쌍히 여겨서 은혜를 베풀어주신 것이다. 이렇게 하나님께서 자비를 베푼 결과 이 시기에 이스라엘은 정치적으로도 가장 안정을 누렸고 여로보암 2세는 무려 41년간이나 통치했다, 경제적으로도 최고의 번영을 누리게 되었다. 하나님은 그들이 잘해서 은혜를 베푼 것이 아니다. 여전히 잘못하고 있음에도 불구하고, 그들이 망해가는 모습이 불쌍해서, 또는 돌이킬 기회를 주기 위해서 은혜를 베푸신 것이다. 이것은 말 그대로 받을만하지 않는 자에게 베푸시는 하나님의 전적인 은혜이며, 또한 그들에게 돌이킬 기회를 주기 위한 하나님의 '햇볕 정책'이라고 할 수도 있을 것이다.

5. 은혜를 베풀 때 돌아오라

아합 시대도 비슷하다. 하나님은 종종 인과응보라는 원칙을 깨면서 은혜를 베풀 때가 있다. 즉, 벌을 받아야 마땅한 상황인데 벌을 유예하거나 오히려 인내하면서 은혜를 베풀어 주실 때가 있다. 이것이 바로 우리의 상식을 뛰어넘는 '은혜의 원리'다. 하나님은 아담과 하와가 죄를 지었을 때 바로 죽이지 않고 목숨을 유지해 주셨다. 이처럼 하나님은 종종 악인에게도 은혜를 베풀어 주실 때가 있다. 비를 내리시고, 햇빛을 비춰주시고, 먹을 것을 주실 때가 있다. 그것은 전적으로 하나님의 사랑과 긍휼의 선물이다.

우리는 어떤가? 우리는 하나님 앞에서 잘하고 있는가? 잘하는 것보다 오히려 잘못하고 있는 것이 더 많지 않은가? 그럼에도 우리는 여전히 은혜를 받고 있지 않은가? 가만 생각해보면, 우리는 하나님 앞에서 미안하고 창피한 일들만 거듭하고 있지만, 그럼에도 하나님은 징계를 하지 않고 오히려 은혜를 베풀고 있는 것 같다.

일이 형통하게 진행될 때 오히려 조심해야 한다. 내가 잘해서 일이 잘 풀릴 때도 있겠지만, 그와 반대로 내가 전혀 잘하고 있지 못함에도 불구하고 순풍을 만날 수도 있기 때문이다. 그럴 때 교만하면 안 된다. 오히려 내가 잘못하고 있는데 하나님이 불쌍히 여겨서 선제적 은혜를 베풀고 있을 가능성이 없는지 살펴야 한다. 그래서 나의 잘못을 깨닫게 하려고, 황송한 마음을 품고 돌아오게 하려고 은혜를 베풀고 계시지는 않는지 성찰해야 한다. 성찰의 결과 지금 내가 받고 있는 은혜가 하나님의 햇볕 정책의 산물이라고 생각되면 하나님의 인내를 테스트하지 말고 빨리 회개하고 하나님께로 돌아와야 한다. 그렇지 않고 여전히 내가 잘나서 형통하고 있다는 착각 속에서 살아간다면 "하나님께서 인자하심을 베푸셔서 그대를 인도하여 회개하게 하신다는 것을 알지 못하고, 오히려 하나님의 풍성하신 인자하심과 너그러우심과 오래 참으심을 업신여기는 것입니까?"라는 무서운 경책을 듣게 될 것이다.롬 2:4 우리는 하나님이 우리에게 은혜를 베푸시는 뜻을 헤아리고 은혜의 햇빛이 구름 속에 가리워지기 전에 하나님의 뜻에 순종하면서 사는 삶으로 복귀해야 한다.

〈삶을 향하여〉

1. 설교를 들을 때는 감동해서 말씀대로 다 실천할 수 있을 것 같지만 막상 현실 속으로 들어가면 감동과 결단은 사라지고 예전 그대로 살아가는 경우가 많다. 이스라엘이 하나님의 능력을 체험했음에도 현실의 절대 권력을 쥐고 있는 아합과 이세벨을 두려워하여 여호와께로 돌아오지 못한 것처럼 지금 내가 하나님의 뜻을 순종하지 못하게 막는 현실적인 두려움은 무엇인가?

2. 요즘 나의 형편은 어떤가? 일이 잘 풀리고 있는 편인가, 아니면 꼬인 게 많고 잘 풀리지 않는 편인가? 내가 잘해서 잘 풀리는 경우도 있고, 내가 잘못해서 일이 잘 안 풀리고 어려움을 겪고 있을 수도 있다. 혹시 내가 잘못하고 있는데도 큰 어려움 없이 지내고 있다면 하나님께서 선제적 은혜를 베풀고 계실 가능성이 크다. 요즘 하나님께서 베푸시는 은혜를 떠올려보고 혹시 회개하고 돌이켜야 할 부분은 없는지, 하나님의 은혜를 오용하고 있지는 않은지 돌아보자.

17. 도망가는 승리자

왕상 19:1-4

"아합은, 엘리야가 한 모든 일과, 그가 칼로 모든 예언자들을 죽인 일을, 낱낱이 이세벨에게 알려 주었다. 그러자 이세벨은 엘리야에게 심부름꾼을 보내어 말하였다. '네가 예언자들을 죽였으니, 나도 너를 죽이겠다. 내가 내일 이맘때까지 너를 죽이지 못하면, 신들에게서 천벌을 달게 받겠다. 아니, 그보다 더한 재앙이라도 그대로 받겠다.' 엘리야는 두려워서 급히 일어나, 목숨을 살리려고 도망하여, 유다의 브엘세바로 갔다. 그 곳에 자기 시종을 남겨 두고, 자신은 홀로 광야로 들어가서, 하룻길을 더 걸어 어떤 로뎀나무 아래로 가서, 거기에 앉아서, 죽기를 간청하며 기도하였다. '주님, 이제는 더 바랄 것이 없습니다. 나의 목숨을 거두어 주십시오. 나는 내 조상보다 조금도 나을 것이 없습니다.'"

1. 승리 뒤에 찾아온 위기

갈멜산 대결에서 패하고 엘리야의 권유로 큰 비를 피해 이스르엘로 돌아온 아합은 갈멜산에서 있었던 일을 이세벨에게 알려준다. "아합은, 엘리야가 한 모든 일과, 그가 칼로 모든 예언자들을 죽인 일을, 낱낱이 이세벨에게 알려 주었다."1절

이스라엘의 실권자는 아합이 아니라 이세벨이다. 그녀는 아합과 결혼하면서 시돈의 바알과 아세라 신을 들여왔고, 이스라엘 전체를 바알 신앙에 빠지게 했다. 그것도 모자라 이세벨은 여호와의 선지자들을 학살했다. "이세벨이 주님의 예언자들을 학살할 때에."왕상 18:4 그래서 갈멜산 대결 장소에는 아합이 나왔지만, 바알 선지자와의 대결이라는 점에서 실제로는 이세벨과의 대결이라고 보는 것이 옳을 것이다.

아합이 이세벨에게 말하는 모습은 마치 부하가 사고를 치고 와서 잔뜩 주눅 든

채 대장에게 보고하는 모습과 같다. 하늘에서 불이 내리는 기적을 일으키고, 엘리야의 기도로 3년 가뭄을 해소하는 비를 내리게 한 여호와의 능력에 대한 이야기를 들은 이세벨은 어떤 반응을 보였을까? 그녀도 여호와의 능력을 인정하고 남편 아합과 함께 여호께 무릎을 꿇을 것으로 예상하는 것이 자연스럽다. 그러나 그녀의 반응은 전혀 달랐다. "그러자 이세벨은 엘리야에게 심부름꾼을 보내어 말하였다. '네가 예언자들을 죽였으니, 나도 너를 죽이겠다. 내가 내일 이맘때까지 너를 죽이지 못하면, 신들에게서 천벌을 달게 받겠다. 아니, 그보다 더한 재앙이라도 그대로 받겠다.'"2절

이세벨은 갈멜산 현장에 있지 않았기 때문에 엘리야와 여호와의 능력을 직접 보지 못했다. 그래서 압도당하지도 않았고 굴복하지도 않았다. 아마 자신이 그 자리에 있었다면 그렇게 처참하게 패배하지 않았을 거라고 생각했을지도 모른다. 그래서 그녀는 자신이 아끼던 선지자들이 엘리야에게 참수를 당하도록 허용한 아합을 이해할 수 없었을 것이고, 분노에 치를 떨면서 복수할 계획을 세웠을 것이다. 그녀의 복수 계획은 막연한 것이거나 혼자서 열을 내는 것이 아니라 매우 구체적이었다. 정확한 시한까지 정해놓았다. "내일 이맘때까지."2절 이것은 지금 당장 행동에 나서겠다는 뜻이다. 그래서 바로 명령을 내렸을 것이다. '엘리야를 당장 잡아오너라!'

이 소식을 들은 엘리야는 어떤 반응을 보였을까? 이세벨에 맞서서 더 이상 물러설 수 없는 최후의 대결을 펼쳤을까? 지금까지의 기세로 보면 그렇게 하고도 남을 것 같다. 하지만 엘리야의 행보는 전혀 뜻밖이다. 그는 이세벨의 보복 소식을 듣자 맞서 싸우기는커녕 꽁지 빠지게 도망간다. "엘리야는 두려워서 급히 일어나, 목숨을 살리려고 도망하여, 유다의 브엘세바로 갔다. 그 곳에 자기 시종을 남겨 두고, 자신은 홀로 광야로 들어가서, 하룻길을 더 걸어 어떤 로뎀나무 아래로 가서, 거기에 앉아서, 죽기를 간청하며 기도하였다. '주님, 이제는 더 바랄 것이 없습니다. 나

의 목숨을 거두어 주십시오. 나는 내 조상보다 조금도 나을 것이 없습니다.'"3-4절

엘리야는 이세벨을 피해 북 왕국 이스라엘을 벗어나 남 왕국 유다 지역의 최남단인 브엘세바를 지나 광야까지 도망쳤다. 거의 120킬로미터가 넘는 거리였다. 엄청나게 먼 곳까지 이세벨을 피해 줄행랑을 친 것이다. 엘리야는 거기서 로뎀나무 가시나무와 유사하며 높이가 2-3미터 정도 되는 나무 아래 앉아 죽기를 간청한다. 선지자의 일을 그만두겠다는 것이다. 한 마디로 충격적이고 쉽게 이해되지 않는 모습이다!

호기롭게 아합에게 나타나 가뭄을 선포하고, 가뭄과 기근이 계속된 3년 동안 그릿 시냇가에서 까마귀가 가져다준 음식을 먹으면서 연명했고, 사르밧 과부의 집에서 밀가루와 물이 떨어지지 않는 놀라운 기적을 베풀었고, 갈멜산에서 바알 선지자들과의 대결에서 하늘에서 불이 내려 제물을 태워버리는 놀라운 광경을 연출하며 승리했고, 기도로 3년 동안 내리지 않던 비를 내리게 했고, 우상 바알의 앞잡이인 선지자들을 잡아 죽인 그 영웅 엘리야. 그는 왜 이렇게 혼비백산해서 도망쳤고, 더 나아가서 죽기를 간청하는 상황에까지 이르렀을까? 도대체 무엇이 엘리야를 이처럼 작고 소심한 사람이 되게 했을까?

2. 두려움

이세벨이 자신을 죽이려고 군사를 풀었다는 소식을 전해 들은 엘리야의 첫 번째 반응은 '두려움'이었다. "엘리야는 두려워서 급히 일어나, 목숨을 살리려고 도망하여, 유다의 브엘세바로 갔다."3절

상황으로 보면 지금 승리자는 엘리야와 여호와다. 여호와는 기적을 통해서 여호와만이 참된 신이라는 것을 확인시켜 주었고, 엘리야가 참된 선지자라는 것을 증명해주었다. 그렇다면 아합과 이스라엘이 바알 신앙을 버리고 여호와께로 돌아오는 것을 충분히 기대할 수 있다. 그러나 아합과 이세벨은 전혀 그럴 마음이 없었다. 오히려 더욱 악이 받쳐서 엘리야를 죽이려고 군사들을 풀었다.

이 상황을 본 엘리야는 급격하게 두려움에 사로잡힌다. 여호와의 능력에 압도되어 굴복할 줄 알았는데 아합과 이세벨이 예상과 달리 오히려 강력한 역공을 펼치자 엘리야는 당황한 것이다. 다 무찔렀고 이제는 항복 받는 일만 남았다고 생각했는데 강하게 반격하니 오히려 두려움이 밀려온 것이다.

아합은 어느 정도 엘리야에게 굴복한 것 같지만, 이세벨은 전혀 그렇지 않다. 그녀는 여호와의 선지자들을 학살한 주범이었다.18:4, 13 잔인하고 무서운 존재였다. 엘리야도 이 사실을 잘 알고 있었다. 그런 그녀가 눈 하나 깜빡하지 않고 엘리야마저 죽이겠다고 나서니 두려울 수밖에 없었다. 아합보다 실질적인 권력을 더 쥐고 있던 이세벨은 군사력까지 동원했다. 이런 동향을 전해 들은 엘리야는 큰 두려움에 사로잡혀서 도망치게 된다.

다 이겼다고 생각하고 안도하고 있을 때 당하는 역공이 오히려 더 무섭다. 예상치 못한 상황에서 뒤에서 누군가 갑자기 놀래키면 별것 아닌 것에도 크게 놀라는 것처럼, 승리에 도취되어 있을 때, 모든 것이 끝났다고 샴페인을 들이킬 준비를 하고 있을 때 공격을 당하면 더 큰 두려움에 사로잡히게 된다.

그런데 여기서 더 중요한 문제가 있다. 엘리야는 현실의 두려움에 압도된 나머지 여호와께 다음 행보를 묻지도 않고 줄행랑을 쳤다는 것이다. 지금까지 엘리야는 전적으로 여호와의 지시에 따라 움직였다. 갑자기 등장하여 아합에게 가뭄을 선포한 것도 여호와의 보내심 때문이었고, 그릿 시냇가로 가서 지낸 것도, 사르밧 과부에게 간 것도, 다시 아합 왕에게 나타나 대결을 요청한 것도, 갈멜산에서 하늘에서 불이 내리기를 간구한 것도, 다시 기도하여 비가 내리게 한 것도, 모두 여호와의 지시에 따른 것이고, 여호와의 인도하심을 따른 것이었다. 그러나 지금 엘리야는 이세벨의 위협에 압도되어 하나님께 묻지도 않고 도망친 것이다. 이것은 위험한 행동이다. 아무리 두려워도 하나님과의 끈을 놓쳐버리면 이상한 결정을 내리게 된다. 이런 상황에서 내리는 결정이 온전할 리가 없다.

다급한 상황에서 하나님의 인도하심을 기다리지 않고 성급하게 행동한 결과 큰 잘못을 범하게 된 대표적인 인물이 사울 왕이다. 블레셋과의 전투에서 패한 그는 전황을 반전시켜줄 수 있는 사무엘을 기다리고 있었다. 그가 7일 후에 올 것이며 그때까지 기다리라는 전갈을 들었기 때문이다. 그러나 계속되는 패배에 사울 왕은 너무 다급해졌다. 완전히 패배할 것 같은 두려움에 압도되었다. 더 이상 기다릴 수 없었던 사울 왕은 스스로 제사를 드렸다. 오직 제사장만 할 수 있도록 규정된 일에 손을 댔고, 결코 넘어가서는 안 될 선을 넘어가 버린 것이다. 제사를 마치자마자 기다렸다는 듯이 사무엘이 나타났고, 그는 사울 왕의 성급한 행동을 크게 꾸짖었다. 그리고 하나님의 엄중한 심판의 메시지를 전달하였다. "사무엘이 사울에게 말하였다. '해서는 안 될 일을 하셨습니다. 주 하나님이 명하신 것을 임금님이 지키지 않으셨습니다. 명령을 어기지 않으셨더라면, 임금님과 임금님의 자손이 언제까지나 이스라엘을 다스리도록 주님께서 영원토록 굳게 세워 주셨을 것입니다. 그러나 이제는 임금님의 왕조가 더 이상 계속되지 못할 것입니다. 주님께서 임금님께 명하신 것을 임금님이 지키지 않으셨기 때문에, 주님께서는 달리 마음에 맞는 사람을 찾아서, 그를, 당신의 백성을 다스릴 영도자로 세우셨습니다.'"삼상13:13-14

아무리 위급해도, 상황이 급박해도, 먼저 하나님의 인도하심을 묻고 기다려야 한다. 그것이 오히려 가장 빠른 길이고, 가장 확실한 해결책이다. 우리의 시간표와 하나님의 시간표는 다르다. 하나님은 우리가 아무리 급해도 하나님의 시간표에 맞추어 기다릴 때 기다리고, 나갈 때 나가기를 원하신다. 그것이 승리의 길이기 때문이다.

3. 실망감

엘리야가 그 멀리까지 도망간 또 다른 이유는 '실망감' 때문이었다.

갈멜산 대결 후 아합은 이스르엘로 돌아갔고, 엘리야는 그를 앞질러 먼저 이스르엘 어귀까지 달려갔다.18:42 거기서 엘리야는 아합이 이세벨에게 갈멜산 사건을 알려주고 나서 후속 조치를 취할 것으로 기대하며 기다렸을 것이다.19:1 엘리야가 무엇을 기대했을까? 당연히 아합이 굴복하고, 이세벨도 굴복하고, 이스라엘 백성이 여호와께로 다시 돌아오는 걸 기대했을 것이다.

그런데 엘리야가 전혀 예상치 못한 상황이 펼쳐진다. 이세벨이 자기를 죽이려고 군사들을 풀었다는 소식이 들려온 것이다. 여호와께로 돌아오기는커녕 오히려 더 살기등등해진 것이다. 이 소식을 들은 엘리야는 크게 실망했을 것이다. 이스르엘에서 기다리면서 기대했던 것과 너무 다른 반응이 나왔으니 말이다.

아합과 이세벨에 대한 실망 때문에도 힘들었지만, 엘리야를 더욱 힘들게 한 것은 백성들의 반응에서부터 오는 실망감이었을 것이다. 그들은 갈멜산의 기적을 보고서 땅에 엎드려 "그가 주 하나님이시다! 그가 주 하나님이시다!" 하고 외쳤었다. 그리고 엘리야의 명령을 따라 바알 선지자들을 사로잡아 죽였다.18:39-40 그러나 거기까지였다. 이세벨이 군사력을 동원해서 살기등등하게 나서자 백성들의 마음 역시 얼어붙고 말았다. 이것을 본 엘리야는 크게 실망할 수밖에 없었을 것이다.

기대가 없으면 실망도 없다. 그러나 기대가 클수록 실망도 커진다. 꼴찌는 또 꼴찌를 해도 별로 실망하지 않는다. 그러나 꼴찌 하다가 갑자기 잘하면 기대감이 커지게 되고, 그러다가 다시 꼴찌로 떨어지면 실망한다. 맨날 꼴찌만 하는 학생은 다음에 또 꼴찌를 해도 별로 실망하지 않지만, 늘 1등 하던 학생이 5등으로 떨어지면 고작 몇 등수 떨어졌을 뿐이지만 난리가 난다. 이 모든 것이 '기대감'과 관련 있다. 엘리야는 갈멜산 승리로 기대감이 엄청 커졌을 것이다. 그런데 그 기대감이 실망과 절망으로 변해버렸다. 더 이상 그곳에 머물고 싶지 않았다. 1초라도 빨리 떠나버리고 싶었다.

여기서 또 하나 재미있는 심리 작용이 나타난다. 엘리야의 실망감이 자책으로 이어진 것이다. 처음엔 기대했던 모습을 보여주지 않은 아합, 이세벨, 이스라엘 백성들을 원망했을 것이다. 그러나 조금 시간이 지나면서 자책으로 발전한 것이다. "나는 내 조상보다 조금도 나을 것이 없습니다."4절 엘리야는 지금까지 엄청난 능력을 발휘하면서 어느새 자신이 무언가 위대한 업적을 이루고 있다는 인식을 조금씩 하게 된 것 같다. 하지만 승리의 목전에서 전혀 예상하지 못했던 일이 펼쳐지고 자신의 모든 수고가 수포로 돌아갈 것 같은 상황이 되자, 자신의 무기력함을 절감하게 된 것이다. 모세나 여호수아는 이스라엘 백성들을 잘 이끌었지만, 자신은 그런 성과를 거두지 못하고 있다는 사실이 갑자기 실감나게 다가온 것이다. 그래서 백성들이 회개하고 하나님께 돌아오지 않는 이유가 자신의 무능력 때문이라고 생각하게 된 것이다.

엘리야의 자책감은 포기로까지 이어졌다. "자신은 홀로 광야로 들어가서, 하룻길을 더 걸어 어떤 로뎀나무 아래로 가서, 거기에 앉아서, 죽기를 간청하며 기도하였다. '주님, 이제는 더 바랄 것이 없습니다. 나의 목숨을 거두어 주십시오. 나는 내 조상보다 조금도 나을 것이 없습니다.'"왕상 19:4 엘리야는 모든 것을 포기하고 싶어진 것이다. 사명을 포기하는 수준을 넘어 더는 살고 싶지 않은 마음 상태까지 간 것이다. 실망과 절망의 마음이 커지면 이런 상태까지 이르게 된다.

일반적으로, 기대가 충족되지 않을 때 나타나는 마음의 변화는 세 단계로 나타난다. 첫째, 기대한 일이 이루어지지 않을 때, 우리는 실망하고 절망하게 된다. 오랜 세월 공을 들여 준비하고 기대를 했지만 원하는 결과를 얻지 못했을 때 크게 낙담하게 된다. 오랫동안 준비한 시험에서 떨어졌을 때, 열심히 준비해서 사업을 시작했는데 기대만큼 수익이 나지 않을 때 실망한다. 특히 사람에 대해서도 기대가 채워지지 않을 때 실망하고 절망하게 된다. 3년간 동고동락하며 열심히 가르친 제자들이 배신했을 때 예수님의 절망감은 상당히 컸을 것이다. 3년간의 가르침이 헛수고처럼 느껴졌을 테니 말이다. 선생님들도 절망감을 느낄 때가 많다. 최선을 다해 수업을 준비해서 가르쳤지만 학생들이 잘 배우지 못하거나, 배우기를 싫어하거나, 학생들의 삶에 변화가 보이지 않을 때 크게 실망할 것이다.

둘째, 실망과 절망감이 커지면 그 다음 단계는 엘리야처럼 자책으로 이어진다. 물론 자신감이 하늘을 찌를듯하고 자존감이 강한 사람, 모든 것을 남 탓으로만 돌리는 사람은 일이 잘 안될 때 끝까지 남 탓을 할 것이다. 하지만, 자신을 돌아보려는 마음이 있고, 내가 그렇게 잘난 존재가 아니라는 것을 알고, 나도 실수하고 잘못을 할 수 있다고 생각하는 사람은 조금 다른 반응을 보이게 된다. 처음에는 다른 사람으로 인해 실망하고 원망하다가 혹시 이것이 내가 부족해서 생긴 일이 아닐까 하면서 자책하는 것이다. 스포츠 팀의 감독도 시합에서 지면 먼저 선수들을 탓하고 싶은 마음이 든다고 한다. 그런데 자기 성찰을 하는 감독은 조금 지나면 자신이 잘 가르치지 못해서 진 것이라고 인정하는 경우가 많다. 부모의 경우, 아이가 말을 잘 안 들으면 처음엔 아이를 야단치고 아이에게 실망한다. 그러나 조금 지나면 부모로서 잘하지 못해서 아이가 이렇게 된 것은 아닌가 하는 자책의 마음이 들게 된다. 교회의 리더도 마찬가지다. 구역모임이나 소그룹을 잘 이끌고 싶지만 멤버들이 기대만큼 잘 따라주지 않을 때 실망하고 원망하는 마음이 생긴다. 하지만 조금 지나면 내가 부족해서 이런 결과가 나오는 것이 아닌가 하면서 자책을 하게 된다.

셋째, 자책이 커지면 포기하는 데까지 이르게 된다. 다른 사람에 대한 기대감의 상실과 자신의 무기력함이 겹쳐서 큰 중압감을 느끼게 되면서 결국 포기하게 되는 것이다.

그렇다면, 엘리야처럼 실망과 절망의 마음이 강하게 들 때 어떻게 하는 것이 좋을까? 우선, 내가 과도한 기대를 하고 있는 것은 아닌지 돌아봐야 한다. 아이들이 항상 잘하는 것은 아니다. 아이는 아이일 뿐이다. 아이는 원래 못하는 게 많은 존재다. 이것을 인정하면 아이에게 조금은 더 관대해지고, 그만큼 절망감이 줄어든다. 그러므로 다른 사람에 대한 기대가 너무 큰 것은 아닌지 생각해보고 현실에 맞게 조정해야 한다.

두 번째는, 지금 당장 좋은 결과를 기대하는 것이 성급한 것은 아닌지 돌아봐야 한다. 지금은 기대했던 일이 일어나지 않지만, 시간이 좀 더 흐르면 좋은 결과가 나타날 수도 있기 때문이다. 지금은 아무 반응이 없을지라도 나중에 내가 뿌린 씨가 싹이 나서 사람들을 변화시킬 수 있기 때문이다. 변화가 없는 것 같았던 아이가 나중에 선생님이 해준 말을 기억하고 변화되는 경우도 있고, 도움을 주었지만 전혀 반응을 보이지 않던 사람이 나중에 그것에 고마워하는 경우도 있지 않은가.

세 번째는, 하나님은 우리에게 결과를 약속하신 것이 아니라 해야 할 일만을 알려주셨다는 점을 기억해야 한다. 하나님은 엘리야에게 결과를 약속해주지 않았다. 다만 해야 할 일만을 지시하셨다. 엘리야는 성급하게 멋진 결과를 기대했기 때문에 더 크게 실망한 것이다. 그는 자신에게 맡겨진 과업을 자신이 기대하는 결과와 너무 긴밀하게 연결 짓는 잘못을 범했다. 우리는 형제자매에게 사랑을 베풀고, 내게 있는 것을 나눠준다. 그렇게 하면서 기대를 한다. 그 형제자매도 나에게, 혹은 다른 사람에게 동일한 사랑을 베풀기를. 하지만 그런 일이 잘 일어나지 않으면 우리는 실망한다. 하지만 그럴 필요가 없다. 우리는 사랑을 베풀어야 한다는 것에만 집중해야 한다. 내가 사랑을 베푼 결과가 어떻게 나타나든 상관할 필요가 없다. 결과는 내가 기대하거나 통제할 수 있는 것이 아니기 때문이다. 그러므로 우리는 결과보다는 내가 해야 하는 일에 좀 더 집중해야 한다. 하나님이 내게 기대하시는 것은 멋진 결과를 누리는 것보다는 해야 할 바를 하는 것이기 때문이다.

4. 억울함

엘리야가 남쪽으로 도망치고 죽기를 간구하게 된 또 다른 이유는 '억울함' 때문이었다.

지금 엘리야는 모순적인 모습을 보여주고 있다. 그는 이세벨이 두려워 도망하였다. 즉, 죽는 것이 두려워서 '살기 위해' 도망친 것이다. 그런데 지금 로뎀나무 아래 앉아서 하나님께 무엇을 간구하고 있는가? 죽기를 간청하고 있다. 살기 위해 도망친 사람이 죽기를 간청하는 것이다. 그럴 바에는 이스라엘에 남아서 이세벨과 한판 싸움을 벌이다가 장렬하게 전사하면 훨씬 멋지지 않겠는가? 더 이해가 안 되는 것은, 죽기를 간청하다가 천사가 준 음식을 받아먹고 편하게 잠이 들었다는 점이다.5-6절 죽기로 작정한 사람이 생명을 주는 음식은 왜 넙죽 받아먹는가? 그러므로 지금 엘리야가 죽기를 간청하는 것은 진심이 아니다. 하나님 앞에서 투정을 부리고 있는 것이다.

왜 투정을 부리고 있는가? 그 이유가 10절과 14절에 반복해서 나타난다. "엘리야가 대답하였다. '나는 이제까지 주 만군의 하나님만 열정적으로 섬겼습니다. 그러나 이스라엘 자손은 주님과 맺은 언약을 버리고, 주님의 제단을 헐었으며, 주님의 예언자들을 칼로 쳐서 죽였습니다. 이제 나만 홀로 남아 있는데, 그들은 내 목숨마저도 없애려고 찾고 있습니다.'"왕상19:10 "엘리야가 대답하였다. '나는 이제까지 주 만군의 하나님만 열정적으로 섬겼습니다. 그러나 이스라엘 자손은 주님과 맺은 언약을 버리고, 주님의 제단을 헐었으며, 주님의 예언자들을 칼로 쳐 죽였습니다. 이제 나만 홀로 남아 있는데, 그들은 내 목숨마저도 없애려고 찾고 있습니다.'"왕상19:14 투정의 핵심은 이것이다. '왜 나만 이렇게 고생해야 합니까? 다른 사람들은 다 어디 갔습니까?' 이것은 다른 사람은 아무것도 안 하고 있는데 나만 고생하고 있다는 억울한 심정에서 터져 나오는 하소연이다.

처음부터 이 싸움은 힘겹고 어려우리라는 것을 엘리야는 잘 알고 있었을 것이다. 냉혹한 시절이었기 때문에 이세벨에 맞설 수 있는 사람이 흔치 않을 것이라는 사실도 알고 있었을 것이다. 그래서 엘리야는 혼자서 3년이 넘도록 버텨온 것이고 지금까지 잘 해 왔던 것이다. 그러나 이세벨이 죽이려고 달려들자 큰 두려움에 사로잡혔고, 백성들이 기대한 행동을 보여주지 않자 실망하게 되었다. 어디에도 기댈 데가 없고, 하소연할 사람도 없고, 위로해 줄 사람도 없고, 함께 투쟁할 동역자가 없다는 사실이 크게 다가오면서 '왜 나만 이렇게 고생하는가?' '다른 사람들은 모두 어디로 갔는가?' 하는 원망의 마음, 또는 억울한 심정이 들게 된 것이다.

이 억울한 심정 뒤에는 '자기 의義'가 깔려 있다. '모두 타락했고, 숨었고, 도망쳤고, 굴복했지만, 나는 결코 그렇게 하지 않았다, 나는 버텼다, 나는 투쟁했다.' 이런 당당함과 자부심이 엘리야에게 있었다. 그런데 갑자기 감당할 수 없는 위협이 다가오고 헌신했던 일 때문에 곤경에 처하게 되자, 그런 자부심이 타인에 대한 원망과 억울한 감정으로 변한 것이다. 그래서 나만 혼자 이렇게 고생할 바에는 이 일을 그만두는 것이 더 낫다고 생각하고 죽기를 간청한 것이다. 억울함이 포기로 이어진 것이다.

나는 하나님을 위해 열심히 봉사하고, 하나님께서 원하시는 삶을 살려고 애쓰는데 다른 그리스도인들은 그렇지 않은 모습을 보일 때 우리는 엘리야와 비슷한 감정에 사로잡히게 된다. 그리스도인답게 사는 것이 쉬운 것은 아니다. 그래도 마음을 다잡고 그리스도인답게 살려고 애써왔다. 그런데 다른 그리스도인들을 보니 대충 사는 것 같다. 한국교회가 무너지고 우리 교회가 정체되고 있는데 별로 개의치 않는 것 같다. 나만 애타는 것 같다.

이런 생각이 꼬리에 꼬리를 물면 억울한 마음이 들게 된다. '왜 나만 이렇게 안절부절 못하고 있는가? 그냥 다른 사람처럼 대충 신앙생활을 해도 되지 않겠는가? 교회 생활도 대충 하고, 교회를 위해서 열심히 봉사할 필요도 없고 말이지. 같은 그리스도인인데, 같은 교회를 섬기는데, 같은 소그룹 멤버인데, 같은 사역팀의 멤버인데, 다른 사람은 아무것도 안 하고 가만히 있는데 왜 나만 이렇게 뼈 빠지게 고생하고 있는가?' 어느 날 갑자기 억울한 마음이 들게 된다. 그래서 '나도 그냥 대충 살까?' '이렇게 혼자만 생고생할 이유가 무엇인가? 다른 사람들은 주님을 위해 나처럼 헌신하지 않으면서도 어려움 없이 잘 살고 있는데 왜 나만 이렇게 고생해야 하는가?' 하는 생각에 사로잡히게 된다.

교회의 직분자, 주일학교 교사, 예배팀, 구역장이나 순장, 소그룹리더 등 교회 봉사를 하다가 이런 마음이 생긴 적이 없었는가? 학교에서, 직장에서, 가정에서, 하나님의 뜻을 실천하는 삶을 살다가 이런 억울한 마음이 생긴 적이 없었는가? 혹시 하나님나라의 공동체를 세우려고 애쓰다가 이런 마음이 들었던 적은 없었는가? '그냥 대충 살까?' '남들처럼 적당히 신앙생활 할까?'

이럴 때 마음 가는대로 움직이면 안 된다. 이럴 때일수록 오히려 사람이 아니라 하나님을 바라봐야 한다. 다른 사람이 대충한다고 나까지 그렇게 하면 어떻게 되겠는가? 마치 어머니가 다른 가족 구성원이 가족을 돌보지 않는 것에 대해 억울한 마음이 들어 가정을 포기하는 것과 같지 않겠는가? 어머니라도 가정을 지켜야 되지 않겠는가? 그래서 지금까지 수많은 가정이 유지되어 온 것이 아닌가? 나까지 무너지면 어떻게 되겠는가? 나까지 교회를 섬기지 않으면 교회는 어떻게 되겠는가? 한국교회가 무너져간다고 하는데, 그래서 하나님의 이름이 욕을 먹는다고 하는데, 나마저, 우리교회마저 믿음의 삶을 포기하고 세상 흐름대로 타협하면서 살면 한국교회는 어떻게 될 것이며 하나님의 마음은 어떠하겠는가?

나는 다른 사람 때문에 신앙생활을 하는 것이 아니다. 하나님과의 관계 속에서 신앙생활을 하는 것이다. 하나님이 나를 불러주시고 은혜를 베풀어 주셨기에, 그를 사랑하고 섬기고 그가 원하시는 삶을 살려고 하는 것이다. 다른 사람이 잘하든 그렇지 않든 주님을 향한 나의 헌신된 삶에 영향을 줄 수 없다.

하나님의 뜻을 따라 그가 기뻐하시는 삶을 살다가 두려움과 실망과 억울한 마음이 든다면 그 마음을 가지고 하나님께로 나아가자. 우리의 두려움과 실망과 억울함을 하나님께 토로하자. 하나님은 우리를 사랑하시는 분이기 때문에 우리를 어루만져 주실 것이고, 우리를 회복시켜 주실 것이다.

〈삶을 향하여〉

1. 교회나 직장에서 맡은 일을 하면서 사람에게 실망과 배신감을 느껴 본 적이 있었는가? 실망의 원인은 무엇이었으며 그 후에 그 사람과의 관계는 어떻게 변했는가? 실망감이 자책이나 포기 상태로까지 이어지지 않게 하려면 어떻게 해야 할까?

2. 교회에서 리더, 교사, 예배팀, 봉사 등으로 섬기는 일을 많이 하는 사람일수록 엘리야가 느낀 억울함, 즉 '나 혼자만 고생하는 거 아닌가?'라는 마음이 들 때가 종종 있다. 다른 사람은 대충대충 하는 것 같은데 나만 열심히 하는 것 같아 억울할 때가 있다. 왜 이런 억울한 마음이 생길까? 다른 사람이 신앙생활을 잘하든 못하든 영향 받지 않고 주님께 헌신하는 삶을 지속하려면 어떻게 해야 할까?

18. 치유하시는 하나님 1

왕상 19:5-14

"그런 다음에, 그는 로뎀나무 아래에 누워서 잠이 들었는데, 그 때에 한 천사가, 일어나서 먹으라고 하면서, 그를 깨웠다. 엘리야가 깨어 보니, 그의 머리맡에는 뜨겁게 달군 돌에다가 구워 낸 과자와 물 한 병이 놓여 있었다. 그는 먹고 마신 뒤에, 다시 잠이 들었다. 주님의 천사가 두 번째 와서, 그를 깨우면서 말하였다. '일어나서 먹어라. 갈 길이 아직도 많이 남았다.' 엘리야는 일어나서, 먹고 마셨다. 그 음식을 먹고, 힘을 얻어서, 밤낮 사십 일 동안을 걸어, 하나님의 산인 호렙 산에 도착하였다. 엘리야는 거기에 있는 동굴에 이르러, 거기에서 밤을 지냈다. 그 때에 주님께서 그에게 말씀하셨다. '엘리야야, 너는 여기에서 무엇을 하고 있느냐?' 엘리야가 대답하였다. '나는 이제까지 주 만군의 하나님만 열정적으로 섬겼습니다. 그러나 이스라엘 자손은 주님과 맺은 언약을 버리고, 주님의 제단을 헐었으며, 주님의 예언자들을 칼로 쳐서 죽였습니다. 이제 나만 홀로 남아 있는데, 그들은 내 목숨마저도 없애려고 찾고 있습니다.' 주님께서 말씀하셨다. '이제 곧 나 주가 지나갈 것이니, 너는 나가서, 산 위에, 주 앞에 서 있어라.' 크고 강한 바람이 주님 앞에서 산을 쪼개고, 바위를 부수었으나, 그 바람 속에 주님께서 계시지 않았다. 그 바람이 지나가고 난 뒤에 지진이 일었지만, 그 지진 속에도 주님께서 계시지 않았다. 지진이 지나가고 난 뒤에 불이 났지만, 그 불 속에도 주님께서 계시지 않았다. 그 불이 난 뒤에, 부드럽고 조용한 소리가 들렸다. 엘리야는 그 소리를 듣고서, 외투 자락으로 얼굴을 감싸고 나가서, 동굴 어귀에 섰다. 바로 그 때에 그에게 소리가 들려왔다. '엘리야야, 너는 여기에서 무엇을 하고 있느냐?' 엘리야가 대답하였다. '나는 이제까지 주 만군의 하나님만 열정적으로 섬겼습니다. 그러나 이스라엘 자손은 주님과 맺은 언약을 버리고, 주님의 제단을 헐었으며, 주님의 예언자들을 칼로 쳐죽였습니다. 이제 나만 홀로 남아 있는데, 그들은 내 목숨마저도 없애려고 찾고 있습니다.'"

1. 영적 침체

두려움과 실망과 억울함에 사로잡힌 엘리야는 극심한 침체에 빠져들었다. 심지어 죽고 싶다는 생각까지 하게 되었다. 엘리야처럼 하나님의 사람으로서 대단한 일을 성취한 사람이 죽고 싶다는 생각을 한다는 건 쉽게 이해되지 않는 모습이다. 그는 믿음을 저버린 것인가? 그렇지 않다. 아무리 믿음이 좋은 하나님의 사람이라도 깊은 침체에 빠질 수 있기 때문이다. 불순종하는 유다 백성을 향해 하나님의 심판을 줄기차게 예언했던 예레미야, 사명감에 불탔던 그도 태어난 것을 저주하며 탄식하는 기도를 하나님께 드렸다.렘20:14-18 하나님을 경외하며 악을 멀리한 욥도 이유 없이 재산과 자녀를 잃고 육체의 고통까지 겹치자 자기 생일을 저주하며 울부짖었다.욥3:1 아무리 믿음이 좋은 그리스도인이라도 항상 영적으로 고양되어 있지는 않다. 회의와 의심과 절망에 빠져 영적으로 극심한 침체를 겪을 때도 있다.

영적 침체의 원인은 무엇일까? 엘리야에게 있었던 두려움과 실망과 억울함 말고도 다양한 이유로 침체에 빠질 수 있다. 엄청난 성취를 맛본 후 허탈감에 침체될 수도 있다. 반대로, 쓰디쓴 실패를 맛보고 나서 절망감에 침체할 수 있다. 육체의 피로가 쌓이거나 정서적으로 고갈될 때 영적으로도 무기력해질 수 있다. 다른 사람들과의 관계가 멀어질 때 외로움이 밀려오면서 영적 침체에 빠질 수도 있다. 외적인 일에 너무 힘쓰다가 내면이 공허해지면서 침체될 수 있다.

이렇게 하나님의 사람이 극심한 침체에 빠질 때 하나님은 무엇을 하시는가? 하나님은 침체 상태에 빠진 엘리야를 치유하시면서 회복시켜주신다. 두려움과 실망과 억울함에 사로잡힌 엘리야를 하나님은 어떻게 치유하시는가?

2. 하나님의 치유법 1: 육체의 피로를 풀어 주심(5-7절)

먼저 하나님은 엘리야에게 **빵과 물**을 주셨다. 받아먹은 엘리야는 잠을 충분히 자면서 원기를 회복할 수 있었다. 이것은 엘리야가 3년 기근 후에 아합을 다시 만나고, 갈멜산에서 바알 선지자들과 대결하고, 이세벨에게서 도망쳐 오느라 너무 지쳤다는 것을 아신 하나님의 배려였다. 과거에 그릿 시냇가에서 까마귀를 통해 먹을 것을 주셨듯이, 지금은 천사를 통해서 빵과 물을 주신다. 엘리야가 빵과 물을 먹은 후에 곧바로 다시 잠이 든 것을 보면 그가 얼마나 피곤했는지 알 수 있다.6절 잠든 엘리야를 천사가 한 번 더 깨운 후에 다시 먹을 것을 주었다. 이번에 먹는 것은 앞으로 호렙산까지 가야 할 길을 대비한 것이었다.

여기서 우리는 하나님이 엘리야를 측은하게 여기고 세밀하게 살피고 계심을 알 수 있다. 하나님은 엄중한 사명만 던져주고 무작정 몰아붙이지 않으신다. 육체의 피곤함과 배고픔, 나아가 뒤에언급하게될 정서적 연약함까지 돌보면서 이끌고 계신다. 이것이 지쳐 쓰러진 엘리야를 위한 하나님의 첫 번째 치유법이었다. 하나님은 엘리야의 육체의 필요를 먼저 채워주셨다.

그리스도인들은 종종 육체의 필요를 무시할 때가 많다. 육체보다 영혼이 더 중요하다고 생각하거나 영적인 일을 더 열심히 하면 육체의 필요도 자동으로 채워진다는 식으로 생각하기 때문이다. 이러한 사고방식은 '영육 이원론'과 '영혼 환원주의'에 **빠지는** 잘못을 범하는 것이다.

(1) '영육 이원론' (영혼/정신 우월주의)

오랜 종교적/철학적 전통 중 하나는 '영육 이원론' 혹은 '영혼 우월주의'다. '영육 이원론'은 인간이 영혼과 육체로 구성되어 있지만, 영혼혹은정신이 더 중요하다고 생각하면서 육신을 열등하거나 영혼에 종속된 것으로 여기는 사상이다. 육체를 영혼의 감옥으로 생각하면서 영혼정신과 관련된 것은 숭고하게 여기고, 육체와 관련된 것은 열등하고 하찮게 여긴다. 그리하여 실생활에서 철학자나 성직자를 고귀하게 여기고 육체노동을 하는 사람들을 멸시하는 것으로 이어진다.

그러나 인간은 영혼뿐만 아니라 육신도 중요한 존재다. 하나님은 인간의 육신과 영혼을 모두 귀하게 창조하셨다. 사람을 창조하실 때 육체를 직접 손으로 만들었다는 점에서 육신의 중요성이 명백하게 드러나고, 세상 종말에 우리의 육체가 부활한다는 점에서도 그 중요성이 분명하게 드러난다. 이처럼 하나님은 육신과 영혼 모두 중요하게 여기신다.

그러므로 육체를 경시하는 철학이나 종교는 인간을 제대로 이해하지 못한 것이고, 그런 사상은 반드시 왜곡을 초래한다. 육체노동을 종교적 활동이나 정신적 활동보다 열등한 것으로 여기고 차별한다. 어떤 수도사들처럼 영혼을 단련하기 위해서 몸의 건강을 무시하거나 몸을 희생한다. 육체의 필요와 즐거움을 위한 음식이나 휴식을 무시한다. 성性은 오로지 육체의 쾌락만을 위한 것으로 치부하면서 그 가치를 무시한다.

이러한 왜곡에 빠지지 않으려면, 영혼이 중요한 만큼 육체도 중요하다는 것을 인식하고 육체의 필요를 무시하지 말아야 한다.

(2) '영혼 환원주의'

'영육 이원론' 또는 '영혼 우월주의'에서 파생한 또 다른 오류가 '영혼 환원주의'다. '영혼 환원주의'는 육체가 힘든 것은 영적인 문제 때문이므로, 영적으로 강건하면 육체도 늘 새로운 힘을 얻게 되고 모든 것을 감당할 수 있다고 생각한다.

그들은 하나님의 일을 감당하다가 지칠 때, 세상에서 하나님께 순종하는 삶을 살다가 지칠 때, 힘에 벅찬 믿음의 싸움을 하다가 기진해질 때, 교회 공동체를 위해 헌신하다가 지칠 때예를 들어, 사람들을 돌보느라 지칠 때, 필요한 모임에 자주 참여하느라 지칠 때, 정의를 위한 농성에 참여하느라 피곤해질 때, 그 이유가 기도가 부족하거나 큐티를 소홀히 하거나 성경과 멀어졌기 때문이라고 생각한다.

한국의 전통적인 교회에서 열심히 봉사하는 사람은 주일 새벽부터 밤까지 바쁘다. 8시에 주일학교 교사 준비 모임, 9시 주일학교 예배, 10시 30분 성가대 연습, 11시 대예배, 점심은 김밥이나 빵으로 때우고, 12시 반부터 2시까지 성가대 연습, 오후의 각종 모임제직회, 전도회, 오후 혹은 저녁 예배 주일 뿐 아니라 수요예배, 금요기도회, 새벽기도까지 참석하려면 육체적으로 매우 힘들다. 몇 년을 이렇게 봉사하다가 너무 힘들어서 조금 쉬고 싶다고 하면, 기도하고 예배드리면서 영적인 안식을 누리면 육신도 안식을 누리게 될 것이라고 하면서 오히려 믿음이 약하다고 비판의 소리를 듣게 된다.

하지만 이런 생각은 절반은 옳고 절반은 틀리다. 영적으로 문제가 있어서 육체가 영향을 받을 때가 분명히 있다. 영적으로 약해지면 형제들을 섬기고 공동체를 위해 봉사하는 것이 힘겨워지고, 한두 시간 성경공부 하는 것도 피곤하게 느껴져서 쉽게 지치는 경우가 있다. 하나님께 죄를 지었을 때 육체의 징계를 받는 경우도 영적 문제가 육체에 영향을 미치는 예다. 그러나 이와는 반대로, 육체가 너무 힘들어서 영적으로 지치게 되는 경우도 있다. 지금 엘리야가 바로 그런 모습을 보여주고 있다.

'영혼 환원주의'와 관련해서 우리는 두 가지를 기억해야 한다.

첫째, 영혼과 육신은 서로 영향을 주고받는다는 점이다. 하나가 약해지면 다른 것도 영향을 받는다. 영적으로 약해지면 육체도 영향을 받는 것처럼, 육체가 쇠잔해지면 영적으로도 침체되고 약해질 위험이 커진다. 예수님이 40일을 금식하신 직후에 사탄이 다가와 유혹한 것도 바로 이런 관계를 잘 알았기 때문이다. 육체가 쇠약해진 상태에서는 영적인 유혹에 넘어가기가 쉽다는 것을 알고 바로 그 타이밍을 노린 것이다.

우리도 이런 경험이 있지 않은가? 육체가 피곤해지면서 영적으로도 침체되는 경험을 모두 해 봤을 것이다. 어떤 사람은 배가 고프면 신경질적으로 변한다. 회의를 할 때에도 참석자들이 배가 고프면 부정적인 의견이 늘어난다. 그래서 회의를 원활하게 진행하기 위해서 회의 전에 잘 먹기도 한다. 육신이 너무 피곤하면 기도하기도 힘들고, 성경 보기도 힘들다. 다른 사람 돌보거나 섬기는 것도 어려워진다. 이기적인 사람이 되고 만다. 몸이 힘들고 육체적으로 피곤한 일들이 겹치면 부정적인 생각이 더 많이 들게 된다. 그래서 매사에 쉽게 짜증을 낸다. 교회가 하는 일도 마음에 안 든다고 불평하고, 사람들의 약점이 더 크게 눈에 들어오면서 마음에 안 들게 된다. 이처럼 육체의 문제는 영적인 일에도 직접 영향을 준다.

둘째, 영혼과 육신이 건강하게 유지되려면 각각에 필요한 것들이 채워져야 한다. 영적인 양식만 취한다고 육체가 건강해지는 것이 아니다. 육체를 위한 양식도 먹어야 한다. 영혼이 건강하기 위해서는 영혼을 살찌우는 기도와 말씀, 그리고 영적 교제와 같은 것들이 필요하다. 육신이 건강하기 위해서는 음식과 잠과 휴식이 필요하다. 이것을 기도와 말씀으로 대체할 수 없다.

지금 엘리야의 문제는 복합적이다. 엘리야는 자신만 하나님을 위해 헌신하고 있다고 생각하는 교만함에 빠져 있고, 오랫동안 거짓 신과 그들의 추종자들과 영적인 대결을 하느라 지쳤고, 백성들이 자신의 노력을 알아주지 않고 하나님께로 돌아오지 않는 것을 보고 실망해서 '영적으로' 침체되었다. 이런 문제들은 하나님이 나중에 다루실 것이다.

이런 문제들과 함께 그는 그릿 시냇가나 사르밧 과부의 집에서 객지 생활을 하고, 이세벨을 피해 먼 길을 도망 오느라 먹을 것도 제대로 먹지 못했고, 피곤에 찌들었다. 하나님은 지금 엘리야가 두려움과 실망과 억울한 감정을 안고 이렇게 먼 곳까지 도망쳐 와서 녹초가 된 것은 영적인 문제뿐만 아니라 굶주림과 육체적 피곤 때문임을 아셨다. 하나님은 엘리야에게 무엇보다 필요한 것은 육체적 회복이라고 생각하셨다. 그래서 영적인 회복 이전에 먼저 먹을 것을 주시고 충분히 잠을 자게 하신 것이다.

육체의 필요를 채워주시는 것이 하나님의 첫 번째 처방이었다는 사실에 주목해야 한다. 물론 나중에 하나님은 자신의 모습을 보여주시고, 다시 사명을 주시면서 영적으로 회복시켜주실 것이지만, 지금 무엇보다 엘리야에게 필요한 것은 육체의 회복이었다. 그는 굶주렸고, 피곤했고, 긴장했고, 기진맥진했기 때문이다.

(3) 먹는 것

인간은 먹어야 생명을 이어갈 수 있다. 하나님이 창조하신 생명을 유지하려면 먹어야 한다. 그러므로 먹는 것은 결코 열등한 일이 아니다. 삼시세끼를 잘 챙겨 먹는 것은 중요하다. 하나님이 주신 육체의 건강을 지키기 위해서도 필요하다. 물론 먹는 것에 너무 집착하면 문제가 될 때도 있다. 한꺼번에 많이 먹으면 소화가 안 되거나 비만해져서 각종 질병에 취약해질 우려가 있고, 너무 비싼 것을 즐겨 먹으면 사치에 빠질 수 있다. 먹는 것에 너무 혈안이 되면 탐식의 문제에 빠질 수 있다. 과식과 사치와 탐식의 잘못은 피해야겠지만, 때를 따라 기력을 회복하고 건강을 유지하기 위해 잘 먹는 것은 반드시 필요하다.

먹는 것이 중요하다면, 먹을 것을 얻기 위해 노력하는 것 역시 중요하며, 다른 '영적인 활동'에 비해 전혀 열등한 것이 아니다. 중세 '영육 이원론' 시대처럼 영혼과 관계된 일은 고상하게 여기면서, 육체를 사용해서 일하고, 경제활동을 하고, 돈벌이하는 것을 열등하게 취급하는 것은 잘못된 것이다. 사람들은 종종 예술 활동이나 종교 활동은 고상한 것으로 여기고, 생계를 위해 돈을 버는 일은 구차하고 세속적인 것으로 취급하는 경향이 있다. 그러나 육신의 필요를 채우기 위해, 즉 먹고 살기 위해 일을 하는 것은 결코 구차한 것이 아니라 오히려 고귀하고 의미가 있는 것이다. 우리는 일을 해서 먹고 사는 데 필요한 것을 얻기 때문이다.

바울도 먹고 살기 위해서는 일을 해야 한다고 말한다. "일하기를 싫어하는 사람은 먹지도 말라."살후3:10 또한 일을 통해서 얻은 경제력으로 자기 가족이나 친족을 돌볼 것을 명령한다. "누구든지 자기 친척 특히 가족을 돌보지 않으면, 그는 벌써 믿음을 저버린 사람이요, 믿지 않는 사람보다 더 나쁜 사람입니다."딤전5:8 예수님이 가르치신 기도에서 무엇보다 먼저 간구해야 하는 것이 우리 육체에 필요한 '일용할 양식'을 위한 것이었다. 지금 식으로 말한다면, 생활을 영위하는 데 필요한 돈을 위해 기도하라는 뜻이다. 우리가 지나치게 물질에 욕심을 내지 않는 한 돈을 위해 기도하고, 돈을 벌기 위해 일을 하는 것은 전혀 잘못된 것이 아니다. 오히려 필요하고 중요한 일이다.

육신의 양식과 관련된 몇 가지 원리를 정리해 보면 다음과 같다.

첫째, 육신을 위해 먹을 것돈을 주시기를 하나님께 간구하는 것은 전혀 잘못된 것도 아니고, 오히려 필요한 일이다. 우리는 열심히 간구해야 한다. 그것은 먹거리나 돈의 영역도 하나님의 주권 아래 있다는 고백이고, 하나님의 도우심이 필요하다는 믿음의 표현이다. 하나님은 '일용할 양식'을 구하는 우리의 간구에 응답하실 것이다.

둘째, 먹을 것을 얻기 위해 열심히 일해야 한다. 하나님의 노동 원리를 따라 우리는 열심히 일해서 돈을 벌어야 한다. 먹을 것을 위해 일하는 것은 결코 속되거나 천박한 것이 아니다. 그것은 하나님이 주신 고귀한 육체의 필요를 채우기 위한 노력으로, 칭찬받아 마땅한 일이다.

셋째, 돈이 중요하다면, 돈을 벌기 위해 열심히 일하는 사람을 존중하는 것이 마땅하다. 돈을 버는 것은 쉬운 일이 아니다. 힘겨운 노력을 해야 한다. 몸을 움직여야 하고 치사한 일도 참아야 하고 사람들과의 관계에서 겪는 어려움도 견뎌내야 한다. 그러므로 돈을 버는 이들을 격려하고 그들에게 고마워해야 한다.

넷째, 돈을 버는 재능이 있는 사람은 그 재능을 정당하게 사용해서 능력껏 돈을 벌기 위해 애써야 한다. 공동체의 다른 지체들도 그가 그렇게 할 수 있도록 격려해야 한다. 돈을 벌 수 있는 능력도 하나님이 주신 것이기 때문이다. 풍년을 맞아 창고를 더 많이 지어 곡식을 더 많이 보관하려는 부자처럼 번 돈을 혼자만 차지하려는 것이 문제지 돈을 많이 버는 것 자체가 잘못된 것은 아니기 때문이다. 성경에서 비판하는 '부자'는 돈을 많이 버는 사람이 아니라 번 돈으로 자기 배만 채우는 사람이다.

다섯째, 하나님의 은혜로 다른 사람들보다 돈을 많이 버는 사람들은 그것을 다른 형제들의 필요를 채우는 일에 사용해야 한다. 이들을 통해서 공동체 다른 멤버들의 경제적 필요를 채워주시는 것이 하나님의 또 다른 공급 방식이기 때문이다.

하나님은 우리의 육신을 위해 먹을 것이 필요하다는 것을 아시며, 그것을 위해 간구하고 애쓰는 사람들에게 다양한 방식으로 채워주시는 분이다.

(4) 쉬는 것

하나님은 엘리야에게 먹을 것을 주셨을 뿐만 아니라 충분히 잠을 자면서 쉴 수 있게 하셨다. 이것은 하나님의 또 다른 치유 방식이었다.

쉼안식은 창조원리이기 때문에 육체가 온전히 기능하기 위해서는 반드시 필요하다. 하나님은 천지를 창조하실 때 6일 동안 창조하시고 7일째는 안식하셨다. 이것이 이스라엘 백성들의 삶에 중요한 원리가 되었고, 7일째가 되는 안식일에 쉬고, 7년째가 되는 안식년에 쉬는 패턴이 정립되었다. 비록 지금 우리가 문자 그대로 6일 일하고 7일째 쉬는 것을 율법적으로 지켜야 하는 것은 아니지만, 최소한 하나님의 창조 원리와 율법에 담긴 정기적인 쉼의 필요성을 존중할 필요가 있다. 우리 몸은 그런 쉼이 필요하게 만들어졌기 때문이다.

예수님도 쉼의 모범을 보이셨다. 사람들을 구원하는 중요한 일을 앞에 두고도 예수님은 쉬셨다. 설교하신 후에는 사람들에게서 물러나 쉬셨다. 예수님에게는 3년이라는 짧은 사역 기간만 주어졌고, 사람들은 몰려들고 있어서 쉬지 않고 복음을 전해야 할 필요가 있었음에도, 쉬어야 할 때 쉬는 것을 마다하지 않으셨다. 제자들이 둘씩 파송 받아 복음을 전하고 온 후에 예수님은 한적한 곳에서 쉬라고 하셨다. 영적인 일을 했으나 육체적으로도 피곤하다는 것을 아셨기 때문이다.

이처럼 하나님은 인간을 육체를 가진 존재로 만드셨고 육체가 무쇠가 아니라는 것을 아시기에 우리에게 정기적인 쉼이 필요하다는 것도 아셨다. 그래서 안식의 원리를 세워놓으신 것이다. 이러한 안식의 원리는 모든 사람에게 적용되는 것이다. 엘리야처럼 아무리 사명감에 투철한 사람이나 막중한 임무를 수행하는 사람도 육체의 안식 원리를 심하게 훼손하면 육체만 피곤해지는 것이 아니라 영적으로도 무너지게 된다. 지금 엘리야처럼 판단력이 약해져서 하나님께 묻지도 않고 혼자 도망치고, 믿음이 약해져서 이세벨을 두려워하고 백성들에게 쉽게 실망하고, 모든 것을 내려놓고 포기하고 싶은 마음이 들게 된다. 육체의 피로가 영적 침체로 이어지는 것이다.

물론 매일 육체의 휴식을 취하는 사람은 또 다른 휴식이 필요하지는 않을 것이다. 지나친 휴식은 오히려 독이 되는 경우가 많다. 너무 오랫동안 누워있으면 허리가 아픈 것과 비슷하고, 너무 쉬면 관성의 법칙을 따라 계속 쉬고 싶은 마음이 드는 것과 같다. 이렇게 되면 나태로 이어진다. 육체적으로 나태해지면 이것 역시 영적인 무기력으로 이어지게 된다. 하지만 육체의 피로가 누적되어 영적인 면까지 영향을 받게 되는 경우라면 육체의 휴식을 통해서 회복이 이루어져야 한다.

그러므로 우리는 영적인 활동과 육체적 쉼의 균형을 잘 잡아야 한다. 성경을 봐야 할 때가 있고, 맛있는 것을 먹고 즐거운 음악을 들어야 할 때가 있다. 기도를 해야 할 때가 있고, 잠을 자야 할 때가 있다. 복음을 전하고 봉사하고 사람들을 돌봐야 할 때가 있고, 혼자 조용히 자연 속에서 쉬어야 할 때가 있다. 때를 잘 분별하는 지혜가 우리에게 필요하다.

쉼의 원리는 교회 차원에서도 적용해 볼 수 있다. 교회에서도 안식을 중요하게 여겨야 한다. 일반적으로 교회에서 열심을 내는 사람들은 지나치게 많은 역할을 떠맡는 경우가 있다. 그들은 주중에는 가정과 사회에서 맡겨진 역할을 감당하느라 정신없이 보내고, 주말에는 교회 활동에 참여하느라 전혀 쉴 틈이 없다. 너무 지쳐서 조금 쉴라치면 믿음이 약해졌다는 둥, 영적인 능력으로 충전하면 된다는 둥, 기도를 더 해야 한다는 둥 하면서 오히려 더 압박한다. 하지만 아무리 좋은 영적인 활동이라도 몸을 혹사해서 하는 것이라면 엘리야처럼 부작용이 발생하게 된다. 그러므로 과로하다가 침체와 무기력에 빠지기 전에 적절한 안식을 취해야 한다. 교회는 대개 목사에게 안식년이라는 휴식의 시간을 주지만 다른 일꾼들에게는 쉼의 시간을 거의 주지 않는다. 하지만 목사의 안식년과 같은 제도를 다른 직분자들에게도 적용하는 것이 좋다. 장로 안식년, 집사 안식년, 구역장 안식년, 교사 안식년, 찬양대 안식년과 같은 휴식의 시간을 주어야 자신을 돌아보면서 육체적으로뿐만 아니라 영적으로도 재충전할 기회를 얻게 된다.

쉼의 원리는 사회적 차원에서도 적용해야 한다. 정기적 쉼은 피조 세계의 모든 영역에 적용되는 하나님의 창조원리다. 이것을 무시하는 사회는 부작용에 시달리게 된다. 노동공부과잉 사회인 우리나라 국민이 정신질환에 많이 시달리는 이유는 쉼이 부족하기 때문이다. 특히 청소년이 과다한 학습량에 치여 30%에 가까운 아이들이 각종 정신질환에 시달리고 있다. 이렇게 가다가는 우리나라는 정신 이상자들의 나라가 될 것이다. 직장인들에겐 '워라밸'Work and Life Balance이, 학생들에겐 '스라밸'Study and Life Balance이 사회에 자리를 잡도록 노력해야 한다. 직장인들의 노동시간을 줄여주고 학생들의 학습시간을 줄여줘야 한다. 쉬면서 재충전할수 있는 절대적인 시간을 구조적으로 마련해줘야 한다.

3. 하나님의 치유법 2: 하나님을 보여주심(8-14절)

엘리야의 육체를 회복시켜주신 하나님은 그를 호렙산시내산으로 이끌어 가신다.8절 호렙산까지 가는 데 40일이 걸렸다. 브엘세바에서 호렙산까지는 약 300km 정도 되며, 낮에만 걸어도 열흘 안에는 도착할 수 있는 거리다. 그런데 왜 엘리야는 40일이나 걸려서 거기에 도착했을까? 40이라는 숫자의 상징성 때문이 아니었을까? 이스라엘 백성들이 출애굽 후 광야에서 40년을 헤맸다. 모세도 시내산에서 40일 동안 금식한 후에 증거의 판십계명을 받았다.출34:28 나중에 예수님도 지상 사역을 시작하시기 전에 40일간 광야에서 금식하셨다. 하나님은 엘리야를 새롭게 준비시키는 기간으로 40일을 설정하신 것 같고, 실제로 그 후에 하나님의 산이라고 일컫는 호렙산에서 그에게 새로운 사명을 주신다.

하나님은 호렙산 동굴에 있던 엘리야에게 "여기서 무엇을 하고 있느냐"고 묻는다. 엘리야는 실망과 억울함에 분을 내면서 대답하는데 이것이 10절과 14절에 두 번 반복된다. "나는 이제까지 주 만군의 하나님만 열정적으로 섬겼습니다. 그러나 이스라엘 자손은 주님과 맺은 언약을 버리고, 주님의 제단을 헐었으며, 주님의 예언자들을 칼로 쳐서 죽였습니다. 이제 나만 홀로 남아 있는데, 그들은 내 목숨마저도 없애려고 찾고 있습니다."

이처럼 억울함과 분노로 침체의 늪에 빠진 엘리야에게 하나님은 어떤 처방을 내리시는가? 하나님의 모습을 보여주는 것이었다. "이제 곧 나 주가 지나갈 것이니, 너는 나가서, 산 위에, 주 앞에 서 있어라."11절상 "크고 강한 바람이 주님 앞에서 산을 쪼개고, 바위를 부수었으나, 그 바람 속에 주님께서 계시지 않았다. 그 바람이 지나가고 난 뒤에 지진이 일었지만, 그 지진 속에도 주님께서 계시지 않았다. 지진이 지나가고 난 뒤에 불이 났지만, 그 불 속에도 주님께서 계시지 않았다. 그 불이 난 뒤에, 부드럽고 조용한 소리가 들렸다. 엘리야는 그 소리를 듣고서, 외투 자락으로 얼굴을 감싸고 나가서, 동굴 어귀에 섰다. 바로 그 때에 그에게 소리가 들려왔다. '엘리야야, 너는 여기에서 무엇을 하고 있느냐?'"11절하-13절

여기서 보여주는 하나님의 모습은 엘리야가 지금까지 알고 있었던 것과는 전혀 다르다. 과거에 엘리야는 바람, 지진, 불과 같은 하나님을 만났고, 이것들이 상징하는 것처럼 엄청난 능력의 하나님을 체험했었다. 엘리야의 기억 속에는 이런 하나님이 깊이 각인되어 있었고, 사람들이 엘리야를 생각할 때 떠올리는 하나님도 이런 모습이었을 것이다. 그런데 지금 하나님은 그와 정반대되는 '부드럽고 조용한 소리'와 같은 모습을 보여주신다.

(1) 다양한 모습의 하나님

실제로 하나님은 아주 다양한 모습으로 자신을 표현하신다. 폭풍과 번개와 같

은 모습도, 젖을 먹이면서 조용히 아기를 재우는 엄마와 같은 모습도 보여주신다. 열변을 토하면서 대의를 설파하는 모습도 있고, 자신의 마음을 조용조용 설명하는 모습도 있다. 몰아쳐서 사람들을 이끌고 가는 모습도 있고, 손을 잡고 천천히 우리에게 보조를 맞춰서 동행하시는 모습도 있다. 잘못한 자를 엄히 심판하고 징계하는 모습도 있고, 잘못을 깨닫도록 빛을 비춰주고 조용히 설득하고 용서하시는 모습도 있다. 양쪽 모두 하나님의 모습이다.

엘리야에게 이처럼 대비되는 하나님의 모습을 보여주시는 이유가 무엇일까? 엘리야의 선입견과 기대를 교정하기 위해서다. 굴복하지 않는 이세벨과 돌이키지 않는 백성들에게 실망한 엘리야는 하나님이 이전보다 더 크고 놀라운 능력을 보여주면서 이들을 굴복시키기를 원했을 것이다. 그러나 하나님은 앞으로는 과거와 다른 방식으로 일을 진행하실 계획을 가지고 계셨기 때문에 그것을 이해시키기 위해서 엘리야에게 먼저 하나님의 새로운 '모습'을 보여주신 것이다.

하나님은 이렇게 다양한 모습을 가지고 계시지만, 한국교회와 성도들은 엄청난 능력의 하나님만 생각하고 그런 하나님만 좋아하는 경향이 있다. 열정적인 부흥회, 신유집회, 찬양집회, 통성기도와 같은 것들은 능력의 하나님을 추구하는 모습들이다. 갑자기 기적이 일어나 병이 낫고, 교회가 한순간에 놀랍도록 부흥하고, 기도 응답으로 벼락부자가 되는 것을 바란다. '하나님의 역사'라고 하면 보통 이런 일을 하는 하나님을 생각하고 기대한다. 하나님에겐 분명히 이런 능력이 있고, 이런 방식으로 일을 하실 때가 있다. 하나님은 전지전능하시고, 천지를 능력으로 창조하신 분이시고, 얼마든지 기적을 베풀고, 능력으로 천지를 굴복시키고, 반대하는 자들을 무섭게 징계하시는 분이시기 때문이다.

그러나 이런 모습이 하나님의 전부는 아니다. 그분은 잠잠히 사랑의 눈으로 응시하시고, 우리와 함께 아픔을 나누시고, 우리와 더불어 조용히 말씀하시고, 우리의 이야기를 들으시고, 우리에게 차분하게 자기 생각을 말씀해주시고, 고난의 길에 함께 아파하면서 동행하는 분이기도 하다.

우리는 하나님의 양면성을 모두 인식해야 한다. 하나님의 존재의 다양성을 인식해야 한다. 초월하시는 하나님과 임재하시는 하나님의 균형, 엄위하고 거룩하신 하나님과 사랑 많으시고 긍휼을 베푸시는 하나님의 균형, 폭풍처럼 몰아치면서 자신의 권능을 보여주시는 하나님과 품을 떠난 자식을 조용히 기다리시는 인내의 하나님의 균형이 필요하다.

어떤 사람은 큰 바람, 지진, 불과 같은 하나님을 만나고 체험하기도 한다. 병으로 고통 받다가 하나님의 놀라운 치유의 기적을 체험하면서 하나님을 믿게 되기도 한다. 어려운 문제 속에서 신음할 때 하나님의 도우심을 체험하면서 하나님을 만나게 되기도 한다. 하지만 하나님은 그런 모습으로만 우리에게 다가오지 않는다. 조용하고 은밀하게 다가와서 자신을 알려주기도 하신다. 인생의 허무함 속에서 방황할 때 조용히 다가와 인생의 참된 의미를 깨닫게 해주기도 하고, 외로움에 지쳐 있을 때 손길을 내미는 형제를 통해서 다가오기도 하고, 내가 인생의 주인이라고 자만할 때 삶의 깊은 깨달음을 통해 나를 낮추시면서 하나님을 보여주기도 하신다.

지금 우리는 어떤 하나님을 기대하는가? 어떤 하나님을 만나기를 원하는가? 엄청난 능력으로 온갖 문제를 다 해결해주시는 하나님을 기대하는가? 물론 우리가 그런 하나님을 기대할 수도 있다. 그리고 실제로 하나님은 그런 모습으로 우리에게 다가오기도 하신다. 하지만 우리는 조용하고 은밀하게 다가오시는 하나님도 만나야 한다. 말씀 속에서, 기도 속에서, 형제의 사랑 속에서 내게 다가오시는 하나님을 볼 수 있어야 한다.

(2) 하나님을 더 잘 알라

엘리야는 지금까지 하나님을 잘 알고 있었다고 생각했다. 엘리야의 하나님은 처음부터 지금까지 능력의 하나님이었다. 엘리야가 하나님 명령대로 가뭄을 선포하자 3년이나 가뭄이 들었다. 물이 말라버린 그릿 시냇가에서 하나님은 까마귀를 보내 엘리야에게 먹을 것을 주셨다. 한 줌 밀가루와 기름 몇 방울밖에 남지 않은 사르밧 과부의 집에 밀가루와 기름이 떨어지지 않게 하셨고, 과부의 죽은 아들을 살리셨다. 바알 선지자들과의 갈멜산 대결에서 엘리야의 기도에 응답하여 하늘에서 불을 내려 제물과 나뭇단을 태웠다. 하나님은 이스라엘 백성들에게 이토록 엄청난 능력을 보여주셨다. 그렇다면 이제는 이스라엘 백성들이 회개하고 돌아와야 마땅한데 그런 일은 일어나지 않았다. 오히려 하나님의 선지자로서 선봉에 나섰던 엘리야가 쫓기는 신세가 되고 말았다. 기대가 컸던 만큼 엘리야의 실망도 당연히 클 수밖에 없다.

엘리야는 "나는 이제까지 주 만군의 하나님만 열정적으로 섬겼습니다. 그러나 이스라엘 자손은 주님과 맺은 언약을 버리고, 주님의 제단을 헐었으며, 주님의 예언자들을 칼로 쳐서 죽였습니다. 이제 나만 홀로 남아 있는데, 그들은 내 목숨마저도 없애려고 찾고 있습니다"라고 말한다. 엘리야는 아합과 이세벨이 굴복하지 않고 이스라엘 자손이 돌아오지도 않고 오히려 자신이 쫓기는 상황이 된 것에 대한 책임을 하나님께 돌리고 있다. 그는 하나님이 더 큰 능력을 보여주셔야 한다고 생각한 것이다. 이세벨과 아합이 끽소리 못하도록, 이스라엘 백성들이 완전히 굴복해서 기어서 하나님 앞에 나아오도록. 능력의 하나님이라면 그렇게 해야 마땅하지 않겠는가? 그래야 지금까지 엘리야가 알아 왔던 하나님의 모습에 부합되는 것 아닌가?

그러나 문제는 하나님의 능력이 부족하거나 그럴 의지가 없다는 것이 아니다. 엘리야가 하나님을 아직 잘 모른다는 것이 문제다. 하나님은 얼마든지 능력을 발휘해 일을 성취하실 수 있는 분이다. 하지만 지금 하나님은 다른 방식으로 일을 처리하려는 계획을 가지고 있다. 이것도 하나님의 모습이며 하나님의 방식이다. 엘리야가 지금까지 알아 왔던 하나님은 하나님 모습의 일부일 뿐이다. 엘리야는 하나님의 다른 모습도 알아야 한다. 하나님은 엘리야를 치유하고 회복하기 위해서 자신의 다른 모습을 보여주시는 것이다.

엘리야는 지금 불만이 가득 차 있다. '왜 나만 열심을 내야 하는가?' '한 걸음 양보해서, 나만 열심 내는 것까지는 좋다 치자. 그런데 왜 아무 결과가 나타나지 않는가?' '왜 하나님은 내 노력이 결실을 맺게 하지 않는가?' '왜 하나님은 좀 더 확실한 능력을 보여서 아합과 이세벨과 이스라엘 백성들을 심판하지 않는가?'

그러나 엘리야는 문제 해결이 안 된 것처럼 보이는 상황에 대해 하나님을 원망하려는 자신의 잘못된 생각을 하나님의 새로운 모습을 보면서 교정해야 한다. 엘리야가 지금까지 알았던 하나님은 그의 기대대로 하셔야 하는 분이었다. 하지만 하나님은 자신의 다른 모습을 보여주시면서 지금 엘리야의 생각과 불만을 드러내고 교정하고 치유하려고 하신다.

바울은 육체의 '가시'를 제거해 달라고 간절히 기도했다. 하나님이 치유의 기적을 베풀어 '가시'를 제거해주길 구한 것이다. 과거의 경험에 의하면 하나님은 마땅히 그렇게 하실 것으로 기대했을 것이다. 그러나 그런 기적은 일어나지 않았다. 대신 바울은 하나님의 조용한 음성을 들었다. '이 가시가 네게 있는 것이 네게 유익하다. 그것이 네가 교만하지 않고 멸망하지 않는 길이다.' 바울은 조용하고 은밀하게 다가오신 하나님을 만나 자신을 위한 하나님의 사려 깊은 뜻과 은혜를 체험하게 된 것이다. 고후 12:7-9

우리는 하나님을 더 잘 알아야 한다. 혹시 하나님이 내 시간표에 맞춰서 엄청난 능력으로 빨리 내 문제를 해결해주기만을 기다리고 있는 것은 아닌가? 우리는 그런 하나님만 알고 있고, 그런 하나님만 기대하고 있는 것은 아닌가? 이런 하나님을 기대하다가 혹시 그 기대가 채워지지 않아서 실망하고 영적으로 가라앉고 하나님을 향해 원망을 쏟아내고 있는 것은 아닌가?

우리는 조용하게 음성을 들려주시는 하나님, 우리의 손을 잡고 천천히 걸어가시는 하나님, 엄청난 일보다는 일상의 작은 일들 속에서도 '놀라운 일'을 행하시는 하나님을 볼 수 있어야 한다. 하나님은 그런 모습을 보여주시고, 우리가 그 하나님을 알아보기를 원하신다. 그런 하나님을 만날 때 우리는 조급하며 안달하는 마음을 내려놓고, 원망하는 마음을 가라앉히고, 진정한 치유를 경험하게 될 것이다. 하나님을 만나고 그를 아는 것이 치유의 지름길이다.

〈삶을 향하여〉

1. 탁월한 성과를 내려고 너무 열심히 일하느라 피곤이 찌든 건 아닌지, 휴가를 가서도 과도하게 활동을 해서 피곤한 건 아닌, 영적인 활동을 지나치게 많이 해서 육체의 피로가 쌓여 있는 건 아닌지 성찰해보자. 이런 사람들은 적절한 쉼을 통해 육체의 필요를 채우는 것이 먼저다. 지금 나에게 필요한 것은 무엇인가? 육체의 쉼인가 아니면 영혼의 쉼인가?

2. 하나님은 엄청난 능력으로 온갖 문제를 해결해주시는 분으로 다가오기도 하지만, 기도와 말씀 속에서 조용하고 은밀하게 다가오기도 하신다. 나는 어떤 하나님을 기대하는가? 어떤 하나님을 만나기를 원하는가? 과거에 내가 만난 하나님은 어떤 모습이었는지, 지금 내게 다가오시는 하나님은 어떤 모습인지 생각해보자.

19. 치유하시는 하나님 2

왕상 19:15-18

"주님께서 그에게 말씀하셨다. '너는 돌이켜, 광야길로 해서 다마스쿠스로 가거라. 거기에 이르거든, 하사엘에게 기름을 부어서, 시리아의 왕으로 세우고, 또 님시의 아들 예후에게 기름을 부어서, 이스라엘의 왕으로 세워라. 그리고 아벨므홀라 출신인 사밧의 아들 엘리사에게 기름을 부어서, 네 뒤를 이을 예언자로 세워라. 하사엘의 칼을 피해서 도망하는 사람은 예후가 죽일 것이고, 예후의 칼을 피해서 도망하는 사람은 엘리사가 죽일 것이다. 그러나 나는 이스라엘에 칠천 명을 남겨 놓을 터인데, 그들은 모두 바알에게 무릎을 꿇지도 아니하고, 입을 맞추지도 아니한 사람이다.'"

침체에 빠져 죽기를 간구하는 엘리야를 하나님은 다양한 방식으로 치유하신다. 앞에서 우리는 하나님의 치유 두 가지 방식을 살펴보았다. 육체의 피로를 풀어주시고, 새로운 하나님의 모습을 보여주시는 것. 그것들에 더해서 하나님은 또 다른 두 가지 방식으로 엘리야를 치유하신다.

1. 하나님의 치유법 3: 완전히 새로운 사명을 주심 (15-17절)

하나님은 엘리야에게 은밀하고 조용한 모습을 보여주신 후에 그 모습과 유사한 새로운 사명을 주신다. 지금까지와는 완전히 다른 사명이다.

"너는 돌이켜, 광야길로 해서 다마스쿠스로 가거라. 거기에 이르거든, 하사엘에게 기름을 부어서, 시리아의 왕으로 세우고, 또 님시의 아들 예후에게 기름을 부어서, 이스라엘의 왕으로 세워라. 그리고 아벨므홀라 출신인 사밧의 아들 엘리사에게 기름을 부어서, 네 뒤를 이을 예언자로 세워라." 15-16절 지금까지 엘리야는 외적으로 크고 위력적이고 가시적이고, 나라를 뒤흔드는 사명을 감당해왔다. 온 국민의 주목을 받았고, 왕과 대결했고, 자연을 좌지우지하는 놀라운 역사를 보여주었다. 그에 반해, 지금 엘리야에게 주신 사명은 눈에 띄지 않고 평범하게 보이는 일이다. 그러나 이 사명 역시 지금까지 받았던 사명 못지않게 중요하다. 어떤 점에서 그런가?

첫째, 하나님이 이스라엘 왕뿐만 아니라 이방 나라인 아람(시리아) 왕을 점지하고, 엘리야를 계승할 영적 지도자를 세우신다는 것은 국내 정치와 국제 정치, 그리고 영적 세계까지 하나님의 관심사이며 하나님의 통치 아래 있다는 것을 보여주는 것이기 때문이다. 이것은 갈멜산 대결과 비교해서 조용하고 평범하게 보이지만, 중요도나 영향력 면에서 앞의 사명에 뒤지지 않는다. 앞의 사명은 이스라엘에만 영향을 미치는 것이지만 이 사명은 주변 국가들까지 포함하는 것이기 때문이다. 비록 외적 화려함은 전자가 두드러지지만, 영향력과 결과라는 면에서는 우열을 가리기 어렵다. 그러므로 엘리야는 이스라엘이 회개하고 여호와께로 돌아오지 않는 것 때문에 실망하거나 절망하지 말고, 이스라엘뿐만 아니라 이방 나라까지 하나님의 주권 아래 있다는 것을 인식하면서 이 사명을 감당해야 한다.

둘째, 이것은 하나님이 심판을 시작하겠다는 선언과도 같기에 중요하다. 17절 "하사엘의 칼을 피해서 도망하는 사람은 예후가 죽일 것이고, 예후의 칼을 피해서 도망하는 사람은 엘리사가 죽일 것이다." 이제 하나님의 인내는 끝을 향하고 있다. 여러 번 은혜를 베풀면서 백성들이 돌아오기를 원했지만, 그들은 돌아오지 않았다. 그래서 하나님은 심판을 진행하시는 것이다.

이스라엘이 회개하고 돌아오지 않았지만, 그렇다고 하나님이 무기력한 것은 아니다. 지금까지 하나님은 인내하며 여러 번 기회를 주시면서 자비로운 모습을 보여주셨으나, 이제는 그들을 징계하면서 심판하시는 모습을 보여주실 것이다. 차이가 있다면, 지금까지는 하나님이 엘리야를 대리자로 사용하셨지만, 앞으로는 하사엘, 예후, 엘리사와 같은 자들을 사용하신다는 것이다. 그러므로 엘리야가 그들에게 기름을 붓는 것은 하나님의 심판을 알리는 전주곡과 같은 것이다.

엘리야는 이렇게 현저하게 다른 사명을 통해서 여호와는 다양한 방식으로 일을 하신다는 점을 배워야 한다. 하나님의 일은 다양한 방식으로 이루어진다. 역사의 격변을 통해서 일이 이루어질 때도 있고, 은밀한 작은 일을 통해서 오히려 더 큰 일이 성취될 때도 있다. 사람들은 엄청난 기적과 같은 일이 일어나야 하나님의 일이 이루어진다고 생각하기 쉽지만, 사람들이 잘 알아보지 못하는 조용한 방식으로 하나님의 일이 이루어질 때도 많다. 하나님은 거창한 방식으로 일할 때도 있지만, 소소한 일상 속에서 조용하게 일을 하시고, 말씀을 통해서 은밀한 변화를 일으키실 때도 많다. 둘 다 하나님이 일을 하시는 방식이다. 그러므로 하나님의 계획에 따라 크고 요란하고 엄청나게 보이는 사역을 감당하는 주님의 종이 있지만, 반대로 조용하고 은밀하게 역사하는 일을 감당하는 하나님의 종도 있는 것이다.

부흥의 역사가 대규모로 일어나는 시대가 있다. 초대교회, 초기 기독교, 대각성 운동조나단에드워즈, 존웨슬리, 찰스피니, 무디, 빌리그래함, 우리나라원산과평양대부흥, 등등. 사람들은 이런 현상들만 하나님의 역사라고 생각하는 경향이 있다. 그러나 일상에서 헌신된 사람들을 통해서 조용하게 말씀이 선포되고 사람들이 변화되는 시대도 있다. 이런 식으로 복음을 듣고 회심하는 경우가 실제로는 더 많을 것이다. 그러나 이런 경우는 사람들이 잘 모르고 별로 주목하지도 않는다. NCD자연적교회성장의 연구조사에 따르면 대형교회보다 중소형교회가 복음 전도에 훨씬 효과적인 결과를 보여준다고 한다. 대형교회의 요란한 전도집회보다 작은 교회가 관계를 통해 복음을 전하는 것이 실제로 더 효과적이라는 뜻이다. 그러나 이런 연구조사가 나오기 전까지 아무도 이 사실을 몰랐고 주목하지도 않았다. 교회연합기관의 대규모 전도대회나 대형교회의 전도집회만 주목했고, 그것만 하나님의 놀라운 역사라고 생각했기 때문이다.

종교개혁도 마찬가지다. 루터나 칼빈이 감당한 사역은 하나님의 능력의 사역으로 여기면서 주목하지만, 성경을 번역한 위클리프나 성경을 배포한 롤라드파의 노고와 같은, 조용히 이루어진 수많은 개혁가들의 사역은 별로 중요하게 여기지 않는다.

삭개오처럼 하나님의 큰 은혜를 체험하고 급격하게 변하는 사람이 있다. 이런 사람들을 보면서 우리는 하나님의 놀라운 능력을 찬양한다. 그러나 하나님의 말씀의 능력으로 서서히 변화되는 사람도 있다. 전자가 놀라운 기적이라면, 후자도 마찬가지다. 우리는 둘 다 하나님의 놀라운 은혜의 사역으로 인식해야 한다.

이 두 가지 종류의 사역과 관련해서 잊지 말아야 할 것은, 과거에 엘리야가 감당한 폭풍 같은 사역도 위험이 따르는 일이었지만, 앞으로 해야 할 사역도 비록 조용하고 은밀한 것이지만 결코 안전하지 않다는 사실이다. 과거 엘리야의 사역은 매우 위험한 것이었다. 가뭄을 선포하고 그릿 시냇가에 숨은 일, 목숨을 건 갈멜산 대결, 이세벨의 보복을 피해 남쪽으로 도망친 일. 그러나 지금 감당해야 할 조용하고 은밀한 사명 역시 위험하기는 마찬가지다. 엘리야는 자신이 도망쳐왔던 그 먼 길을 다시 돌아가야 한다.15절 가다가 어떤 위험한 일을 만날지 모른다. 이스라엘을 공격할 외국인을 왕으로 세워야 한다. 이것은 매국노 취급을 받을 일이다. 또한 아합이 아직 기세등등한 시점에서 예후에게 기름을 부어 이스라엘 왕으로 세워야 한다.16절 이것은 반역 음모와 같다. 이 모든 것은 위험천만한 일들이다. 그만큼 이 사명이 중요하다는 뜻이다.

우리가 감당해야 할 사명, 주님이 맡기신 일을 감당하는 것, 그의 부르심을 따르는 길은 거창한 것이든 은밀한 것이든 모두 위험하다. 세상 권세를 잡은 세력과 충돌하는 일이며, 그들이 만들어 놓은 세상의 원리를 거슬러 가는 것이기 때문이다. 노예제도를 폐지하려는 윌버포스의 계획은 수많은 반대 세력을 상대해야 하는 위험한 일이었다. 종교개혁을 일으킨 루터는 교황청으로부터 사형을 선고받았다. 노예제도 폐지나 종교개혁과 같은 외적으로 거창한 사명은 그만큼 엄청난 위험을 감수해야 하는 일이었다. 하지만 이렇게 거창한 사명이 아니더라도 우리 시대를 지배하는 자본주의와 돈의 노예가 되지 않고 공동체적인 삶을 사는 것 역시 위험하고 힘들기는 마찬가지다. 형제와 공동체를 위해 나의 재물을 내어놓는 것도 당장 내 삶을 불편하고 힘들게 만드는, 위험하고 어려운 일이다. 하나님 뜻대로 살아가고, 그의 사명을 감당하는 삶은 그 종류가 무엇이든 위험하고 힘든 일이다.

우리는 사람들의 눈에 띄는 사명을 감당할 때가 있고, 조용하고 은밀한 사명을 감당해야 할 때도 있다. 하지만 사명의 종류가 무엇이든 똑같은 열정으로 감당해야 한다. 리더일 때는 기도와 모임준비와 모임 참석을 열심히 하고, 멤버일 때는 대충해도 되는 것이 아니다. 리더의 사명이나 멤버의 사명 모두 중요하다. 공동체를 세우기 위해 앞에 나서서 중요한 역할을 할 때도 있지만, 멤버로서 열심히 참여하는 것도 중요한 사명이다. 겉보기에 거창한 사명은 꼼꼼하게 잘 감당하려 하고, 소소한 사명이라고 해서 대충 감당해서는 안 된다. 작고 은밀하게 진행되는 일이 훨씬 더 중요하고 영향력이 클 수도 있기 때문이다. 공동체에서 하나님은 어떤 사람에게는 눈에 띄는 사명을 맡기기도 하고, 다른 사람에게는 소소하고 눈에 띄지 않는 사명을 맡기기도 한다. 어떤 사람은 공동체의 중요한 사역을 기획하고 이끄는 사명을 감당하기도 한다. 이런 사람들은 무언가 거창한 일을 하는 것 같고 사람들의 눈에도 잘 띈다. 그러나 고아원을 방문하거나 독거 어르신을 방문하는 일에 조용히 참여하는 사람들도 있다. 다른 사람들의 눈에 안 띄는 주일학교 부서에서 아이들을 가르치는 교사들도 있다. 아무도 보지 않을 때 교회를 청소하는 사람도 있고, 자기 시간을 내서 힘든 지체를 찾아가 위로하는 사람도 있다. 사람들에게 드러나는 사역과 마찬가지로 조용하고 은밀한 섬김도 중요하고 의미 있는 사명이다.

링컨 대통령이 한 말이라고 전해져 오는 말이 있다. '하나님은 어떤 사람을 사랑하실까요? 세상에는 평범한 사람들이 가장 많은 걸 보니 하나님은 평범한 사람들을 가장 사랑하시는 것 같네요.' 하나님의 사명에 경중은 없다. 모두 하나님이 주셨기에 중요한 것이고, 모두 위험한 일이다. 그래서 우리는 작아 보이는 사명도 신실함으로 잘 감당해야 한다.

굉장하고 멋지고 화려한 사역을 했지만 아무런 결과도 가져오지 못해서 의기소침한 엘리야를 다시 일으키시는 하나님의 치유 방법은 이것이었다. 사소하게 보이고, 아무도 주목하지 않고, 조용하게 진행되는 사명을 주시는 것이었다. 그리고 이것도 매우 중요한 하나님의 사명이라는 것을 깨닫게 하는 것이었다. 엘리야는 한껏 부풀어 올랐던 가슴을 진정시키고, 사람들은 주목하지 않지만 하나님이 중요하게 여기는 '작은 일'을 감당해야 한다. 엘리야는 높이 쳐든 고개를 내리고, 한껏 힘이 들어간 어깨에서 힘을 빼고, 다른 사람들을 향해 부라렸던 눈을 내리깔고, 자신에게 주어진 새로운 사명을 조용히 감당해야 한다. 이것은 엘리야의 실망과 억울한 마음을 가라앉히는 진정제와 치료제와 같은 것이다.

세상은 1등, 위대한 업적, 인기 있는 일에만 관심을 쏟고 칭송한다. 이런 세상의 흐름에 치인 우리의 마음을 치유하는 길은 작아 보이는 일, 일상의 소소한 일, 누구도 주목하지 않는 일일지라도 하나님께서 내게 맡기시는 일이라면 매우 중요한 일이라는 점을 인식하는 것이다.

2. 하나님의 치유법 4: 혼자만 의로운 것이 아니라 내가 모르는 곳에서 하나님을 섬기는 신실한 제자가 있다는 것을 깨닫게 하심 (18절)

마지막으로, 하나님은 자기 의를 과시하는 엘리야의 잘못된 인식을 교정하시면서 억울함과 자기 의의 문제를 해결해주신다.

엘리야는 '나만 홀로 남았다'고 하면서 하나님께 투정했었다.10,14절 이것은 외로움과 억울함의 표현이다. 그러나 더 깊이 들여다보면 자기 의를 내세우는 것이다. 외로움과 억울함과 자기 의에 빠진 엘리야에게 하나님은 이렇게 말씀하신다.

"그러나 나는 이스라엘에 칠천 명을 남겨 놓을 터인데, 그들은 모두 바알에게 무릎을 꿇지도 아니하고, 입을 맞추지도 아니한 사람이다." 18절

이미 엘리야는 아합의 장관인 오바댜 덕분에 여호와의 선지자 100명이 살아 있다는 것을 들었다. 그러나 엘리야는 그 사실을 잊어버렸는지, 아니면 무시하기로 작정했는지, 지금 그들의 존재가 없는 것처럼 하나님께 투정하고 있다. 그들이 갈멜산 대결 현장에 나타나지 않았기 때문에 그랬는지도 모른다. 또는 자신만 이렇게 고생하고 있다는 억울한 마음에 일부러 무시하고 있는지도 모른다. 그러나 하나님은 숨어있는 그들 100명뿐 아니라 하나님을 신실하게 섬기는 다른 7천명도 있다는 것을 상기시켜주시면서 엘리야의 잘못된 인식을 교정해주신다.

엘리야만 하나님의 사람이 아니다. 엘리야의 방식만 여호와를 섬기는 방식인 것도 아니다. 엘리야가 인식하지 못하는 방식으로, 엘리야가 잘 모르는 곳에서 여호와를 섬기는 사람들이 있다. 비록 세상이 악하고 모든 의인이 사라진 것처럼 보여도, 하나님을 섬기는 진실한 사람들이 남아 있다. 엘리야는 이 사실을 깨달아야 한다. 세상에는 내가 모르는 곳에서 하나님을 신실하게 섬기는 사람들이 나 말고도 더 있다는 것을 인식해야 한다. 그래서 교만하고 자기 의를 내세우는 태도를 바꾸고, 그 태도에서 비롯된 실망하고 원망하는 태도를 버려야 한다.

바울은 열왕기상 19장의 이 기록을 인용하면서 자신의 현실에 적용한다. "그런데 하나님께서는 그에게 어떻게 대답하셨습니까? '내가, 바알에게 무릎을 꿇지 않은 사람 칠천 명을 내 앞에 남겨 두었다' 하셨습니다. 이와 같이, 지금 이 시기에도 은혜로 택하심을 입은 사람들이 남아 있습니다." 롬 11:4-5 예수 믿는 것 때문에 고난을 당하는 어려운 시기에도 하나님을 진실하게 섬기는 사람들이 있다는 사실을 말하는 것이다.

지금 우리 시대도 마찬가지다. 자본주의와 개인주의와 세속주의의 격랑 속에서 한국교회가 타락했다고 한다. 진실된 그리스도인을 찾아보기 어렵다고 한다.

요즘은 한국교회와 기독교인을 비판하는 것이 유행이 되었다. 비기독교인들 뿐만 아니라 기독교인들까지도 비판에 동참한다. 비판을 해줘야 내가 그 부류에 속하지 않는 것처럼 인식되고 있다. 나는 이것을 '한국교회 비판 마케팅'이라고 부르고 싶다. 비판하면서 자기 의를 내세우고 동시에 인기도 얻으려는 것이다.

우리도 한국교회가 썩었다고 비판하면서 도대체 이 시대에 진실한 마음으로 하나님을 섬기는 사람들이 어디 있느냐고 비판적인 태도를 보이기도 한다. 이렇게 하면서 혹시 우리도 엘리야처럼 우리는 하나님을 잘 섬기지만 다른 교회나 그리스도인들은 다 썩었다고 생각하는 것은 아닌가?

우리가 하나님의 일에 열심을 내고 있다면 잘하는 일이다. 그러나 우리 혼자만 대단한 일을 하고 있다고 착각하지는 말아야 한다. 지금처럼 기독교가 쇠락하고 있는 때에도 맘몬돈의 우상 섬기기를 거부하고, 개인주의적이고 이기적인 삶에서 떠나 공동체를 섬기고 하나님과 이웃을 사랑하며 헌신하는 그리스도인이 남아 있을 것이다. 내가 모르는 곳에서 하나님께 헌신하는 사람들, 드러나지 않게 믿음을 실천하는 사람들, 교회를 위해 기도하는 사람들, 형제들을 섬기기 위해 애쓰는 사람들이 있을 것이다. 그러므로 나만, 우리만 믿음이 좋다고 착각하고 다른 사람들을 비판하면 안 된다. 그것은 하나님의 자리에 내가 앉으려는 교만이다.

신학을 더 공부하려고 외국 유학을 떠나기 전에, 나는 한국의 많은 교회 지도자들로부터 세계의 모든 교회는 쇠퇴하고 있는데 한국교회만 열정이 있고, 최고의 신앙을 가지고 있고, 한국교회가 세계 기독교를 선도하고 있다는 얘기를 많이 들었다. 동방의 예루살렘, 세계 복음화를 성취할 바통을 이어받은 나라, 자유주의 신학에 물든 세상에서 보수적인 신학을 굳건히 세울 유일한 나라, 신앙의 지표로도 세계 최고를 보여주는 한국교회 예배 횟수, 예배 참석자, 교회 활동 참여자 수, 새벽기도, 철야기도, 헌금액수, 헌금의 종류 그러나 미국에서 공부하면서 다양한 나라에서 온 신실한 그리스도인들을 많이 만난 후, 한국교회가 얼마나 헛된 교만에 빠져 있는지 깨닫게 되었다.

실질적으로 흑백이 분리된 미국 사회에서 웨스트민스터 신학교의 선교학 교수
였던 하비 칸Harvie Conn 간하배,그는1960-72년동안한국선교사였다.은 백인인데도 흑인과
히스패닉이 사는 동네인 필라델피아의 German Town이라는, 별로 안전하지 않
은 동네에 들어가 살면서 선교적 삶을 실천하고 있었다. 또한 총기 강도 사건이 빈
번하게 일어나기 때문에 함부로 외부인에게 문을 열어줄 수 없는 필라델피아 도
심의 위험한 동네에 살면서 푸드 뱅크를 운영하고, 흑인 한 부모 가정을 도우면서
도시 선교urban mission를 실천하고 있는 사람들도 여럿 있었다. 위스콘신 휴양지에
서, 한국에서 입양된 아이들을 만나 수많은 미국인이 한국 아이들, 심지어 각종 선
천성 질병을 안고 태어난 아이들을 기꺼이 입양해서 막대한 비용을 들여 치료하
면서 키우고 있다는 사실을 알게 되었다. 그들 중 누구도 새벽기도나 철야기도를
하지는 않지만, 하나님을 사랑하고 이웃을 위해 희생하려는 마음은 누구보다 대
단한 사람들이었다.

시카고에 있는 신앙공동체 'Jesus People USA'에서는 300명이 넘는 사람들
이 물질주의를 초월하고 서로 돌보며 함께 살아가는 공동체를 만들기 위해서 호
텔 방을 개조한 다섯 평 정도밖에 안 되는 좁은 방에서 한 가족씩 생활하고 있었다.
그들은 공동체를 이끌어가기 위해 지붕 고치는 일과 인테리어 일을 해서 생계를
유지하면서도 노숙자와 노인들을 헌신적으로 돌보고 있었다. 미국 전역에 이렇게
공동체에 헌신하고 이웃을 섬기는 삶을 사는 공동체들이 수천 개가 넘는다.

지금도 세계 곳곳에 하나님 나라의 복음에 헌신하고, 예수 그리스도의 십자가
도를 따라 세상을 섬기고 있는 사람들이 많이 있다. 그러므로 한국교회는 교만을
버려야 한다. 나만 믿음이 좋고, 하나님을 잘 섬기고 있다는 생각을 버려야 한다.
세상에는 진정으로 하나님을 사랑하고 이웃을 섬기기 위해 애쓰는 사람들이 많다
는 사실을 깨달아야 한다. 오히려 겸손한 자세로 우리의 신앙이 얼마나 진실한지
돌아봐야 한다.

바알에게 무릎 꿇지 않은 7천 명을 남겨 놓았다는 말씀은 엘리야의 잘못된 인식을 교정할 뿐 아니라 엘리야를 위로하고 치유해주는 말씀이기도 하다. 혼자 남아 있다는 생각으로 몹시 외롭고 힘든 엘리야에게 하나님을 사랑하고 섬기는 다른 사람들이 있다는 사실은 위로와 힘을 주기에 충분하다.

외국 기독교인들의 신앙에 관한 멋진 소식뿐만 아니라 국내 다른 교회와 교인들의 헌신된 삶을 알게 되면 우리만 애쓰고 있는 것이 아니라는 사실을 알게 되면서 위로가 된다. 이런 사람들이 멀리 어딘가에 있다는 것만 알아도 힘이 되는데, 하물며 그런 사람들이 내가 속한 공동체에 함께 있다면 얼마나 큰 위로와 힘이 되겠는가?

우리 교회에도 자신의 삶터에서 진실된 삶을 살아가는 사람들이 있다는 것을 알게 될 때 큰 힘이 된다. 예전에 어느 형제가 급작스런 병으로 입원하고 수술했다는 소식을 듣고 병문안 갔다가 치료비에 보태라고 돈 봉투를 놓고 왔는데, 나중에 그렇게 한 교인들이 여러 명 더 있었다는 사실을 알게 되었다. 참 기쁘고 감사했고 위로가 되었다. 이처럼 내가 알지 못하는 곳에서 눈에 띄지 않지만, 하나님과 공동체를 사랑해서 섬기는 사람들이 있다는 것을 알게 될 때 우리는 새로운 힘을 얻는다.

공동체 예배와 소그룹 모임은 바알에게 무릎을 꿇지 않은 하나님의 사람들이 있다는 것을 확인하는 시간이다. 하나님의 사명을 붙들고 애를 쓰면서 나아가려는 사람들이 내 곁에 있다는 것을 확인하는 시간이다. 그 모임은 이 세상의 것들을 자랑하는 것이 아니라, 자녀를 믿음으로 키우기 위해 애쓰고, 세상 흐름을 거슬러 가려고 애쓰고, 공동체를 세우기 위해 애쓰고 있음을 서로 확인하는 모임이다. 세상 속에서 제자로 살기 위해 나 혼자만 고군분투하는 것이 아니라 같은 마음으로 함께 애쓰는 동지들이 있다는 것을 깨달으면서 위로를 얻고, 다시 마음을 다잡고 하나님의 사명을 붙들고 나갈 수 있는 동력을 얻게 해주는 모임이다. 이런 모임에서 우리는 공동체의 회복시키는 능력을 맛볼 수 있다.

우리에게는 한마음으로 하나님을 섬기는 동역자들이 있다. 세상에 휩쓸리지 않고 바알에게 무릎을 꿇지 않은 형제자매들이 있다. 그들이 존재하고 있다는 것만으로도 우리에게 위로가 되고 다시 힘을 내어 하나님이 보내시는 소명의 현장으로 나아갈 힘을 얻게 될 것이다.

〈삶을 향하여〉

1. 하나님께서 우리에게 맡기신 사명은 어떤 것인가? 혹시 거창하고 위대하게 보이는 사명만 바라보고 기대하고 있는 것은 아닌가? 사람들의 눈에 잘 띄지 않고 위대하게 보이지 않는 사명일지라도 신실하게 감당하고 있는가?

2. 엘리야처럼 '나만 홀로 남았습니다' '나만 홀로 하나님의 일을 하고 있습니다' 라며 외로움과 억울함을 호소해 본 적이 있는가? 그러나 엘리야의 외로움과 억울함의 이면엔 자기 의의 문제가 숨어있었다. 하나님은 엘리야의 자기 의의 문제를 어떻게 해결해 주셨는가? 신앙인으로서 자기 의를 내세우지 않고 교만해지지 않으려면 어떻게 해야 할까?

20. 계승

왕상 19:16, 19-21

"또 님시의 아들 예후에게 기름을 부어서, 이스라엘의 왕으로 세워라. 그리고 아벨므홀라 출신인 사밧의 아들 엘리사에게 기름을 부어서, 네 뒤를 이을 예언자로 세워라."

"엘리야가 그곳을 떠나서, 길을 가다가, 사밧의 아들 엘리사와 마주쳤다. 엘리사는 열두 겨릿소를 앞세우고 밭을 갈고 있었다. 열한 겨리를 앞세우고, 그는 열두째 겨리를 끌고서, 밭을 갈고 있었다. 엘리야가 엘리사의 곁으로 지나가면서, 자기의 외투를 그에게 던져 주었다. 그러자 엘리사는 소를 버려두고, 엘리야에게로 달려와서 말하였다. '아버지와 어머니에게 작별 인사를 드린 뒤에, 선생님을 따르겠습니다.' 그러자 엘리야가 말하였다. '돌아가거라. 내가 네게 무엇을 하였기에 그러느냐?' 엘리사는 엘리야를 떠나 돌아가서, 겨릿소를 잡고, 소가 메던 멍에를 불살라서 그 고기를 삶고, 그것을 백성에게 주어서 먹게 하였다. 그런 다음에, 엘리사는 곧 엘리야를 따라가서, 그의 제자가 되었다."

1. 이어지는 사역

하나님은 엘리야를 회복해 주신 후에 세 가지 새로운 사명을 주셨는데, 그 중 마지막은 엘리사를 후계자로 세우라는 것이었다. "아벨므홀라 출신인 사밧의 아들 엘리사에게 기름을 부어서, 네 뒤를 이을 예언자로 세워라." 왕상19:16

지금까지 엘리야가 하나님의 보내심을 받아 열심히 노력했지만, 하나님의 목적은 아직 실현되지 않았다. 이스라엘 백성들은 여호와께 돌아오지 않았고, 아합과 이세벨에 대한 심판도 아직 실현되지 않았다. 이방 나라에 대한 심판도 이루어지지 않았다. 그러므로 이 사명을 위해 보냄받은 엘리야의 사역도 역시 미완성인 것처럼 보인다. 엘리사를 후계자로 세우라고 하신 걸 보면 하나님은 엘리야의 역할이 여기까지라고 생각하신 것 같다.

이때 엘리야의 심정이 어땠을까? 여러 가지 생각이 들어 마음이 참 복잡했을 것이다. 아쉬움이 가장 먼저 밀려왔을 것이다. 지금까지 이렇게 고생했는데 결과를 보지 못하고 끝내야 하기 때문이다. 그래서 실망과 허무한 마음도 들었을 것이다. 어떤 목표를 향해 줄기차게 달려왔는데 좋은 결과를 보지 못하고 손을 놓아야 한다면 참으로 아쉬울 것이다. 하지만 이런 마음이 들더라도 엘리야는 자신의 역할이 여기까지라는 하나님의 뜻을 받아들여야 한다. 여기서도 순종이 필요하다. 자신의 역할이 끝났다는 것을 인정하고 받아들이는 태도가 필요하다.

두 번째로는, 자신의 사역을 계승할 엘리사라는 사람이 있다는 말에 반갑기도 했겠지만, 자신이 자랑스럽게 여겼던 의가 꺾일 수 있다는 생각에 섭섭한 마음도 들었을 것이다. 왜 그런가? 엘리야는 어두운 배교의 시대에 혼자서 외롭지만 꿋꿋하게 하나님을 잘 섬겼다고 자부했었다. 그런데 하나님은 이미 7천 명의 의인이 있을 뿐만 아니라, 엘리야를 대신 할 후계자가 준비되어 있다고 말씀하신다. '나 혼자' 하나님을 잘 섬겼다고 생각했는데, 나 말고도 또 다른 헌신자가 있다는 것은 나 혼자 차지하던 영광을 나눠 가져야 한다는 뜻이다. 이제 엘리야는 자신의 의를 내려놓고 다른 사람을 인정해야 한다. 나처럼 하나님을 위해 헌신하는 사람이 있다는 것을 인정해야 한다. 이 시점에서 '나만큼 하나님께 헌신된 자가 누가 있겠는가?' 하면서 고집을 부리고 자리에서 내려오지 않으면 일을 그르치게 된다. 그것은 욕심에서 비롯된 고집이다. 엘리야는 자신만큼 하나님께 헌신하는 자가 있다는 사실을 받아들이고, 또 다른 헌신자인 엘리사를 자신의 후계자로 세워야 한다. 그에게 겉옷을 던져주어야 한다.

엘리야의 마음에 들어온 세 번째 생각은 후계자에 대한 의구심이었을 것이다. '엘리사가 누구지? 들어보지도 못한 사람인데? 그를 믿을 수 있을까? 그에게 이 막중한 사명을 맡길 수 있을까?' '그가 준비가 잘 되었을까? 아직 애송이에 불과할 텐데 이런 막중한 사명을 맡겨도 되는 것일까?' 엘리사를 향해서 온갖 의심이 들었을 것이다. 특히 자신이 지금까지 걸어온 길과 애쓴 일들을 떠올릴수록 이런 의심이 더 강해졌을 것이다. '내가 이렇게 힘겨운 사명을 감당해왔는데 그가 이것을 계승할 수 있다고?' 그러나 엘리야는 엘리사를 믿어야 한다. 대개 스승은 제자를 미덥지 않게 여긴다. 애송이라고 생각한다. 하지만 그것은 스승이 자신의 어린 시절을 잊었기 때문이다. 마치 개구리가 올챙이 시절을 잊는 것처럼. 모든 사람의 시작은 미약하지만, 그렇게 출발해서 점점 발전해가는 것이다. 그러므로 후계자가 연약해 보여도 믿고 그에게 바통을 넘겨주어야 한다.

은퇴 후에도 자신이 평생 열정을 쏟았던 일의 결실을 보려고, 또는 후계자를 신뢰하지 못해서 막후 정치를 펼치려는 사람들이 있다. 이것은 권력욕에서 비롯된 잘못이다. 권력욕에 사로잡히면 물러날 때를 알지 못하고 노욕을 부리면서 자리를 지키려고 한다. 그러나 그 결과는 대개 별로 좋지 못하다. 자신이 지금까지 쌓아온 업적에 오히려 손상을 입히게 되고, 후계자의 앞길을 가로막게 된다. 교회에서 원로 목사나 원로 장로들이 이런 행태를 보이는 경우가 있다. 세습 목사들이 가장 대표적이다. 자신이 고생하면서 일군 교회를 내려놓지 못하는 것이다. 다른 사람이 그것을 계승할 수 없다고 생각해서 자기 아들에게 물려주고 자신이 막후에서 여전히 영향력을 행사하려는 것이다.

독재 정치인도 모두 이런 사람들이다. 최고 권력의 자리에서 내려와야 할 때를 인정하지 않고 계속해서 권력을 행사하려고 한다. 이승만, 박정희, 푸틴, 시진핑이 바로 그들이다. 만약 박정희가 60년대까지만 대통령 역할을 했다면, 그리고 후임에게 물려주었다면 오히려 독재의 오명을 벗고 국가 안정의 초석을 놓은 정치인으로 인정을 받았을지 모른다. 뿐만 아니라 우리나라도 지금과 같은 사회적 모순과 갈등 없이 더 큰 발전을 이룰 수 있었을지 모른다. 하지만 물러날 때 물러나지 않고 욕심을 부린 결과 폭압의 정치를 해야 했고, 그로 인해 수많은 사람들을 부당하게 구금하고 고문하고 심지어 죽이기까지 했다. 그 결과, 민주주의가 망가지고,

사회적 갈등이 깊어지고, 본인도 비극의 주인공이 되어 버렸다.

새 시대에 적응하지 못하는 기성세대도 마찬가지다. 그들은 과거 한국전쟁, 군사독재, 경제 발전 시대에 사로잡혀서 새로운 시대와 새로운 패러다임을 받아들이지 못한다. 그래서 새로운 세대를 가로막고 방해하려고 한다. 만약 전쟁 세대와 민주화 세대, 그리고 산업화 세대가 자신의 역할을 다 한 후에 우리 사회의 다양한 권력의 자리에서 내려왔다면 우리나라는 훨씬 더 좋은 나라가 되었을 것이다. 권력의 단맛은 누리지 못하더라도 후세대를 위해 조언자의 역할은 얼마든지 할 수 있다. 자신의 때가 다 됐다는 것을 알고 물러나야 후계자가 새로운 시대에 적합한 역량을 발휘할 수 있고, 새로운 역사를 이룰 수 있다. 이처럼 나서야 할 때와 멈춰야 할 때, 앞으로 나갈 때와 물러날 때를 아는 것은 중요하다.

2. 하나님이 일하시는 방식

하나님은 한 사람만이 아니라 여러 사람을 통해서 일을 이루어 가신다. 모세는 애굽에서 이스라엘 민족을 구해내는 역할을 했고, 여호수아는 이스라엘 백성을 가나안으로 이끌고 들어가는 역할을 했다. 모세는 이스라엘 역사에서 전무후무한 사람이었다. "온 이스라엘 백성이 보는 앞에서, 모세가 한 것처럼, 큰 권능을 보이면서 놀라운 일을 한 사람은 다시 없다." 신34:12 모세도 가나안에 들어가고 싶었을 것이다. 40년 동안 고생해서 거둔 열매가 바로 눈앞에 보이는데 그것을 맛볼 수 없다는 사실 앞에서 힘들었을 것이다. 그래서 그가 백성들에게 자신의 역할이 여기까지라고 말할 때 아쉬움이 묻어난다. "모세가 그들에게 말하였다. '이제 내 나이 백스무 살입니다. 이제 더 이상 당신들 앞에 서서 당신들을 지도할 수 없습니다. 주님께서는 내가 요단강을 건너는 것을 허락하지 않으셨습니다.'" 신31:2 하나님이 허락하지 않으셨다고 말한 것은 본인은 원했다는 것을 의미한다. 더욱이 비스가산에서 죽을 때 그는 아직 정정했다. "모세가 죽을 때에 나이가 백스무 살이었으

나, 그의 눈은 빛을 잃지 않았고, 기력은 정정하였다."신34:7

이스라엘을 애굽에서 이끌어 나오고 홍해를 건너고 광야를 헤쳐 나온 대단한 모세일지라도 하나님은 그의 역할이 여기까지라고 생각하셨고, 다음 역할을 여호수아에게 맡기셨다. "그러나 너의 보좌관 눈의 아들 여호수아는 그리로 들어갈 것이다. 그는 이스라엘을 그 땅으로 인도하여 그 땅을 유산으로 차지하게 할 사람이니, 너는 그에게 용기를 불어넣어 주어라."신1:38 "너는 여호수아에게 너의 직분을 맡겨서, 그를 격려하고, 그에게 용기를 주어라. 그는 이 백성을 이끌고 건너갈 사람이며, 네가 보는 땅을 그들에게 유산으로 나누어 줄 사람이다."신3:28 어쩔 수 없이 모세는 하나님의 뜻에 순종하여 여호수아에게 지도자 지위를 계승해주었다. "모세가 여호수아를 불러서, 온 이스라엘이 보는 앞에서 그에게 말하였다. '그대는 마음을 강하게 하고 용기를 내시오. 그대는, 주님께서 그대의 조상에게 주시기로 맹세하신 땅으로 이 백성과 함께 가서, 그들이 그 땅을 유산으로 얻게 하시오.'"신31:7 자신의 욕심을 내려놓고 하나님의 뜻에 순종하여 자리에서 내려오면서 아름다운 계승이 이루어진 것이다.

어디 이뿐인가? 이스라엘을 굳건히 세우는 다윗의 역할이 있고, 하나님의 성전을 짓는 솔로몬의 역할이 있다. 유대인들에게 복음을 전하는 사도들의 역할이 있고, 이방인에게 복음을 전하는 바울의 역할이 있고, 동방으로 복음을 전하는 또 다른 선교사들의 역할이 있다.

하나님의 일은 장구하고 우리 인생은 매우 짧다. 각 사람은 하나님의 일의 작은 한 부분을 맡을 뿐이다. 여러 사람이 각기 자신의 역할을 잘 감당하면서 하나님의 일이 성취되는 것이다. 씨를 뿌리는 자가 있고, 물을 주는 자가 있고, 열매를 거두는 자가 있다. "나는 심고, 아볼로는 물을 주었습니다. 그러나 하나님께서 자라게 하셨습니다. 그러므로 심는 사람이나 물주는 사람은 아무것도 아니요, 자라게 하시는 분은 하나님이십니다. 심는 사람과 물주는 사람은 하나이며, 그들은 각각 수고한 만큼 자기의 삯을 받을 것입니다."고전3:6-8 내가 모든 것을 다 하려는 것은 욕심이다. 특히 기어코 내가 멋진 결실을 얻겠다고 고집을 부리면 오히려 잘못된 결과를 초래하게 된다. 일을 그르치게 될 수도 있다. 열매를 못 따더라도 씨를 뿌리고 물을 주는 것으로 충분하다. 내게 맡겨진 역할을 하면 그것으로 충분하다.

종교개혁 시기에도 위클리프와 후스의 역할이 있었고, 루터의 역할이 있었고, 칼빈의 역할이 있었고, 재세례파의 역할이 있었다. 그들의 노력이 합쳐져 부패하고 타락한 교회를 개혁하고 새로운 시대를 여는 역사가 이루어진 것이다. 한국교회 역사를 보더라도 60-70년대 '대부흥과 복음화' 시기가 있었고, 80년대 '하나님 나라와 기독교 세계관' 시기가 있었고, 그 후 '총체적 복음'의 시기가 있었다. 이제 '하나님 나라의 공동체'의 시대가 왔다. 우리는 우리 세대에 맡겨진 사명을 잘 감당해야 한다. '우리 세대에 땅끝까지 복음화하자!'라고 목청을 높이는 것은 교만이고 무리수다. 그냥 겸손하게 우리가 할 수 있는 만큼의 역할만 하면 된다. 우리 선조들도 자신의 역할을 했으니 우리도 우리의 역할을 하면 된다. 그리고 우리 후세대가 또 자신의 역할을 하면서 하나님의 계획이 이루어질 것이다. 우리의 사명은 지금 이 시대에 우리에게 주어진 역할이 무엇인지 잘 파악하고, 그것을 잘 감당하는 것이다.

3. 엘리야의 마지막 과업: 훈련

엘리야가 자신의 역할을 끝내고 후계자에게 넘겨주기 전에 반드시 해야 하는 마지막 과업이 있다. 후계자를 훈련해서 능력을 전수해주는 것이다. 지금까지는 혼자 지내면서 사명을 감당해왔지만, 이제부터는 엘리사라는 제자와 함께 지내야 한다. 그리고 자신이 할 수 있는 만큼 훈련시켜야 한다. 그가 하나님의 사명을 잘 계승할 것이라는 기대를 품고 훈련시켜야 한다. 그가 잘 이어받지 않으면 내가 지금까지 노력한 것도 수포로 돌아간다는 심정으로 잘 훈련시켜야 한다.

사명을 이어갈 사람을 세울 뿐만 아니라 훈련시키는 것은 매우 중요하다. 혼자서 모든 일을 다 할 수 없으므로 지금까지 감당해오던 사명을 후계자가 이어야 하는데, 그들에겐 사명을 잘 감당할 수 있도록 훈련이 필요하기 때문이다.

예수님이 구원 사역의 기초를 이루셨지만, 그것을 사람들에게 전해주고 그것을 통해 세상을 변화시키는 일은 제자들의 몫이었다. 예수님은 부활 후 곧바로 승천하실 것을 알았기 때문에 지상에서 남은 일을 제자들에게 맡기셨고, 그것을 위해 3년간 제자들을 훈련했다. 그러므로 하나님의 구원 사역의 연속이라는 관점에서 볼 때 예수님이 직접 하신 다양한 사역말씀선포, 치유, 개혁, 십자가 대속의 죽음도 중요하지만, 제자를 훈련하고 파송하신 사역도 매우 중요하다.

존 웨슬리John Wesley와 조지 휫필드George Whitefield 두 사람은 18세기의 위대한 부흥사요 전도자였다. 그러나 사람들은 웨슬리는 잘 알지만 휫필드는 상대적으로 잘 모른다. 왜 그런가? 웨슬리는 복음 전한 사람들을 성경공부 모임으로 조직하고 가르치는 일까지 했기 때문이다. 즉 후계자를 세우고 훈련했기 때문이다. 교제와 성경공부를 위한 소그룹인 속회와 자발적 모임인 밴드를 통해 감리교라는 교단으로 발전하여 지금까지 이어져 오고 있다. 휫필드는 혼자 말을 타고 다니면서 열심히 복음을 전했지만, 그 사역을 이어받을 사람들을 세우지 못했다. 그리하여 휫필드는 18세기에 대단한 열정으로 복음을 전했던 사람으로만 희미하게 기억되고 있을 뿐이다. 후계자 훈련이 엘리야에게 주어진 마지막 사명인 이유다. 바알 선지자와 대결하고, 이스라엘 백성들에게 살아계신 하나님을 증거하는 일도 엄청난 사명이지만, 후계자를 세우고 그를 잘 훈련하는 일도 무척 중요한 사명이다.

교회는 훈련을 통해서 하나님 나라의 가치를 전승해야 할 사명이 있다. 설교와 새 신자 교육을 비롯한 각종 교육 프로그램주일학교, 제자훈련, 소그룹 성경공부 모임, 구역 모임, 수련회 등의 목적은 하나님 나라의 복음을 전수해주는 것이다. 특히 중요한 것은 공동체의 다음 세대, 즉 유소년 아이들과 청소년, 청년들을 훈련하는 것이다. 지금은 장년들이 교회를 이끌어가고 있지만 언제까지나 그들이 감당할 수는 없다. 현재 교회를 이끌어가고 있는 어른들이 교회의 모든 사명을 다 성취할 수는 없을 것이다. 모든 열매를 다 따 먹을 수도 없을 것이다. 그것은 '다음 세대'의 몫일 것이다. 앞 세대가 심고 물을 주고 키운 열매는 다음 세대가 추수해야 할 것이다. 그러므로 어른들의 중요한 사명은 다음 세대를 탈진하도록 부려먹는 것이 아니라 바통을 이어 뛰어갈 제자로 훈련하는 것이다. 하나님 나라의 정신이 계승되도록, 하나님 나라 정신의 기초로 형성된 교회의 비전이 계승되도록, 마침내 우리의 비전이 그들을 통해 실현되도록 노력하는 것이다. 공동체 존속과 비전의 계승, 그리고 하나님이 맡겨주신 사명의 성취는 다음 세대를 얼마나 잘 훈련하느냐에 달려있기 때문이다.

4. 부르심에 응답

'하나님이 나의 구원이시라'라는 이름 뜻을 가졌던 엘리사는 부름을 받고 바로 엘리야의 '제자'가 되었다. "엘리사는 엘리야를 떠나 돌아가서, 겨릿소를 잡고, 소가 메던 멍에를 불살라서 그 고기를 삶고, 그것을 백성에게 주어서 먹게 하였다. 그런 다음에, 엘리사는 곧 엘리야를 따라가서, 그의 제자가 되었다."왕상19:21

엘리야의 후계자로 지목된 엘리사는 여러 면에서 엘리야와 다르다. 엘리사가 12겨리쌍의 소를 부리고 있었다는 것은 꽤 넓은 땅을 소유하고 있었다는 것을 뜻한다. 그 땅이 부모의 것이든 자신의 것이든 엘리사는 부유한 집안 출신이라고 볼 수 있다. 엘리야는 출신지도 불분명하고 가족에 관한 내용도 알려지지 않았던 반면에, 엘리사는 사밧의 아들로 알려졌고, 가족이나 이웃과의 유대도 돈독했던 것으로 보인다. 이 점은 그가 엘리야를 따라나설 때 먼저 아버지와 어머니에게 작별 인사를 하고, 동네 사람들과 송별 잔치를 벌였다는 데서 잘 드러난다. 갑자가 툭 튀어나온 듯했던 엘리야와 대비되는 모습이다.

엘리야는 엘리사를 찾아가서 그에게 자신의 외투를 던졌다.19절 이것은 선생이 자신의 사명을 전수하겠다는 의미이며, 제자가 그 외투를 받아 들면 선생의 부르심을 받아들이겠다는 뜻이다. 엘리사는 엘리야의 부름을 받고 주저하지 않고 그의 제자가 되기로 한다. 너무 빨리 결심한 듯 보여서 이 결심이 가벼운 것 같지만, 엘리야의 부름에 응답한다는 것은 결코 가벼운 일이 아니며 오히려 엄청난 희생이 수반되는 일이다. 어떤 희생이 뒤따르는 것이었을까?

첫째, 엘리야는 매우 힘겨운 싸움을 해왔다. 3년 넘게 숨어 지냈고, 바알 선지자들과 450대 1의 목숨을 건 대결을 했고, 승리가 눈앞에 보이는 것 같았지만 아직도 이세벨에게 쫓기고 있다. 이런 엘리야를 따라간다는 것은 엘리야가 처한 위험 속에 같이 뛰어들겠다는 뜻이다. 둘째, 엘리야를 따르려면 부모와 가족 그리고 이웃과 결별해야 한다. 엘리사도 이 사실을 알고 부모와 마지막 작별 인사를 나누고 동네 사람들과도 고별잔치를 벌인 후에 엘리야를 따라나섰다. 셋째, 재산을 처분해야 한다. 엘리사는 자신이 부리던 소를 잡고 멍에를 불살라서 백성들에게 나눠준다. 농사짓던 땅이 엘리사의 소유였다면 가족이나 다른 사람들에게 나눠줬을 테고, 부모의 땅이었다면 상속받는 것을 포기한 것이나 마찬가지다. 자신의 소유, 재산, 누리던 것, 의지하던 것을 모두 뒤로 한 채 엘리야를 따라간 것이다. 이제는 경제적으로 어려운 삶을 살게 될 것이다. 오직 하나님만을 의지하면서 살 수밖에 없는 삶으로 들어가는 것이다.

엘리야를 따르는 것이 이렇게 어려운 길이라는 사실을 잘 알고 있었지만, 엘리사는 부르심이 왔을 때 주저하지 않고 엘리야를 따르기로 했다. 다른 사람들처럼 시대에 순응하면서 살 수 있었음에도 그는 왜 어려운 소명의 삶을 선택했을까? 세상적인 측면에서 보면 엘리야를 따르는 길은 어렵고 힘든 길이라는 게 자명하다. 가족을 떠나고 재산도 포기하는 것이니까 말이다. 세상적인 기준으로만 판단하자면, 엘리사는 분명코 아주 어리석은 선택을 한 것이다. 그러나 그는 조국에 드리워진 '영적 어둠'을 알고 있었고, 그것을 안타까워하면서 '시대가 새로워져야 한다는 갈망'을 품었을 것이다. 엘리야가 영적 개혁을 위해 고군분투한다는 사실도 잘 알고 있었을 것이다. 그러던 차에 하나님의 부르심이 있었고, 자신이 섬길 기회가 오자 주저 없이 따라나섰다. 그는 자신의 안락한 삶보다 '시대적 필요'와 세상을 바꾸려는 하나님의 부르심에 동참하는 것을 더 귀하게 여긴 것이다. '영적인 가치'를 더 우위에 둔 것이다.

엘리야가 부르심을 받아 나섰을 때 그랬던 것처럼, 이제 엘리사도 부르심에 응답하면 가족과 함께 안락하게 지내던 이전 삶으로 되돌아갈 수 없다. 엘리야와 더불어 광야의 길, 완전히 다른 삶으로 나아가야 한다. 이처럼 다시 돌아올 수 없는 길임에도 그는 오직 믿음으로 부름에 응답하고 엘리야를 따라 나섰다.

우리를 향한 '나를 따르라'는 주님의 부르심도 엘리사를 향한 부르심과 다르지 않다.

첫째, 하나님의 부르심에 응답하는 삶은 영광과 성공의 길이 아니라 헌신과 희생이 따르는 길이다. 예수님도 비슷한 말씀을 하셨다. "누구든지 내게로 오는 사람은, 자기 아버지나 어머니나, 아내나 자식이나, 형제나 자매뿐만 아니라, 심지어 자기 목숨까지도 미워하지 않으면, 내 제자가 될 수 없다. 누구든지 자기 십자가를 지고 나를 따라오지 않으면, 내 제자가 될 수 없다."눅 14:26-27 "그러므로 이와 같이, 너희 가운데서 누구라도, 자기 소유를 다 버리지 않으면, 내 제자가 될 수 없다."눅 14:33

둘째, 이렇게 힘든 길이지만, 우리가 시대의 필요를 보고 하나님의 부르심을 들을 때 '위험한 선택'을 할 수 있게 된다. 우리가 개인적인 삶 속에만 빠져 있으면 결코 엘리사와 같은 선택을 할 수 없다. 나의 삶의 경계를 벗어나서 세상을 살피면 하나님의 뜻에서 벗어난 왜곡된 모습과 망가진 세상을 회복해야 할 필요가 보인다.

그 필요를 보면서 세상을 향한 하나님의 안타까운 마음을 함께 느낄 때 우리는 안락한 소파에 누워있던 삶에서 벗어나 예수님이 걸으신 길을 따라갈 수 있다. 하나님의 소명을 따르는 삶은 힘들고 어렵지만, 충분히 가치 있는 삶이기 때문이다.

셋째, 예수님을 알고 그의 은혜를 체험한 후 그를 따르겠다고 결심하고 나면 우리의 삶은 이전으로 돌아갈 수 없다. 하나님 나라와 그의 의를 구하고, 하나님의 영광을 위하여 사는 것을 삶의 목표로 삼고 나면 이전과는 완전히 다르게 살게 될 것이다. 그리스도의 제자가 되어 그를 따르는 삶은 이전과는 완전히 다른 삶이다. 우리는 그 이전으로 돌아갈 수 없다. 그리스도를 따르는 삶이 힘들어서 이전으로 돌아가고 싶은 마음도 간혹 들지만, 우리는 결코 돌아갈 수 없다. 하나님으로부터 받은 은혜를 저버릴 수 없기 때문이고, 아무리 힘들어도 하나님 나라의 영광스런 가치를 무효화할 수는 없기 때문이다.

5. 갑절의 능력을 구함

시간이 흘러 엘리야가 하나님의 부르심을 받고 하늘로 올라갈 때가 되자 엘리사는 기이한 요구를 한다. "요단강 맞은쪽에 이르러, 엘리야가 엘리사에게 말하였다. '주님께서 나를 데려가시기 전에 내가 네게 어떻게 해주기를 바라느냐?' 엘리사는 엘리야에게 '스승님이 가지고 계신 능력을 제가 갑절로 받기를 바랍니다' 하고 대답하였다."왕하2:9

엘리사는 왜 이렇게 당돌한 요청을 했을까? 큰 능력을 받아 사람들에게 과시하려고? 엘리야보다 더 큰 업적을 쌓아 명예를 얻으려고? 아니다! 하나님의 소명을 더 잘 감당하기 원했기 때문이다. 엘리사에게는 두 가지 생각이 있었을 것이다. 먼저는, 엘리야가 얼마나 큰 인물인지 알았기에 자신이 엘리야에게 한참 미치지 못하는 존재라는 것을 깊이 생각했을 것이다. 또한 자신이 사명을 감당해야 할 시대와 과제가 더 어렵다는 것도 잘 알고 있었을 것이다. 엘리야 시대에는 하나님의 능력을 보여주면 백성들이나 아합 왕이 돌아올 것이라는 기대라도 있었지만, 이제는 그런 기대도 사라졌다. 오히려 이세벨은 더 악이 받쳐 있다. 이런 상황에서 사명을 감당하는 것은 엘리야 시대보다 훨씬 더 어려울 것이다. 따라서 하나님의 사명을 잘 감당하려면 자신에게는 엘리야보다 더 큰 능력이 필요하다고 생각한 것이다. 엘리사가 갑절의 능력을 구한 것은 엘리야보다 더 위대해지겠다는 욕망의 표현이 아니라 자신의 부족함을 인정하는 겸손함의 표현이며, 사명을 잘 감당하고 싶은 간절함의 표현이다.

지금의 장년 세대는 이전 세대보다 사명을 더 잘 감당하고 있는가? 해방 이후 1970년대까지 기독교인은 전체 인구의 7-8% 정도밖에 안 되는 소수파였다. 문화, 경제, 정치, 교육 등 모든 분야에서 기독교적 정신과 부합되는 것이 아주 적은 시대였다. 그 시대에는 예수 믿는다는 것이 쉽지 않았다. 예수를 믿으려는 과정에서 핍박도 빈번하게 일어났었다. 그런 시대에 믿음을 지키고 하나님의 사명을 감당하는 건 참 어려웠다. 사람들은 종종 이전 세대에 대해 비판을 많이 하지만, 그들은 그들 나름대로 자신의 시대의 한계 속에서 많은 헌신을 했다. 그들이 열심히 복음을 전했기 때문에 지금 우리에게까지 복음이 전해져서 우리가 구원의 은혜를 누릴 수 있게 된 것이다. 교회 건축도 마찬가지다. 건물이 교회의 본질은 아니지만, 교회에 건물이 필요하다는 것은 사실이다. 자가 소유의 건물이든, 임대 공간이든 모임을 위한 장소가 필요하다. 지금 한국교회 대부분은 이전 세대 성도들의 피와 땀으로 교회 건물을 마련했다. 교회를 건축하기 위해 힘에 부치도록 거액의 헌금을 바친 성도들도 많이 있었다. 그들의 희생적 헌신 덕분에 그 다음 세대는 건물에 대한 부담을 지지 않아도 되고, 절약한 돈으로 구제와 봉사를 많이 할 수 있게 되었다.

안타깝게도, 현재 한국교회에서는 앞 세대의 헌신을 후세대가 잘 이어받지 못하고 있다. 갈수록 개척 교회나 작은 교회에 참여하는 것을 부담스러워 한다. 헌금이 감소하고 있다. 교회가 헌금을 잘 못 사용한 탓도 있지만, 교인들의 이기적인 마음 탓도 있다. 공동체에 대한 헌신이 점점 약해지고 있다.

물론, 과거 세대의 약점과 한계도 분명히 있다. 하나님 나라의 총체성에 대한 인식 부족, 일상의 영성에 대한 인식 부족이원론적 신앙, 정의와 평화를 위한 노력 부족, 물신주의에 포로가 된 것, 교회의 공동체성에 대한 인식 부족 등. 이런 약점을 깨닫고 바로 잡기 위해 지금의 장년 세대는 하나님 나라, 기독교 세계관, 기독교 문화관, 정의와 평화, 공동체에 대해 공부하면서 실천하려고 노력했다. 이 시대의 필요를 발견하고 그 속에서 하나님의 부르심에 응답하기 위해 노력해왔다. 그러나 아직도 부족하다. 이전 세대의 수고에 비하면 지금 기성세대의 헌신은 너무 미약한 것 같다. 그러므로 우리에게 전해진 사명을 잘 감당하기 위해서는 엘리사처럼 하나님이 더 큰 능력을 주시도록 기도하면서 성령의 능력으로 더 헌신하도록 애써야 한다.

6. 갑절의 능력이 필요한 청년 세대

그렇다면 지금 청년들은 장년 세대보다 사명을 더 잘 감당하고 있는가? 현재의 장년 세대도 70년대부터 90년대까지 어려운 시기를 지내왔다. 지금은 기독교인의 비율이 25-30% 정도 되지만, 그때는 10% 정도에 불과했다. 주6일 근무제 시대여서 토요일에도 일을 해야 했으므로 여가 시간이 별로 없었다. 주일에 교회에서 다양한 활동을 하다 보면 개인적으로 쉴 수 있는 시간이 거의 없었다. 학교 행사나 공공 행사가 주일에 많이 열리면서 교회 활동과 충돌하는 경우도 빈번했다. 정치적으로는 무자비한 독재로 불의가 판을 치던 시대여서 세상 속에서 정의, 평화, 평등과 같은 기독교적 가치를 실천하기가 참으로 어려웠다.

기독교인의 수가 워낙 적어서 학교에서 '예수쟁이'라고 놀림 받는 경우도 흔했다. 60-70년대는 기독교인이라도 방송에서 교회와 신앙에 관한 이야기를 꺼내기 어려웠다. 그래서 국가대표 축구선수 이영무가 골을 넣은 후 수많은 관중의 시선을 아랑곳하지 않고 무릎을 꿇고 기도하는 모습은 그리스도인들에게도 신선한 충격이었다. 당시에는 공적인 장소에서 신앙을 표현하는 게 쉽지 않았기 때문이다. 기독교인의 수가 적었던 탓이 가장 컸다. 중3이나 고3은 상습적으로 주일에 보충수업을 했고, 교회에 가야 한다는 이유로 빠지게 되면 응분의 대가를 치러야 했다. 회사나 기관에서 돼지머리를 올려놓고 지내던 고사에도 억지로 참여해야 했다. 이렇게 어려운 상황 속에서도 장년 세대는 자신들에게 맡겨진 힘겨운 사명을 감당하려고 애썼다.

이에 비해 현 청년 세대는 1980년대 이후 기독교 세력이 급속도로 커지면서 외적으로는 편해진 것처럼 보인다. 하지만 겉보기와 달리 영적으로나 내적으로는 오히려 이전 시대보다 훨씬 힘든 시대가 되었다. 하나님의 사명을 감당하기가 이전 시대보다 더 어려워진 것 같다. 왜 그런가?

첫째, 세속화가 심해져 사람들의 종교심이 많이 약해졌고, 우리도 그 영향권 아래 살고 있다. 기독교인들에게조차도 기독교가 '문화적 종교'로 전락한 것으로 보인다. 그 결과 종교적인 영역만 기독교와 결부시킬 뿐, 우리 삶의 다른 영역을 기독교 신앙과 연결하지 않는 경향이 커졌다.

둘째, 신자유주의 시대가 되면서 우리 삶의 모든 분야에서 돈이 최고의 가치로 등극했고, 경제 발전으로 부유해지면서 물질적인 유혹이 더 커졌다. 그 결과 신앙의 가치를 중심으로 살아가기가 더 어려워졌다. 싸워서 이겨야 할 상대가 더 강력해진 것이다. 예수를 못 믿게 하는 공산당과 유교/불교 집안의 압박보다 돈의 힘이 더 강력하다. 조용히 우리 자신의 모습을 들여다보면 돈의 가치가 나를 지배하고 있다는 것을 인정하지 않을 수 없을 것이다. 아이들 신앙교육보다 학과 공부에 더 관심을 쏟는 것은 결국 더 좋은 직업을 얻어서 경제적으로 윤택한 삶을 누리게 하려는 목적을 성취하기 위한 것이 아닌가? 다른 사람들에게 내가 가진 것을 나누지 못하는 것도 내 것을 부여잡고 혼자 누리려는 것 아닌가? 가진 것이 적을 때는 오히려 더 많이 나누지만, 가진 것이 많아질수록 욕심이 더 커지면서 나누지 않게 된다. 이것은 이미 기부에 관한 여러 통계에서 증명된 것이다. 부자일수록 덜 나누고 가난한 사람들이 오히려 더 많이 나눈다. 이처럼 물질주의가 더 큰 영향을 끼치는 시대가 되면서 그리스도인들이 믿음으로 사명을 감당하기가 더 힘겨워졌다.

셋째, 사회적으로 경쟁이 훨씬 치열해져서 기독교적 가치를 실천하기가 더 어려워졌다. 입시와 취직의 압박과 경쟁이 더 심해졌고 회사에서도 실적을 위한 경쟁이 극심해졌다.

넷째, 기독교가 사회로부터 욕을 먹고 있어서 기독교적 가치를 내세우기가 더 어려워졌을 뿐만 아니라 복음 전도가 더 힘들어진 시대가 되었다.

다섯째, 전방위적인 엔터테인먼트 산업의 영향으로 우리도 의미보다는 재미, 즐거움, 감각적 만족을 더 중요하게 여기는 시대 속에 파묻혀 있다. "텔레비전 세계에서 오락은 모든 담론을 압도하는 지배이념과 같다. 무엇을 묘사하든, 어떤 관점에서 전달하든, 가장 중요한 전제는 즐겁고 재미있어야 한다는 점이다."닐포스트만,『죽도록 즐기기』 서울: 굿 인포메이션, 2009, 142쪽 이 책은 1985년에 *Amusing Ourselves to Death*라는 이름으로 출간되었는데, 그 이후 30여 년 동안 이런 경향은 훨씬 더 심해졌다. 이제 우리 대부분은 재미를 추구하는 문화 속에서 태어나고 자라고 교육받고 있다. 나도 모르게 향락과 쾌락을 더 추구하는 성향이 내면에 자리잡게 되었다. 그 결과 예배와 설교조차도 재미있지 않으면 인기가 없다. 아이들에게도 교회는 재미없는 곳이라는 이유로 매력을 잃었다. 신앙 훈련성경, 책, 기도, 교제은 스포츠, 여행, 놀기, TV와 영화, 게임, 인터넷의 매력에 뒷전으로 밀려버렸다.

여섯째, 개인주의와 이기주의가 팽배해져서 서로 돕고 나누는 공동체적 가치를 실천하기가 더 어려워졌다. 아이들은 태어나면서부터 다른 사람을 함께 살아가야 할 동료가 아니라 경쟁해서 이겨야 할 대상으로 여기도록 교육받고 있다. 그 결과 그리스도인들조차도 성경적 가치인 공동체적인 삶을 생각하고 실천하는 것이 더 힘들어졌다.

일곱째, 세상이 이전보다 훨씬 복잡해져서 우리가 이해하고 해결해야 할 과제들이 훨씬 더 많아졌고 어려워졌다. 먹거리동물 대량 사육의 문제점, 공정무역대형농장의 인권 유린, 생태플라스틱 문제, 미투 운동젠더 감수성, 양심적 병역거부, 보수-진보 이슈 등. 복잡하게 얽힌 문제들이 참으로 많아졌다. 이렇게 미로와 같은 혼란에 빠지게 되면 아예 생각을 중단하는 경향이 커지게 된다. 그 결과가 무엇일까? 복잡다단한 문제들 속에서 '하나님의 선하시고 기뻐하시고 온전하신 뜻'을 분별하려는 시도를 내려놓고 세상에서 주류로 통용되는 상식에 따라 살게 되는 경향이 커지는 것이다. 이것이 지금 이 땅을 살아가는 많은 그리스도인의 모습이다.

이처럼 더 어려워진 시대를 살아가야 하는 청년들은 하나님의 부르심에 응답하기 위해 이전 세대보다 하나님의 더 큰 능력을 힘입어야 하지 않겠는가? 지금 우리 시대가 훨씬 더 악하고 힘들어졌고, 그 속에서 우리가 감당해야 할 사명은 훨씬 더 어려워졌는데 우리 자신의 모습은 너무도 미약하고 연약하다면, 우리도 엘리사처럼 갑절의 능력을 구해야 하지 않겠는가? 더 배우고, 더 치열하게 훈련하고, 더 헌신해야 하지 않겠는가? 우리의 선배보다 더, 우리의 스승보다 더.

반드시 장년 세대와 동일한 방식으로 섬기고 봉사하라는 것이 아니다. 새 시대에는 새 부대가 필요할 것이기 때문이다. 새벽기도, 철야기도, 금식, 성가대 봉사, 교회 봉사와 같은 전통적인 방식이 아니어도 상관없다. 하나님께 헌신하는 새로운 방식이 있을 것이다. 그러나 헌신의 강도가 약해져서는 안 된다. 이전 세대가 간과하고 제대로 응답하지 못했던 시대의 필요를 발견하고 그 필요를 채우기 위해 헌신하려고 애써야 한다. 그것은 '공동체적 가치'일 수 있고, 좀 더 친밀한 경제적 나눔일 수 있고, 엔터테인먼트 시대에 대항하는 다른 형태의 움직임일 수도 있을 것이다.

7. 잔치

엘리사는 매우 힘든 사명을 받았다. 아합과 이세벨이 하나님께 굴복하지 않고 여전히 건재하고 더 악독해져 엘리야를 추격하고 있는 상황에서, 하나님의 부르심에 응답하여 엘리야의 사명을 이어받았다. 지금껏 누리던 경제적 안정을 포기한 채, 앞이 막막한 위험한 광야 길에 들어선 것이다.

그러나 엘리사는 축제로 응답하며 길을 나선다. "엘리사는 엘리야를 떠나 돌아가서, 겨릿소를 잡고, 소가 메던 멍에를 불살라서 그 고기를 삶고, 그것을 백성에게 주어서 먹게 하였다."21절 이것은 기쁜 마음으로 부르심에 응답했다는 뜻이다. 비록 어려운 길이 앞에 있지만, 엘리사는 하나님의 부르심을 받았고, 그분을 섬길 기회를 얻었다는 것이 기뻤다. 그래서 이 기쁨을 혼자만 간직한 것이 아니라 온 동네 사람들과 함께 나누기를 원한 것이다.

그리스도를 따르는 길은 불편하고 힘들지만 영광의 길이다. 죄인인 우리를 불러서 자녀로 삼아주셨다는 것은 영광스런 일이다. 이토록 작은 자를 불러서 하나님 나라를 섬길 기회를 주시고, 공동체를 섬길 기회를 주셨다는 것은 참으로 감사한 일이다. 우리가 얼마나 대단한 존재라고, 우리에게 은혜를 베풀어서 하나님을 알게 하시고, 좋은 공동체로 보내주시고, 형제자매들과 함께 하나님을 섬길 기회를 주시는가?

이런 마음이라면 우리도 엘리사처럼 앞으로 걸어가야 할 힘겨운 삶에 초점을 맞추는 것이 아니라 하나님의 영광스런 부르심에 감사하면서 축제의 마음으로 이 길을 나서야 하지 않겠는가?

〈삶을 향하여〉

1. 하나님은 한 사람만이 아니라 여러 세대, 여러 사람을 통해서 일을 이루어 가신다. 내가 속한 세대는 교회 공동체에서 어떤 역할을 하고 있는가? 그 역할을 잘 해내기 위해 어떤 노력을 하고 있는가? 내가 속한 교회는 다음 세대에게 신앙과 하나님의 사명을 전수하기 위한 훈련을 어떻게 하고 있는가?

2. 지금 청년 세대는 하나님의 사명을 감당하기에 더 힘들고 어려워진 시대를 살고 있다. 그러므로 청년 세대는 하나님의 부르심에 응답하기 위해 하나님의 더 큰 능력을 힘입어야 한다. 더 치열하게 훈련하고, 더 배우고, 더 헌신해야 한다. 지금 청년 세대에게 맡겨진 사명은 무엇이며, 청년 세대가 어떻게 새로운 방식으로 하나님께 헌신할 수 있을까?

21. 악과 심판 속에 빛나는 은혜

왕상 21:1-29

"그 뒤에 이런 일이 있었다. 이스르엘 사람 나봇이 이스르엘 땅에 포도원을 하나 가지고 있었는데, 그 포도원은 사마리아의 왕 아합의 궁 근처에 있었다. 아합이 나봇에게 말하였다. '그대의 포도원이 나의 궁 가까이에 있으니, 나에게 넘기도록 하시오. 나는 그것을 정원으로 만들려고 하오. 내가 그것 대신에 더 좋은 포도원을 하나 주겠소. 그대가 원하면, 그 값을 돈으로 계산하여 줄 수도 있소.' 나봇이 아합에게 말하였다. '제가 조상의 유산을 임금님께 드리는 일은, 주님께서 금하시는 불경한 일입니다.' 아합은, 이스르엘 사람 나봇이 그 포도원을 조상의 유산이라는 이유로 양도하기를 거절하였으므로, 마음이 상하였다. 화를 내며 궁으로 돌아와서, 침대에 누워 얼굴을 돌리고, 음식도 먹지 않았다. 그러자 그의 아내 이세벨이 그에게로 와서, 무슨 일로 그렇게 마음이 상하여 음식까지 들지 않는지를 물었다. 왕이 그에게 대답하였다. '내가 이스르엘 사람 나봇에게, 그의 포도원을 내게 넘겨주면, 그 값을 돈으로 계산해 주든지, 그가 원하면 그 대신 다른 포도원을 주든지 하겠다고 했는데, 그는 자기의 포도원을 내게 줄 수가 없다고 하였소. 그 때문이오.' 그러자 그의 아내 이세벨이 그에게 말하였다. '당신은 현재 이스라엘을 다스리는 임금님이 아니십니까? 일어나셔서 음식을 드시고, 마음을 좋게 가지십시오. 내가 이스르엘 사람 나봇의 포도원을 임금님의 것으로 만들어 드리겠습니다.' 그런 다음에, 이세벨은 아합의 이름으로 편지를 써서, 옥쇄로 인봉하고, 그 편지를 나봇이 살고 있는 성읍의 원로들과 귀족들에게 보냈다. 그는 편지에 이렇게 썼다. '금식을 선포하고, 나봇을 백성 가운데 높이 앉게 하시오. 그리고 건달 두 사람을 그와 마주 앉게 하고, 나봇이 하나님과 임금님을 저주하였다고 증언하게 한 뒤에, 그를 끌고 나가서, 돌로 쳐서 죽이시오.' 그 성 안에 살고 있는 원로들과 귀족들은, 이세벨이 편지에 쓴 그대로 하였다. 그들은 금식을 선포하고, 나봇을 백성 가운데 높이 앉게 하였다. 건달 둘이 나와서, 그와 마주 앉았다. 그리고 그 건달들은 백성 앞에서 나봇을 두고, 거짓으로 '나봇이 하나님과 임금님을 욕하였다' 하고 증언하였다. 그렇게 하니, 그들은 나봇을 성 바깥으로 끌고 가서, 돌로 쳐서 죽인 뒤에, 이세벨에게 나봇이 돌에 맞아 죽었다고 알렸다. 이세벨은 나봇이 돌에 맞아 죽었다는 소식을 듣고, 곧 아합에게 말하였다. '일어나십시오. 돈을 주어도 당신에게 넘기지 않겠다고 하던 이스르엘 사람 나봇의 포도원을 차지하십시오. 나봇은 살아 있지 않습니다. 죽었습니다.' 아합은, 나봇이 죽었다는 말을 듣고 일어나서, 이스르엘에 있는 나봇의 포도원을 차지하려고 내려갔다. 주님께서 디셉 사람 엘리야에게 말씀하셨다. '일어나 사마리아에 있는 이스라엘 왕 아합을 만나러 내려가거라. 그가 나봇의 포도원을 차지하려고 그 곳으로 내려갔다. 너는 그에게 다음과 같이 전하여라. '나 주가 말한다. 네가 살인을 하고, 또 재산을 빼앗기까지 하였느냐? 나 주가 말한다. 개들이 나봇의 피를 핥은 바로 그 곳에서, 그 개들이 네 피도 핥을 것이다.'' 아합은 엘리야를 보자, 이렇게 말하였다. '내 원수야, 네가 또 나를 찾아왔느냐?' 그러자 엘리야가 대답하였다. '그렇습니다. 이렇게 또 찾아왔습니다. 임금님께서는 목숨을 팔아 가면서까지, 주님께서 보시기에 악한 일만 하십니다. '내가 너에게 재앙을 내려 너를 쓸어버리되, 너 아합 가문에 속한 남자는 종이든지 자유인이든지, 씨도 남기지 않고, 이스라엘 가운데서 없애 버리겠다. 네가 이스라엘 사람에게 죄를 짓게 해서 나를 분노하게 하였으니, 내가 네 가문을, 느밧의 아들 여로보암의 가문처럼, 또 아히야의 아들 바아사의 가문처럼 되게 하겠다.' 주님께서는 또 이세벨을 두고서도 '개들이 이스르엘 성 밖에서 이세벨의 주검을 찢어 먹을 것이다' 하고 말씀하셨습니다. 아합 가문에 속한 사람은, 성 안에서 죽으면 개들이 찢어 먹을 것이고, 성 밖에서 죽으면 하늘의 새들이 쪼아 먹을 것이라고 하셨습니다.' 자기 아내 이세벨의 충동에 말려든 아합처럼, 주님께서 보시기에 이렇게 악한 일을 하여 자기 목숨을 팔아 버린 사람은, 일찍이 없었다. 아합은, 주님께서 이스라엘 자손의 눈앞에서 쫓아내신 그 아모리 사람이 한 것을 본받아서, 우상을 숭배하는 매우 혐오스러운 일을 하였다. 아합은 이 말을 듣고는, 자기 옷을 찢고 맨몸에 굵은 베 옷을 걸치고 금식하였으며, 누울 때에도 굵은 베 옷을 입은 채로 눕고, 또 일어나서 거닐 때에도 슬픈 표정으로 힘없이 걸었다. 그 때에 주님께서 디셉 사람 엘리야에게 말씀하셨다. '너는, 아합이 내 앞에서 겸손해진 것을 보았느냐? 그가 내 앞에서 겸손해졌기 때문에, 나는, 그가 살아 있는 동안에는 그에게 재앙을 내리지 않고, 그의 아들 대에 가서 그 가문에 재앙을 내리겠다.'"

1. 나봇의 포도원을 탐내다

아합 왕은 사마리아에 왕궁을 가지고 있었지만, 겨울이 더 온화한 이스르엘에도 별장 궁을 가지고 있었다. 사마리아에서 이스르엘까지의 거리는 약 38km였다. 아합이 종종 들르던 이스르엘 별장 궁 옆에는 멋진 포도원이 있었는데, 그 주인은 나봇이라는 사람이었다. 아합은 이 나봇의 포도원이 무척 탐났다. 고대의 왕이라면 이럴 때 어떻게 할까? 대개 '대왕께서 원하신다. 바치도록 하여라!'라고 하지 않았을까? 백성 중에 어느 누가 감히 어명을 거역할 수 있겠는가? 그러나 아합은 일반적인 왕처럼 강제로 땅을 빼앗으려고 하지 않고 먼저 거래를 제안한다. "그대의 포도원이 나의 궁 가까이에 있으니, 나에게 넘기도록 하시오. 나는 그것을 정원으로 만들려고 하오. 내가 그것 대신에 더 좋은 포도원을 하나 주겠소. 그대가 원하면, 그 값을 돈으로 계산하여 줄 수도 있소."2절

아합은 이 정도 조건이라면 나봇이 거래에 응할 것으로 생각했을 것이다. 그러나 나봇은 아합의 제안을 단번에 거절한다. 그 이유는 대가가 너무 적다는 것이 아니라 아합이 전혀 생각지도 못한 것이었다. "제가 조상의 유산을 임금님께 드리는 일은, 주님께서 금하시는 불경한 일입니다."3절 나봇은 율법의 규정에 어긋난다는 이유로 거래를 거부한 것이다. 토지 거래에 관한 율법 규정은 이렇다. "이스라엘 자손의 지파 유산이 이 지파에서 저 지파로 옮겨지는 일이 없어야, 이스라엘 자손이 제각기 자기 조상으로부터 물려받은 지파의 유산을 그대로 간직할 수 있을 것이오."민36:7, 레25:23-28 극단적인 상황이 아니면 하나님께서 주신 은혜의 선물인 땅은 가족이 대대로 간수해야 한다. 경제적으로 너무 힘들면 생계를 위해 땅을 팔수는 있지만, 그것도 50년마다 돌아오는 희년까지만 유효하다. 희년이 되면 토지를 원래 주인에게 무상으로 돌려주어야 한다.

왜 하나님은 이스라엘에 이런 규정을 주었을까? 백성들의 생계 기반인 땅이 거래됨으로써 사회의 빈부격차가 심해지는 것을 막으려는 의도에서 나온 조치였다. 땅은 당시에 필수적인 생계 수단이었다. 아무리 가난해도 땅을 가지고 있으면 다시 일어설 기회는 남아 있었다. 그러나 땅까지 사라지게 되면 완전히 나락으로 떨어지게 된다. 하나님은 이스라엘에서 이런 일이 일어나서는 안 된다고 생각했기에 이와 같은 토지 규정을 세운 것이다. 고대 이스라엘 율법의 토지 규정은 현대의 사회복지 제도와 유사하다. 빈부격차가 생기는 것은 어느 정도 용인하지만, 가난한 사람이 삶의 기반까지 잃어버리는 것은 용납해서는 안 된다는 것이다. 토지 거

래 제한 규정은 하나님의 대안 공동체였던 이스라엘에게 있어서는 사회의 기반을 유지하는 핵심적인 규정이었다. 그래서 하나님은 이 규정을 지키라고 여러 번 명령하셨다.

나봇은 여호와의 율법과 그것에 근거한 이스라엘의 전통에 충실한 사람이었다. 그래서 아합이 제시한 좋은 조건의 거래를 단호하게 거절한 것이다. 아니, 여호와의 율법을 존중하는 마음이 있는 사람이라면 누구라도 거절할 수밖에 없었을 것이다. 그에게는 돈보다 하나님의 말씀을 따르는 것이 더 중요했다. 그래서 더 좋은 땅이나 경제적 이익을 얻게 해주겠다는 유혹에 넘어가지 않았다. 나봇은 당시 사회의 최고 권력자인 아합의 권세에도 굴복하지 않았다. 권력을 무시하면 화를 당할 수 있다는 것을 전혀 고려하지 않은, 매우 순진하고 고지식한 모습을 보여준다.

2. 토라진 아합과 이세벨의 대응 (4-7절)

아합은 자신이 제안한 거래가 괜찮은 것이라고 생각했지만, 그것은 어디까지나 세속적인 관점에서 보았을 경우다. 이스라엘은 특별한 나라였다. 그들이 살고 있는 땅은 여호와가 주신 것이었고, 거래에 제한이 있는 땅이었다. 그런데 아합은 이 점을 전혀 고려하지 않고 나봇의 땅을 탐냈다. 이에 반해 나봇은 이스라엘 사회의 기초가 되는 여호와의 율법을 따르기를 원했다. 아합이 여호와의 율법을 조금이라도 존중하는 마음이 있었다면 나봇의 거절을 이해해야 마땅했지만, 아합에게는 그럴 마음이 전혀 없었다. "아합은, 이스르엘 사람 나봇이 그 포도원을 조상의 유산이라는 이유로 양도하기를 거절하였으므로, 마음이 상하였다. 화를 내며 궁으로 돌아와서, 침대에 누워 얼굴을 돌리고, 음식도 먹지 않았다."4절 자신이 왕으로서 권력을 가지고 있었고, 거기에다 돈이라면 무엇이든 할 수 있을 것으로 생각했지만, 여호와의 율법에 충실한 나봇이 매몰차게 거절하자 마음이 상했다. 욕망하던 것을 갖지 못하게 되자 더 안달이 났고, 소심한 성격의 아합은 어린 아이처럼 토라져버렸다.

여기서 우리는 아합의 상반된 모습을 엿볼 수 있다. 그는 왕이지만 어린애처럼 유치하기도 하고 순진하기도 한 모습을 가지고 있다. 하나님이 '악한 왕'이라고 평가하는 이미지와는 달리 권력의 힘으로 백성들을 압제하는 폭군은 아닌 것처럼 보인다. 하지만 그는 큰 문제를 가지고 있었다. 땅을 사고파는 것을 금지한 하나님의 법을 알고 있었음에도 아니면 최소한 나봇의 말을 듣고서 깨달았을 텐데도 그 법에 자신의 마음을 굴복시키지 않고 자신의 욕구를 채우지 못한 것을 더 안타깝게 여기고 있다는 점이다. 욕망에 눈이 멀어 여호와의 법은 안중에도 없는 것이다.

마음이 상해서 식사도 거절하고 있는 아합 왕에게 이세벨은 "무슨 일로 그렇게 마음이 상하여 음식까지 들지 않는지를 물었다."5절 아합은 나봇과의 사이에 있었던 일을 설명해주었다. "왕이 그에게 대답하였다. '내가 이스르엘 사람 나봇에게, 그의 포도원을 내게 넘겨주면, 그 값을 돈으로 계산해 주든지, 그가 원하면 그 대신 다른 포도원을 주든지 하겠다고 했는데, 그는 자기의 포도원을 내게 줄 수가 없다고 하였소. 그 때문이오.'"6절

이 설명이 맞는가? 아니다! 아합은 나봇의 거절의 핵심인, 거래를 거절한 이유 또는 거래를 애초에 불가능하게 한 여호와의 율법에 대해서는 한마디도 하지 않았다. 단지 나봇이 고집을 부리고 있는 것처럼 말했다. 이런 식의 언급은 나봇이 왕을 무시하는 것처럼 오해하게 만들 수 있다. 적어도 이세벨은 충분히 그렇게 오해했을 것이다. 아합이 땅을 사고팔지 말라는 여호와의 율법을 무시하고 있다는 점이 다시 확실하게 드러난다.

아합의 설명을 들은 이세벨은 이해할 수 없었다. 아합이 왕이라면 자기 마음대로 할 수 있는데 뭐 그런 일로 밥을 안 먹을 정도로 상심해있는지 이해가 안 된 것이다. 그래서 "당신은 현재 이스라엘을 다스리는 임금님이 아니십니까?"하고 비꼬는 투로 말하였다.7절

이세벨의 고국인 시돈에서는 왕은 자기 마음대로 무엇이든 할 수 있는 존재였다. 백성도 그것을 막을 수 없고, 법도 왕의 행보를 막을 수 없다. 심지어 왕이 섬긴다는 신도 결국은 왕의 뜻을 잘 도와주는 존재에 불과하지 왕이 하고자 하는 일을 막는 존재는 아니다. 신의 뜻조차도 왕의 욕망을 막을 수는 없는 것이다. 이것이 고대 왕의 위상이었다. 그 세계에서 왕은 그야말로 절대적인 존재다. 그러므로 그가 원하는 대로 하지 못한다는 것은 있을 수 없는 일이다.

이런 세계에서 온 이세벨은 아합의 태도를 이해할 수 없었다. 그녀는 나약한 왕을 대신해서 자신이 직접 처리하겠다고 약속한다. "일어나셔서 음식을 드시고, 마음을 좋게 가지십시오. 내가 이스르엘 사람 나봇의 포도원을 임금님의 것으로 만들어 드리겠습니다."7절 이세벨이 행동 대장처럼 나봇의 포도원을 갈취하기 위해 나섰지만, 근본 원인은 아합이 제공한 것이다. 아합은 나봇이 거절한 이유에 대해서 충분한 설명을 해주지 않았고, 그로 인해 나봇에 대한 왜곡된 인상을 심어주었다. 나봇을 수익성 높은 거래도 할 줄 모르는 어리석은 사람이거나 왕의 제안을 거절하는 무례한 사람으로 인식하게 만든 것이다. 여호와의 율법을 알지 못하는 이세벨에게 율법을 설명하여 나봇이 거절한 이유를 이해시킬 생각은 하지 않고, 욕구를 거절당한 자신의 감정만 쏟아냄으로써 결국 이세벨이 악한 계획을 거리낌 없이 실행할 수 있도록 길을 열어준 것이다.

3. 이세벨의 계략

이세벨은 나봇의 포도원을 아합에게 주기 위해서 음모를 꾸민다. "그런 다음에 이세벨은 아합의 이름으로 편지를 써서, 옥쇄로 인봉하고, 그 편지를 나봇이 살고 있는 성읍의 원로들과 귀족들에게 보냈다. 그는 편지에 이렇게 썼다. '금식을 선포하고, 나봇을 백성 가운데 높이 앉게 하시오. 그리고 건달 두 사람을 그와 마주 앉게 하고, 나봇이 하나님과 임금님을 저주하였다고 증언하게 한 뒤에, 그를 끌고 나

가서, 돌로 쳐서 죽이시오.'"8-10절

　이세벨은 나봇을 제거하려고 아합을 대리해서 위조문서를 작성하기는 하지만 암묵적으로 아합의 재가를 받았다고 볼 수도 있다. 이스라엘의 관행과 법적 체계를 완전히 무시하지 않고 겉으로는 존중하는 절차를 밟는다. 백성들의 눈을 의식한 것이다.

　그는 먼저 나봇을 죽일 죄목을 조작한다. 하나님과 왕을 저주했다는 것이다. 왕을 저주한 것만으로는 사형 선고를 내릴 수 없어서 하나님을 끌어들인다. "주 당신들의 하나님이 당신들에게 주시는 성읍 안에서나 당신들 가운데서, 남자이든 여자이든, 주 당신들의 하나님의 눈에 거슬리는 악한 일을 하여, 그의 언약을 깨뜨리고, 다른 신들을 찾아가서 섬기며, 내가 명하지 않은 해나 달이나 하늘의 모든 천체에 엎드려 절하는 사람이 생길 것입니다. 이런 일이 당신들에게 보고되어 당신들이 알게 되거든, 당신들은 이것을 잘 조사해 보아야 합니다. 그래서 이스라엘 안에서 이런 역겨운 일을 한 것이 사실로 드러나면, 당신들은, 남자이든 여자이든, 이런 악한 일을 한 사람을 당신들 성문 바깥으로 끌어내어 돌로 쳐서 죽여야 합니다."신 17:2-5 나봇이 하나님을 어떻게 저주했는지 구체적으로 언급되어 있지 않지만 얼마든지 조작이 가능했을 것이다.

　이스라엘의 율법에 의하면 사형 선고를 내리려면 두 사람의 증인이 있어야 했기 때문에신 17:6 "그런데 사람을 죽일 때에는 한 사람의 증언만으로는 죽일 수 없으며, 두세 사람의 증언이 있어야 합니다." 이세벨은 건달 두 사람을 증인으로 세우도록 지시한다. 왕에 대한 모독죄를 추가한 이유는 나봇을 처형한 후에 그가 왕에게 잘못을 범했으므로 보상을 해야 한다는 논리를 내세우기 위한 것으로 보인다. 나봇의 땅을 차지하는 것을 정당화하려는 것이다.

　죄 없는 나봇을 죽이려고 계략을 꾸미는 이세벨의 행태는 아주 교활하고 능숙하다. 목적을 위해 수단과 방법을 가리지 않는다. 다른 사람의 안전과 평안, 정의와 공평은 안중에도 없다. 욕망을 채우기 위해 권력을 부당하게 활용한다. 세상의 악한 권력자들의 전형적인 모습이다.

4. 사법 살인 – 거짓의 총결집

이세벨의 계획대로 나봇을 죽이기 위한 불의한 작업이 교묘하게 진행된다. 이 작업은 혼자서는 할 수 없기 때문에 하수인들이 동원된다. 다양한 사람들이 조연으로 등장한다.

먼저 원로와 귀족들이 등장한다. 그들은 이세벨의 요구가 불의하다는 것을 알면서도 전혀 이의 제기를 하지 않고 명령대로 충실하게 움직인다. "그 성 안에 살고 있는 원로들과 귀족들은, 이세벨이 편지에 쓴 그대로 하였다. 그들은 금식을 선포하고, 나봇을 백성 가운데 높이 앉게 하였다. 건달 둘이 나와서, 그와 마주 앉았다. 그리고 그 건달들은 백성 앞에서 나봇을 두고, 거짓으로 '나봇이 하나님과 임금님을 욕하였다' 하고 증언하였다. 그렇게 하니, 그들은 나봇을 성 바깥으로 끌고 가서, 돌로 쳐서 죽인 뒤에, 이세벨에게 나봇이 돌에 맞아 죽었다고 알렸다."11-14절 권력의 하수인 노릇을 제대로 한 것이다.

다음으로 거짓 증인들이 포섭되었다. 원로와 귀족들은 나봇을 죽이기 위해 거짓 증인을 세웠고, 그들은 이세벨의 지시대로 "나봇이 하나님과 임금님을 욕하였다."13절고 거짓으로 증언하였다. 이들은 돈을 받고 움직였을 것이다. "악한 증인은 정의를 비웃고, 악인의 입은 죄악을 통째로 삼킨다."잠 19:28 이처럼 부당한 줄 알면서도 자기 이익을 위해 행동대원으로 나서는 사람들이 있다.

원로와 귀족들은 거짓 증인의 증언에 근거해서 나봇에게 사형 선고를 내렸고, 백성들은 지체없이 나봇을 돌로 쳐서 죽였다. 나봇은 항변할 기회를 제대로 얻지도 못하고 억울하게 죽어야 했다. 나봇 뿐만 아니라 그의 아들들도 함께 죽임을 당했다.왕하 9:26 나봇의 땅을 소유할 권리를 가진 가족 모두를 죽여 버린 것이다. 조작된 사건에 의해 나봇은 사법 살인을 당한 것이다.

자신의 권력과 이익을 지키기 위한 목적에 혈안이 된 악한 권력자들은 종종 이런 방식을 사용한다. 우리나라에서도 조작된 증거에 의한 사법살인이 심심치 않게 일어났다.

그 대표적인 사건 중 하나가 인민혁명당人民革命黨 사건이다. 이것은 1974년 중앙정보부가 민청학련을 수사하면서 배후 조종 세력으로 인혁당 재건위를 지목해 관련자 9명이 국가 전복을 기도했다는 혐의국가보안법, 대통령긴급조치 위반 등로 군법회의에서 사형 선고를 받은 사건이다. 당시 사형 선고를 받은 이들은 대법원에서 상고가 기각된 지 18시간인 1975년 4월 9일 처형됐고 제네바 국제법학자협회는 이날을 '사법사상 암흑의 날'로 선포했다. 두 사건으로 253명이 구속됐고 이 가운데 이철, 김지하를 비롯한 민청학련 관련자들은 1975년 감형 또는 형집행정지로 대부분 석방됐다. 중앙정보부가 조작한 거짓 증거와 권력에 굴복한 재판관들의 합작품이었다. 2007년 1월, 그들이 억울하게 사형당한 지 32년 만에 재심에서 무죄가 선고되었다.

오송회 간첩 조작 사건은 1982년 전북 군산제일고 전, 현직 교사 5명이 4.19와 5.18 희생자 추모제를 지낸 것을 두고 공안 당국이 그들을 용공 집단으로 조작한 사건이다. 5명五의 교사가 소나무松 아래서 모였다고 해서 '오송회'라는 이름이 붙여졌다. 그러나 2008년 11월 재심에서 무죄 판결이 났다.

서울시 공무원 유우성 간첩 조작 사건은 2004년 탈북한 재중 교포였던 유우성 씨가 2011년 서울시 공무원으로 특채된 뒤 자신이 관리하던 국내 탈북자 200여 명의 정보를 북한에 넘겨준 혐의로 기소된 사건이다. 국정원의 내사로 2013년 1월 간첩 혐의로 긴급 체포된 유우성 씨는 그해 2월 탈북자 정보를 북한에 넘긴 혐의국가보안법 등으로 검찰에 구속 기소됐다. 그런데 두 가지 문제가 드러났다. 첫째, 여동생의 허위 자백이 있었다. 당시 검찰과 국정원은 유 씨 여동생의 자백을 토대로 그를 구속 기소했으나, 유 씨의 여동생은 4월 기자회견을 열어 국정원 직원들로부터 폭행 및 회유, 협박을 당해 오빠가 간첩이라고 허위 진술을 했다며 기존의 진술을 번복했다. 둘째, 증거 문서가 위조되었다. 재판 과정에서 검찰이 국정원의 도움을 받아 제출한 유 씨의 중국-북한 간 출입경 기록이 조작되었다는 것이 드러 났다. 이 사건은 1심과 2심에 이어 대법원까지 올라갔으며, 2015년 10월 대법원 은 유우성 씨의 국가보안법 위반 혐의를 무죄로 판단했다. 다만 여권법/북한이탈 주민보호법 위반, 사기 혐의에 대해서는 유죄로 인정해 징역 1년에 집행유예 2년, 추징금 2565만 원을 선고한 원심을 확정했다. 국정원은 왜 이 사건을 조작했을 까? 2012년 18대 대선에서 '국정원 댓글 사건'이 터졌다. 선거 후에 이 사건이 쟁 점이 되자 국정원은 자신들이 댓글 조작이나 하는 집단이 아니라 국가 수호를 위 해 열심히 일하는 조직이라는 것을 보여주고, 국민의 관심을 간첩 사건으로 돌리 기 위해 사건을 조작한 것이다.

다시 이세벨의 조작 사건으로 돌아가 보자. 원로들과 귀족들은 "이세벨에게 나 봇이 돌에 맞아 죽었다고 알렸다."14절 "이세벨은 나봇이 돌에 맞아 죽었다는 소 식을 듣고, 곧 아합에게 말하였다. '일어나십시오. 돈을 주어도 당신에게 넘기지 않겠다고 하던 이스르엘 사람 나봇의 포도원을 차지하십시오. 나봇은 살아 있지 않습니다. 죽었습니다.'"15절

"아합은, 나봇이 죽었다는 말을 듣고 일어나서, 이스르엘에 있는 나봇의 포도 원을 차지하려고 내려갔다."16절 아합은 나봇이 왜 죽었는지 묻지 않는다. 자신의 욕구만 충족되면 그만이라고 생각한다. 아합은 주도적이기보다는 아내 이세벨의 등 뒤에 숨어서 움직이는 사람이었다. 그래서 나봇 처형에 직접 관여하지는 않았 다. 이세벨은 과거에도 그랬고, 지금도 모든 것을 주도하며 악을 행하는 인물이다. 그녀는 여호와의 명령이나 백성들의 권리를 전혀 고려하지 않고 행동한다.

하지만 아합도 이 사건과 결코 무관하지 않다. 오히려 이 모든 악행을 암묵적으 로 동의하면서 거기서부터 나오는 이익을 취한 장본인이다. 이세벨이 악을 실행 했으므로 그녀의 죄악이 결코 작지는 않지만, 그녀를 악행으로 내몬 사람은 아합 이다. 일의 발단은 아합의 욕심 때문이었으며, 아합은 나봇이 죽게 된 과정도 묻지

않고 자기가 얻고 싶은 것을 얻은 것으로 만족했기 때문이다. 시돈의 방식으로 문제를 처리한 이세벨도 용서받을 수 없는 악행을 저질렀지만, 아합 역시 여호와와 율법을 무시하고 사건을 왜곡하면서 불의와 폭력을 야기한 장본인으로서 책임을 면할 수 없다.

5. 총체적 부패

이 사건은 이 시대의 총체적 부패와 불의를 보여주는 사건이다.

우선, 권력의 불의와 부패가 적나라하게 드러났다. 아합과 이세벨은 자신의 권력으로 무슨 일이든 할 수 있다고 생각했다. 이것은 하나님이 이스라엘에 왕을 세울 때 이미 경고한 위험이었다. 하나님은 가나안에 들어가 왕을 세우고 싶을 때 무엇을 조심해야 하는지 미리 말씀해 주셨다. 신 17:14-20 "마음이 교만해져서 자기 겨레를 업신여기는 일도 없고, 그 계명을 떠나서 좌로나 우로나 치우치지도 않으면, 그와 그의 자손이 오래도록 이스라엘의 왕위에 앉게 될 것입니다." 신 17:20 그러나 아합과 이세벨은 이사야가 이스라엘의 권력자를 향해서 비판한 바로 그 탐욕의 모습을 보여주었다. "너희가, 더 차지할 곳이 없을 때까지, 집에 집을 더하고, 밭에 밭을 늘려 나가, 땅 한가운데서 홀로 살려고 하였으니, 너희에게 재앙이 닥친다!" 사 5:8

둘째, 사법적 불의가 팽배했다. 독재 권력 아래서 사법권의 독립은 불가능하다. 사법권이 권력의 하수인으로 전락한다. 결국, 정치 검사와 정치 판사들에 의해 힘없는 자가 압제당하고 정의를 왜곡하는 재판이 난무하게 된다. 정의의 최후 보루가 되어야 할 사법권이 악의 집행자로 변질된다.

셋째, 국가의 상층부도 부패했다. 13절 그들은 권력의 카르텔을 형성하여 이익집단이 되었다. 원로들과 귀족들이 이세벨의 계략에 동조해서 일을 처리한다. 그들은 왕과 더불어 권력과 부를 나누어 가진 존재들이다. 이들은 왕의 세력과 모종의 합의를 했을 것이다. 서로 지켜주고 보호해주고 이익을 챙겨주고. 이것은 현재 정치 권력과 사법 권력, 언론 권력, 그리고 재벌들이 공조하는 것과 비슷하다. 서로의 이익을 위해서 공고한 카르텔을 결성하여 움직이는 것이다. 이것은 이 사회의 상층부가 얼마나 부패했는지를 잘 보여준다. 권력의 카르텔이 공고하게 형성되어 무고하고 연약한 사람들의 고혈을 빨아먹는 사회의 모습을 대표적으로 보여주고 있다.

마지막으로 무지한 백성들이 동조하였다.13절 나봇을 돌로 쳐 죽이기 위해서는 여러 사람이 필요했을 것이다. 누가 거기에 가담했겠는가? 건달들과 거짓 증언에 속아 넘어간 백성들이지 않을까? 세상사를 지혜롭게 판단하지 못하고, 권력자들의 정체를 파악하지 못하고 무조건 지지하는 사람들, 그들이 조금 떨궈주는 떡고물에 감지덕지하면서 기꺼이 하수인 역할을 하려는 백성들이 무고한 사람을 죽이는 데 가담하지 않았을까? 이런 방식으로 무지한 백성들은 자신도 모르는 사이에 무고한 사람들을 정죄하고 처단하려는 악한 세력의 동조자가 되어버린다.

총체적 부패 상황 속에서 의롭게 살려는 사람은 불이익을 당하게 된다. 현실 세계에서는 법대로 살려는 사람들이나 하나님의 말씀대로 살려고 하는 사람들이 법을 무시하고 달려드는 자들이나 반칙하는 자들을 이기기는 어렵다. 바알과 아세라 우상이 판치고, 권력자와 사회 지도층들과 재벌들은 서로 짝짜꿍이 되고, 무지한 시민들은 그들이 주는 떡고물을 받고 원하는 대로 움직여주는 상황 속에서 홀로 하나님의 법을 지키면서 산다는 것은 거의 목숨을 내놓는 것이나 다름없다.

만약 나봇이 여호와의 율법을 살짝 무시하고 아합과 거래를 했다면 목숨도 건졌을 뿐만 아니라 더 큰 부를 얻었을 것이다. 그러나 하나님의 말씀에 충실하려다 결국 자신뿐만 아니라 자식들의 목숨까지 잃는 비극을 맞고 말았다. 현실 세상은 이렇다. 적당히 타협하는 사람은 평탄하게 살지만, 원칙을 지키려는 사람은 고난의 길을 걷게 된다. 예수님도 이 세상은 죄로 인해 타락한 세상이기 때문에 올바르게 살려는 자들은 고난을 겪게 되어 있다고 말씀하셨다. 막 13:9-13 "너희는 스스로 조심하여라. 사람들이 너희를 법정에 넘겨줄 것이며, 너희가 회당에서 매를 맞을 것이다. 또 너희는 나 때문에 총독들과 임금들 앞에 서게 되고, 그들에게 증언할 것이다." 9절 "너희는 내 이름 때문에 모든 사람에게서 미움을 받을 것이다. 그러나 끝까지 견디는 사람은 구원을 받을 것이다." 13절

토지 거래를 제한하는 여호와의 율법을 지키려던 나봇은 돌로 쳐죽임을 당했다. 동생의 아내를 취한 것은 옳지 않다며 헤롯을 비판한 세례 요한은 참수형을 당했다. 야고보는 헤롯 아그립바에 의해 죽임을 당했다. 의롭게 살려는 자들이 오히려 고난을 겪었다. 그러므로 하나님을 믿는 사람들, 의롭게 살려는 사람들에게 고난이 전혀 없으리라고 기대하지 말아야 한다. 아니, 오히려 그렇게 살려는 자는 고난과 핍박을 당하는 것이 정상이라고 생각해야 한다.

그렇다면, 세상은 이렇게 비극으로 끝날 것인가? 아니다! 하나님은 이 모든 일을 다 보고 계신다. 그리고 행동하신다.

6. 심판

하나님은 아합과 이세벨의 악행을 보시고 다시 엘리야를 부르신다. "주님께서 디셉 사람 엘리야에게 말씀하셨다. '일어나 사마리아에 있는 이스라엘 왕 아합을 만나러 내려가거라. 그가 나봇의 포도원을 차지하려고 그 곳으로 내려갔다. 너는 그에게 다음과 같이 전하여라. '나 주가 말한다. 네가 살인을 하고, 또 재산을 빼앗기까지 하였느냐? 나 주가 말한다. 개들이 나봇의 피를 핥은 바로 그 곳에서, 그 개들이 네 피도 핥을 것이다.'" 17-19절

하나님이 인간의 악을 모를 리가 없다. 그래서 죄를 짓고 만족하고 있는 사람에게 하나님은 무서운 눈길을 보낸다. 하나님의 보내심을 받은 엘리야는 하나님의

메시지를 들고 아합을 찾아갔다. "아합은 엘리야를 보자, 이렇게 말하였다. '내 원수야, 네가 또 나를 찾아왔느냐?' 그러자 엘리야가 대답하였다. '그렇습니다. 이렇게 또 찾아왔습니다. 임금님께서는 목숨을 팔아 가면서까지, 주님께서 보시기에 악한 일만 하십니다.'"20절 엘리야는 하나님의 심판의 메시지를 전한다. "'내가 너에게 재앙을 내려 너를 쓸어버리되, 너 아합 가문에 속한 남자는 종이든지 자유인이든지, 씨도 남기지 않고, 이스라엘 가운데서 없애 버리겠다. 네가 이스라엘 사람에게 죄를 짓게 해서 나를 분노하게 하였으니, 내가 네 가문을, 느밧의 아들 여로보암의 가문처럼, 또 아히야의 아들 바아사의 가문처럼 되게 하겠다.' 주님께서는 또 이세벨을 두고서도 '개들이 이스르엘 성 밖에서 이세벨의 주검을 찢어 먹을 것이다' 하고 말씀하셨습니다. 아합 가문에 속한 사람은, 성 안에서 죽으면 개들이 찢어 먹을 것이고, 성 밖에서 죽으면 하늘의 새들이 쪼아 먹을 것이라고 하셨습니다."21-24절

지금 당장은 아니지만, 세월이 지나 결국 하나님의 예언대로 아합과 이세벨 뿐만 아니라 아합과 관련된 모든 자들에게 심판이 이루어졌다.

아합의 최후는 이러했다. "그런데 군인 한 사람이 무심코 활을 당긴 것이 이스라엘 왕에게 명중하였다. 화살이 갑옷 가슴막이 이음새 사이를 뚫고 들어간 것이다. 왕은 자기의 병거를 모는 부하에게 말하였다. '병거를 돌려서, 이 싸움터에서 빠져 나가자. 내가 부상을 입었다.' 그러나 특히 그 날은 싸움이 격렬하였으므로, 왕은 병거 가운데 붙들려 서서, 시리아 군대를 막다가 저녁때가 되어 죽었는데, 그의 병거 안에는 왕의 상처에서 흘러나온 피가 바닥에 흥건히 고여 있었다." "그리고 사마리아의 연못에서 왕의 병거와 갑옷을 씻을 때에 개들이 그 피를 핥았고, 창녀들이 그 곳에서 목욕을 하였다. 이렇게 해서 모든 것은 주님께서 말씀하신 대로 되었다."왕상22:34-35,38

아합의 아들 요람의 최후는 이러했다. "예후가 힘껏 활을 당겨 요람의 등을 겨누어 쏘자, 화살이 그의 가슴을 꿰뚫고 나갔다. 그는 병거 바닥에 엎드러졌다. 예

후가 요람의 빗갈 시종무관에게 말하였다. '그 주검을 들고 가서, 이스르엘 사람 나봇의 밭에 던지시오. 당신은, 나와 당신이 그의 아버지 아합의 뒤에서 나란히 병거를 타고 다닐 때에, 주님께서 그를 두고 선포하신 말씀을 그대로 기억할 것이오. 주님께서 아합에게 '내가 어제, 나봇과 그의 아들들이 함께 흘린 피를 분명히 보았다. 바로 이 밭에서 내가 너에게 그대로 갚겠다. 이것은 나 주의 말이다' 하고 말씀하셨소. 이제 당신은 그 주검을 들고 가서, 주님의 말씀대로 그 밭에 던지시오.'"왕하9:24-26

이세벨의 최후는 더 비참했다. "예후가 얼굴을 들어 창문을 쳐다보며 소리쳤다. '내 편이 될 사람이 누구냐? 누가 내 편이냐?' 그러자 두세 명의 내관이 그를 내려다보았다. 예후가 그들에게 명령하였다. '그 여자를 아래로 내던져라.' 그들이 그 여자를 아래로 내던지니, 피가 벽과 말에게까지 튀었다. 예후가 탄 말이 그 여자의 주검을 밟고 지나갔다."왕하9:32-33 "주님께서, 주님의 종 디셉 사람 엘리야를 시켜서 말씀하신 대로, 이루어졌다. 주님께서 말씀하시기를 '이스르엘의 밭에서 개들이 이세벨의 주검을 뜯어 먹을 것이며, 이세벨의 주검은 이스르엘에 있는 밭의 거름처럼 될 것이므로, 이것을 보고 이세벨이라고 부를 사람은 아무도 없을 것이다' 하셨는데, 그대로 되었다."왕하9:36-37

아합의 나머지 아들들의 최후는 열왕기하 10장 6-11절에 나와 있다. "편지가 성읍의 지도자들에게 전달되자, 그들은 그 왕자들을 잡아서 일흔 명을 모두 죽인 다음에, 그들의 머리를 광주리에 담아서, 이스르엘에 있는 예후에게 보냈다. 전령이 와서 예후에게, 그들이 왕자들의 머리를 가져 왔다고 알리니, 예후가 말하였다. '그 머리들을 두 무더기로 나누어, 아침까지 성읍 어귀에 두어라 ... 백성 여러분은 아합의 가문을 두고 말씀하신 주님의 말씀이, 그 어느 것 하나도 땅에 떨어지지 않았다는 사실만은 알아야 합니다.' ... 그런 다음에 예후는, 이스르엘에 남아 있는 아합 가문에 속한 사람을 모두 쳐죽였다. 또 아합 가문의 관리들과 친지들과 제사장들을 하나도 남기지 않고 모두 죽였다."왕하10:7-8,10-11

아합의 지지자들도 심판을 피하지 못했다. "그리고 그 예후는 사마리아에 이르러서, 거기에 남아 있는 아합의 지지자를 모두 죽였다. 이 모든 것은 주님께서 엘리야에게 말씀하신 대로 이루어진 것이다."왕하10:17

바알 선지자들도 예후의 칼을 피하지 못했다. 예후는 바알을 섬길 거룩한 집회를 열겠다고 하며 전국의 바알의 종들을 다 불러 모았다. 바알 신전은 바알의 종들로 가득 찼다. "번제를 드리는 일이 끝나자, 예후는 호위병들과 시종무관들에게 말하였다. '들어가서 그들을 쳐라. 하나도 살아 나가지 못하게 하여라.' 그러자 호위병들과 시종무관들은 그들을 칼로 쳐서 바깥으로 내던졌다. 그리고는 바알 신전의 지성소에까지 들어가서, 바알 신전의 우상들을 끌어내어 불태웠다."왕하 10:25-26

하나님은 악인을 심판하실 뿐만 아니라, 그것을 통해서 억울한 자의 한을 풀어 주신다. 하나님은 나봇의 억울한 죽음에 대해 반드시 보응할 것이라고 약속하셨다. "주님께서 아합에게 '내가 어제, 나봇과 그의 아들들이 함께 흘린 피를 분명히 보았다. 바로 이 밭에서 내가 너에게 그대로 갚겠다. 이것은 나 주의 말이다' 하고 말씀하셨소. 이제 당신은 그 주검을 들고 가서, 주님의 말씀대로 그 밭에 던지시오."왕하9:26 그리고 그 약속대로 이루어졌다.

7. 아합에 대한 평가

성경은 아합의 삶을 총체적으로 정리하면서 그의 악한 삶이 두 가지 문제에서 비롯되었다고 평가하고 있다.

첫째, 아내의 충동에 말려든 것이 가장 큰 문제였다. "자기 아내 이세벨의 충동에 말려든 아합처럼, 주님께서 보시기에 이렇게 악한 일을 하여 자기 목숨을 팔아 버린 사람은, 일찍이 없었다."25절

하나님이 금지하신 결혼을 한 것과 신앙의 심지를 버리고 우상을 섬기는 아내

에게 휘둘린 것이 비극의 시발점이었다. 아합은 천성적으로는 유약한 사람처럼 보인다. 앞에서도 보았듯이 왕이지만 어린아이 같은 모습을 드러내면서, 주도적으로 권력을 휘두르는 과감한 모습을 보여주지는 않는다. 성경은 바알 신앙과 나봇을 향한 폭력이 주로 이세벨이 주동한 것으로 판단하며, 아합은 줏대 없이 끌려다니는 소심한 왕으로 묘사하고 있다.

그러나 자신이 주도하든 남에 의해 끌려다니든 상관없이 악에 가담한 것에 대해선 책임을 져야 한다. 다만 성경은 아합의 몰락이 잘못된 결혼에서 비롯된 측면이 크다는 점을 안타까워하는 것이다. 시작부터 잘못 꿴 것이 일평생 족쇄가 되어 구렁텅이로 끌고 들어간 것이다.

결혼은 종합적인 결합이다. 육체적, 정신적, 영적 결합이다. 생각, 사상, 문화, 행동, 습관 등 모든 영역을 공유한다. 부부는 서로 영향을 주고받게 된다. 이론적으로는 쌍방이 영향을 주고받지만, 모든 인간관계가 그렇듯이 영향을 더 많이 주는 주체가 있고 영향을 더 많이 받는 쪽이 있다. 아합의 경우는 이세벨이 완전히 주도권을 쥐고 영향을 미치는 쪽이었고 아합은 그 영향을 대부분 받아들이는 쪽이었다. 그래서 성경은 아합의 타락이 이세벨의 영향 때문이라고 평가하는 것이다. 이처럼 결혼은 삶의 방향을 바꿀 수 있을 만큼 중요하다. 하나님이 이스라엘 백성들에게 이방인과의 결혼을 금지하신 이유가 바로 여기에 있다. 가나안 한복판에 들어가서 살게 될 이스라엘이 영향력 측면에서 약자 위치에 서게 될 것을 염려했기 때문이다. 아합의 삶이 하나님의 우려를 현실로 보여준 것이다.

결혼의 중요성은 단지 고대 이스라엘 백성들에게만 해당되는 것은 아니다. 현대를 사는 우리에게도 동일하게 적용된다. 여전히 결혼은 두 사람의 생각과 사상, 문화와 습관, 종교적 신앙과 그것에 근거한 삶의 가치의 공유를 일으킨다. 이 모든 영역에서 서로 영향을 주고받는다. 이스라엘 백성들에게 결혼이 중요했듯이 지금 우리에게도 중요하다. 특히 세속 사회 속에서 하나님 나라를 위해 살겠다고 하는 사람에게 결혼은 더더욱 중요하다. 상대가 아무리 멋지고 아름답다고 해도 그가 하나님을 무시하는 이세벨과 같은 존재라면 우리는 그의 영향을 받게 되고 점차 하나님에게서 멀어지게 된다. 그 사람은 하나님 나라의 가치를 버리고 세속적인 가치를 추구하도록 이끄는 끈이 될 수 있다.

아합을 악한 길로 이끈 두 번째 문제는, 아모리 사람들을 따라서 우상을 숭배한 것이었다. "아합은, 주님께서 이스라엘 자손의 눈앞에서 쫓아내신 그 아모리 사람이 한 것을 본받아서, 우상을 숭배하는 매우 혐오스러운 일을 하였다."26절 아합이 이세벨과 결혼한 것이 타락의 원인이기는 하지만, 그렇다 할지라도 우상을 섬기지 말라는 여호와의 말씀을 확고한 삶의 원칙으로 삼았다면 이세벨에게 그렇게 끌려다니지 않았을 것이다. 결국 아합은 하나님의 백성이라는 정체성을 중요하게 여기지 않았기에 우상숭배에 쉽게 빠진 것이다.

그리하여 아합은 하나님의 우려를 현실로 만든 장본인이 되었다. 하나님은 이스라엘 백성들에게 가나안 땅에 들어가서 아모리 족속을 모두 몰아내라고 명령하셨다. 그러나 이스라엘 백성들은 여호와의 명령을 따르지 않고 이중적인 이유, 즉 그들이 더 강할 것 같다는 두려움과 그들을 노예로 삼는 것이 더 이익이라는 실용적인 이유로 그들을 몰아내지 않고 자신들 틈에서 동거하도록 허용했다. 이것이 결국 이스라엘의 발목을 잡게 되었고, 그들이 아모리 사람들의 문화에 물들게 된 원인이 되었다. 심지어 아합은 이세벨과 결혼하면서 더 적극적으로 바알 신앙을 이스라엘로 끌어들였다.

여호와의 명령을 거부한 아합의 죄는 다층적인 결과를 초래했다. 실제로 바알 우상을 섬긴 죄도 있지만, 지금 나봇의 포도원을 탈취한 것처럼 도덕적 불의가 더 많았다. 그러나 하나님은 이 모든 것을 통칭하여 '우상숭배'라고 지칭하고 있다. 하나님은 실제로 우상을 섬기는 것뿐만 아니라 여호와의 명령을 거부하고 다른 삶의 방식을 따르는 것도 우상숭배와 연결된 것으로 보신다. 이것은 우상숭배가 단순히 종교적인 죄악만을 가리키지 않고 하나님의 뜻대로 살지 않는 모든 것을 가리킨다는 점을 잘 보여준다. 하나님의 뜻대로 살지 않는 것도 하나님을 인정하지 않는 것이나 다름없기 때문이다.

8. 하나님의 인내에는 한계가 있다.

하나님은 지금까지 엘리야를 보내서 여러 번 이스라엘을 돌이키기 위해 노력했지만, 아합과 이스라엘 백성은 모두 거부했고, 더욱 악한 일을 저질렀다. 아합 역시 하나님께로 돌아올 기회가 여러 번 있었는데도 자신의 욕심을 채우기 위해 하나님의 뜻을 거스르면서 악을 행하는 우상숭배를 포기하지 않았다. 그러나 하나님은 이 모든 악행을 보고 계신다. 그리고 저울질하고 계신다.

사람들은 하나님의 심판이 당장 임하지 않으니까 하나님의 공의를 무시하면서 계속 악을 행한다. "사람들은 왜 서슴지 않고 죄를 짓는가? 악한 일을 하는데도 바로 벌이 내리지 않기 때문이다."전 8:11 즉각적인 심판이 임하지 않으니까 사람들은 하나님을 두려워하지 않고 더 담대해져서 악을 행한다. 권력자들은 하나님을 무시하면서 안하무인으로 계속 악을 행한다.

그러나 우리 멋대로 사는 것에는 끝이 있다. 하나님의 심판이 있다. 지금 당장 보응이 따르지 않는다고 무시하지 말라. 하나님은 반드시 심판하시는 분이다. 하나님은 역사를 바로 세우시는 분이고, 악을 심판하여 정의를 세우시는 분이다. 그러므로 하나님의 인내를 시험하지 말고 빨리 선한 길로 돌이키는 것이 현명한 일이다.

9. 회개

엘리야가 전한 심판의 말을 듣고 난 후 아합은 어떤 반응을 보였을까? "아합은 이 말을 듣고는, 자기 옷을 찢고 맨몸에 굵은 베 옷을 걸치고 금식하였으며, 누울

때에도 굵은 베 옷을 입은 채로 눕고, 또 일어나서 거닐 때에도 슬픈 표정으로 힘없이 걸었다."27절

이것은 전혀 예상치 못한 반응이다. 아합이 어떤 사람이었나? "아합처럼, 주님께서 보시기에 이렇게 악한 일을 하여 자기 목숨을 팔아 버린 사람은, 일찍이 없었다."25절 아합은 이스라엘 왕 중에서도 가장 악한 왕이었다. 하지만 동시에 아합은 매우 유약한 인물이다. 이세벨에 휘둘려 바알을 숭배했지만, 동시에 엘리야를 두려워하는 마음도 있었다. 그래서 여호와의 심판의 메시지를 듣자 그 말씀을 진실로 받아들이고 두려움에 사로잡힌 것이다. 이것은 지금까지 여호와의 말씀을 귓등으로도 듣지 않았던 것과는 전혀 다른 모습이다. 아합은 하나님의 심판의 메시지에 눈 하나 까딱하지 않을 이세벨과는 달리, 하나님의 심판을 무겁게 받아들인 것이다. 최소한 이 점에서는 하나님을 인정하고 두려워한 것이다.

악한 아합이 겸손한 모습을 보이자, 하나님도 의외의 반응을 보여주신다. 은혜를 베풀어서 심판을 유예하신 것이다. "너는, 아합이 내 앞에서 겸손해진 것을 보았느냐? 그가 내 앞에서 겸손해졌기 때문에, 나는, 그가 살아 있는 동안에는 그에게 재앙을 내리지 않고, 그의 아들 대에 가서 그 가문에 재앙을 내리겠다."29절 하나님 자신을 인정하고 두려워하는 것만으로도 긍휼을 베푸신 것이다. 심판의 말을 진실로 받아들인 것만으로도 하나님을 인정하는 것으로 여겨 은혜를 베푸신 것이다. 하나님은 비록 심판을 면제한 것은 아니지만, 아합이 받을 고통을 경감해 주셨다. 심판의 시기를 바꾸신 것이다.

여기서 우리는 은혜의 하나님을 또 다시 보게 된다. 아무리 악을 행한다 할지라도 하나님의 심판 앞에서 두려워하고 무릎을 꿇는다면 은총을 베풀어주신다. 그렇다면 회개하고 돌이킨다면 얼마나 큰 은혜를 베풀어주시겠는가? 최소한 하나님을 두려워하는 마음이라도 있다면 이 세상은 달라질 것이다. 사람들은 무한 욕망을 추구하지 않을 것이다. 「까르마조프의 형제들」에 나오는 말처럼 "신이 없다면 모든 것이 허용된다"는 상황을 어느 정도 막을 수 있을 것이다.

그러나 우리 시대는 하나님에 대한 일말의 두려움도 없다. 그래서 자신들이 하고 싶은 대로 무한 욕망을 채우기 위해 극단으로 달려간다. 그 끝이 무엇이겠는가? 브레이크 없는 무한 열차는 파멸의 낭떠러지로 질주할 뿐이다.

하나님의 목적은 심판하여 멸하는 것이 아니라 회개하여 잘못된 길에서 돌아서게 하는 것이다. 그래서 조금이라도 겸손해져서 돌아서려는 모습을 보여주기만 하면 언제든지 은혜를 베풀 준비가 되어 있다. 이것이 은혜가 풍성한 하나님의 모습이다.

그러므로 지금 죄의 자리에 있다 할지라도 하나님께로, 하나님이 기뻐하시는 삶의 모습으로 돌아온다면 하나님은 은혜를 베풀어주실 것이다. 하나님의 사랑과 긍휼과 은혜는 죄와 악과 불의 속에서도 이렇게 빛난다.

> "하나님께서 인자하심을 베푸셔서 그대를 인도하여 회개하게 하신다는 것을 알지 못하고, 오히려 하나님의 풍성하신 인자하심과 너그러우심과 오래 참으심을 업신여기는 것입니까? 그대는 완고하여 회개할 마음이 없으니, 하나님의 공정한 심판이 나타날 진노의 날에 자기가 받을 진노를 스스로 쌓아 올리고 있는 것입니다. 하나님께서는 "각 사람에게 그가 한 대로 갚아 주실 것입니다." 참으면서 선한 일을 하여 영광과 존귀와 불멸의 것을 구하는 사람에게는 영원한 생명을 주시고, 이기심에 사로잡혀서 진리를 거스르고 불의를 따르는 사람에게는 진노와 분노를 쏟으실 것입니다." 롬 2:4-8

〈삶을 향하여〉

1. 나봇은 아합 왕이 좋은 조건을 제시하며 포도원을 팔라고 했으나 땅을 거래하지 말라는 여호와의 율법을 지켜야 한다며 단호하게 거절했다. 아무리 좋은 것이라도 하나님의 뜻에 어긋난 것이라면 거절할 수 있는 믿음이 필요하다. 당장의 이익보다는 하나님의 법을 따르기 위해 어떤 제안을 거절해 본 경험이 있는가?

2. 하나님은 우리의 행동뿐 아니라 마음과 생각까지도 감찰하시는 분이다. 성경 저자가 나와 우리 공동체를 평가하는 글을 쓴다면 어떤 글을 쓸지 다음의 빈 칸을 채워보자.

   "○○○는 여호와 보시기에 _____ 하였더라."
   "○○ 교회는 여호와 보시기에 _____ 하였더라."

3. 하나님의 심판의 말을 듣고 난 아합은 죄를 뉘우치는 모습을 보였다. 그 모습을 본 하나님은 아합이 겸손해졌다면서 심판을 유예했다. 이런 하나님의 모습을 보면서 어떤 마음이 들었는가? 혹시 왜 당장 아합을 죽여 나봇의 원한을 갚아주지 않느냐며 화가 나지는 않았는가?
   심판 중에도 자비를 베푸시는 하나님의 모습은 내 삶에서도 드러난다. 내가 악을 행하는데도 당장 보응하지 않으신 것은 돌이켜 회개할 기회를 주시고자 인내하고 계시기 때문이다. 지금 내 삶에서 자비의 하나님을 어떻게 만나고 있는가?

22. 여호와를 무시할 때

왕상 22:51-53, 왕하 1:1-18

"유다의 여호사밧 왕 제 십칠 년에, 아합의 아들 아하시야가 사마리아에서 이스라엘의 왕이
되었다. 그는 두 해 동안 이스라엘을 다스렸다. 그는 주님께서 보시기에 이스라엘을 죄에 빠
뜨리게 한 그의 아버지와 어머니가 걸은 길과 느밧의 아들 여로보암이 걸은 길을 그대로 따
라갔다. 그는 바알을 섬기고, 그것에 절을 하여서, 그의 아버지가 한 것과 마찬가지로, 주 이
스라엘의 하나님께서 진노하시게 하였다."

"아합이 죽은 뒤에, 모압이 이스라엘에게 반역하였다. 아하시야가 사마리아에 있는 그의 다
락방 난간에서 떨어져 크게 다쳤다. 그래서 그는 사절단을 에그론의 신 바알세붑에게 보내
어, 자기의 병이 나을 수 있을지를 물어 보게 하였다. 그 때에 주님의 천사가 나타나서, 디셉
사람 엘리야를 보고, 사마리아 왕의 사절단을 만나서 이렇게 전하라고 명령하였다. '너희가
에그론의 신 바알세붑에게 물으러 가다니, 이스라엘에 하나님이 계시지 않느냐? 그러므로
나 주가 말한다. 네가, 올라가 누운 그 병상에서 일어나 내려오지 못하고, 죽고 말 것이다.' 엘
리야는 천사가 시키는 대로 하였다. 그리하여 사절들은 가던 길에서 돌이켜서, 왕에게 되돌
아갔다. 왕이 그들에게 왜 그냥 돌아왔는지를 물었다. 그들은 왕에게 사실대로 대답하였다.
'길을 가다가 웬 사람을 만났습니다. 그는 우리를 보고, 우리를 보내신 임금님께 돌아가서,
주님께서 하신 말씀을 전하라고 하였습니다. 그러면서 하는 말이 '네가 에그론의 신 바알세
붑에게 사람을 보내어 물으려 하다니, 이스라엘에 하나님이 계시지 않느냐? 그러므로 너는,
네가 올라가 누운 그 병상에서 일어나 내려오지 못하고, 분명히 거기에서 죽고 말 것이다' 하
였습니다.' 왕이 그들에게 물었다. '너희들을 만나서 그러한 말을 한 그 사람이 어떻게 생겼
더냐?' 그들이 왕에게 대답하였다. '털이 많고, 허리에는 가죽 띠를 띠고 있었습니다.' 그러
자 왕은 '그는 분명히 디셉 사람 엘리야다' 하고 외쳤다. 그리하여 왕은 오십 부장에게 부하
쉰 명을 딸려서 엘리야에게 보냈다. 그 오십 부장은 엘리야가 산꼭대기에 앉아 있는 것을 보
고, 그에게 소리쳤다. '어명이오. 하나님의 사람께서는 내려오시오!' 엘리야가 그 오십 부장
에게 말하였다. '내가 하나님의 사람이라면, 불이 하늘에서 내려와서, 너와 네 부하 쉰 명을
모두 태울 것이다.' 그러자 불이 하늘에서 내려와서, 그와 그의 부하 쉰 명을 태워 버렸다. 왕
이 다시 다른 오십 부장에게 부하 쉰 명을 딸려서 엘리야에게 보냈다. 그 오십 부장은 엘리야

에게 말하였다. '어명이오. 하나님의 사람께서는 내려오시오!' 엘리야가 그들에게 말하였다. '내가 하나님의 사람이라면, 불이 하늘에서 내려와서, 너와 네 부하 쉰 명을 모두 태울 것이다.' 그러자 하나님의 불이 하늘에서 내려와서, 그와 그의 부하 쉰 명을 태웠다. 왕이 세 번째로 또 다른 오십 부장에게 부하 쉰 명을 딸려서 보냈다. 그 세 번째 오십 부장은 올라가서, 엘리야 앞에 무릎을 꿇고, 애원하며 말하였다. '하나님의 사람께서는 우리의 청을 물리치지 말아 주십시오. 나의 목숨과 어른의 종들인, 이 쉰 명의 목숨을 귀하게 여겨 주십시오. 보십시오, 하늘에서 불이 내려와서, 이미 오십 부장 두 명과 그들의 부하 백 명을 모두 태워 죽였습니다. 그러니 이제 나의 목숨을 귀하게 여겨 주십시오.' 그 때에 주님의 천사가 엘리야에게 말하였다. '그와 함께 내려가거라. 그 사람을 두려워하지 말아라.' 그리하여 엘리야가 일어나서, 그와 함께 왕에게 내려갔다. 엘리야가 왕에게 말하였다. '주님께서 말씀하시기를 '네가, 에그론의 신 바알세붑에게 네 병에 관하여 물어 보려고 사절들을 보내다니, 이스라엘에 네가 말씀을 여쭈어 볼 하나님이 계시지 않더란 말이냐? 그러므로 너는, 네가 올라가 누운 그 병상에서 일어나 내려오지 못하고, 죽고 말 것이다' 하셨습니다.' 엘리야가 전한 주님의 말씀대로, 북왕국 이스라엘에서는 아하시야 왕이 죽었다. 그에게 아들이 없었으므로, 그의 동생 여호람이 그의 뒤를 이어 왕이 되었다. 때는 남왕국 유다에서 여호사밧의 아들 여호람이 즉위하여 다스린 지 이년이 되던 해였다. 아하시야가 한 나머지 일들은 '이스라엘 왕 역대지략'에 기록되어 있다."

1. 아합의 최후

아합은 예전에 이스라엘 땅이었으나 지금은 시리아가 점령하고 있는 길르앗 라못을 탈환하려고 남쪽 유다 여호사밧 왕과 동맹을 맺고 전쟁을 벌이기로 한다. 북쪽 이스라엘의 왕들과는 달리 남쪽 유다 왕들은 여호와를 경외하는 마음이 있었다. 여호사밧도 그런 왕이었기에 전쟁을 벌이는 것이 합당한지 여호와의 뜻을 알고자 했다. 그는 선지자를 통해서 여호와의 뜻을 묻자고 아합에게 제안한다. 아합은 마지못해 동의하여 선지자들을 불러 물었다.

시드기야를 비롯한 대부분의 선지자들은 동일한 예언을 해주었다. "길르앗의 라못으로 진군하십시오. 승리는 임금님의 것입니다. 주님께서 이미 그 성을 임금님의 손에 넘기셨습니다."왕상22:12 아합의 계획을 승인한 것이다. 그렇다면 여호와의 뜻이 확인된 것인가? 아니다. 한 가지 문제가 있었다. 그들은 여호와의 뜻을 제대로 분별하지 않은 거짓 선지자들이었다. 그들은 여호와께 받은 말씀을 전한 것이 아니라 아합이 듣고 싶은 예언을 한 것이다.

아무래도 뭔가 이상하고 미심쩍은 마음이 들었던 여호사밧은 한 번 더 다른 선지자에게 묻자고 하였고, 아합은 마지못해서 미가야 선지자에게 묻기로 한다. 처음에 그를 제외한 이유는 그가 늘 아합에게 부정적인 예언만 했었기 때문이었다. 미가야를 데리러 간 아합의 신하들은 아합이 듣고 싶은 말을 해달라고 부탁한다. 그러나 미가야는 "나는 다만 주님께서 말씀하신 것만을 말하겠습니다."14절 라고 원론적인 대답만 한다. 드디어 아합 앞에 선 미가야는 아합에게 전쟁을 벌이라고 말해준다. 바로 아합이 듣고 싶었던 말이었다. 아합은 이제야 미가야가 제대로 예언한다며 흡족해했다.

그런데 미가야는 한 가지 언급을 덧붙였다. 아합이 전쟁을 벌여야 아합이 죽고 이스라엘에 평안이 찾아올 것이라고 비꼬듯이 예언한 것이다. 그래서 이번 전쟁이 아합을 심판하려는 하나님의 계획이라는 점도 덧붙였다.17절 이렇게 무시무시한 예언을 들었지만 아합은 언제나처럼 자신의 욕구에 이끌려 오히려 미가야를 거짓 선지자로 규정하여 옥에 가두고 기어코 전쟁을 하러 나갔다.

결국 미가야의 예언대로 이스라엘-유다 연합 군대는 길르앗 라못을 탈환하는 데 실패하고, 그 와중에 아합은 시리아 군인이 무심코 당긴 활에 맞아 죽고 말았다. "그런데 군인 한 사람이 무심코 활을 당긴 것이 이스라엘 왕에게 명중하였다. 화살이 갑옷 가슴막이 이음새 사이를 뚫고 들어간 것이다. 왕은 자기의 병거를 모는 부하에게 말하였다. '병거를 돌려서, 이 싸움터에서 빠져 나가자. 내가 부상을 입었다.' 그러나 특히 그 날은 싸움이 격렬하였으므로, 왕은 병거 가운데 붙들려 서서, 시리아 군대를 막다가 저녁때가 되어 죽었는데, 그의 병거 안에는 왕의 상처에서 흘러나온 피가 바닥에 흥건히 고여 있었다."왕상22:34-35

아합은 이렇게 허무하게 최후를 맞이했는데, 이것은 아합 가문에 대한 하나님의 심판의 서막이었다.

2. 아하시야의 잘못

아합이 죽은 후에, 그의 아들 아하시야가 왕위를 계승하였다. "유다의 여호사밧 왕 제 십칠 년에, 아합의 아들 아하시야가 사마리아에서 이스라엘의 왕이 되었다. 그는 두 해 동안 이스라엘을 다스렸다."왕상22:51 성경은 아하시야를 이렇게 평가한다. "그는 주님께서 보시기에 이스라엘을 죄에 빠뜨리게 한 그의 아버지와 어머니가 걸은 길과 느밧의 아들 여로보암이 걸은 길을 그대로 따라갔다. 그는 바알을 섬기고, 그것에 절을 하여서, 그의 아버지가 한 것과 마찬가지로, 주 이스라엘의 하나님께서 진노하시게 하였다."왕상22:52-53 아하시야도 부모인 아합과 이세벨과 다르지 않았다. 바알을 섬겨서 하나님을 진노하게 하였다. 그 부모에 그 자식이었다.

만약 그가 우상을 버리고 여호와를 잘 섬겼다면 아합에게 하셨던 것처럼 하나님은 심판을 유예할 수도 있었을 것이다. 하지만 그는 아버지가 하나님의 심판을 받았다는 것을 기억하지 못하고 아버지의 전철을 그대로 밟았다. 결국 아합에게 선포한 여호와의 심판을 자초한 셈이다.

여호와를 버리고 바알을 섬긴 아하시야 치하에서 두 가지 문제가 발생한다.

첫째는, "아합이 죽은 뒤에, 모압이 이스라엘에게 반역"한 것이다.왕하1:1 좀 더 자세한 설명이 열왕기하 3장 4-5절에 기록되어 있다. "모압 왕 메사는 양을 치는 사람이었는데, 이스라엘 왕에게 암양 십만 마리의 털과 숫양 십만 마리의 털을 조공으로 바쳤다. 그러다가 아합이 죽은 뒤에, 모압 왕이 이스라엘 왕을 배반하였다." 모압은 사해 동편에 자리 잡고 있던 민족이었다. 사사 에훗 시대 이후로 이스라엘의 속국으로 지내왔다. 그러다가 아합이 시리아와의 전투에서 사망하여왕상 22장 이스라엘이 쇠약해진 틈을 타서 속국에서 벗어나기 위해 반역한 것이다. 국내외적으로 혼란이 일어나고 국력이 쇠약해진 것은 아합의 배교와 이에 대한 여호와의 심판과 무관하지 않다. 아하시야는 아버지 아합이 전투에서 죽고 모압이 반역을 일으킨 혼란 속에서 갑자기 왕이 된 것이다.

둘째는, "아하시야가 사마리아에 있는 그의 다락방 난간에서 떨어져 크게" 다친 것이다.2절 비록 우연히 일어난 사고처럼 보이지만 아하시야의 잘못왕상 22:51-53에 대한 심판으로도 충분히 볼 수 있는 일이다. 이 사고로 아하시야가 결국 죽기 때문이다. 아하시야가 아합의 잘못을 그대로 추종한 결과 국가의 위세가 꺾이고, 아하시야 자신도 죽음을 맞게 된 것이다. 아합왕 시대에 유예된 하나님의 심판이 이제 본격적으로 시작된 것으로 보인다.

그러나 아하시야가 단번에 죽지 않은 것은 아직 그에게 기회가 남아 있다는 뜻이기도 하다. 하나님께서 한 번 더 기회를 준 것이다. 아하시야는 시험대에 오른 것이다. 그는 어떻게 할 것인가?

크게 다친 아하시야는 "사절단을 에그론의 신 바알세붑에게 보내어, 자기의 병이 나을 수 있을지를 물어보게 하였다."2절하 에그론은 사마리아에서 서쪽으로 약 70km 정도 떨어진 블레셋 성읍이다. 그런데 왜 아하시야는 난데없이 블레셋 에그론의 신 바알세붑을 선택해서 물어본 것일까?

'바알세붑'의 문자 그대로의 뜻은 "파리 대왕"이다. 하지만 '바알 세부'나 신약 시대의 '바알 세불'마 10:25, 막 3:22로도 변형되는 이름이며, '높으신 바알'이라고 이해할 수 있다. 그 신은 당시에 병을 치료하는 신으로 알려졌을 가능성이 크다. 그러기에 아하시야가 그 신을 찾아갔을 것이다.

아하시야는 왜 병이 나을 수 있을지 '물어보려고만' 한 것일까? 두 가지 해석이 가능하다. 첫째, 왕이 직접 가서 치료를 받기 전에 나을 가능성이 있는지 먼저 알아보려고 했을 것이다. 왕의 행차는 매우 번거롭고 큰일이기 때문이다. 둘째, 치료받고 싶은 마음을 겸손하게 표현한 것일 수도 있다. 두 경우 모두 치유 받기를 원하는 마음이 있다는 것은 분명하다. 결국, 아하시야는 이방 신인 바알세붑의 도움을 요청한 것이다.

아하시야는 모압의 반역과 자신의 낙상 사고에 담긴 여호와의 메시지를 전혀 깨닫지 못했다. 두 사건이 여호와의 심판의 징후라는 것을 간파하지 못한 것이다. 그래서 오히려 여호와의 뜻과는 정반대 방향으로 나아간 것이다.

3. 심판의 메시지

아하시야가 병이 나을 수 있는지 여부를 바알세붑에게 물어보려고 사신을 보내자 여호와는 더욱 심기가 불편해졌다. 속된 말로 '빈정 상한 것이다.' 여호와는 보다 못해 천사를 통해서 엘리야를 다시 소환하여 왕에게 메시지를 전달한다. "그때에 주님의 천사가 나타나서, 디셉 사람 엘리야를 보고, 사마리아 왕의 사절단을 만나서 이렇게 전하라고 명령하였다. '너희가 에그론의 신 바알세붑에게 물으러 가다니, 이스라엘에 하나님이 계시지 않느냐? 그러므로 나 주가 말한다. 네가, 올라가 누운 그 병상에서 일어나 내려오지 못하고, 죽고 말 것이다.' 엘리야는 천사가 시키는 대로 하였다."3-4절

아하시야가 '사절단מַלְאָךְ, 말라크'를 보내자 여호와는 엘리야에게 '천사מַלְאָךְ, 말라크'를 보낸다. 사절과 천사는 같은 단어. 여호와의 마음이 읽힌다. "네가 바알세붑에게 '사절'을 보내려고 한다고? 나도 엘리야에게 '사절, 즉 천사'를 보내 너에게 심판의 메시지를 전할 것이다." 여호와의 능력과 자비하심으로 세워진 여호와의 왕국 이스라엘의 왕이 여호와를 무시하고 이방 신에게로 달려가는 것을 보신 여호와는 괘씸한 마음에 다시 엘리야를 소환하여 심판의 메시지를 전하신 것이다.

엘리야는 처음 아합에게 나타났을 때처럼 이번에도 갑자기 나타나서 여호와의

말씀을 전하고 곧바로 사라졌다. 사절들은 갑자기 나타난 그가 누구인지 몰랐다. 그들이 과거에 엘리야를 직접 본 적이 없었던 것 같고, 엘리야도 자신의 신분을 밝히지 않았기 때문이다. "그리하여 사절들은 가던 길에서 돌이켜서, 왕에게 되돌아갔다." 5절 여호와는 사절들이 바알세붑에게 가는 것을 원치 않았다. 그래서 그들이 알고자 하던 것을 알려주어 에그론까지 갈 필요가 없게 한 것이다. 사절들은 엘리야와 그가 전한 여호와의 말씀의 권위가 범상치 않다는 것을 인식하고 길을 돌이킨 것으로 보인다. 결국 사절들은 바알세붑의 메시지가 아니라 여호와의 메시지를 들고 아하시야 왕에게로 돌아갔다. 이것은 여호와의 의도였다.

우리도 여호와를 제쳐두고 다른 세력에게 의존하고 문제 해결을 요청할 때가 많다. 우리는 누구에게 의존하고 누구에게 도움을 구할 것인가? 여호와인가, 우상인가? 세상에서 효과가 좋다고 하는 처방이나 세력인가, 여호와인가? 무신론자들이 펼치는 세속적인 견해들인가, 성경에 기초한 견해들인가? 하나님의 백성인 기독교인들이 문제 해결을 위해 하나님께 달려가지 않고 세상에서 지혜 있고 권력 있다고 하는 자들에게 달려가려고 한다. 갈수록 이런 경향이 심해지고 있다.

4. 아하시야의 반응

사절들은 돌아가서 왕에게 보고한다. "그리하여 사절들은 가던 길에서 돌이켜서, 왕에게 되돌아갔다. 왕이 그들에게 왜 그냥 돌아왔는지를 물었다. 그들은 왕에게 사실대로 대답하였다. '길을 가다가 웬 사람을 만났습니다. 그는 우리를 보고, 우리를 보내신 임금님께 돌아가서, 주님께서 하신 말씀을 전하라고 하였습니다. 그러면서 하는 말이 '네가 에그론의 신 바알세붑에게 사람을 보내어 물으려 하다니, 이스라엘에 하나님이 계시지 않느냐? 그러므로 너는, 네가 올라가 누운 그 병상에서 일어나 내려오지 못하고, 분명히 거기에서 죽고 말 것이다' 하였습니

다.'"5-6절

아하시야는 그가 누구인지 묻고 인상착의를 통해 엘리야라는 것을 알아챘다. "왕이 그들에게 물었다. '너희들을 만나서 그러한 말을 한 그 사람이 어떻게 생겼더냐?' 그들이 왕에게 대답하였다. '털이 많고, 허리에는 가죽 띠를 띠고 있었습니다.' 그러자 왕은 '그는 분명히 디셉 사람 엘리야다' 하고 외쳤다."7-8절 아하시야는 아버지 아합 왕 시절에 활약하던 엘리야와 그의 특이한 복장을 기억하고 있었다. 그의 복장을 보면 한눈에 광야의 사람이라는 것을 알 수 있었던 것이다.

부정적인 메시지를 보낸 자가 엘리야인 것을 안 아하시야는 51명의 군사를 엘리야에게 급파하였다. "그리하여 왕은 오십 부장에게 부하 쉰 명을 딸려서 엘리야에게 보냈다."9절 왜 보냈을까? 엘리야를 불러서 보다 정확한 말을 듣기 원했을지도 모른다. 아니면 엘리야를 잡아서 추궁하면 자신에게 내린 저주를 풀 수 있을 것으로 생각했을지도 모른다. 이유가 무엇이든 군사를 51명이나 보냈다는 것은 강제로 데리고 오겠다는 의도가 있었음을 보여준다. 자신이 왕이니 얼마든지 잡아올 수 있다고 생각한 것이다.

그런데 지금의 위기 상황에서 정작 아하시야가 해야 할 일이 무엇일까? 엘리야를 잡아 오는 것일까? 아니다! 그가 해야 할 일은 심판의 메시지를 전한 자를 잡아오는 것이 아니라 겸손하게 무릎 꿇고 회개하고 여호와께로 돌아오는 것이다. 그러나 그는 메시지 자체나 메시지가 주어진 이유보다 자신에게 부정적인 메시지를 보낸 자에게 더 관심이 많다. '감히 나에게 이런 불경한 메시지를 전하다니!' 이것은 그가 얼마나 어리석은 인간인지 여실히 보여준다. 그는 사리를 분별하지 못한다. 자신의 가려운 곳을 긁어주는 자와 아첨의 말을 좋아할 뿐, 진실을 알려고 하지 않고 올바른 길을 찾으려고 하지 않는다.

사람들에게는 모두 이런 어리석은 모습이 있다. 싫은 소리를 듣지 않으려 하고, 책망과 지적을 받을 때 잘못을 바로잡거나 지혜를 얻으려고 하지 않는다. 이런 사람들은 메시지 자체에 집중하지 않고 메시지를 전한 사람이나 태도에 집중한다.

쓴소리를 들으려고 하지 않고 그 말을 한 사람의 오점을 찾아 비난한다. 잘못을 지적하면 지적한 사람을 미워한다. 지적을 받으면 교정하려고 하지 않고 일단 기분이 나빠지고, 자신을 합리화하기 위해 변명거리를 찾고, 마지막에는 '네가 뭔데 이런 지적질을 해? 너는 얼마나 잘났냐?' 하면서 그 사람 자체를 공격하면서 메시지를 무시한다. 아하시야의 오류를 답습하지 않으려면 우리는 당장은 힘들더라도 비판과 책망을 잘 받아들여야 한다. 그것이 지혜로운 자의 모습이며 자신에게 도움이 되는 태도다. "거만한 사람을 책망하지 말아라. 그가 너를 미워할까 두렵다. 지혜로운 사람은 꾸짖어라. 그가 너를 사랑할 것이다."잠9:8 "책망을 자주 받으면서도 고집만 부리는 사람은, 갑자기 무너져서 회복하지 못한다."잠29:1

5. 또 다른 심판

아하시야 왕으로부터 엘리야를 잡아오라는 명령을 받은 오십 부장은 엘리야가 있는 산으로 갔다. "그 오십 부장은 엘리야가 산꼭대기에 앉아 있는 것을 보고, 그에게 소리쳤다. '어명이오. 하나님의 사람께서는 내려오시오!'"9절 매우 고압적인 자세였다. "엘리야가 그 오십 부장에게 말하였다. '내가 하나님의 사람이라면, 불이 하늘에서 내려와서, 너와 네 부하 쉰 명을 모두 태울 것이다.' 그러자 불이 하늘에서 내려와서, 그와 그의 부하 쉰 명을 태워 버렸다."10절 즉각적인 심판이 내린 것이다.

이 소식을 듣고 왕은 또 다른 오십 부장과 군사 50명을 보냈다. "그 오십 부장은 엘리야에게 말하였다. '어명이오. 하나님의 사람께서는 내려오시오!'"11절 첫 번째 오십 부장과 완전히 똑같은 태도로 말하였다. "엘리야가 그들에게 말하였다. '내가 하나님의 사람이라면, 불이 하늘에서 내려와서, 너와 네 부하 쉰 명을 모두 태울 것이다.' 그러자 하나님의 불이 하늘에서 내려와서, 그와 그의 부하 쉰 명을 태웠다."12절 동일한 심판이 내려졌다.

왜 여호와와 엘리야는 이들을 심판했을까? 이들은 두 가지 오류를 범하고 있다. 첫째, 오십 부장이 엘리야를 '하나님의 사람'이라고 지칭하기는 했지만 비꼬는 말이었을 것이다. 그들은 엘리야를 인정하지 않았다. 마치 이런 투였다. '네가 하나님의 사람이라면서? 그렇다면 한번 내려와 보라.' 예수님이 십자가에 달리셨을 때 사람들이 '네가 하나님의 아들이라면 십자가에서 내려와 보라'고 조롱한 장면과 흡사하다. 이런 조롱에 엘리야는 자신이 정말로 하나님의 사람이 맞다고 증명한 것이다. 둘째, 이들은 아하시야의 오만함을 답습하고 있다. 이들은 아하시야의 명령을 따라 엘리야를 잡아가려고 온 것이다. 즉 엘리야를 공격하는 것이다. 왕의 권위와 군사력으로 하나님의 선지자인 엘리야를 굴복시킬 수 있을 것으로 생각한 것이다. 그래서 오만한 태도로 명령한 것이다. 이들이 엘리야를 무시한 것은 엘리야를 통해 메시지를 전하신 여호와를 무시한 것과 같고, 결국 여호와보다 왕의 권세를 더 크게 생각하는 잘못을 범한 것이다. 엘리야는 자신이 전한 메시지가 하나님의 메시지이며, 자신을 무시하는 것은 여호와를 무시하는 것이기에 즉각적인 심판을 내린 것이다. 이 심판은 결국 아하시야가 신뢰하는 바알세붑보다 여호와가 더 위대한 능력의 신이라는 것을 보여주는 것이다.

이렇게 두 번이나 참사를 당하고도 아하시야는 또다시 세 번째 오십 부장과 군사 50명을 보낸다. 아하시야의 어리석음과 고집스러움이 여실히 드러나는 대목이다. 그는 여호와와 엘리야의 능력을 완전히 무시하고 있다. '그래, 끝까지 가보자'고 하는 태도다. 그는 자신의 군사들이 죽는 것도 아랑곳하지 않는 폭군의 모습마저 보여준다. 자신이 우매하고 여호와께 불경을 저질러 군사들이 불행을 당했는데도 전혀 개의치 않는 것이다. 결국 피해자는 백성들이다. 언제나 그렇다. 지도자가 우매할 때 그 피해는 백성들이 고스란히 당한다.

세 번째 오십 부장은 앞의 두 오십 부장과 달랐다. 그는 앞서 일어난 두 번의 참사를 기억하고 전혀 다른 방식으로 엘리야에게 다가간다. "왕이 세 번째로 또 다른 오십 부장에게 부하 쉰 명을 딸려서 보냈다. 그 세 번째 오십 부장은 올라가서, 엘리야 앞에 무릎을 꿇고, 애원하며 말하였다. '하나님의 사람께서는 우리의 청을 물리치지 말아 주십시오. 나의 목숨과 어른의 종들인, 이 쉰 명의 목숨을 귀하게 여겨 주십시오. 보십시오, 하늘에서 불이 내려와서, 이미 오십 부장 두 명과 그들의 부하 백 명을 모두 태워 죽였습니다. 그러니 이제 나의 목숨을 귀하게 여겨 주십시오.'"13-14절 하나님과 엘리야를 두려워하고 존중하는 태도를 보여준 것이다.

그러자 "그때에 주님의 천사가 엘리야에게 말하였다. '그와 함께 내려가거라. 그 사람을 두려워하지 말아라.' 그리하여 엘리야가 일어나서, 그와 함께 왕에게 내려갔다."15절 세 번째 오십 부장은 앞의 두 오십 부장의 참사로부터 교훈을 배웠고, 고집스러운 아하시야보다 훨씬 현명한 모습을 보여주었다. 그는 여호와의 권능과 엘리야의 위상을 인정했고, 그 앞에서 겸손한 모습을 보여주었다. 그 결과 자신도 살고 오십 명의 군사도 목숨을 건질 수 있었다.

세 번째 오십 부장은 아하시야의 부당한 명령을 받았지만, 그 명령을 지혜롭게 수행한다. 그의 행동은 운신의 폭이 좁을 수밖에 없는 악한 시대와 구조 속에서 어쩔 수 없이 어려운 역할을 맡았더라도 개인적으로 지혜롭게 행동할 때 사회 구조적 악의 결과를 피할 가능성이 있음을 보여준다. 그는 아합의 신하였던 오바댜를 생각나게 한다. 비록 시대가 악하고 그 속에서 선을 행하면서 사는 것이 쉽지 않지만, 자신이 개인적으로 할 수 있는 만큼의 최선을 다했다.

예를 들어보자. 회사에서 상무가 부장에게 아래 직원들을 호되게 야단쳐서 잘못을 바로잡고 성과를 제대로 내라고 요구할 때, 어리석은 부장은 시키는 대로 해서 직원들의 사기를 오히려 떨어뜨리지만 지혜로운 부장은 직원들을 잘 다독이면서도 좋은 성과를 내게 한다. 부당한 지시에도 개인의 지혜에 따라 다르게 일을 처리할 수 있는 것이다.

모든 청년이 '헬조선'의 영향을 받을 수밖에 없지만, 개인적인 차원에서 어떻게 대응하느냐에 따라 결과는 달라질 수 있다. 물론 사회 구조적 문제를 해결하기 위해 노력해야 하고, 청년의 실패를 전적으로 개인의 탓으로 돌리는 것은 잘못이다. 하지만 이와는 반대로 모든 문제를 사회구조 탓으로 돌리면서 개인이 할수 있는 역할이나 책임을 다하지 않는 것 역시 잘못이다. 세상 모든 일은 사회 구조적 차원과 개인적 차원이 맞물려 있으며, 어느 사회에서나 개인의 노력에 따른 차이는 있기 마련이다. 그러므로 우리가 하나님을 인정하지 않는 세속 사회 속에서 살아가면서 완전히 동화되거나 완전히 분리된 삶을 살기보다, 잘못된 구조를 바꾸기 위해 노력하는 한편, 그 구조 속에서도 선을 이루기 위해 하나님의 지혜를 구하면서 현명한 대응방안을 모색해서 행동해야 한다.

6. 재확인된 심판의 메시지

엘리야는 오십 부장을 따라 아하시야 왕 앞에 서서 사절단에게 선포했던 것과 동일한 메시지를 전한다. 3-4, 6, 16절 "엘리야가 왕에게 말하였다. '주님께서 말씀하시기를 '네가, 에그론의 신 바알세붑에게 네 병에 관하여 물어보려고 사절들을 보내다니, 이스라엘에 네가 말씀을 여쭈어 볼 하나님이 계시지 않더란 말이냐? 그러므로 너는, 네가 올라가 누운 그 병상에서 일어나 내려오지 못하고, 죽고 말 것이다' 하셨습니다.'"16절

그러나 아하시야는 아버지 아합과 달리 심판의 메시지를 들어도 전혀 회개하지 않았다. 오십 부장과 군사들이 두 번이나 죽었어도, 자신이 죽을 것이라는 심판의 메시지를 직접 들었어도, 자신의 잘못을 인정하거나 돌이키려고 하지 않았다. 그 결과, 회개한 아합이 심판을 유예 받은 것과는 달리 "엘리야가 전한 주님의 말씀대로, 북 왕국 이스라엘에서는 아하시야 왕이 죽었다."17절 왕이 된 지 고작 2년 만이었다.

아하시야는 왜 이렇게 미련했을까? 아하시야는 아버지 아합 시대의 역사를 통해서 전혀 배우지 못했기 때문이다. 아합이 여호와를 버린 대가를 톡톡히 치렀다는 것을 제대로 인식하지 못했기 때문이다. 여호와를 대항할 때 치러야 할 대가를

무시하거나 기억하지 못했기 때문이다. 그 결과 '역사에서 배우지 못하면 민족의 미래는 없다'던 '단재 신채호'의 말대로, 아버지의 역사에서 배우지 못한 아하시야는 여호와를 무시하고 대항하다가 멸망을 재촉하고 말았다.

우리는 역사 수백 년 전 시대나 한두 세대 앞의 시대가 모두 역사 다에서 배우고 있는가? 사람들이 역사에서 배우지 못하는 데는 두 가지 이유가 있다. 첫째, 역사를 모르기 때문이다. 앞 세대에서 무슨 일이 있었는지 모르기 때문에 그들의 선택과 행동의 결과를 통해서 배우지 못하는 것이다. 그래서 우리는 이런 오류를 피하기 위해 역사를 공부한다. 지금 우리가 이스라엘 역사를 공부하는 것도 이런 이유 때문이다. 역사는 오랜 과거에 일어난 일과 그것에 대한 해석만을 의미하는 것이 아니다. 고작 몇십 년 밖에 안 된 가까운 과거에 일어난 일들도 역사다. 그것은 바로 우리의 선배들어른, 부모, 선생의 삶이다. 우리는 그들을 통해 현재 우리가 살고 있는 세상에 가장 큰 영향을 끼친 가장 최근의 과거에 대해 들어야 한다. 한 세대를 앞서 살았던 선배들의 생생한 경험담이 오백 년 전 조선 시대에 일어났던 일들보다 우리에게 훨씬 더 크고 중요한 교훈을 줄 것이다. 그러므로 어른들을 무조건 '꼰대'라고 비꼬지 말고 그들의 경험을 귀담아 들어야 한다. 그것이 지혜를 얻는 길이다.

사람들이 역사를 통해서 배우지 못하는 두 번째 이유는, 욕심에 사로잡혀 역사의 교훈을 받아들이지 못하기 때문이다. 독재자의 최후가 비참하다는 것을 아는데도 왜 계속해서 독재자가 나올까? 왜 권력형 범죄가 다음 정권에서 단죄를 당하게 된다는 것을 알면서도 손을 거두지 못할까? 왜 부정을 저지르고 막말을 일삼고 실력도 없는 정치인이 국가를 망친다는 것을 계속 봐왔으면서도 그런 자들을 다시 지지할까? 왜 과소비가 가정경제에 파탄을 가져온다는 것을 보고 배웠으면서도 절제를 하지 못할까? 우리는 어릴 때부터 역사를 통해서 다양한 사람들의 성공담과 실패담을 듣고 자란다. 하지만 우리를 유혹하는 것들 앞에서 욕심이 발동하면 지나간 역사의 교훈이 뇌리에서 사라져버린다. 그러므로 우리는 역사를 배우려고 노력함과 동시에 역사의 교훈으로 현재를 해석하고 방향을 바로 잡으려는 노력을 지속적으로 해야 어리석은 오류를 반복하지 않게 될 것이다.

아하시야와 두 명의 오십 부장이 저지른 또 다른 잘못은 여호와와 그의 메시지를 전한 엘리야를 무시하고 오만한 태도를 보인 것이다. 그 결과 그들 모두 비극적인 최후를 맞았다. 하나님은 자신을 존중하는 사람을 존중하고 무시하는 자들을 멸시하고 심판을 내리신다. "이제는 내가 나를 존중하는 사람들만 존중하고, 나를 경멸하는 자들은 수치를 당하게 할 것이다. 나 주의 말이다."삼상2:30 이 구절의 배경은 엘리 가문의 악행이다. "사무엘은 제사장 엘리 곁에 있으면서 주님을 섬기는 사람이 되었다. 엘리의 아들들은 행실이 나빴다. 그들은 주님을 무시하였다."삼상2:11-12 엘리 제사장과 그의 두 아들 홉니와 비느하스의 악행과 사무엘의 순종이 대조를 보인다. 엘리는 두 아들 홉니와 비느하스가 여호와 제사를 망치고, 제물을 사적으로 착복했음에도 제대로 가르쳐서 바로 잡으려고 하지 않았다. 엘리와 달리, 사무엘은 사울 왕의 서슬이 시퍼런 시절에도 다윗에게 기름을 부어 장차 왕이 될 것을 알려주라는 여호와의 어려운 명령을 그대로 따랐다. 죽음의 위협 앞에서도 여호와를 존중하고 그의 말씀에 순종한 것이다. 아무리 시대가 악해도 여호와를 진심으로 경외하고 순종하고 따르는 자들이 있다. 하나님은 이렇게 자기를 존중하는 사람들을 존중할 것이다. 우리는 하나님을 존중하고 있는가?

〈삶을 향하여〉

1. 아하시야는 대외적으로는 아합이 죽은 뒤에 모압이 이스라엘에게 반역하는 일이 벌어졌고, 개인적으로는 다락방 난간에서 떨어져 크게 다치는 일이 벌어졌을 때, 그 일을 통해 하나님께서 무슨 말씀을 하시려는지 생각하지도 않았고 묻지도 않았다. 그 사건에 담긴 하나님의 심판의 메시지를 읽지 못했다. 하나님은 크고 작은 일들을 통해서 우리에게 말씀하신다. 우리는 세상의 정세의 변동이나 내게 일어난 다양한 일들을 통해서 말씀하시는 하나님의 뜻을 어떻게 분별하고 있는가?

2. 아하시야는 아합 시대의 역사에서 아무것도 배우지 못했기 때문에 아버지 아합의 전철을 밟아 여호와를 무시하다 비극적인 최후를 맞이했다. 내가 속한 공동체의 앞 세대의 이야기를 귀담아듣고 잘 배우려면 어떻게 해야 할까? 앞서 수고한 선배들의 이야기를 듣기 위해 어떤 노력을 하고 있는가? 우리 교회의 앞 세대를 통해서 배운 것은 무엇인가?

23. 하나님의 위로와 인정

왕하 2:1-14

"주님께서 엘리야를 회오리바람에 실어 하늘로 데리고 올라가실 때가 되니, 엘리야가 엘리사를 데리고 길갈을 떠났다. 길을 가다가, 엘리야가 엘리사에게 말하였다. '나는 주님의 분부대로 베델로 가야 한다. 그러나 너는 여기에 남아 있거라.' 그러나 엘리사는 '주님께서 살아 계심과 스승께서 살아 계심을 두고 맹세합니다. 나는 결코 스승님을 떠나지 않겠습니다' 하고 말하였다. 그리하여 그들은 함께 베델까지 내려갔다. 베델에 살고 있는 예언자 수련생들이 엘리사에게 와서 물었다. '선생님의 스승을 주님께서 오늘 하늘로 데려가려고 하시는데, 선생님께서는 알고 계십니까?' 엘리사가 말하였다. '나도 알고 있으니, 조용히 하시오.' 엘리야가 엘리사에게 말하였다. '나는 주님의 분부대로 여리고로 가야 한다. 그러나 너는 여기에 남아 있거라.' 그러나 엘리사는 '주님께서 살아 계심과 스승께서 살아 계심을 두고 맹세합니다. 나는 결코 스승님을 떠나지 않겠습니다' 하고 말하였다. 그리하여 그들은 함께 여리고로 갔다. 여리고에 살고 있는 예언자 수련생들이 엘리사에게 와서 물었다. '선생님의 스승을 주님께서 오늘 하늘로 데려가려고 하시는데, 선생님께서는 알고 계십니까?' 엘리사가 말하였다. '나도 알고 있으니, 조용히 하시오.' 엘리야가 엘리사에게 말하였다. '나는 주님의 분부대로 요단강으로 가야 한다. 그러나 너는 여기에 남아 있거라.' 그러나 엘리사는 '주님께서 살아 계심과 스승께서 살아 계심을 두고 맹세합니다. 나는 결코 스승님을 떠나지 않겠습니다' 하고 말하였다. 그리하여 두 사람은 함께 길을 떠났다. 예언자 수련생들 가운데서 쉰 명이 요단강까지 그들을 따라갔다. 엘리야와 엘리사가 요단 강 가에 서니, 따르던 제자들도 멀찍이 멈추어 섰다. 그 때에 엘리야가 자기의 겉옷을 벗어 말아서, 그것으로 강물을 치니, 물이 좌우로 갈라졌다. 두 사람은 물이 마른 강바닥을 밟으며, 요단강을 건너갔다. 요단 강 맞은쪽에 이르러, 엘리야가 엘리사에게 말하였다. '주님께서 나를 데려가시기 전에 내가 네게 어떻게 해주기를 바라느냐?' 엘리사는 엘리야에게 '스승님이 가지고 계신 능력을 제가 갑절로 받기를 바랍니다' 하고 대답하였다. 엘리야가 말하였다. '너는 참으로 어려운 것을 요구하는구나. 주님께서 나를 너에게서 데려가시는 것을 네가 보면, 네 소원이 이루어지겠지만, 그렇지 않으면 그것이 이루어지지 않을 것이다.' 그들이 이야기를 하면서 가고 있는데, 갑자기 불 병거와 불 말이 나타나서, 그들 두 사람을 갈라놓더니, 엘리야만 회오리바람에 싣고 하늘로 올라갔다. 엘리사가 이 광경을 보면서 외쳤다. '나의 아버지! 나의 아버지! 이스라엘의 병거이시며 마병이시여!' 엘리사는 엘리야를 다시는 볼 수 없었다. 엘리사는 슬픔에 겨워서, 자기의 겉옷을 힘껏 잡아당겨 두 조각으로 찢었다. 그리고는 엘리야가 떨어뜨리고 간 겉옷을 들고 돌아와, 요단 강 가에 서서, 엘리야가 떨어뜨리고 간 그 겉옷으로 강물을 치면서 '엘리야의 주 하나님, 주님께서는 어디에 계십니까?' 하고 외치고, 또 물을 치니, 강물이 좌우로 갈라졌다. 엘리사가 그리로 강을 건넜다."

1. 엘리야의 승천 예정

엘리야는 이미 열왕기상 19장 19-21절에서 엘리사를 자신의 제자로 불렀다. 엘리사는 모든 것을 버리고 엘리야의 제자가 되어 그를 따라나섰다. 그 후 시간이 얼마나 흘렀는지는 모르지만, 엘리사는 엘리야를 줄곧 따라다닌 것 같다. 그들은 길갈에 함께 머무르고 있었다.

세월이 흘러 엘리야가 사역을 마쳐야 할 때가 되었다. 그런데 엘리야의 마지막은 죽음이 아니라 살아 있는 상태로 하늘로 올라가는 것이었다. "주님께서 엘리야를 회오리바람에 실어 하늘로 데리고 올라가실 때가 되니, 엘리야가 엘리사를 데리고 길갈을 떠났다."1절

엘리야가 승천할 것이라는 사실은 엘리야뿐만 아니라 엘리사도 알고 있었고, 벧엘과 여리고에 있던 선지자 수련생들도 알고 있었다.3,5절 수련생들이 엘리사에게 조심스럽게 물은 것으로 볼 때 엘리야가 공개적으로 알린 것 같지는 않고 서로 아름아름 알게 된 것으로 보인다. 엘리야가 승천한다는 것은 확실했지만, 승천할 장소는 알려지지 않았고, 여호와께서 직접 엘리야를 그 장소로 인도하신다. 그래서 엘리야는 여호와가 지시하시는 대로 길갈을 떠나 벧엘로, 여리고로, 요단강으로, 그리고 요단강 건너편으로 간다.

마지막 여정을 떠날 때 엘리야는 "나는 주님의 분부대로 베델로 가야 한다. 그러나 너는 여기에 남아 있거라"2절상라고 말하면서 엘리사에게 자신을 따라오지

말라고 한다. 길갈에서도, 벧엘에서도, 여리고에서도 동일하게 만류한다.2, 4, 6절 "그러나 엘리사는 '주님께서 살아 계심과 스승께서 살아 계심을 두고 맹세합니다. 나는 결코 스승님을 떠나지 않겠습니다'"라고 대답하면서 계속해서 엘리야를 따라간다.2절하 매번 엘리사가 같은 대답을 하자 엘리야는 더는 말리려고 하지 않고 함께 여정을 떠난다.

왜 엘리야는 엘리사를 떼어놓으려고 했으며, 그럼에도 엘리사는 왜 자꾸 따라가겠다고 고집을 피웠을까? 그리고 왜 엘리야는 더 이상 만류하지 않았을까? 두 가지 이유가 있었던 것 같다. 첫째, 엘리야는 자신이 어디로 갈지 모르는데 번거롭게 따라나서지 말고 이쯤에서 이별하는 것이 좋겠다고 생각했을 것이다. 이에 대해 엘리사는 여기서 이별하자는 엘리야의 말이 이별을 아쉬워하는 마음에서 나오는 말이라는 것을 잘 알고 있었다. 그래서 엘리야가 사라질 때까지 그와 동행하고 그의 곁에 함께 있겠다는 굳은 의지를 표명한다. 물론 엘리사 역시 엘리야와 빨리 헤어지고 싶지 않았을 것이다. 이것은 마치 우리나라 사람들이 이별을 여러 차례 하는 것과 비슷하다. 집안에서도 이별하고, 문간에서도 이별하고, 결국 집 밖에까지 나와서 이별하는 모습. 떠나는 사람은 그만 나오라고 하고 보내는 사람은 계속 따라 나오고.

둘째, 엘리야가 엘리사를 마지막으로 테스트하고 훈련하는 과정일 수도 있다. 엘리사는 지금까지 엘리야의 제자로 훈련받았다. 이제 훈련 기간이 끝났다. 엘리야는 떠날 것이다. 엘리사는 엘리야의 사역을 계승할 것이다. 엘리야는 엘리사가 자신을 계승하기에 충분한 자격이 있는지 마지막으로 확인하고 싶었을 것이다. 엘리야는 하나님의 이끌림을 받아 길갈에서부터 벧엘로, 여리고로, 그리고 요단강까지 가게 된다. 힘든 여정이다. 심지어 스승 엘리야는 제자인 엘리사에게 따라올 필요가 없다고 말한다. 엘리사는 그 말을 따를 수도 있다. 하지만 엘리사는 엘리야를 따라나섰던 초기부터 엘리야를 항상 따르기로 했던 결심을 지키기 위해서, 더욱이 지금이 얼마나 중요한 순간인지 알고 있었기에 엘리야의 만류에도 불구하고 따라나선 것이다. 이것은 엘리사의 마음을 잘 보여주는 것인데, 엘리야가 확인하고 싶었던 것이 바로 이런 마음이 아니었을까? 끝까지 스승의 뒤를 따르면서 배우려는 마음.

엘리사는 엘리야를 끝까지 따르면서 그에게서 최대한의 것을 배우고 받고 싶었다. 이런 간절한 마음이 그의 마지막 요청에 그대로 드러난다. "스승님이 가지고 계신 능력을 제가 갑절로 받기를 바랍니다."9절 그래서 더욱 간절한 마음으로 따라나선 것이다. 엘리사는 배움의 열정이 차고 넘치는 제자였다. 좋은 제자는 많은 것을 배운 사람이 아니라 배우려는 열의가 뜨거운 사람이다. 결국 엘리사의 이 열정은 큰 보답으로 돌아오게 된다.

2. 요단강 도강

엘리사뿐만 아니라 예언자 수련생 50명도 요단강까지 동행했다. 거기서 엘리야는 겉옷으로 강물을 쳐서 물이 갈라지게 하였고, 엘리사와 단둘이서 강을 건넜다. "예언자 수련생들 가운데서 쉰 명이 요단강까지 그들을 따라갔다. 엘리야와 엘리사가 요단강 가에 서니, 따르던 제자들도 멀찍이 멈추어 섰다. 그때에 엘리야가 자기의 겉옷을 벗어 말아서, 그것으로 강물을 치니, 물이 좌우로 갈라졌다. 두 사람은 물이 마른 강바닥을 밟으며, 요단강을 건너갔다."7-8절 나중에 엘리야가 승천한 후에 엘리사도 엘리야의 옷으로 요단강을 가르는 동일한 기적을 통해서 다시 가나안으로 들어온다.13-14절

두 번에 걸친 요단강 도강은 각각의 의미가 있다. 우선 엘리야의 요단강 도강은 이스라엘 백성들이 애굽에서 탈출하여 가나안으로 들어오는 장면을 연상시킨다. 그들은 여호수아의 인도 아래 약속의 땅으로 들어갔었다. 비록 방향이 반대이기는 하지만 엘리야의 요단강 도강도 하나님이 약속하신 곳으로 들어가는 것을 상징하기에 충분하다. 이스라엘이 젖과 꿀이 흐르는 약속의 땅으로 들어간 것처럼

지금 엘리야는 이 땅에서의 수고를 그치고 하나님의 영광스러운 약속의 장소로 들어가고 있다. 다음으로, 엘리사의 도강은 이 장면을 지켜보고 있던 50명의 수련생의 반응에서 그 의미가 잘 드러난다. "'엘리야의 능력이 엘리사 위에 내렸다' 하고 말하면서, 엘리사를 맞으러 나와, 땅에 엎드려 절을 하였다."15절 이것은 엘리사가 엘리야의 계승자라는 것을 공식적으로 증거하는 것이다.

3. 마지막 요청

이제 승천의 시간이 다가왔다는 것을 느낀 엘리야는 마지막으로 엘리사가 무엇을 원하는지, 자신이 무엇을 해주기를 원하는지 물었다. 스승으로서 제자에게 최후의 유산을 남겨주기를 원한 것이다. "요단강 맞은쪽에 이르러, 엘리야가 엘리사에게 말하였다. '주님께서 나를 데려가시기 전에 내가 네게 어떻게 해주기를 바라느냐?'"9절 그러자 엘리사는 의외의 요청을 한다. "엘리사는 엘리야에게 '스승님이 가지고 계신 능력을 제가 갑절로 받기를 바랍니다' 하고 대답하였다."9절하 열왕기상 19장 19-21절에서 이미 살펴보았듯이, 이 요청은 매우 당돌한 것이었다. 하지만 엘리사가 엘리야보다 더 큰 업적을 쌓으려는 욕심에서 나온 요청은 아니었다. 이것은 하나님의 소명을 더 잘 감당하기 원하는 마음에서 나온 요청이었다.

엘리사는 엘리야가 얼마나 큰 인물이며 자신이 그런 엘리야에게 한참 미치지 못하는 존재라는 것을 잘 알고 있었다. 또한, 자신이 사명을 감당해야 할 시대와 과제가 더 어렵다는 것도 잘 알고 있었다. 그렇기 때문에 어려운 시대에 하나님의 사명을 잘 감당하려면 자신에게는 엘리야보다 더 큰 능력이 필요하다고 생각한 것이다. 그래서 이 요청은 자신이 엘리야보다 더 위대해지겠다는 욕망의 표현이 아니라 자신의 능력이 부족하다는 겸손한 자기 인식의 표현이며 사명을 잘 감당하고 싶다는 간절함의 표현이다.

엘리사의 요청을 듣고 엘리야는 이렇게 대답하였다. "너는 참으로 어려운 것을 요구하는구나. 주님께서 나를 너에게서 데려가시는 것을 네가 보면, 네 소원이 이루어지겠지만, 그렇지 않으면 그것이 이루어지지 않을 것이다." 10절 엘리사의 요청은 엘리야가 응답할 수 있는 것이 아니었다. 그래서 엘리야는 '어려운 것'을 요구한다고 생각한 것이다. 이것은 여호와께서 직접 응답하셔야 하는 요구였다. 그래서 엘리야는 혹시 하나님이 너에게 나의 승천 모습을 직접 볼 수 있게 해주신다면, 그것이 네가 요청한 것을 받게 될 증표가 될 것이라고 말해준 것이다. 엘리사의 요청을 거부하지 않고, 마치 중재하는 듯한 태도로 응답 여부를 하나님의 손에 맡긴 것이다.

엘리사는 실제로 엘리야가 하늘로 올라가는 것을 목격했다. 11-12절 그렇다면 엘리야의 말대로 엘리사는 두 배의 능력을 받을 수 있게 되었다는 의미다. 엘리사의 요청이 응답된 것이다. 그런데 정말로 엘리사가 엘리야보다 두 배의 능력을 받았는가? 사람의 능력을 정확하게 저울로 재는 것은 불가능하므로 엘리사가 정말로 두 배의 능력을 받았는지 명확하게 말하기는 어렵다. 하지만 두 가지 방향으로 응답 여부를 판단해볼 수는 있을 것 같다.

첫째, 엘리사가 엘리야보다 훨씬 다양한 능력을 보여주었다는 점이다. 그는 엘리야처럼 요단강을 갈라지게 하고 건넜다. 2장 이스라엘이 모압과의 전쟁에서 승리할 것이라고 예언했으며 그대로 되었다. 3장 예언자 수련생 가정의 생계 문제를 해결해 주었다. 4장 불임 여인에게 아들이 생기게 했으며 그 아들이 죽었을 때 다시 살리는 기적을 일으켰다. 4장 독이 든 국에서 독을 제거했다. 4장 보리빵 스무 덩이와 자루에 가득 담은 햇곡식으로 100명이 넘는 사람이 배불리 먹고도 남는 기적을 베풀었다. 4장 나아만의 나병을 치유하는 능력을 보여주었다. 5장 물에 빠진 도끼를 건져내는 기적을 베풀었다. 6장 시리아의 침공을 사전에 알고 미리 방비하도록 하여 침공 계획을 무산시키는 능력을 보여주었다. 6장 자신을 포위한 시리아 군사들의 눈을 멀게 했으며 6장, 시리아의 군대를 물리치는 능력을 보였다. 7장 아합 가문에 심판을 내리고 실행하는 능력을 보였다.9장 엘리사의 사체에 다른 사람의 사체가 닿자 그 사람이 살아나는 기적이 일어났다.13장 이처럼 엘리사는 엘리야를 능가하는 수많은 기적을 행했다. 하나님이 엘리사에게 외적으로 볼 때 상당히 큰 능력을 부여해주셨다는 것은 의심할 여지가 없어 보인다.

둘째, 엘리사의 행적을 살펴보면 엘리야와 대비되는 점이 눈에 띈다. 엘리야는 주로 심판과 관련된 메시지와 능력을 행했지만 엘리사는 생명과 은혜와 관련된 능력을 행했다는 점이다. 엘리야는 아합의 세력과 갈등하면서 비판하고 심판하는 역할을 했지만, 엘리사는 당시 왕이었던 요람과 가깝게 지내면서 주로 도움을 주는 역할을 했다. 물론 엘리야도 은혜를 보여주기도 했고, 엘리사도 심판을 했던 모습도 있지만, 전반적으로 이런 대비가 두드러지게 나타난다. 그래서 많은 주석가들은 엘리야는 구약 시대의 심판을 상징하고, 엘리사는 신약 시대의 은혜를 상징한다고 말하면서 엘리사를 예수님의 모형으로 보기도 한다. '두 배의 능력'이라는 것의 더 깊은 의미는 어쩌면 심판을 넘어서는 은혜의 사역을 감당하는 것일지 모른다.

4. 불병거와 불말 – 하나님의 위로와 인정

"그들이 이야기를 하면서 가고 있는데, 갑자기 불 병거와 불 말이 나타나서, 그들 두 사람을 갈라놓더니, 엘리야만 회오리바람에 싣고 하늘로 올라갔다."11절 엘리야는 당시 최고의 교통수단인 '병거와 말'을 타고, 거기에 더하여 오직 만군의 여호와만이 하실 수 있는 회오리바람의 힘으로 하늘로 올라갔다. 하나님은 왜 이런 방식으로 엘리야를 데리고 가신 것일까? 눈앞에서 바로 사라지게 할 수도 있고, 예수님처럼 하늘로 그대로 올라갈 수도 있었을 텐데.행 1:9 하나님이 엘리야를 이런 방식으로 하늘로 데려가신 데에는 엘리야를 향한 하나님의 메시지가 담겨 있다.

첫째, 이것은 하나님의 위로였다. 엘리야는 평생 고생만 했다. 편한 삶은 그의 인생과 거리가 멀었다. 좋은 집, 맛있는 음식, 좋은 이동 수단은 언감생심이었을 것이다. 그런데 이제 하늘로 올라가는 순간 인간으로서 받을 수 있는 최고의 예우 가장 좋은 교통수단과 하나님의 직접적인 능력 체험의 결합를 받고 있는 것이다. 마치 평생 대중 교통만 이용한 사람에게 최고급 리무진을 태워주는 것과 같다. 또는 삼시 세 끼 먹는 것만으로 만족했던 사람에게 미쉬랭 가이드 별 세 개짜리 식당에서 대접해주는 것과 같다.

이때 엘리야의 마음이 어땠을까? 엘리야는 이런 대우를 기대하면서 살지 않았다. 그런 것을 누리는 사람을 부러워하지도 않았다. 하지만 하나님께서 이렇게 대우해주실 때 하나님의 마음이 느껴지면서 큰 위로를 받았을 것이다. 하나님은 자신의 사명을 감당하기 위해 평생 고생하면서 아무것도 누리지 못한 엘리야에게 정말로 수고했다고 위로해주신 것이다.

둘째, 이것은 하나님의 인정이었다. 엘리야는 정의를 세우고, 불의를 징계하고, 여호와의 권위를 회복하고, 사람들을 여호와께로 돌아오게 하려고 애썼다. 그러나 그는 마지막까지도 원하던 좋은 결과를 보지 못했다. 여전히 아합 가문은 악을 행하고 있고, 이세벨은 여호와를 대적하고 있고, 백성들은 여호와를 버리고 우상을 섬기고 있다. 엘리야는 인생의 말년이 되어, 그동안 걸어온 길을 뒤돌아봤을 때 허무하고 허탈한 마음을 금할 수 없었을 것이다. '평생 고생하면서 노력했지만 결국 얻은 것이 아무것도 없다니! 나는 헛고생만 한 것인가?'

하지만, 하나님의 평가는 달랐다. 비록 기대했던 가시적인 결과가 없더라도 하나님은 엘리야가 맡겨진 사명을 신실하게 감당해왔다고 생각하셨다. '불 병거와 불 말'이라는 최고의 예우는 비록 원하던 결과를 얻지는 못했어도 하나님께서는 그의 수고를 인정하신다는 표시다.

우리의 수고가 항상 좋은 결과를 가져오는 건 아니다. 세상 사람들처럼 부와 명예와 권력을 추구하거나, 나만 잘 먹고 잘 살겠다고 하지 않고 오직 하나님께서 기뻐하시는 삶, 하나님을 사랑하고 이웃을 사랑하는 소명을 감당하기 위해 살아왔지만, 내 삶이 형통하게 풀리지 않았을지 모른다. 하나님을 위해 섬기고 희생한 모든 일의 결과가 항상 좋은 것은 아니다. 기대했던 것을 얻지 못할 때도 많고, 허무하게 끝날 때도 많고, 오히려 고생만 실컷 하다가 미완성으로 마칠 때도 많다. 사람들을 섬기고 돕는 삶, 하나님 나라의 가치를 추구하는 삶, 하나님 나라와 그의 의를 먼저 구하려고 애쓰는 삶을 살았지만 의미 있는 결과를 보지 못했을지도 모른다. 사람들에게 복음을 전하려고 애쓰고, 후배들에게 하나님의 말씀을 가르치고 훈련하고 섬겼지만 기대한 변화가 생기지 않았을지도 모른다. 교회를 섬기면서 헌신적으로 봉사했지만 교회가 점점 더 나빠졌을지도 모른다. 선교단체에서 열심히 헌신했지만 규모가 점점 더 쪼그라들었을지도 모른다. 공동체를 섬기기 위해 애썼지만 지금 내 눈에 기대했던 결과가 나타나지 않았을지 모른다.

설령 내가 기대하는 결과가 없더라도 나의 수고가 절대로 무의미한 것은 아니다. 결과가 모든 것을 말해주는 세상에서 하나님은 오히려 신실하게 살면서 사명을 잘 감당했던 삶 자체를 중요하게 여기시기 때문이다. 신실하게 사명을 감당했다면, 좋은 결과를 얻지 못한 엘리야를 인정해주신 것처럼, 비록 세상에서는 인정을 받지 못하더라도 하나님은 우리를 인정해주시고 예우해주실 것이다. '수고했다, 애썼다, 착하고 충성된 종아'라고 하면서 하나님 오른편에 앉게 하고 잔치를 베풀어주실 것이다. 하나님은 우리에게 하나님만이 주실 수 있는 상급으로 보상해주실 것이다. '생명의 면류관' '의의 면류관'을 씌워주실 것이다. 이것을 확신했던 바울은 자신 있게 고백한다. "현재 우리가 겪는 고난은, 장차 우리에게 나타날 영광에 견주면, 아무것도 아니라고 나는 생각합니다."롬8:18

우리에게는 어떤 '불 병거와 불 말'이 기다리고 있을까?

5. 엘리야 승천의 의미

죽지 않고 바로 하늘로 올라간 사람은 에녹과 엘리야뿐이다. 물론 예수님도 십자가에서 죽기는 했지만 부활하셨고 이들과 비슷하게 바로 하늘로 올라가셨다. 승천은 매우 예외적인 것이다. 모든 인간은 죄로 인해 죽음을 맛보게 되는 것이 정상이기 때문이다. "사람이 한 번 죽는 것은 정해진 일이요."히9:27

그러나 하나님은 미래의 어느 날에 에녹과 엘리야에게 일어났던 일이 많은 사람들에게 다시 일어날 것이라고 약속하셨다. "주님께서 호령과 천사장의 소리와 하나님의 나팔 소리와 함께 친히 하늘로부터 내려오실 것이니, 그리스도 안에서 죽은 사람들이 먼저 일어나고, 그 다음에 살아남아 있는 우리가 그들과 함께 구름 속으로 이끌려 올라가서, 공중에서 주님을 영접할 것입니다."살전4:16-17 주님께서 다시 오실 때 아직 살아 있는 주님의 백성들은 바로 하늘로 올라가서 엘리야처럼 산 채로 주님을 맞이하는 행운을 맛보게 될 것이다. 이미 죽은 자들도 주님께서 다시 오시는 날 부활할 것이고, 살아 있는 자들과 함께 구름 속으로 이끌려 올라가서 공중에서 주님을 영접할 것이기 때문에 큰 차이는 없을 것이다. 엘리야의 승천은 앞으로 일어날 사건을 예표하면서, 동시에 우리에게도 이런 일이 일어날 수 있을 것이라는 소망을 준다.

하늘로 올라간 엘리야는 이제 주님과 더불어 안식을 누리게 될 것이다. 그가 이 땅에서 혹시 무엇인가 누린 것이 있다 해도 그것은 주님과 더불어 누리는 안식이나 영광과 비교할 수 없을 것이다.

비록 엘리야의 평생 사역이 세상의 문제를 바로 잡으려고 애쓰는 것이었기에 그의 눈이 줄곧 현실 세계에만 고정된 듯이 보이지만, 하나님은 마지막 순간에 그를 통해서 우리의 궁극적인 소망과 안식은 현세 너머에 있다는 것을 보여주신다. 사람들은 육신의 삶이 전부이고, 죽음이 끝이라고 생각한다. 그러나 현세의 삶이 끝이 아니다. 그 너머에 또 다른 삶이 있다. 거기서 복된 삶을 누리게 하려고 하나님은 예수님을 보내서 우리 대신 죽게 하시고 우리에게 영원한 생명을 주신 것이다.

그러므로 비록 우리가 이 땅에 사는 동안 정의를 실현하기 위해서, 선을 행하기 위해서, 하나님의 뜻에 순종하면서 살기 위해 애써야 하지만, 그와 동시에 우리의 눈은 이 세상 너머를 바라봐야 한다. 우리에게는 소망이 있다. 나그네의 삶을 끝내고, 본향으로 돌아가서 우리가 사랑하는 하나님과 영원히 함께 사는 소망, 모든 불의가 제거되고 하나님의 정의가 회복된 세상에서 기쁨을 누리게 되는 소망, 완전하게 성취된 하나님 나라에서 영원 복락을 누리게 될 소망.

엘리야의 승천과 예수님의 승천은 새로운 세상이 확실히 있다는 것을 보여주는 증거다. 그러므로 우리는 아무리 현세가 살만하든, 또는 감당해야 할 중요한 사명이 있든 상관없이, 현세에만 눈을 고정시키지 말고 내세도 바라보고 소망하면서 살아야 한다. 또한, 잠깐 살아가는 이 세상살이가 힘들고 주님을 섬기고 따르는 삶이 고생스럽다 할지라도 내세의 소망이 있기에 힘든 삶을 회피하지 말고 꿋꿋하게 믿음으로 나아가야 한다. "그러므로 나의 사랑하는 형제자매 여러분, 굳게 서서 흔들리지 말고, 주님의 일을 더욱 많이 하십시오. 여러분이 아는 대로, 여러분의 수고가 주님 안에서 헛되지 않습니다."고전15:58

6. 엘리야의 하나님, 우리의 하나님

엘리야는 격동의 시대에 하나님의 부르심을 받았고, 그 부르심에 응답하여 분투하며 살았다. 그의 삶을 지탱해 준 인생의 좌우명과 같은 것을 후대에 바울이 잘 표현했다. "그러므로 우리는 낙심하지 않습니다. 우리의 겉사람은 낡아가나, 우리의 속사람은 날로 새로워집니다. 지금 우리가 겪는 일시적인 가벼운 고난은, 비교할 수 없을 정도로 영원하고 크나큰 영광을 우리에게 이루어 줍니다. 우리는 보이는 것을 바라보는 것이 아니라, 보이지 않는 것을 바라봅니다. 보이는 것은 잠깐이

지만, 보이지 않는 것은 영원하기 때문입니다."고후4:16-18

　엘리야가 평생 하나님을 따르며 하나님의 사명을 붙들고 산 것처럼, 하나님의 부르심을 받아 그리스도의 제자가 된 우리도 그렇게 살아야 한다. 엘리야의 삶을 통해서 살펴보았듯이, 하나님과 복음, 그리고 기독교에 호의적이지 않은 시대에 하나님을 따르는 삶은 어렵고 힘든 여정이다. 편한 집에서 살며 맛있는 음식을 먹는 것을 포기해야 할 때도 있을 것이다. 다른 사람들처럼 즐겁고 행복하게 살려는 욕구를 억눌러야 할 때도 있을 것이다. 하나님 나라와 그의 의를 구하는 믿음의 삶이 너무 힘들어서 포기하고 싶을 때도 많을 것이다. 하나님께 투정도 부리게 되고 사람들에게 실망하기도 할 것이다. 외로울 때도 있고 사람들의 오해를 받아 답답할 때도 있을 것이다. 땀 흘리며 애를 썼지만 기대했던 결과를 얻지 못해서 절망할 때도 있을 것이다.

　그러나 엘리야를 위로하고 인정해주신 하나님은 인내하면서 믿음의 경주를 하는 우리도 동일한 영광으로 위로하고 인정해주실 것이다. 이것을 믿으면서 오늘 주어진 소명의 길에 발걸음을 내딛는 자들에게 하나님의 은혜가 함께 할 것이다.

〈삶을 향하여〉

1. 엘리사는 먼 길을 마다하고 스승 엘리야의 마지막 길까지 따라갔다. 하나라도 더 배우고 싶은 심정으로 엘리야의 만류를 뿌리치고 따라갔다. 우리에게는 엘리사 같은 배움의 열정이 있는가? 스승을 향해서 엘리사와 같은 태도를 보여주고 있는가? 배우기 위해 얼마만큼 노력을 기울이고 있는가?

2. 엘리야의 승천은 우리도 엘리야처럼 승천할 것이라는 소망과 내세에 주님과 함께 안식을 누릴 것이라는 소망을 품게 한다. 비록 현실 세계에 발을 붙인 채 믿음의 분투를 하며 살고 있더라도, 현실 세계에만 눈을 고정하지 않고 내세를 바라보며 살려면 어떻게 해야 할까? 마치 이 세상의 삶이 전부인 것처럼, 이 세상에서 수고한 것의 결과나 보상을 이 세상에서 다 받아야 한다고 생각하거나 이 세상에서 누릴 것은 다 누리면서 살아야 한다고 생각하며 살고 있지는 않은가?